Der neue Leiner
דער ליינער

Beiträge über Tora und Judentum in Literaturdeutsch

Alle Wochenabschnitte der Tora & die jüdischen Feiertage

Zweiter Band mit neuen Texten

Von Arieh Bauer
Wien, 5777/2016

Bibliografische Information der Deutschen Nationalbibliothek: Die Deutsche Nationalbibliothek verzeichnet diese Publikation in der Deutschen Nationalbibliografie; detaillierte bibliografische Daten sind im Internet über **dnb.dnb.de** abrufbar.

© 2016 Arieh Bauer

Herstellung und Verlag
BoD – Books on Demand, Norderstedt

ISBN: 978-3-7431-0220-0

Dieses Buch ist unserem geliebten Sohn,
Bruder, Ehemann, Vater und Großvater

MARC MORDECHAI SCHWARZ S"L
9.12.1947-28.3.2016
gewidmet

הקדים שלום לכל אדם
בסבר פנים יפות ובשמחה

Freundlich zu jedem,
aufrichtig und warmherzig

נפטר בי"ט באדר ב' תשע"ו

ת.נ.צ.ב.ה.

Familie Schwarz

Worte der Trauer

Vom Rabbiner der Misrachi Wien

Rav Josef Pardes Shlit"a

Wenn ein Mensch diese Welt verlässt, so bleibt nicht nur die Erinnerung an die Person selbst, sondern vor allem an seine Taten! Doch an welche Taten genau soll man sich erinnern? Welche Taten sollen nach dem Tod eines Menschen hervorgehoben werden?

König David sagt in Tehillim (111,3) „Majestätisch und prachtvoll sind sein Werk, seine Gerechtigkeit hat Bestand für immer." König David betont in diesem Satz zwei Arten von Taten: solche die „majestätisch und prachtvoll" sind und solche deren „Gerechtigkeit für immer Bestand hat".

Lasst uns versuchen, Marc (Mordechai Ben Jehoshua S"L) hinsichtlich dieser beiden Arten von Taten ein wenig zu beschreiben. Die Gemara (Joma 86a) erklärt, dass jeder Mensch sich darum bemühen soll, in Ruhe mit seinen Mitmenschen zu interagieren. Der Ramban (Devarim 6, 18) erklärt, dass die Quelle für diese Vorgabe in der Tora aus dem Satz „Und tue was recht und gut in den Augen G'ttes ist" abgeleitet wird.

Mit „recht tun" ist hier jedoch nicht bloß gemeint, nicht zu lügen, nicht zu stehlen und nicht zu betrügen. Vielmehr geht es um die Art, wie man mit Menschen spricht. In Ruhe! In Ehrerbietung! Mit Freundlichkeit!

Und das war Marc! In Frieden mit allen zu sein. In Ruhe mit jedem Einzelnen zu sprechen. So benahm er sich im Bet Knesset mit den Ba'ale Batim. So war er als Mitglied in Synagogenvorstand. Und so sprach er auch im Berufsalltag mit seinen Kunden.

Der zweite Teil besteht aus Handlungen und Taten, die ein Mensch macht und die nur kurzfristige Auswirkungen haben, etwa einen Tag oder eine Woche. Eher selten kommt es vor, dass ein Mensch eine bestimmte Handlung setzt, deren Auswirkungen noch lange Jahre spürbar bleiben.

Wenige Wochen nachdem ich in Wien eingetroffen war, um als Rabbiner der Misrachi-Gemeinde zu dienen, trat Marc an mich heran und bat mich darum, einen wöchentlichen Shiur über die Parashat HaShavua abzuhalten. Selbstverständlich war ich sofort damit einverstanden und gleich nach Sukkot 5752 fingen wir mit dem Shiur an. Marc brachte noch zwei weitere Freunde mit und wir fingen an, zu lernen. Dieser Shiur findet nun im 26. Jahr von Woche zu Woche statt.

Das ist genau das, was König David mit „Gerechtigkeit, die für immer Bestand hat" meinte. Solche Handlungen eines Menschen bleiben erhalten!

Das ist die Erinnerung an Marc, der wir als Mitglieder des Bet Knessets nach seinem Tod nachtrauern. Wir spüren seine Abwesenheit.

Umso mehr müssen seine Frau Susi und sein Sohn Rouven und Familie, sowie sein Sohn Rafael den Verlust spüren. Sie haben einen teuren Vater, der sie liebte und sich für sie aufopferte, verloren. Er lebte für seine Familie, für seine Freunde, für den Bet Knesset und für das jüdische Volk!

ת.נ.צ.ב.ה.

Mögen seine guten Taten ihm als ewiges Verdienst beistehen, damit er im Gan Eden seine ewige Ruhe findet.

Rav Josef Pardes

Rabbiner der Misrachi Wien

Immer in unserem Herzen

Ungebrochen war der Strom an Besuchern in den sieben Tagen der Schiwa. So pluralistisch unsere Gemeinschaft ist, so unterschiedlich waren die Gäste, die zu uns nach Hause kamen, um zu trauern. So verschieden sie waren, saßen doch alle gemeinsam. Und spiegelten sein Leben wieder.

Viel zu selten gibt es Menschen, die so viele Bekannte haben. Und diese mag und von ihnen gemocht wird. Egal wer sie sind, woher sie kamen, was sie hatten oder wie sie dachten.

"Ob fromm oder nicht, ein Mensch muss man sein!" war ein geflügelter Satz, der seine urhumanistische Weltanschauung prägte.

Und doch hatten sie alle etwas gemeinsam. Jeder, wirklich jeder, sagte uns: er hat immer gelächelt! Oder wie es so wunderschön auf Jiddisch heißt: "Er hat geschmeichelt."

Ein ehrenwerter Rabbiner unserer Stadt setzte sich zu uns und meinte: "Wenn so viele Menschen immer wieder und wieder denselben Charakterzug eines Verstorbenen erwähnen, dann muss dies der Wahrheit entsprechen!"

Und so werden wir ihn alle in Erinnerung behalten.

Unseren geliebten und so warmherzigen Sohn, Bruder, Mann, Abba und Opapa.

Die Familie

ISRAELITISCHE KULTUSGEMEINDE WIEN

בס״ד

Rabbiner S. Hofmeister, MSc
Gemeinderabbiner von Wien

הרב שלמה אליעזר הופמייסטער
רב הקהילה דק״ק ווינא יצ״ו

Der Autor, Reb Arieh Bauer שליט״א, hat mich um meine Meinung und eine schriftliche Stellungnahme zu seinem neuesten Sefer gebeten.

Seit dem Erscheinen des ersten Bandes dieser Serie, ist Reb Arieh שליט״א nicht nur in unserer *Wiener Kehille*, sondern auch über die Grenzen Österreichs hinaus, als *Ben Tora* bekannt und angesehen, der die besondere Fähigkeit besitzt, durch seinen einmaligen und bewundernswerten Schreibstil die unterschiedlichsten Leser anzusprechen und mit einem besonderen Blick auf die wöchentlichen *Tora*-Abschnitte zu inspirieren, indem er auf mehreren Ebenen gleichzeitig spricht. Im vorliegenden Band gelang es ihm ganz besonders, auf seine unterhaltsame und leicht zu lesende Art, relevante *Midraschim* und talmudische Lehren, sowie *Sippurei Tsaddikim*, philosophisch weltanschauliche Gedanken, und vor allem die bedeutendsten *Tora*-Kommentatoren von *Raschi* bis zum *Chasam Sofer*, und nebenbei auch eine Reihe grundlegender jüdischer Konzepte, klar verständlich und vor allem auch authentisch dem deutschsprachigen Publikum zugänglich zu machen.

In den vergangenen 25 Jahren sah man eine Vielzahl deutschsprachiger Publikationen in Druck und Digital, deren Autoren zumeist versuchten ihr persönliches, und oftmals bemerkenswert unfundiertes Verständnis von *Tora* und *Judentum* zu verbreiten. In den allermeisten Fällen handelt es sich dabei um die Vermittlung falscher und Agenda getriebener Inhalte, beziehungsweise auf Ignoranz und daraus resultierender Anmassung basierenden „unorthodoxen" Interpretationen und Meinungen — die weder mit jüdischer Philosophie und Weltanschuung, noch mit den unveränderlichen Werten der *Tora* vereinbar sind. Dieses Buch ist anders und hebt sich nicht nur in seiner Echtheit von jenen Publikationen ab, sondern wird in seinem inhaltlichen Anspruch und seiner literarischen Qualität wahrscheinlich von keiner vergleichbaren deutschsprachigen Publikation der letzten 75 Jahre übertroffen.

Dem Autor und allen, die ihn dabei unterstützt haben, gebührt grösster Dank und höchste Anerkennung für die Anstrengungen, die zur Publikation dieses Buches geführt haben.

והרני מברכו שיזכה להרביץ תורה ויראה ברוח טהרה ולחנך את הקטנים והגדולים מתוך הרחבת הדעת ברב נחת מכל צאצאיו שיחיו כולם אהובים בני תורה ויראת שמים כחפץ לבבכם הטוב.

עש״ק פ׳ לד-לך תשע״ז וינא יצ״ו

בברכת התורה,

A-1010 WIEN · SEITENSTETTENGASSE 4 · TEL. +43/1/531 04-112

EMPFEHLUNGSSCHREIBEN
von Rabbiner Albert Shamonov
Jugendrabbiner der sefardischen Gemeinde Wiens

בס"ד ז' מרחשון התשע"ז

מכתב ברכה והסכמה

בא לפני ידידי ורעי הרה"ג **הרב אריה באואר שליט"א**, שזכיתי להכירו עוד מילדות, עם גיליונות ספרו החשוב **"דער ליינר" ח"ב** על פרשיות השבוע, אשר כבר זכה להלהיב בחלקו הראשון רבבות מלומדי התורה ובעלי הבתים דוברי הגרמנית. מעשה ידי אומן נטע נאמן, כותב דבריו בשפה גרמנית צחה, קלה וברורה, חכו ממתקים וכולו מחמדים. ידוע ומפורסם כי יראתו קודמת לחכמתו, תהילתו בקהל חסידים.

האמת אגיד, כי הרב החסיד איננו צריך להסכמתי ולא לברכתי, אלא מצד ענוותנותו ביקש ממני, ולמלאת רצון צדיק רציתי.

ויהי רצון שיזכה בקרוב לברך על המוגמר, ולהפיץ מעיינותיו חוצה, ולהגדיל תורה ולהאדירה ברבות הטובה בעושר וכבוד ובריאות ושובע שמחות וכל טוב, וכל אשר יפנה יעשה ויצליח. אמן כן יהי רצון.

בברכה הרב שמעונוב אלברט

Empfehlungsschreiben

Mein Freund Arieh Bauer ist mit seinem Werk „Der neue Leiner" an mich herangetreten, welches schon mit dem ersten Teil das deutschsprachige Publikum begeistern konnte. Das Buch ist ein anschauliches Werk, das in deutscher Sprache auf einem hohen Niveau geschrieben wurde und sich dennoch leicht lesen lässt. Arieh Bauer ist mit als orthodoxes Gemeindemitglied bestens bekannt. Ich wünsche Arieh Bauer alles Gute für die Zukunft und möge sein Vorhaben, die Lehre der Tora zu verbreiten von Erfolg gekrönt sein, Amen!

Hochachtungsvoll,

Rabbiner Albert Shamonov

Auszugsweise Übersetzung (vereinfacht)

Inhaltsverzeichnis

Vorwort
    Von Leiner zu Leiner xvii

Vorwort aus der ersten Ausgabe
    Ausflug in den Tora-Garten xxi

Dankesworte
    Ein kleiner Dank muss einfach sein xxv

Die Wochenabschnitte der Tora   1

בראשית Bereshit
Wer zuletzt kriecht, kriecht am längsten 2

נח Noach
Halbes Lob für einen ganzen Zadik 6

לך לך Lech Lecha
Das Leben ist ein Geschenk 11

וירא Vajera
Fein gesiebt und gut bewirtet 16

חיי שרה Chaje Sara
Avrahams unbekannte Tochter 22

תולדות Toldot
Businessdeal am Trauertag 27

ויצא Vajetze
Sprechende Steine 31

וישלח Vajishlach
Die „Kiruv-Rebbetzen" am Tempelberg 36

וישב Vajeshev
Ein Hemd für Angeber 41

מקץ Miketz
Flüssiger Lügendetektor 45

ויגש Vajigash
Hand vor Augen 49

ויחי Vajechi
Kein Stolz und kein Neid 53

שמות Shemot
Schlangenbiss auf der Baustelle 57

וארא Vaera
Zfardea, sei kein Frosch! 61

בא Bo
Knochenharte Verabschiedung 65

בשלח Beshalach
Dritte und vierte Stunde 69

יתרו Jitro
Krone der Erinnerung 73

משפטים Mishpatim
Die Wahrheit ist ein Berg..77

תרומה Teruma
Tatenlose Selbstaufgabe..82

תצוה Tezave
Leute machen Kleider..85

כי תשא Ki Tissa
Gold macht nicht glücklich..88

ויקהל Vajakhel
Eine Welt erschaffen...92

פקודי Pikude
Mit dem Erlöser verwechselt..97

ויקרא Vajikra
Dein und Mein...100

צו Zav
Mund auf: Ein heiliger Ort..105

שמיני Shmini
Ein Enkelsohn ist auch nicht schlecht..................................107

תזריע Tasria
Auf der spirituellen Achterbahn..112

מצורע Mezora
Schweigen ist Silber, Reden ist Gold......................................116

אחרי מות Achre Mot
Auf den Spuren der Sühne *120*

קדושים Kedoshim
Blind vor Stolz *125*

אמור Emor
Frischgebackene Gebets-Brote *129*

בהר Behar
Maulkorb für bissige Schlangen *135*

בחוקותי Bechukotai
Das Wunder mit dem Rimonbaum *140*

במדבר Bamidbar
Chronischer Levitenschwund *146*

נשא Nasso
Und täglich grüßt der „Mishkanpionier" *150*

בהעלתך Beha'alotcha
Wundersame Rettung aus der Hungersnot *154*

שלח Shlach
Der Held der Schattenspiele *158*

קרח Korach
Duftende Rauchsignale *164*

חקת Chukat
Das vereitelte Pogrom *171*

בלק Balak

Im Himmelszelt davonfliegen 175
Bis in den Tod 176
Nomen est Omen 177
Ein Haus voller Gold 178

פינחס Pinchas

Ein kleiner Schritt für die Menschheit 180
Abstand gewinnen 185
Nichts ist umsonst 186
Vom Pech verfolgt 187

מטות Matot

Schwebende Könige im freien Fall 190
Der Trick mit der Landesdehnung 196
Hoch und heilig versprochen 196
Das verschwundene Bataillon 198

מסעי Masai

Schon wieder Mizrajim 201
Zielstrebig oder aufbruchslustig? 202
Jeder bleibt seiner Rolle treu 204
Der 7. Buchstabe 205

דברים Devarim

Shuttle-Diplomatie aus der Tora 206
Wie begonnen, so zerronnen 207
Nur keine falsche Hektik 209

ואתחנן Vaetchanan

Der Tod des Silberleuchters 212
Mach' aus einer Mücke einen Elefanten 215
Sprechgebot mit Knalleffekt 216

עקב *Ekev*
Von ganzem Herzen 218

ראה *Re'eh*
Zehn Mal so reich 221

שופטים *Shoftim*
Ein König zum Fürchten 224

כי תצא *Ki Teze*
Der General mit dem besten Überblick 226
Kein Grab für die Seele 228
Der „Doppler-Effekt" in der Tora 230
Militärischer Hochzeitsbonus 232

כי תבוא *Ki Tavo*
Privilegien wachsen nicht auf den Bäumen 233
Der Armut den Korb geben 235

ניצבים *Nizavim*
Abkürzung gefällig? 238

וילך *Vajelech*
Ein Jahr und ein Tag 241

האזינו *Ha'asinu*
Ein verrückter Hund 244

וזאת הברכה *Vesot HaBeracha*
Doppelte Zahlenfreude 248

Die jüdischen Feiertage — 252

ראש השנה Rosh Hashana
Gut und süß 253
Die geistige Schlacht 256

יום כיפור Jom Kippur
Seemann in Not 259

סוכות Sukkot
Laub hüten auf der Baumallee 262
Sukka-Hopping 266
Die glorreichen Sieben 269
Durchgedroschen und ausgequetscht 272
Die ganze Tora in einem Lulav 275
Alles außer Stacheln 277

שמיני עצרת/שמחת תורה
Shmini Azzeret/Simchat Tora
Darf ich bitten? 281

חנוכה Chanukka
Sanfter Abstieg am silbernen Leuchtpfad 283

פורים Purim
Esther im Sekundentakt 287
Wer ist die Schönste im ganzen Land? 291

פסח Pessach
Leiner und Nissan fusionieren 296
Die vier Söhne in Dir 302
Ein Shabbat für Mizrajim 305

שבועות **Shavuot**

Frisch gepflückte Tora im Honigbrot-Sandwich 311

Anhang

Dankbrief des Rabbiners des Tempel- u. Schulvereins „Machsike Hadass" Wien, HaRav HaGaon R' Moshe Elieser Weiss Shlit"a ... 317

Glossar 318

Nachschlageverzeichnis 327

Bibel/Tora 327
Feiertag/Jomtov 329
Gebet/Tefila 329
Jüd. Gesetz/Halacha 329
Midrash 330
Mishna 330
Propheten/Nevi'im 330
Rabbiner/Rav 330
Schriften/Ketuvim 331
Talmud/Gemara 331
Themen 332
Werk/Sefer 333

Vorwort

Von Leiner zu Leiner

Da ist er nun, der „zweite Leiner" mit ganz neuen Texten. Oft wurde ich danach gefragt und stets habe ich gehofft, eines Tages die folgende, positive Antwort darauf geben zu dürfen: „Ja, es gibt einen zweiten Teil!" Aber in dem bejahenden Kopfnicken schwingt auch einiges an Emotion mit. Denn obwohl „ein Leiner selten allein" kommt, war dieser zweite Teil ein weitaus schwierigeres Unterfangen als der erste Teil.

Nein, es waren nicht die Wochenabschnitte der Tora, die sich verändert hatten. Auch nicht die klassischen Tora-Kommentatoren. Es war vielmehr der Zugang zum Leinerverfassen, der sich mit der Bürde der Verantwortung von einer Liebhaberei zur Berufung wandelte. Die Entwicklung von einem belächelten E-Mail-Geschreibsel zu einem in bescheidenem Maße beachteten Parasha-Begleiter für den deutschsprachigen Interessenten.

Der erste Leiner ließ mehr als nur einen Ruf laut werden. Es gab den Ruf nach mehr, den Ruf nach Vollständigkeit, aber auch den Ruf nach mehr Nachvollziehbarkeit. Aber auch ich selbst versuchte einige Signale neu zu deuten. Beispielsweise das Signal nach kürzeren, prägnanteren Texten. Nach mehr Sachlichkeit und weniger Wortspielen. Nach weniger „Hebraismen" und mehr korrekten, konkreten Begriffsübersetzungen.

Doch ich wollte keinesfalls Gefahr laufen, zu langweilen. Ich konnte einfach nicht auf den manches Mal mit hochgezogenen Augenbrauen bewerteten Schreibstil verzichten.

Der neue Leiner

Ein Stil, der so gar nicht zu der gewohnten Toraliteratur passt. Der einen satirischen Unterton hat, aktuelle Bezüge aufs Korn nimmt und dennoch bei der Sache bleibt.

Dies mag zwar ein wenig gegen den Strich derjenigen gehen, für die die Entwicklung der deutschsprachigen Tora-Literatur bei der Ablöse der gotischen Druckschrift stehengeblieben ist. Es mag auch sein, dass Vertreter der wenig-, nicht- oder gar anti-orthodoxen jüdischen Strömung sich daran stören, weil man ihnen damit ihre „modernen" Werkzeuge nimmt. Und „Modernität" ist wohl die wichtigste Waffe der genannten Orthodoxiepräfixe, die mit dem Leiner nun vielleicht auch ein wenig „entwaffnet" werden.

Nichtsdestotrotz habe ich versucht, mich nicht dadurch beirren zu lassen, und den Leiner dabei zu belassen, was er immer war und nach wie vor geblieben ist: eine Auslage für den Lustgarten der Tora des orthodoxen, authentischen Judentums. Aber all das ist im Vorwort des ersten Teiles wunderbar beschrieben und die Idee und Entstehung des Leiner-Projekts lässt sich dort bestens nachvollziehen. Zur Erleichterung befindet sich das Vorwort aus dem ersten Teil daher auch in diesem Buch.

Womit wir auch schon beim Thema wären, und zwar, was sich noch alles in diesem Buch befindet. Nicht ohne an die vielen späten Nächte zu denken, ist es mir eine besondere Freude, dass im zweiten Teil ein oder mehrere Beiträge zu *jedem* Wochenabschnitt vorhanden sind. Sie können es mir glauben, denn mein Sohn Aron und ich haben das Inhaltsverzeichnis mit dem Übersichtsblatt der Shabbatzeiten abgeglichen.

Auch die jüdischen Feiertage sind in dem Buch entsprechend abgebildet. Einer von ihnen – Sukkot – hat dabei besonders viel „Sonne" abbekommen und erfreut sich einer außergewöhnlich hohen Zeichenanzahl. Dies ist einem Leiner-Sonderprojekt zu verdanken, das sich ein achtseitiges „Leiner-Sukkot-Special" zum Ziel gesetzt hatte, welches zu Sukkot 5775 als Heft gedruckt in Wien auflag. In diesem Rahmen entstand auch der Beitrag „Laub hüten auf der Baumallee", welcher mir besonders aus dem Herzen spricht, da er knifflige Situationen aus dem jüdischen Alltagsleben in der Diaspora darstellt und diese dabei mit Humor nimmt. Und schon König David schrieb im Buch Tehillim[1], dass die Erlösung – Bimhera Bejamenu – im Verdienst der „Freude", die das jüdische Volk trotz der bitteren (geistigen) Unterjochung in der Diaspora verspürte, erfolgen wird.

---

1 Tehillim 126,3

Weiters sind im zweiten Band einige Erzählungen in Form von „wahren Geschichten" miteingeflossen, die inhaltlich zumeist im direkten Zusammenhang mit dem Wochenabschnitt stehen.

Doch neben dem Recht auf Vollständigkeit, das sich der zweite Band des Leiners gesichert hat, sind die Texte dieses Mal auch nachvollziehbarer, da ich mich bemüht habe, Quellen transparent und genau anzugeben. Obwohl die Quellenangaben nun sehr wohl Hebraismen („Bereshit, „Shemot" …) enthalten, habe ich darauf geachtet, ein Glossar anzulegen, in welchem diese Begriffe übersetzt werden („Genesis", „Exodus" …). Und mit der Verwendung der Glossarfunktion ist dieser mit der Erklärung der allermeisten im Leiner verwendeten hebräischen Begriffe auf eine stolze Größe angewachsen. Somit wird der Text auch für „Nicht-Hebräer" inhaltlich transparenter. Wobei noch zu erwähnen wäre, dass das Glossar auch für den ersten Teil des Leiners relevant ist und diesen somit ergänzt.

Neu ist neben einem Glossar auch die Möglichkeit, den Leiner als Nachschlagewerk für Sätze aus der Tora, Gemara, Mishna oder der Halacha zu verwenden. Weiters kann das Verzeichnis der verwendeten Autoren und ihrer Werke dem Leser zunutze kommen. Zu guter Letzt möchte ich noch das „Themenverzeichnis" erwähnen, das auf Beiträge zu Themen verweist, die von vermehrtem Interesse des Lesers sein könnten.

Denn das war überhaupt das Um und Auf des Leiners: das Interesse des Lesers zu bedienen. Das ist auch das Geheimnis des Titels „Leiner", das – wie im Vorwort des ersten Bandes erklärt – auf Jiddisch „Leser" bedeutet. „Der Leiner" ist ein Buch für den „Leser", ein Buch, das mit dem aufrichtigen Bemühen geschrieben wurde, Tora-Inhalte leserfreundlich darzustellen und dem Leser näherzubringen.

Und damit schäme ich mich auch nicht (mehr), von manchem werten Leser persönlich als „Der Leiner" bezeichnet zu werden. Schließlich kann auch ich mich oft nicht mehr an jeden Beitrag genau erinnern und teile beim genussvollen „Leiner-Lesen" somit das Erlebnis der Leser, da ich selbst nunmehr zu ihrem Kreis zähle.

Ich schreibe folglich nun „von Leiner zu Leiner" und möchte nicht ohne ein kleines Gefühl der Genugtuung zum spirituell-fröhlichen Lesen der Tora-Beiträge in diesem Buch einladen. Denn eines ist gewiss: Jedes „Pünktchen" Tora bringt den bereits von König David herbeigewünschten Erlöser um einen weiteren Schritt näher. Und wer weiß – vielleicht wird auch er eines Tages eine Kopie des Leiners in den Händen hal-

Der neue Leiner

ten, und über die kleinen Alltagsprobleme der Diaspora-Juden schmunzeln können. Schließlich werden diese dann – mit G'ttes Hilfe – endlich der Vergangenheit angehören.

Das unten angeführte Vorwort aus dem ersten Band schloss mit den Worten:

„Ob es sich nun beim ‚Leiner-Buch' um den Beginn einer neuen Welle deutschsprachiger Tora-Literatur, oder nur um den Abschluss eines einzigartigen E-Mail-Projektes handelt, wird die Zukunft zeigen."

Und diese zeigte nun, dass die Wahrheit wie erwartet irgendwo in der Mitte lag. Doch die Wahrheit des endgültigen Abschlusssatzes bestätigt sich nach wie vor und wird wohl unverrückbar bestehen bleiben:

„Und diese liegt wie auch die Vergangenheit und die Gegenwart in den Händen von Hashem, unserem G'tt!"

Ich wünsche daher in diesem Sinne auf ein Neues viel Spaß beim Leinen!

Ihr

Arieh Bauer

Wien, 24. Elul 5776 (27. September 2016)

Mehr Informationen zum „Leiner": www.derleiner.com

Vorwort aus der ersten Ausgabe

Ausflug in den Tora-Garten

„*Der Leiner" – jiddisch für „Der Leser" – ist ein einzigartiges Projekt im deutschen Sprachraum. Zwar gibt es zahlreiche jüdische Bücher und Schriften in deutscher Sprache. Die Auseinandersetzung mit den Tora-Kommentatoren, übertragen in ein modernes Deutsch, steckt jedoch eindeutig noch in den Kinderschuhen. Hier springt der Leiner nun in die Bresche und versucht, ausgesuchte Stellen aus der Tora mit den geistigen Werkzeugen jüdischer Gelehrter heutiger und längst vergangener Zeiten zu analysieren.*

Doch der Leiner begnügt sich nicht nur mit der reinen Analyse von Auslegungen und Interpretationen. Er soll dem Leser vielmehr ein „jüdisches Lebensgefühl" vermitteln, das den Lehren der Tora entspringt. Es geht nicht nur um einen reinen Informationsfluss, um die Aufklärung eines vermeintlichen Widerspruchs oder die Auflösung eines Midrashs. Der Informationsfluss dient nur als „Transportmedium" für die Überführung des Lesers in eine „Welt des jüdischen Lebensgeistes".

Der Leiner soll den Leser behutsam aus seinem Alltag herausholen und in die Welt der Tora hineinversetzen. Er wird dabei förmlich an der Hand genommen und in den exotischen Schaugarten der jüdischen Lehren geführt. In diesem Garten kann er die

Der neue Leiner

unglaubliche Schönheit und „Artenvielfalt" der Tora kennen lernen. Ihren Duft spüren und ihre Tiefe erkennen. Und das alles noch dazu in der eigenen Muttersprache!

Dabei vereint der Leiner kunstvoll eine breite Palette an jüdisch-orthodoxen Strömungen. Die „Litvische" Schule findet ebenso ihren Platz wie die „Chassidische". Der Welt der Mystik und Parabeln wird genauso viel Respekt gezollt wie den Regeln der Halacha und der jüdischen Bräuche. Die klassischen Kommentatoren wie Rashi, Ramban, Ohr HaChaim und Kli Jakkar sind ebenso präsent wie der Gaon aus Vilna, der Chatam Sofer und der Meshech Chochma.

Doch das wirklich Besondere am Leiner sind sicherlich die humorvollen Züge, die die Texte bisweilen annehmen können. Trotz der manchmal todernsten Themen gelingt es dem Leiner, ein gewisses Element an Witz und Humor einzubringen, ohne dass dies auf Kosten der abgehandelten Materie geht. Folglich gibt es zahlreiche witzige Elemente, die in den Texten eingewoben sind, wobei allerdings nur selten ein „Witz-Warnschild" vor den betreffenden Stellen positioniert wurde. Diese „Witzchen" dienen dabei nur dazu, die Lesbarkeit der Texte zu verbessern. Sie sollen keinesfalls auf Kosten der Materie gehen, oder sich gar über die Tora selbst lustig machen. Dies steht dem Autor absolut fern!

In der vorhandenen Form des Leiners war es außerdem nicht möglich, auf jede bekannte Interpretation einer Tora-Stelle einzugehen. Manche Stellen sind daher nur aus einer einseitigen Perspektive dargestellt, während andere wichtige und richtige Interpretationen nicht in den Text einfließen. Auch dies ist vornehmlich aus Gründen der Lesbarkeit geschehen. Da der Leiner dem Leser wie erwähnt nicht nur analytische Informationen, sondern auch ein „jüdisches Lebensgefühl" zu vermitteln versucht, wurde das Hauptaugenmerk stets auf den Lesefluss gelegt.

Es geht dabei jedoch nicht um das „Opfern der Wahrheit auf dem Altar des Populismus", wie es einmal ein Gelehrter formulierte, sondern um die Maximierung der Lesbarkeit, um den Leser überhaupt erst durch den angesprochenen „Schaugarten" führen zu können. Denn in vielen Fällen würde die Darlegung aller Interpretationen und Sichtweisen den Rahmen des Leiners sprengen und für Verwirrung sorgen. Um daher auch solchen Individuen, die sich bisher nicht in dieser Form mit den Wochenabschnitten auseinandergesetzt haben, einen Einblick in die Schönheit der vorhandenen Materie zu ermöglichen, wurde einige Male der einfachste Weg eingeschlagen.

Vorwort aus der ersten Ausgabe

In anderen Fällen wiederum neigte der Autor dazu, die Lesbarkeit für eine etwas erhabenere Ausdrucksweise, eine stilistische Pointe oder ein Wortspiel zu opfern. In diesen Fällen ist die Gratwanderung zwischen Lesbarkeit und einem „speziellen Stil" manchmal besser, und manchmal wohl auch weniger gut gelungen.

Ein wichtiges Detail muss an dieser Stelle noch angemerkt werden: Der Leiner kann sich auch mal irren! Der Leiner hat nämlich niemals das Recht gepachtet, die absolute Wahrheit, oder die einzig gültige Analyse einer Tora-Stelle, darstellen zu dürfen. Der Leiner gibt vielmehr wieder, wie der Autor des Leiners die jeweiligen Stellen und ihre Interpretationen verstanden hat. Frei vom Herzen weg, ohne Scham und Gram! Obwohl sich der Autor mehr als nur bemüht hat, dass ihm keine inhaltlichen Fehler unterlaufen, sind gewisse Interpretationsunschärfen jedoch erfahrungsgemäß vorprogrammiert.

Der Leiner berücksichtigt zudem nicht alle vorhandenen Wochenabschnitte und Feiertage, die in der Tora vorkommen. Ursache dafür ist wohl die Art und Weise, wie das Projekt entstand. Denn das Leiner-Projekt begann mit einem wöchentlichen E-Mail-Newsletter zum Wochenabschnitt, der an eine nur kleine Gruppe deutschsprachiger Leser versandt wurde. Mit der Zeit wuchsen die Gruppe und der Textumfang immer mehr an. Das „Leiner-Buch" soll nun alle bisher vorhandenen „Leiner-Texte" zusammenfassen und ein Gesamtbild des Projekts erstellen.

Das Leiner-Buch hatte jedoch nicht zum Ziel, einen Gesamtüberblick über die Tora oder die jüdische Religion zu bieten. Es werden zwar die meisten Wochenabschnitte der Tora und die meisten Feiertage der jüdischen Religion behandelt, ein Gesamtwerk über das ganze Judentum oder die Tora stellt der Leiner in dieser Form jedoch (noch) nicht dar.

Übrigens ist auch der Begriff „Leiner" im Zusammenhang mit dem E-Mail-Newsletter entstanden. Das „Leinen" bezeichnet normalerweise das Verlesen des Wochenabschnitts aus der Tora-Rolle in der Synagoge. Außerdem kann „Leinen" aber auch das vertiefende Lesen eines Textes bedeuten. Der erste „Leiner" wurde an drei, vier Freunde mit dem E-Mail-Betreff „Zum Lesen" verschickt. Dies sollte wirklich nur schlicht und einfach bedeuten, dass der Empfänger den Text auch lesen sollte. Einer dieser Freunde merkte schließlich an: „Würde mich freuen, wenn du mir öfter etwas ‚zum Leinen' schickst." Dieses gelungene Wortspiel griff der Autor dann auf, und in den darauf folgenden Wochen hieß es im E-Mail-Betreff: „Zum Leinen". Aus „Zum

Der neue Leiner

Leinen" dichteten die Newsletter-Empfänger schließlich in weiterer Folge den Begriff des „Leiners". Als sich die Empfängergruppe immer weiter vergrößerte, wurde der Begriff des „Leiners" schließlich endgültig als Projektname übernommen.

Alles in allem ist mit dem Leiner jedoch sicherlich ein Werk entstanden, das sowohl einen Lesegenuss als auch einen Bildungsgenuss in Bezug auf Tora-bezogene Themen darstellt. Ob es sich nun beim „Leiner-Buch" um den Beginn einer neuen Welle deutschsprachiger Tora-Literatur, oder nur um den Abschluss eines einzigartigen E-Mail-Projektes handelt, wird die Zukunft zeigen. Und diese liegt wie auch die Vergangenheit und die Gegenwart in den Händen von Hashem, unserem G'tt!

In diesem Sinn nun viel Spaß beim Leinen!

Arieh Bauer

11. Shvat 5774 (12. Januar 2014)

Dankesworte

Ein kleiner Dank muss einfach sein

Viele Leser zeigten sich im ersten Band von meinen Dankesworten beeindruckt. Da ich nun nicht hoffen möchte, dass all jene Leser einfach nicht über das „Dank-Kapitel" hinausgekommen sind, und aus diesem Grund genau dieses erwähnten, nutze ich die Gelegenheit, es einfach ein weiteres Mal zu tun. Zwar ist meine Dankbarkeit aus dem ersten Band noch immer in vollster Aufrichtigkeit erhalten geblieben, doch ein „Dankeschön" zu viel hat noch nie geschadet.

Der erste Dank, der bestehen bleibt, gilt natürlich wieder Hashem. In seiner Barmherzigkeit hat G'tt, der Herr der Welt, es mir gewährt, noch einen zweiten Band des Leiners herauszugeben. Ob G'tt selbst auch zu meinen Lesern gehört? Diese Frage erübrigt sich beinahe schon. Denn G'tt gehört auf jeden Fall zu den „Schreibern" des Leiners! Er hat mir jeden Morgen (und vor allem nachts) das Leben und die Energie eingehaucht, aufzustehen und loszulegen. Er hat meiner Familie und mir das Stehvermögen gegeben, durchzuhalten und weiter zu schreiben. Und vor allem hat er uns die Tora gegeben, welche den unendlichen Wissens- und Lebensschatz enthält, welcher in diesem Buch ein klein wenig angerissen wird. Auch möchte ich G'tt für die deutsche Sprache danken, die mir diese „Autorennische" erst eröffnet hat.

Es ist ebenso wieder einmal meine Gattin Tali, der ich gleich nach Hashem zu weiterem Dank verpflichtet bin. Schon öfters habe ich angemerkt, dass Efraim Kishon bzw. Friedrich Torberg sicherlich nie von meiner Ehefrau gehört haben. Denn sie würde den Kampf um den Titel der „besten Ehefrau von allen" zweifelsohne sofort

Der neue Leiner

gewinnen! Jedenfalls in unserem Zuhause, welches wir uns mit G'ttes Barmherzigkeit und der Unterstützung und dem weisen Rat unserer Großeltern und Eltern aufbauen konnten. Ein halbes Dutzend Mäuler zu stopfen ist sicher keine leichte Aufgabe. Doch ein halbes Dutzend Herzen zu versorgen, ist umso schwerer. Daher sind ich und die ganze Familie ihr zu tiefstem Dank verpflichtet, den ich hiermit ausdrücken möchte.

Wo wir gerade eben bei Großeltern und Eltern waren: Auch meine Großmutter Susi Guttmann gehört zu den „Leinern" dazu. Die Anregung des Glossars kam – so wie so viele andere Ideen und Worte der Motivation – von ihr. Oma, ich wünsche dir Gesundheit und Wohlergehen sowie viel „Naches" von deinen Enkel- und Urenkelkindern und natürlich vom neuen „Leiner"!

Weiters sind meine Eltern, Franz und Edith Bauer, sehr hilfreich für dieses Projekt gewesen. Zumal ich nicht von den vielen Jahren der Erziehung und Fürsorge spreche, welche ich genießen durfte. Ich spiele vielmehr auf die Unterstützung und Ermutigung an, die ich von ihnen erfahren durfte, bezüglich des Leiners, aber auch in vielen anderen Belangen des Lebens. Daher entrichte ich auch an euch meinen untergebensten Dank!

Ebenso wichtig sind mir meine Schwiegereltern, Gabi und Maia Abramov. Stets sind sie mit unserem Wohlergehen beschäftigt und kümmern sich bisweilen wirklich rührend um uns. Die Kinder genießen ihre wunderbaren Großeltern aus vollen Zügen und dafür bin ich euch, so wie für alles andere, äußerst dankbar!

Meine lieben Kinder, Aron, Chavi, Duved, Gitti, Ruchi und Lea – Kajn Ajn Horre – sind meine Augäpfel und mein Streben. Ich hoffe, dass ihnen auch dieser Leiner eines Tages zur Freude gereichen wird und sie damit für ihre Nachkommen eine würdige Erinnerung an ihr Elternhaus präsentieren können.

Unendlich wichtig für das Projekt war aber vor allem ein Mann: Reb Zwicky Kratz-Lieber, der scharfsichtige, schnelllesende „Gegenleiner" mit den „Tora-Adleraugen". Er gehört zu dem erlauchten Kreis an Personen, die wirklich jeden Text der Leiner gelesen haben (sogar das Glossar). Seine Korrekturen, Anmerkungen oder Kritikpunkte waren ein wesentlicher Beitrag für dieses Buch und sind in so gut wie alle Texte mit eingeflossen. Die Tora verbindet uns beide nun schon viele Jahre. Möge Hashem dich und deine wunderbare Familie mit allem Guten segnen und mögest du viele Naches von deinen Kindern erleben!

Dankesworte

Dass sich die Familie Schwarz dazu entschlossen hat, dieses Werk ihrem im März 2016 verstorbenen Familienoberhaupt Marc Mordechai Schwarz S"L zu widmen, war für mich eine besondere Ehre. Unsere Familien verbinden nicht nur ein gewisser Verwandtschaftsgrad, sondern auch gemeinsame Kinder-, Jugend- und Erwachsenenjahre. Marc werde ich stets als äußerst angenehmen Zeitgenossen in Erinnerung behalten, als einen Menschen, der bei jedermann mit seiner Güte und Wärme punkten konnte. Ich selbst durfte die Gastfreundschaft der Familie Schwarz – insbesondere von Susi Schwarz – des Öfteren genießen und erinnere mich wohlwollend an ihre gefüllten Krautrouladen mit dem ungarisch klingenden Namen („Holepzes"). Auch mit den beiden Söhnen Rouven und Rafael verbindet mich über die familiäre Bande hinaus eine jahrzehntelange Freundschaft.

Ich möchte mich bei der Familie Schwarz für die Unterstützung bei der Realisierung des „neuen Leiners" sehr bedanken und ich hoffe, dass die „Divrej Tora" aus dem Leiner eurem Ehemann und Vater dort, wo er jetzt ist, zur Ehre gereichen und seine Seele empor steigen lassen. Ich wünsche euch nur das Beste, Naches, Bruches und Gesundheit weiterhin bis zum Kommen des Mashiachs, Bimhera Bejamenu!

Ebenso möchte ich den beiden Rabbinern, die freundlicherweise ein Begleitschreiben für dieses Buch geschrieben haben, danken. Der Gemeinderabbiner der IKG, Rav Shlomo Hofmeister Shlit"a, und der Jugendrabbiner der sefardischen Gemeinde, Rav Albert Shamonov Shlit"a, haben sich die Mühe gemacht, ihren Segen für dieses Projekt auszudrücken, und ich möchte ihnen dafür meinen Dank ausdrücken.

Als meinen persönlichen Beistand in halachischen und lebensbewegenden Fragen möchte ich Rav Moshe Elieser Weiss Shlit"a nicht unerwähnt lassen und ihm folglich an dieser Stelle einen aufrichtigen Dank für seine Zeit, Unterstützung und Bemühungen aussprechen. Meine enge Verbindung zu Rav Weiss wird auch durch den im Anhang abgedruckten Dankbrief, welchen ich von ihm für meine unterstützenden Tätigkeiten für den Schul- u. Tempelverein "Machsike Hadass" erhalten habe, ausgedrückt.

Keinesfalls vergessen will ich natürlich meine ehrenwerten Chefs, Reb David Zwi und seine Gattin Frau Shifru Neumann, mit welchen ich nun schon über ein Jahrzehnt eng verknüpft bin. Ich danke ihnen für die jahrelange Freundschaft und die Aufnahme in ihre Firma. Wenn sie, werter Leser, Schmuck, Diamanten oder Perlenschnüre brauchen, sind sie bei Firma Neumann immer an der richtigen Adresse!

Der neue Leiner

Selbstverständlich kann ich diese Liste nun noch unendlich lange fortsetzen. Doch es tut sich in mir einfach das Verlangen auf, die Dankesworte zu beenden, da ich sonst Gefahr laufe, dass wieder zahlreiche Leser bei genau diesen stehenbleiben …

Außerdem möchte ich nochmals betonen, dass die Dankesworte aus dem ersten Band nach wie vor gültig sind, und an dieser Stelle wiederholt auf diese verweisen.

Zum Abschluss bleibt mir nur mehr übrig, allen Leinern zu wünschen, dass sie mit dem Lesen dieses Buches zu einem spirituell-jüdischen Höhenflug ansetzen, der sie bis zu den Bergen Zijons hinaufkatapultiert, wo sie – Bimhera Bejamenu – in den Armen des Mashiachs eine sanfte Landung erleben mögen!

Herzlichst

Arieh Bauer

Die Wochenabschnitte der Tora

בראשית
Bereshit

Wer zuletzt kriecht, kriecht am längsten

Sederabend beim Gaon aus Vilna. Wie gebannt sitzen die Anwesenden um den weiß gekleideten Rav Elijahu ben Shlomo Salman herum und verfolgen jedes noch so kleine Detail. Schließlich kann man sich bei so einer Tora-Größe aus jedem Fingerzeig ein Bollwerk an Halacha und Mizwot abschauen. Und tatsächlich ergibt sich kurz nach dem kindlichen „Ma-Nishtana"-Gesang die Gelegenheit einer faszinierenden Tora-Einsicht. Nachdem die Haggada nämlich feststellt, dass wir auch nach Ankunft des Mashiachs noch den Auszug aus Mizrajim erwähnen werden, murmelt der Gaon etwas unter seinem Bart: „Und das ist ein Beweis für eine Feststellung unserer Weisen aus dem Midrash[2]: ‚Nach Mashiachs Ankunft werden alle beeinträchtigten Lebewesen geheilt werden, außer der Schlange.'"

So gebannt die Gäste aber bisher auf den Gaon geblickt hatten, schienen ihre Erwartungen in diesem Moment doch ein wenig über ihr Ziel hinausgeschossen zu sein. Denn in Wahrheit verstand keiner von ihnen, was in aller Welt der Gaon mit seinem Kommentar gemeint hatte. Woher kam hier eine Schlange unter dem Sedertisch des Gaons hervorgekrochen?

---

2 Midrash Tehillim Shocher Tov 1,5.

Doch wie an jedem Sedertisch, befanden sich auch an diesem Menschen verschiedener Niveaus in Bezug auf das Tora-Wissen, so als setze ein Sedertisch solche Konstellationen voraus. Rav Shmuel Chassid aus Raseiniai, Litauen, wäre wohl derjenige gewesen, der an diesem Abend neben dem Gaon selbst den Titel des „Chacham"[3] eingestreift hätte. Denn er konnte den ratlosen Sedergästen die tiefere Bedeutung der Gaon'schen Murmelei darlegen.

SCHNEEBALLEFFEKT ✧ Rav Shmuels Darlegungen begannen mit einer Erklärung des Midrashs, den der Gaon zitiert hatte. Der Midrash bezieht sich dabei auf die Urschlange aus Zeiten der Schöpfung, wohnhaft: Paradies. Die Tora berichtet[4] da im Zusammenhang mit der Schlangen-Bestrafung, dass G'tt sie verfluchte und sagte: „Staub wirst du essen, alle Tage deines Lebens." Schließlich hatte die Schlange die Urfrau Chava zur Sünde verleitet und damit den Schneeballeffekt zur „ersten Sünde" ausgelöst. Ein Fehltritt, an dessen Reparatur wir noch bis zur heutigen Zeit und weiter arbeiten müssen. Hashem hatte der Schlange daraufhin eine „Beinamputation" verpasst, die ihr von nun an ständigen Bodenkontakt bescherte. Und obwohl laut dem oben erwähnten Midrash geplant ist, dass der Mashiach nach seiner Ankunft alle beeinträchtigen bzw. fehlerhaften Lebewesen heilen wird, soll die Beeinträchtigung der Schlange eben nie mehr von ihr weichen.

Dass die erzwungene Bodennähe der Schlange ihr zugleich auch Vorteile brachte, leugnet der Chiddushei HaRim[5] übrigens. Denn obwohl ihr mit „Staub und Erde" nun ein großzügig vorhandenes und mineralstoffreiches Nahrungsmittelangebot „zu Füßen lag", konnte sie keinen ultimativen Nutzen daraus ziehen. Schließlich stößt jedes Lebewesen einmal bei seiner Nahrungsmittelsuche an seine Grenzen und erhebt dann seine Augen flehend gen Himmel, wo Hashem selbst den Ruf erhört und ihm weiterhelfen wird. Doch ein Lebewesen, das seine Nahrung ständig um sich hat, wird wohl kaum zu G'tt flehen. Und genau das wollte Hashem hier auch erreichen, als er die Schlange mit dem zugegeben etwas langweiligen, aber stets verfügbaren Menü bestrafte, meint der Chiddushei HaRim. Er wollte einfach nie wieder von ihr hören und bescherte der Schlange daher im Sinne einer „Friss-und-Stirb"-Strategie einen unendlichen Fressnapf in Form von Staub und Erde.

---

3   Der weise Sohn, siehe mehr dazu im Beitrag „Die Vier Söhne in Dir", Seite 119.
4   Bereshit 3,14.
5   Rav Jitzchak Meir Alter Rothenberg, Begründer der chassidischen Gur-Dynastie vor ca. 200 Jahren.

Der neue Leiner

RÜCKSCHLUSS ✧ Rav Shmuel Chassid, der überkluge Sedergast des Gaons, setzte nun an, den rätselhaften Kommentar seines Gastgebers endgültig zu erklären. Dazu betonte er, dass dem Rückschluss des Gaons von der Haggada zur Schlange die Worte „alle Tage deines Lebens" zugrunde lagen. Denn auch in der Haggada wird die Meinung, dass man den Auszug aus Mizrajim auch nach der Ankunft des Mashiachs noch erwähnen muss, aus denselben Worten abgeleitet: „Unsere Weisen lehrten: ‚Tage deines Lebens' bezieht sich auf die Verpflichtung, den Auszug aus Mizrajim bis zur Ankunft des Mashiachs tagtäglich zu erwähnen. ‚Alle Tage deines Lebens' gilt für die Zeit nach der Erlösung."[6]

Dem Gaon schien in dem Moment, als er die Worte „alle Tage deines Lebens" aus der Haggada sprach, der gleichlautende Text in Bezug zur Schlangenbestrafung eingefallen zu sein. So wie die Haggada diese Worte als Hinweis auf die Zeit nach Mashiachs Ankunft sah, sollten sie auch bei der Schlange einen Hinweis auf jene Zeit in sich bergen. Und tatsächlich hat Hashem für jene Zeit besondere Pläne, wie der Midrash feststellt. Die Schlange soll nämlich auch dann noch „Staub der Erde" essen und nicht wie andere Lebewesen von ihrer Beeinträchtigung geheilt werden.

VERG'TTLICHUNG ✧ Beweis dafür ist die Wortwahl der Tora „alle Tage deines Lebens" bei der Schlangenbestrafung. So wie „alle Tage deines Lebens" in der Haggada auf die Zeit nach Mashiachs Ankunft anspielt, bedeuten dieselben Worte bei der Schlangenbestrafung, dass diese auch nach Ankunft des Mashiachs ihre Nahrungsaufnahme weiterhin kriechend-leckend betreiben wird. Das also meinte der Gaon, als er murmelte: *„Und das ist ein Beweis für eine Feststellung unserer Weisen aus dem Midrash: ‚Nach Mashiachs Ankunft werden alle beeinträchtigten Lebewesen geheilt werden, außer der Schlange.'"*

All dies offenbarte Rav Shmuel Chassid den Sedergästen, um eine kleine Murmelei des Gaons zu erklären. Mit welcher Geschwindigkeit und Gewandtheit der Gaon all diese Schlüsse in den kurzen Momenten der Sedernacht zog, ist sicherlich höchst beeindruckend. Umso imponierender ist es jedoch, dass die Tora solche komplex vernetzten und endlos durchdringenden „Durchschaltungen" überhaupt zulässt. Und dass nicht nur für den Gaon, sondern für jeden, der sich dem Torastudium widmen möchte. Denn der Ruf gen Himmel, der erfolgt, wenn man einmal an seine Grenzen stößt, wird nicht nur in Bezug zur materiellen, sondern sogar umso mehr in Bezug zur geistigen „Nahrungsmittelsuche" erhört werden.

---

6 Haggada, aus Mishna Mes. Berachot 1,5 basierend auf Devarim 15,3.

Bereshit

Parashat Bereshit ist als „Reset"-Parasha eine tolle Gelegenheit, die Tora in die Hand zu nehmen und darin zu schmökern. Bereshit ist aber zweifelsohne auch ein wunderbarer Anlass für ein kurzes Gebet zum Himmel, um für einen erfolgreichen „Anfang" oder „Neuanfang" in Sachen Torastudium zu beten: Möge uns die Tora umgeben, wie der „Staub der Erde" – für „alle Tage unseres Lebens"!

נח
Noach

Halbes Lob für einen ganzen Zadik

Zehn Glieder zählte die Generationenkette zwischen dem ersten Menschen – Adam HaRishon – und dem ersten Schiffbauingenieur – Noach HaZadik. Während diese „Ahnenkette" aus spiritueller Hinsicht jedoch eher einer Abwärtsspirale glich, setzte Noachs „auftriebiges" Verhalten als Werftvorstand nun den Startpunkt für eine neue Ahnenkette mit einer nachhaltigen Aufwärtsbewegung.

Denn nur zehn Generationen nach Noach betrat der erste Urvater – Avraham Avinu – das Parkett der jüdischen Geschichte und läutete damit das lang ersehnte „Zeitalter der Tora" ein.

OBERKLASSE ✧ Doch zu welcher der beiden Ahnenketten gehörte eigentlich Noach? War er noch Teil der Abwärtsspirale oder zählte er bereits zur neuen „Oberklasse" der frisch begründeten Menschheit?

Von Adam bis Noach ging es bekanntlich immer weiter abwärts mit Moral, Sitte und Menschlichkeit. So weit sogar, dass Hashem entschied, alle Erdenbewohner „abzuspülen" und einen regelrechten Neustart durchzuführen. An diesem war Noach dann als integraler Bestandteil unmittelbar beteiligt.

Noach

Doch war Noach womöglich nur ein unvermeidbares Überbleibsel dieser vorsintflutlichen Weltbevölkerung? War er unter Umständen nur das „geringste Übel" einer moralisch verfallenen Gesellschaft, der sich gerade noch aus dem Staub machen konnte?

HUMANES ERBGUT ✧ Auf der anderen Seite war Noach aber sehr wohl ein auserwählter Pionier einer neuen Welt, ein Mann, der die Fundamente für die menschliche Existenz wieder auf solide Beine stellen sollte. Da konnte es sich gar nicht um irgendein dahergelaufenes Menschenexemplar zur bloßen Rettung des humanen Erbguts handeln.

Noach musste ganz im Gegenteil dazu ein begabter Ausnahmekönner sein. Ein Mann, der ständig im Einklang mit G'tt lebte und dementsprechend auch all seine Geschöpfe schätzte. So gesehen müsste er folglich eindeutig zu den zehn Generationen von Noach bis Avraham – also zur angesprochenen „Oberklasse" – gehören.

Dass diese Frage nun nicht unbedingt neu ist, kann man dabei nicht bestreiten. Schließlich erklärt uns bereits Rashi in seinem Kommentar, dass sich unsere Weisen selbst nicht sicher waren, was es mit Noach auf sich hatte.

LEHRMEINUNGEN ✧ Sein Kommentar bezieht sich auf den Fakt, dass die Tora[7] Noach als „vollkommenen Zadik in seinen Generationen" bezeichnet.

Die Lehrmeinungen über die Bedeutung der Angabe „in seinen Generationen" gehen dabei auseinander: „Einige unserer Gelehrten legen es positiv aus", erklärt Rashi, „hätte Noach in einer Generation mit weiteren Zadikim gelebt, dann wäre aus ihm noch ein größerer Zadik geworden."

Laut dieser Meinung drückt die Tora mit der Anmerkung, dass Noach „in seinen Generationen" als „vollkommener Zadik" galt, aus, dass er nicht nur in Bezug zu seiner, sondern auch in Bezug zu zukünftigen Generationen eine wichtige Position als „Gerechter" innerhalb der Gesellschaft eingenommen hätte. Wobei die zukünftigen Generationen zweifelsohne bei Weitem mehr Zadikim enthalten würden als die Sündengeneration der Sintflut.

Doch Rashi fährt fort und präsentiert auch die Kehrseite der „Generationen"-Medaille: „Andere legen es negativ aus: In Bezug zu seiner Generation galt er vielleicht als Zadik, doch in der Generation von Avraham wäre er gesellschaftlich total irrelevant gewesen", meint er. Laut dieser Meinung waren die Erdenbewohner wohl so schlecht,

---
7   Bereshit 6,9.

dass damit auch ein Mann wie Noach schon als Zadik galt. Er war gewissermaßen nur ein „Relativ-Zadik" im Vergleich zu seinen bösen Mitmenschen. Zugegebenermaßen keine sehr schmeichelhafte Auslegung für den Weltenpionier Noach.

RELATIV-ZADIK ✧ Auch im Werk „Kedushat Zion" wird die Verwunderung über die negative Auslegung deutlich. Schließlich entspricht es ja nicht gerade der „feinen, englischen Art" der Tora, jemanden in solch schlechtem Licht darzustellen. Wo die Tora Noach doch zuvor explizit als „vollkommenen Zadik" bezeichnet hat, soll hier ein fieser Seitenhieb auf seine minderwertige spirituelle Statur verborgen liegen?

Der Kedushat Zion beschreibt daher neue und vor allem äußerst spannende Wege im Verständnis dieses untypischen Rashi-Kommentars über die so gegensätzlichen Auslegungen. Seine Argumentation baut dabei auf einer wichtigen Erkenntnis des Rashi im Zusammenhang mit den Ereignissen, von welchen die Tora nur einige Sätze später berichtet, auf. Dabei[8] bittet Hashem Noach, den von ihm erbauten „Schiffskasten" – die altbekannte „Arche Noah" – zu betreten: „Denn ich betrachte dich als Zadik in dieser Generation", betonte Hashem dabei als Begründung für die Auswahl Noachs als Schiffskapitän und Tierpflegegeneral.

MALHEUR ✧ Rashi wundert sich allerdings darüber, dass Hashem seinem Mann des Vertrauens hier titelmäßig gleich um einen Kopf kürzer macht. Anstatt eines „vollkommenen Zadiks" wird Noach hier nämlich nur mehr zu einem bloßen „Zadik". Was war hier geschehen? War ihm etwa am Weg zur Arche noch ein sündiges Malheur passiert?

Doch Rashi erklärt, dass man anhand von Hashems zurückhaltender Ausdrucksweise an dieser Stelle vielmehr eine allgemeingültige Regel aufstellen kann: „Man lobt einen Menschen nie zur Gänze, wenn er anwesend ist! Erst wenn er abwesend ist, soll man das ganze Lob aussprechen", erläutert Rashi salbungsvoll. Da Hashem hier direkt mit Noach konferierte, musste er sich dementsprechend nun den Ehrentitel des „vollkommenen" Zadiks verkneifen und durfte nur ein „halbes Lob" aussprechen. Am Beginn der Parasha, wo Noach noch als „vollkommener Zadik" bezeichnet wird, berichtet die Tora jedoch aus rein erzählerischer Sicht. Noach galt hier als „abwesend" und die Tora kann mit „Volllob voraus" weitersegeln.

---

8 Bereshit 7,1.

EHRENTITEL ✧ Der Kedushat Zion nutzt diese Erkenntnis aber nun, um eine weitere Frage aufzuwerfen, mit deren Hilfe er den wundersamen Rashi-Kommentar über Noachs minderwertigen Zadik-Status schließlich ein wenig besser erklären kann.

Als Hashem Noach nämlich befiehlt[9], vom „reinen Vieh" eine größere Anzahl als von unreinen Tieren mitzunehmen, erklärt Rashi einen weiteren interessanten Fakt: „Mit dem ‚reinem Vieh' sind die Tiere gemeint, die den Juden in Zukunft erlaubt sein werden", meint er. Was sonst könnte Hashem hier mit „reinem Vieh" gemeint haben? Die Unterteilung in „rein" und „unrein" würde erst viel später, nach der Toragabe, eine Rolle spielen! Rashi führt den Gedanken sogar noch ein wenig weiter fort und stellt fest: „Das zeigt uns, dass Noach Tora lernte!" Eigentlich logisch! Woher wusste Noach sonst, was „rein" und „unrein" ist? Wohl nur aus der Tora selbst! Und daher entspricht es beinahe einer zwingenden Logik, dass er die Tora bereits damals in irgendeiner Form studierte.

Doch wenn dem so ist, fragt nun der Kedushat Zion, dann hätten wir mit dem vorhin geflochtenen Gedankengerüst des „halben" und „vollen" Lobes ein Problem. Wenn man das „volle Lob" nicht in „Anwesenheit" des Gelobten aussprechen soll und Noach aber Tora lernte, dann war ja auch der Ausdruck des „vollkommenen Zadiks" sehr wohl ein Lob in „Noachs Anwesenheit". Noach lernte schließlich Tora und galt diesbezüglich als „anwesend"! Wie konnte sich die Tora daher erlauben, hier das volle Lob auszusprechen?

ANWESENHEIT ✧ Doch wenn wir uns an die „geteilten Meinungen" über Noachs Zadik-Status erinnern, wird eines klar: Nicht jeder sah die Bezeichnung „vollkommener Zadik" unbedingt als Lob an. Schließlich begleitet die Tora diesen Ausdruck noch mit dem – laut einer Lehrmeinung negativ auszulegenden – Zusatz, dass er nur „in seiner Generation" als Zadik galt. Somit ist dieser Ausdruck gar kein „volles Lob" für Noach und vielleicht nicht einmal ein „halbes Lob".

Doch was ist mit der anderen Lehrmeinung, die den Zusatz positiv auslegt? Wenn Noach wirklich Tora lernte, so dürfte ihm auch diese Lehrmeinung nicht entgangen sein!

---

9   Bereshit 7,2.

Der neue Leiner

Aber wer sich laut dem Kedushat Zion diesen Rashi-Kommentar etwas genauer ansieht, wird auf ein erstaunliches Detail stoßen. Bei den „Positivauslegern" schreibt Rashi nämlich: „Einige unserer Gelehrten legen es positiv aus".

GELEHRTE ✧ Bei den Negativauslegern fällt der Ausdruck „Gelehrte" jedoch weg und es heißt einfach: „Andere legen es negativ aus". Aber wer waren bloß die „Anderen"?

Der Kedushat Zion meint nun, dass es sich bei den „Anderen" gar nicht um irgendwelche Gelehrten des Talmuds gehandelt hat, sondern tatsächlich um Noach selbst! Er war derjenige, der das Lob des „vollkommenen Zadiks in seinen Generationen" in seiner Bescheidenheit negativ auslegte. Denn laut unseren Gelehrten war Noach sicher ein waschechter Zadik über alle Generation hinaus. Nur Noach selbst sah dies anders, da er – ganz dem Verhalten eines Zadiks gemäß – so bescheiden war.

Somit wird auch die Frage nach dem „halben" und dem „vollen" Lob schnell geklärt. Dass Noach ein „vollkommener Zadik" war, entsprach einem Lob in Noachs Abwesenheit, da er diese Bezeichnung negativ auslegte. Für ihn war dies kein Ehrentitel, sondern eine Einschränkung, dass er nicht als generationenübergreifender Zadik galt. Doch wegen dieser „geistigen Abwesenheit" Noachs konnten die Gelehrten diesen Titel nun sehr wohl positiv interpretieren und seinen Zadik-Status damit unwiderruflich festlegen!

DIE WELT DES RASHI ✧ Der Kedushat Zion kann hier somit nicht nur die Ehre Noachs wiederherstellen, sondern auch ein wunderschönes Beispiel dafür liefern, wie homogen und vernetzt die Welt der Tora – und insbesondere die Welt des Rashi – eigentlich ist.

Wie schön ist es daher, dass nun noch fünf ganze aufregende Bücher der Tora auf uns warten, um auch dieses Jahr wieder mit Freude, Akribie und G'ttesfurcht erschlossen zu werden. Auf in die „Arche Tora"!

לך לך
Lech Lecha

Das Leben ist ein Geschenk

Pünktlich zur Zeitumstellung dürfen wir Avraham Avinu wieder einmal aus unserer Parasha-Schatzkiste hervorkramen. Der Urvater des jüdischen Volkes gilt als „Entdecker" des Monotheismus und als Mensch, von dem wir uns auch tausende Jahre später noch vieles abschauen können.

Doch Avraham schwebte nicht nur geistig in höheren Sphären und begnügte sich mit G'tt allein. Er war vielmehr auch ein Charaktergigant der Spitzenklasse, dessen Barmherzigkeit und Nächstenliebe bis dato unerreicht bleiben. Selbstverständlich war Avraham aber auch in Sachen Sitte und Moral ein absolutes Vorzeigemodell.

BESCHÜTZERINSTINKT ◇ So erzählt uns die Tora beispielsweise mit einem fast schon rührigen Unterton über Avrahams Beschützerinstinkt gegenüber seiner Ehegattin Sara. Aufgrund einer Hungersnot, die Hashem nur zu Prüfungszwecken von Avrahams G'ttesvertrauen herbeigeführt hatte, reiste das monotheistische Ehepaar ausgerechnet nach Mizrajim. Der Ramban[10] merkt dabei an, dass hier bereits ein erster Funke der bevorstehenden Ereignisse in und um Mizrajim aufglüht. Der Besuch des Paares ebnete laut ihm den Weg für ihre Nachkommen und beeinflusste die Situation

---
10   Ramban zu Bereshit 12,10.

der Bnei Jisrael vor, während und nach der schweren Knechtschaft in Mizrajim. Avraham und Sara suchten dort folglich nicht bloß nach Nahrung, sondern waren gleichzeitig auch die Pioniere des jüdischen Volkes in Mizrajim, dem Land, das die Tora später als „Schmelztiegel der jüdischen Nation" bezeichnen wird.

Um seine Frau und sich nun vor den moralisch extrem tief fliegenden Mizrim zu schützen, schmiedete Avraham einen recht waghalsigen Plan. Er fürchtete, dass die Mizrim beim Anblick seiner Gattin Kopf stehen würden und trat dieser Befürchtung in zwei Schritten entgegen.

SCHUTZMASSNAHMEN ✧ Erstens versuchte er, sie bei der Einreise in einem Kasten vor den mizrischen Zöllnern zu verstecken[11]. Zweitens trug er Sara auf, kein Sterbenswörtchen über ihren ehelichen Status zu verlieren. Stattdessen trat das Duo als „Bruder und Schwester" auf, die gemeinsam reisten. Ob eine herkömmliche Versicherung das Risiko dieses Plans für so gering gehalten hätte, dass sie eventuelle Schäden ohne Weiteres gedeckt hätte, ist unwahrscheinlich. Und tatsächlich flog der riskante Plan alsbald auf. Die Zöllner entdeckten Sara und der damals regierende Pharao wurde zum Aufdecker der geheim gehaltenen Ehe.

Sara musste allerdings erst von Avraham dazu überredet werden, sich als seine Schwester auszugeben: „Bitte sag' allen, dass du meine Schwester bist", beschreibt die Tora[12] Avrahams Aufforderung an seine Frau, „damit man mir Gutes tut und ich wegen dir am Leben bleiben kann."

GESCHENKE ✧ Rashi erklärt zu dieser Stelle, dass Avraham mit dem Ausdruck „Gutes" auf etwas ganz Spezielles abzielte. Laut ihm meinte Avraham nämlich, dass sie die Bruder-Schwester-Beziehung vortäuschen sollte, damit man ihm „Geschenke macht". Das „Gute", das man Avraham tun wird, sind laut Rashi „Geschenke", die er von den Mizrim erhalten würde.

Denn sicherlich würden sich die moralischen Tiefstapler unter den Mizrim sehr um Sara bemühen und ihren „Bruder" mit den feinsten Geschenken umgarnen, um ihre Erfolgschancen zu steigern!

---

11 Rashi zu Bereshit 12,14.
12 Bereshit 12,13.

Lech Lecha

VERSTECKSPIELEN ✧ Doch der „Kedushat Zion", früherer Rebbe der chassidischen „Bobov"-Gemeinde, wundert sich in seinem Werk, ob dies tatsächlich Avrahams Motivation gewesen sein könnte.

Rashi meint, dass Avraham Versteckspielen wollte, damit man ihm „Geschenke macht". Aber soll das wirklich Avrahams Antrieb gewesen sein? Heißt es denn nicht so schön im Spruchwerk von König Shlomo[13], dass „jemand, der Geschenke verabscheut, leben wird"? Und gerade unser Charaktergigant und Moralkoloss Avraham Avinu soll seine eigene Ehefrau dazu verwendet haben, Geschenke zu ergattern? Wo diese doch zu „verabscheuen" sind, wie König Salomon persönlich es so schön formuliert?

SCHUHBÄNDCHEN ✧ Der Kedushat Zion geht aber trotz seiner großartigen Fragestellung mit der gewohnten Ruhe und Professionalität vor. Denn eines ist sicher: Avraham ging es in erster Linie nicht um die Geschenke! Ein Anzeichen dafür ist, dass er sogar nach dem Krieg gegen den König Sdoms[14] jegliche materielle Beute kategorisch ablehnte und nicht einmal ein Schuhbändchen mitnehmen wollte. Und in diesem Fall wäre ihm eine Kriegsbeute durchaus zugestanden, da ging es erst gar nicht um „Geschenke".

Insofern sollte Avraham auch in Bezug zu den mizrischen Geschenken eine ähnliche Ansicht haben und diese interesselos verwerfen. Der Kedushat Zion wiegt sich daher in ziemlicher Sicherheit, dass ihn sein Riecher bezüglich der „Geschenkfeindschaft" Avrahams nicht täuschen wird. Dennoch ist anhand der von Rashi festgelegten Tatsachen weiterer Erklärungsbedarf gegeben.

GESCHENKFEINDSCHAFT ✧ Allerdings muss man erst gar nicht im Besitz einer riesigen Tora-Bibliothek sein, um damit zu beginnen, den Erklärungsbedarf zu stillen. Denn bereits im selben Satz liegt der Ansatz zur Auflösung des Rätsels verborgen: „Bitte sag' allen, dass du meine Schwester bist, damit man mir Gutes tut und ich wegen dir am Leben bleiben kann", lautet der Satz, zur Erinnerung. Doch was hatte Avraham hier eigentlich mit dem Zusatz „damit ich wegen dir am Leben bleiben kann" gemeint? Kann ein Toter etwa Geschenke annehmen? Selbstverständlich wird Avraham noch „am Leben" sein, wenn man ihm wegen Sara „Gutes tun wird"! Vor allem, wenn man Rashis Kommentar hiezu wörtlich nimmt! Wozu muss die Tora dann noch diese Worte einfügen?

---

13 Mishlei Kap. 15.
14 Bereshit 14,23.

Der neue Leiner

Der Kedushat Zion macht sich daher auf, um die Fragestellung über Avrahams Position zur Geschenkannahme auf Basis des Spruches von Shlomo HaMelech nochmals etwas genauer zu definieren. Shlomo HaMelech spricht wie gesagt von einer Person, die „Geschenke verabscheut". Doch ist es nicht so, dass man Geschenke eigentlich nur dann verabscheuen kann, wenn man diese auch wirklich erhalten kann? Jemand, der nie ein Geschenk bekommen hat, kann schließlich auch keines verabscheuen! Es ist eher umgekehrt.

GESCHENK-FASSER ✧ Der vermeintliche „Geschenk-Hasser" wird möglicherweise zum eifrigen „Geschenk-Fasser", wenn er wirklich mal ein solches vor die Nase bekommt! Der Kedushat Zion legt daher in seiner genialen Art, die Tora zu analysieren, fest: Geschenke kann nur jemand verabscheuen, dem solche auch angeboten werden! Und um damit auch den zweiten Teil von Shlomo HaMelechs Spruch zu erfüllen, muss man hinzufügen, dass auch nur so ein Geschenkverabscheuer „leben wird". Und das meinte Avraham laut dem Kedushat Zion nun auch mit seiner Angabe, dass man ihm – laut Rashi – „Geschenke geben wird" und er „am Leben bleiben kann". Man wird Avraham zwar wegen Sara Geschenke anbieten, meint der Kedushat Zion, aber Avraham wird diese bereitwillig ablehnen. Damit gilt Avraham aber auch als echter „Verabscheuer von Geschenken" und Shlomo HaMelechs Spruch, dass er „leben wird", kommt damit zum Tragen. Daher sagte Avraham auch, dass er „am Leben bleiben kann". Er bleibt „am Leben", weil er die Geschenke, die man ihm für seine „Schwester" anbieten würde, bereitwillig ablehnen wird! Und damit mutiert er zum „quicklebendigen Geschenkverabscheuer" aus Shlomo HaMelechs Spruchwerk!

SEGENSGÜTER ✧ Doch eines mutet auch nach der Erklärung des Kedushat Zion noch etwas eigenartig an. Die Tora erzählt nämlich nur kurz darauf[15], dass Avraham mit materiellen Segensgütern regelrecht überhäuft wurde. Oder sind Schafe, Rinder, Esel, Knechte, Mägde, Eselinnen und Kamele etwa keine erstrebenswerten Güter? Da schaut man nicht bloß dem „geschenkten Gaul nicht ins Maul", sondern einer Reihe anderer domestizierter Tiere und Menschen nicht! Wie also können wir die Erklärung des Kedushat Zion bezüglich der „abgelehnten Geschenke" gänzlich akzeptieren? Avraham hat doch sehr wohl Geschenke erhalten!

---

15   Bereshit 12,16.

Lech Lecha

Allerdings bietet sich hiezu die Einsicht eines Schülers des Chatam Sofers an. Rav Avraham Ohrenstein erklärt nämlich in seinem Werk „Divrej Avraham", warum Avraham Avinu die Geschenke dann doch akzeptierte. Er stützt seine These dabei auf den oben erwähnen Kommentar des Ramban, der die Parallele zwischen Avrahams jetzigen Besuch in Mizrajim und der späteren Geschichte des jüdischen Volkes in diesem Land hervorhebt. Ein Teil dieser Geschichte sah vor[16], dass die Bnei Jisrael „mit vielen Besitztümern" aus Mizrajim ausziehen werden.

VISION ✧ Dies war sogar ein explizites Versprechen G'ttes an Avraham, als er ihm die Zukunft seiner Nachkommen in einer Vision offenbarte. Da Avraham laut dem Ramban derzeit unterwegs war, um seinen Nachkommen „den Weg zu ebnen", musste er jetzt eben auch bezüglich der „vielen Besitztümer" ein wenig Vorarbeit leisten und nahm die Geschenke der Mizrim als Wegbereiter für seine Nachkommen an.

So gesehen hatte die Geschenkannahme Avrahams in diesem Fall aber sicher nicht seine persönliche Selbstbereicherung zum Ziel. Es ging vielmehr darum, die Einlösung des g'ttlichen Versprechens, in Zukunft mit „vielen Besitztümern" aus Mizrajim auszuziehen, möglich zu machen und seinen Nachkommen auch dahingehend den Weg zu ebnen, erklärt der Divrej Avraham.

Avraham Avinu schien somit tatsächlich ein „salomonischer Geschenkverabscheuer" gewesen zu sein, der seiner „Phobie" jedoch zu Ehren seiner Nachkommen nachgab, um Hashems Versprechen bezüglich der „vielen Besitztümer" möglich zu machen.

KALKÜL ✧ Der Kedushat Zion und der Divrej Avraham ermöglichen uns so einen tiefen Kombinationseinblick in Avrahams enorme Charakterstärke. Sie lassen uns sein Kalkül nach Tora-Prioritäten besser verstehen und geben uns die Möglichkeit, dass wir uns vielleicht sogar eine Scheibe – oder zumindest ein „Eckerl" – davon abschneiden können. Zeit zum eingehenden Parasha-Studium – dem besten „Schneidewerkzeug" für ein avrahamitisches Charaktereckerl – bleibt an den langen Freitagabenden der vorgerückten Winteruhr bestimmt. Schließlich hätte nicht einmal Avraham Avinu eine „geschenkte Stunde" verabscheut!

---

16 Bereshit 15,14.

ויראָ
Vajera

Fein gesiebt und gut bewirtet

*G*äste sind „des einen Leid und des anderen Freud", wie es das Sprichwort so schön sagt. Wobei es im Praxisfall oft so aussieht, dass die Gäste das „Leid" der Frau und die „Freud" des Mannes sind. Ganz und gar nicht im Einklang moderner Gender-Erziehung stützt sich diese Hypothese dabei auf die Annahme, dass ein großer Teil der Speisenzubereitung in den Verantwortungsbereich der Frau fällt.

UNGELADENE GÄSTE ✧ Die Episode über die ersten ungeladenen Gäste der Weltgeschichte mutet auf den ersten Blick allerdings etwas anders an. Denn Avraham Avinu ist scheinbar von seiner Ehefrau Sara „gut erzogen" worden und legt selbst ganz schön Hand an, wenn es um die Bewirtung seiner drei Überraschungsgäste geht. Das gastfreundlichste Ehepaar der Welt müsste dabei nicht lange nach Ausreden suchen, um sich gegebenenfalls für ein etwas einseitiges Menü zu entschuldigen. Schließlich befand man sich mitten in einer Wüste, wo der nächste Supermarkt nicht nur tausende Kilometer, sondern auch tausende Jahre weit entfernt war.

Und außerdem hatte Avraham ja gerade einen unangenehmen Eingriff – seine Beschneidung – hinter sich und sollte sich eigentlich besser ein wenig ausruhen, als zwischen Küchen- und Ess-Zelt hin und her zu huschen. Dennoch tischten die beiden ganz schön auf. Unter Mithilfe von Avrahams Sohn aus zweiter (Parallel-)Ehe, Jishmael Ibn Avraham, wurde in Windeseile frisches Brot gebacken, drei Kälber geschlachtet und als Draufgabe sogar noch eine Nachspeise hergestellt: leckere, runde Kuchen![17]

Für den Kuchen war natürlich ein besonders feines Mehl vonnöten. Daher bat Avraham auch seine Frau: „Nimm bitte schnell drei Maß feinstes Mehl, knete es und mache Kuchen!"

SOLET UND KEMACH ✧ Sara wusste dabei, dass ihr Mann nicht einfach so vor den Gästen angeben wollte. Er hatte es mit dem „feinsten Mehl" – auf Hebräisch „Solet" – tatsächlich ernst gemeint. Laut Rav Shimshon Rafael Hirsch ging es gar um 13-fach gesiebtes Mehl. Dieses wird aus dem gröberen „Kemach"-Mehl gewonnen und durch das wiederholte Sieben zum „Solet"-Mehl. Ob sich die salzigen Knabberstangerln aus Österreich ihren wohlklingenden Namen[18] tatsächlich aus Avrahams Nachspeisenküche hinaus gestohlen haben, ist dabei nur eine nebensächliche Frage, die es zu beantworten gilt. Denn viel interessanter ist, dass Avraham hier in seinem „Back-Auftrag" beide Ausdrücke verwendete: Er bat sie nämlich darum, sowohl „Kemach" als auch „Solet" zur Hand zu nehmen, wie die Tora schreibt. Doch was wollte Avraham seinen Gästen nun servieren? „Kemach", das grobe Mehl, oder „Solet", das feine Mehl?

TAGESRATION ✧ Rav Hirsch sieht die Sache dabei recht einfach und dennoch ziemlich genial. Laut ihm bat Avraham seine Frau Sara nämlich, drei Maßeinheiten – übrigens das dem Tora-Studenten wohlbekannte „Se'ah"-Maß – Kemach zu nehmen und daraus an Ort und Stelle Solet für die Gäste zu sieben. Dass dies auch rein rechnerisch Sinn ergibt, kann Rav Hirsch wunderschön beweisen.

Aus der Gemara[19] erfahren wir nämlich, dass man aus einer Se'ah Kemach insgesamt eine Zehntel „Epha" Solet gewinnen kann. „Epha" ist dabei ein kleineres Maß, das in der Tora verwendet wird. Und eine Zehntel Epha, erklärt Rav Hirsch, entspricht wiederum einem „Omer". Doch bevor wir nun vom „Hundertsten ins Tausendste" kommen, sei hier angemerkt, dass das Maß eines „Omer" haargenau einer gesunden Tagesration an Nahrung für einen Menschen entspricht.

---

17 Bereshit 18,5-8.
18 „Soletti" (unentgeltliche Einschaltung).
19 Mes. Menachot 76b.

Der neue Leiner

„MAN" ✧ Das wissen wir alleine daher, dass man viele Jahre später, nach dem Auszug aus Mizrajim, tagtäglich für jede Person aus dem jüdischen Volk genau ein „Omer" der himmlischen Nahrung des „Man" gesammelt hat[20].

SATT UND ZUFRIEDEN ✧ Das Omer-Maß hielt auch damals einen Menschen für einen Tag satt und zufrieden. Daher, erklärt Rav Hirsch, bat Avraham seine Frau auch darum, genau drei Se'ah-Einheiten Kemach-Mehl zu verwenden. So würde er als Endergebnis genau drei Omer-Einheiten des feinsten Solet-Mehls erhalten und seine drei Gäste unter Garantie satt bekommen. So satt, als hätten sie eine Tagesration „Man" verputzt. Und dies würde wiederum „ganz dem Sinne Avrahams entsprechen", wie Rav Hirsch zum Schluss noch anmerkt. Sicherlich spielt er dabei auf Avrahams immense Qualitäten als großzügiger Gastgeber an, der sogar an den Bäuchen seiner Gäste Maß nahm, um sie vollzufüllen.

ER UND SIE ✧ Die Gemara[21] betrachtet die Doppelnennung „Kemach Solet" allerdings etwas argwöhnischer als Rav Hirsch: „Er sagte Kemach", meint die Gemara, „und Sie sagte Solet." Die Doppelnennung soll uns laut der Gemara folglich lehren, dass Avraham und Sara hier geteilter Meinung waren, was sie ihren Gästen servieren sollten. Einer wollte seinen Gästen hochqualitatives Mehl vorsetzen, und der andere eben minder qualitatives. Doch die Gemara ist noch nicht fertig: „Daraus lernen wir", setzt sie zu einem für sie so klassischen Logik-Zug an, „dass eine Frau karg zu ihren Gästen ist." Was eigentlich auch recht verständlich ist! Denn jetzt ganz „ungegendert" und unter uns gesprochen: Wer hat die meiste Arbeit mit den Gästen, und wer das größere Vergnügen? Aus Furcht vor geifernden FeministInnen soll die Antwort hier nun nicht Schwarz auf Weiß ausgeschrieben werden. Aber immerhin, man kann nachvollziehen, wieso die Frau „karg" zu ihren Gästen ist, der Mann aber nicht. Wer wäscht denn das Geschirr, wenn die Gäste sich endlich zu später Stunde verabschiedet haben?

Ob diese „Arbeitsaufteilung" nun richtig ist, oder nicht, ist eine andere Frage. Vielleicht eine, die jedes Ehepaar unter sich ausmachen sollte.

BA'AL SHEM TOV ✧ Der Ba'al Shem Tov stört sich hier aber an einer ganz anderen Tatsache. Den einen oder anderen geübten Talmud-Denker wird der Widerspruch womöglich sogar schon aufgefallen sein! Er hat vielleicht auch schon seine Taschen-

---

20 Shemot 16,36.
21 Mes. Bava Mezziah 87a.

ausgabe des Talmuds hervorgekramt und sucht nach einem möglichen Denk- oder Tippfehler im – nicht unfehlbaren – „Leiner".

Doch die Wiedergabe der Gemara-Stelle stimmt genau, die Taschenausgabe des Talmuds wird hier nicht viel weiterhelfen!

CHANCE ✧ Fairerweise sollte man aber auch den Nicht-Talmuddenkern eine Chance geben, die Problematik der Gemara-Stelle voll zu erfassen. Wie gesagt, „Solet" war das feine Mehl. Die Ware, die man Gästen servieren sollte, wenn man großzügig wie ein Avraham Avinu zu ihnen sein möchte. Karge Gastgeber können sich durchaus des groben „Kemach"-Mehls bedienen, werden sich damit aber höchstens einen schlechten Ruf als GastgeberInnen erwirken können.

Demnach sollte aber eigentlich Avraham um Solet gebeten haben und Sara um das Kemach! Wer jedoch genau aufgepasst hat, wird merken, dass es genau umgekehrt ist: „Er sagte Kemach und Sie sagte Solet", heißt es nämlich in der Gemara. Da stimmt doch etwas nicht!?

GRIMMIGE ZENSUR ✧ Man könnte eventuell auch einen Fehler vermuten, oder die Zensurversuche früherer Jahrhunderte beschuldigen. Wenn die Gemara bloß nicht noch den Schluss ziehen würde, dass wir „daraus lernen, dass eine Frau karg zu ihren Gästen ist"!

Wenn die Gemara Kemach und Solet tatsächlich verwechselt haben sollte, so hätte es ihr spätestens jetzt auffallen sollen, von einem grimmigen Zensor gar nicht erst zu sprechen! „Er" sagte Kemach? „Sie", die „karge Frau", hätte Kemach sagen sollen!

LÖWENBABYS ✧ Doch der Baal Shem Tov kann die gestiftete Verwirrung mit einer schönen Tier-Parabel aufklären. Dafür entführt er uns ins Reich der Löwen, zu einer jungen Familie mit herzigen Löwenbabys. Der Vater der kleinen Knirpse ließ nicht viel Zeit verstreichen, um seine Sprösslinge auf ihre Aufgabe als „Könige der Tiere" vorzubereiten: „Ihr sollt wissen", brummte Papa Löwe vor sich her, „dass ihr die größten und stärksten Wesen auf dieser Welt seid, und dass sich alle, aber wirklich alle Geschöpfe vor euch fürchten!" Er unterstrich seine belehrenden Worte mit einem echten Bariton-Schrei. Eine recht „aufbauende" Erziehung, die den jungen Löwen hier scheinbar zuteilwurde.

GEMÄLDE ✧ Doch als die kleinen Kätzchen mit dem löwenhaften Selbstvertrauen einmal zu einem Palast der Menschen schlichen, wurde ihnen mit einem Mal angst und bang! An der Wand hing nämlich ein riesiges Gemälde, auf dem zu sehen war, wie ein Mensch gerade mit bloßen Händen einen Löwen zerriss. Die kleinen Strolche wussten weder ein noch aus und stürmten mit eingezogenen Schwänzen Hals über Kopf nach Hause zu ihrem Löwenpapa.

Nachdem sie sich wieder etwas beruhigt hatten, ging es los mit den Vorwürfen: „Papa! Du hast uns erzählt, dass wir die Stärksten auf der Welt sind! Doch wir haben gerade ein riesiges Gemälde entdeckt, auf dem man sieht, wie ein Mensch einen ausgewachsenen Löwen mit bloßen Händen zerreißt!" Der Löwenvater blieb ganz ruhig und strich den kleinen Ausreißern über ihre zitternden Schnurrhaare. Seine Mähne stellte sich auf, als er seine Kinder nun aufklärte: „Es ist genau umgekehrt! Das Gemälde zeigt euch, dass ich Recht hatte! Wir sind die Stärksten! Wenn die Menschen in ihrem Palast ein riesiges Gemälde davon zeichnen, dass sie einmal einen Löwen besiegt haben, beweist dies doch bereits, was für ein außergewöhnliches Vorkommnis das ist! Denn wenn die Menschen stärker als wir wären, so käme es ganz oft vor, dass sie uns besiegen. Sie müssten sich dann aber kein Bild davon malen! Das Gemälde beweist nur, dass wir stärker als sie sind!"

AUSNAHMEFRAU ✧ Aufgrund dieser Parabel kann der Baal Shem Tov nun auch den vermeintlichen Widerspruch der Gemara aufklären. Mit der „kargen Frau" hatte die Gemara nämlich nicht etwa Sara gemeint. Die Urmutter war vielmehr eine Ausnahmefrau. Ihre Gastfreundschaft und ihre Hingabe, Besucher zu empfangen und zu bewirten, sind zweifelsohne unerreicht geblieben. Sie wollte immer nur das Beste für ihre Gäste. Als Avraham daher darum bat, „Kemach"-Mehl zur Hand zu nehmen, ließ sie das nicht auf sich sitzen. Sie ging vielmehr die „Extra-Meile" und bemühte sich um „Solet"-Mehl. Doch dies ist sicherlich nur bei der „Löwin" unter den Frauen so! Denn sonst würde die Tora den Fakt, dass sie Solet nahm, nicht so genau betonen. Es scheint sich vielmehr nur um ein einmaliges Vorkommnis gehandelt zu haben, dass eine Frau so großzügig zu ihren Gästen ist! „Daraus lernen wir", meint daher die Gemara, „dass eine Frau karg zu ihren Gästen ist" – aus Saras „Ausnahmeverhalten" lernen wir, dass eine „gewöhnliche" Frau karg zu ihren Gästen ist.

VORBILDER ✧ Ob die „Kargheit der Frauen" nun als G'tt gegeben hingenommen werden muss und ein neues Zeitalter für großzügige männliche Bewirtung angebrochen ist, bleibt jedoch fraglich. Schließlich können wir jeden Shabbat zahllose Beispiele verfolgen, die beweisen, dass weder Mann noch Frau „karg" zu ihren Gästen sind.

Immerhin schreiten Avraham und Sara als Vorbilder voran und lassen uns keine andere Wahl, als ihnen auf Schritt und Tritt zu folgen. Worunter natürlich auch Avrahams Ambition im Küchen- und Servierbereich fallen sollte. Die Frau sollte ihm dabei aber unbedingt genau auf die Finger schauen: Ansonsten landet womöglich einfach nur ein „Omer" der salzigen Knabberstangen auf dem Esstisch und damit basta!

חיי שרה
Chaje Sara

Avrahams unbekannte Tochter

*E*in rosa Mäschchen, ein kuscheliger Plüschanzug und ein blumiger Beruhigungssauger, der sich in schnuckelndem Takt auf und ab bewegt. Die Säuglingsaugen rollen unter den Miniatur-Lidern intensiv hin und her, bis die Kleine ganz unvermittelt anfängt, wie am Spieß zu brüllen.

Avraham und Sara, die trotz ihres hohen Alters noch nicht so viel Erfahrung mit solchen kleinen Schreihälsen hatten, geben ihr Bestes. „Bakol!", flüstert Vater Avraham seiner Tochter leise zu und versucht, sie zurück in den Schlaf zu schaukeln. Obwohl die Kleine noch nicht auf ihren Namen hört, lächelt sie ihren Vater ganz lieblich an. Dieser schenkt das Lächeln an seine Gattin Sara weiter. Doch der nächste Brüller folgt sogleich, woraufhin das Bündel dann doch in die vertrauten Hände der Mutter wandert.[22]

BABYMÄDCHEN ✧ Dass die beiden Ureltern überhaupt eine Tochter hatten, ist dabei gar nicht so einfach auszumachen. Nicht einmal Rashi, geschweige denn die (schriftliche) Tora selbst, erzählen uns von ihr.

---

22 Rein fiktive Darstellung, der Fantasie des Autors entsprungen.

Es sind nämlich erst unsere Weisen in der Gemara[23], die das Geschrei des Babymädchens hören können und uns darauf aufmerksam machen: „Avraham hatte eine Tochter und ihr Name war ‚Bakol'!"

STANDESAMT ✧ Nur gut, dass das Standesamt zu Hebron seine Pforten damals noch nicht geöffnet hatte. Denn „Bakol" wäre wohl nicht einmal beim geduldigsten und tolerantesten Standesbeamten als Vorname durchgegangen.

Der eigenartige Name „Bakol" stützt sich allerdings sehr wohl auf ein Wort aus der Tora – bzw. der für die Standesbeamten ausschlaggebenden „Bibel". Diese erzählt uns nämlich[24], dass Hashem Avraham „in Allem gesegnet" hatte. Oder wie man „in Allem" auf Hebräisch sagt: „Bakol".

Laut den Weisen aus der Gemara segnete Hashem Avraham aber mit einer Tochter namens „Bakol". Eine Interpretation, die sich ziemlich von der einfachen Bedeutung des Textes abhebt.

GEGENPOSITION ✧ Rashi interpretiert diese Stelle daher auch etwas anders, oder besser gesagt: total gegensätzlich. Er erörtert nämlich, dass der Zahlenwert des Wortes „Bakol" – 52 – dem Zahlenwert des Wortes „Ben" – „Sohn" – entspricht. Laut Rashi hatte die Tora mit Hashems „In-Allem"-Segen also Avrahams Sohn Jitzchak gemeint. Keine Spur von rosa Mäschchen, Plüschanzügen und dergleichen! Wohlgemerkt: Rashi schließt die Geschichte mit der Tochter nicht aus, sie bleibt aber unerwähnt.

Dass Rashi hier nicht mit den Weisen konform geht, ist dabei nicht weiter schlimm. Denn er möchte schließlich immer nur den „einfachsten Zugang" zu einem Satz erklären, wie er selbst anderswo anmerkt[25]. Wozu die „mädchenhafte" Interpretation aus der Gemara eher weniger gehört.

ALL INCLUSIVE ✧ Was Rashis Interpretation dabei so verlockend macht, ist der größere Zusammenhang, in welchem der „All-Inclusive"-Segen Avrahams verlautbart wird. Denn gleich im nächsten Satz beginnt die Tora mit der Erzählung über Jitzchaks langwierigen „Eheschließungsprozess".

Mit der Erklärung, dass der „Bakol"-Segen sich auf einen Sohn bezieht, kann Rashi so auch den Zusammenhang zwischen der Erzählung über den Segen und der Geschichte

---

23 Mes. Bava Batra 16b.
24 Bereshit 24,1.
25 Bereshit 3,8.

über Jitzchaks Brautfindung wunderbar begründen: „Nachdem Avraham einen Sohn hatte, musste er sich um eine Braut für ihn kümmern", wie er es hier wörtlich erklärt.

BRAUTSUCHE ✧ Doch was wird nun mit der Erklärung unserer Weisen? Was ist laut ihrer Interpretation der Zusammenhang zwischen dem „töchterlichen" Segen und den Erzählungen über Jitzchaks Ehe? Ja, wie kommen die Weisen überhaupt auf die Idee, dass die Tora hier auf eine Tochter anspielen soll?

Dass das Wort „Bakol" tatsächlich so ein gängiger Name für ein Mädchen sein soll, wurde ja bereits ausgeschlossen. Dies kann also nicht der Grund für die Aussage der Gemara sein. Wie gut ist es daher, dass sich Rav Meir Auerbach, vor etwa 150 Jahren der aschkenasische Oberrabbiner Jerushalajims, in seinem Werk „Imrei Bina" unter anderem dieser Frage widmet. Es gelingt ihm dabei, Avrahams Tochter förmlich zwischen den Zeilen „hinaus zu lesen" und den Zusammenhang zu Jitzchaks Eheschließung wunderschön klarzumachen.

Seine „Zeilenauslesung" basiert vorerst einmal auf der halachischen Verpflichtung eines jeden Juden, die Menschheit ausreichend mit Vertretern ihrer Zunft zu versorgen. Im allerersten Gebot „seid fruchtbar und vervielfältigt euch"[26] sieht die Tora demnach vor, dass jeder Mann eine Frau ehelichen und eine Familie gründen soll.

VERVIELFÄLTIGUNG ✧ Bekanntlich „ehelicht" es sich aber oft nicht so einfach, wie man denkt. Die „richtige" Ehefrau zu finden ist ganz im Gegenteil oft das Ergebnis eines beiderseitigen langen und mühsamen Such- und Auswahlprozesses. In den Kreisen Avrahams herrschte offensichtlich das – urjüdische – Prinzip vor, dass der Vater seinem Sohn eine Braut sucht. Er kennt seine „Pappenheimer" bestens und kann aufgrund seiner Lebenserfahrung oft sogar besser als sein Sohn feststellen, ob das in Frage kommende Mädchen wirklich zu ihm passt.

Die Verpflichtung, „sich zu vervielfältigen", setzt dabei voraus, dass man nichts anbrennen lässt und so bald wie möglich den richtigen Partner zur Familiengründung sucht. Schließlich gilt das Tora-Gebot erst dann als gänzlich erfüllt, wenn man einen Sohn und eine Tochter zur Welt gebracht hat. Denn erst dann ist die natürliche Grundlage für eine „Vervielfältigung" der Menschheit geschaffen. Dass dies oft nicht so einfach ist, und man daher genügend Zeit einplanen sollte, sei hier nur am Rande erwähnt.

---

26 Bereshit 1,28.

Die Verpflichtung macht aber aus diesem Blickwinkel auch nicht vor jemandem halt, der bereits mehrere Kinder hat. Solange er nicht Vertreter beider Geschlechter zu seinen Nachkommen zählen darf, gilt das Gebot nämlich nicht als erfüllt.

WITWER ✧ Somit ergibt sich nun in einem Fall, in dem ein Mann traurigerweise seine Frau verloren hat, aber bisher nur Buben (oder nur Mädchen) zu seinen Nachkommen zählt, der Bedarf, eine weitere Frau zu ehelichen, um das Gebot „sich zu vervielfältigen" vollständig zu erfüllen.

In so einem Fall sieht die Halacha[27] sogar vor, dass der verwitwete Mann sich eine Frau suchen soll, bevor er einem etwaigen alleinstehenden und kinderlosen Sohn eine Frau sucht.

Hat die verstorbene Frau dem Vater allerdings schon Bub und Mädchen geboren, so muss er zuerst sehr wohl seinem Sohn, der die Verpflichtung noch nicht erfüllt hat, eine Frau suchen, bevor er ein zweites Mal heiratet.

Aufgrund dieses Konzepts versucht nun der Imrei Bina zu ergründen, was es mit der unbekannten Tochter Avrahams auf sich haben könnte. Rashis Zugang sah vor, dass die Tora hier von einem Sohn und nicht von einer Tochter spricht.

SARAS TOD ✧ Dies hatte sich aus dem weiteren Verlauf der Geschichte ergeben, die von Jitzchaks Eheschließung handelt. Urmutter Sara war jedoch gerade erst verstorben, wie die Tora am Beginn der Parasha berichtet hatte. Laut Rashis Kommentar war Avraham somit ein verwitweter Mann, der das Gebot „sich zu vervielfältigen" noch nicht erfüllt hatte. Die Halacha sieht in so einem Fall wie beschrieben vor, dass er sich dann zuerst selbst eine Frau suchen muss, bevor er sich um seinen Sohn Jitzchak kümmert. Doch wieso erzählt uns die Tora dann, dass er sogleich eine Frau für seinen Sohn suchte? Wo er die Verpflichtung selbst noch nicht erfüllt hatte!?

PRIORITÄT ✧ Zur Beantwortung dieser Frage, erklärt der Imrei Bina, sahen sich die Weisen gezwungen, das Geheimnis um Avrahams Tochter „Bakol" preiszugeben. Denn somit stand fest, dass er das Vervielfältigungsgebot bereits erfüllt hatte, da er sowohl einen Sohn – Jitzchak – als auch eine Tochter – Bakol – zu seinen Nachkommen zählte. Daher hatte nun sein Sohn Priorität und Avraham „durfte" ihm laut der Halacha eine Frau suchen, bevor er sich um sich selbst kümmern sollte.

---

27 Tosefta Bechorot 6,3.

Der neue Leiner

Dem Imrei Bina gelingt es somit meisterhaft, das „rosa Mäschchen" zu verteidigen und dabei auch noch einige wichtige Details betreffend die jüdische Lebensführung offenzulegen. Und ganz sicher wird Hashem auch jeden, der sich Urvater Avraham dahingehend anschließt, genauso „in Allem segnen" – „all inclusive" – eben „Bakol"!

תולדות
Toldot

Businessdeal am Trauertag

Der Tod eines Familienoberhauptes ist für niemanden eine leichte Angelegenheit. Vor allem nicht, wenn es sich um eine Person vom Kaliber Avraham Avinus handelt. Daher ist es auch mehr als verständlich, dass die um ein Drittel dezimierte „Urväter-Familie" nun ihre Fahnen auf Halbmast setzt und trauert.

Ganz im Einklang mit den auch heute noch gebräuchlichen jüdischen Trauervorschriften macht sich Jakov dabei gleich nach dem Begräbnis daran, eine „Erholungs-Mahlzeit"[28] für seinen Vater zu kochen. Diese Mahlzeit sollen die Trauernden laut der Halacha nach dem Begräbnis in aller Ruhe im Familienkreis verspeisen. Wohl eine ziemliche „Erholung" nach den Strapazen am Friedhof.

ANTEILNAHME ✧ Vor allem dem nahen Personenumkreis der Trauernden bietet dieser Brauch eine gute Gelegenheit, ihre ehrliche Anteilnahme und Hilfsbereitschaft unter Beweis zu stellen.

---

28 Se'udat Havra'a.

Der neue Leiner

Denn die Halacha[29] sieht vor, dass sämtliche Speisen dieser Mahlzeit von Außenstehenden angeliefert werden sollen. Sogar die Zutaten selbst dürfen nicht aus dem Besitz der Trauernden stammen. Ein weiterer „Erholungsfaktor" also, den die Halacha den Trauernden hier gewährt: eine seelenruhige Mahlzeit ohne Mühe und Kosten!

Nachdem es sich bei Jitzchak und Jakov fürwahr um die „frömmsten" Menschen ihrer Zeit gehandelt haben muss, war die Erfüllung dieser Halacha nach dem Ableben Avrahams nun natürlich ein wichtiges Thema. Denn sie wussten sehr gut, dass auch der Tod Avrahams – wie auch alles andere im Universum – Teil eines großen, g'ttlichen Plans war.

G'TTLICHER PLAN ✧ Daher kümmerten sie sich in diesem Moment eben in erster Linie nicht um ihren persönlichen Verlust, sondern um die korrekte Einhaltung der Halacha, dem „Trägermedium" des genannten „g'ttlichen Plans". Sicherlich eine Verhaltensweise, die sich für die „streng religiösen" Urväter schickte.

Einziges Problem bei der minutiösen Einhaltung der Halacha stellte laut dem Chatam Sofer[30] aber dar, dass es Jakov zu dieser Zeit ziemlich an Besitztümern mangelte. Es musste ihm folglich äußerst schwergefallen sein, selbst für die Zutaten der „Erholungs-Mahlzeit" aufzukommen. Schließlich bezeugt die Tora[31], dass er ein „unschuldiger Mann" war, der am liebsten „in Zelten verweilte". Womit laut Rashi die Zelte von „Shem" und „Ever" gemeint sind, die die Jeshivot – Tora-Lehrhäuser – betrieben, die unserem Vorvater Jakov dereinst zu seiner immensen spirituellen Größe verhelfen sollten.

GÜTERVERMEHRUNG ✧ Als klassischer „Jeshiva-Student" hatte er scheinbar auch sein Engagement in Sachen „Besitztümer-Erringung" und „Gütervermehrung" so weit hintangestellt, dass er nicht einmal eine einzige Linse besaß, die er für seinen trauernden Vater kochen konnte.

Außerdem, so erklärt der Chatam Sofer, war er finanziell total von seinem Vater abhängig und die Gemara[32] lässt in so einem Fall gar nicht zu, dass er eigenes Vermögen besitzen darf. Denn solange sich ein Sohn noch von seinem Vater versorgen lässt,

---

29 Kitzur Shulchan Aruch 205,1 ff.
30 Chatam Sofer Toldot D"H Michra, 1.
31 „Ish Tam", Bereshit 25,27.
32 Mes. Bava Metzia 12b.

steht es ihm laut jüdischem Gesetz gar nicht zu, dass er sich ein eigenes Vermögen ansammelt. Dann könnte er sich doch gleich selbst versorgen!

Ein finanziell abhängiger Sohn kann sich demnach nicht einmal einen Sack Kartoffeln am Markt kaufen, ohne dass dieser direkt in den Besitz seines Vaters übergeht. Das einfache Leben Jakovs im „Hotel Papa" hatte also aus monetär-rechtlicher Sicht eindeutig eine unangenehme Kehrseite.

TALMUD-PROFIS ❖ Laut dem Chatam Sofer war die Lösung für zwei solch gewitzte Talmud-Profis aber schnell gefunden: Jitzchak übertrug einfach die Besitzverhältnisse für „Linsen und weitere Bedarfsmittel zur Herstellung einer zünftigen Erholungsmahlzeit" auf seinen Sohn Jakov. Dieser erwarb die Besitzrechte als „Geschenk" und war somit rechtmäßiger Eigentümer der kugelrunden Hülsenfrüchte. Ein Fakt, der ihn nun in eine ausgezeichnete Position brachte, die angesprochene Mahlzeit für seinen Vater herzustellen. Mit den frisch erworbenen Linsen konnte Jakov nämlich jetzt eine „Se'udat Havra'a" für Jitzchak kochen, die wie halachisch vorgesehen aus „fremdem Besitz" stammte.

Ganz sicher waren auch die Jeshiva-Betreiber Shem und Ever unendlich stolz auf ihren Schützling und die findige praktische Anwendung monetärer Halacha in Zusammenhang mit den Trauervorschriften. Doch wie es das Schicksal – oder besser gesagt, G'tt allein – öfters spielt, kam es erstens anders und zweitens als man denkt.

BÖSER, ROTER BRUDER ❖ Ächzend und krächzend, fluchend und knurrend, schleppte sich da Jakovs böser Zwillingsbruder Esav heran. Ein Zwilling, der ihm ganz und gar nicht glich. Ein Lustmolch und Mörder. Ein Götzendiener und Betrüger. Sein Antlitz so rot wie Blut, sein Herz so schwarz wie Ebenholz. Jakovs verächtliche Blicke störten Esav nicht weiter, als er todmüde vom Sündigen heimkehrte. Er konzentrierte sich voll und ganz auf den brodelnden Sud in Jakovs Kochtopf: die „Erholungs-Mahlzeit" Jitzchaks.

Esav war im wahrsten Sinne des Wortes „todhungrig". Er war bereit, alles zu geben, um sich den brodelnden Linseneintopf einzuverleiben. Er fühlte sich sogar so schwach, dass er Jakov darum bat, ihm den Eintopf direkt in den Rachen zu gießen! Jakov, wie erwähnt ein geschäftstüchtiger Talmud-Profi, schaltete schnell. Er bot Esav an, ihm den Linseneintopf zu „verkaufen". Das Gut, das er damit erwerben sollte: Esavs Erstgeborenenrecht!

Der neue Leiner

Der Rest ist, wie man sagt, „History". Esav willigte ein und Jakov galt von nun an als rechtmäßiger Erstgeborener. Und dies würde ihm in naher Zukunft wunderbar zugutekommen, wenn er Jitzchaks Segen für den „Erstgeborenen" statt Esav in Empfang nehmen würde.

LINSEN-ABHANDLUNG ✧ Doch nun zurück zum Chatam Sofer und seiner monetär-rechtlichen Linsenabhandlung. Der Chatam Sofer versucht nämlich in der ganzen Geschichte um Avrahams Tod, Jakovs Linsenerwerb und Esavs extremer Müdigkeit die „himmlischen Fäden" im „irdischen Marionettentheater" zu erkennen und den versteckten „g'ttlichen Plan" ein wenig klarer darzustellen.

Jakov hatte zuvor niemals die Möglichkeit gehabt, ein eigenes Vermögen zu besitzen, da er wie gesagt finanziell von seinem Vater abhängig war. An jedem anderen Tag hätte er mit dem „Linsen-gegen-Erstgeborenenrecht-Tausch" also ein schlechtes Geschäft gemacht. Er hätte das Recht dann nämlich höchstens für seinen Vater Jitzchak erworben! Doch Avrahams Tod ließ hier eine neue Situation aufkommen. Damit Jitzchak den Brauch der „Erholungs-Mahlzeit" der Halacha entsprechend erfüllen konnte, musste er mit Jitzchaks Einverständnis ausnahmsweise doch einmal etwas eigenständig erwerben, ohne dass der Erwerbsgegenstand in den Besitz seines Vaters überging. Und das war genau der heißbegehrte Linseneintopf!

HISTORY ✧ Dieser war somit Jakovs ganzes Vermögen, sein einziger Besitz. Doch der Linseneintopf war zugleich auch Jakovs „Startkapital" in eine rosige Zukunft. Es war nämlich genau das Gut, das Esav in dem Moment begehrte, und für das er sein Erstgeborenenrecht verkaufte. Was für ein toller Plan von Hashem!

Den g'ttlichen Plan hinter allem und jedem zu erkennen, ist im Alltagsleben oft nicht so einfach und umso schwerer in Ausnahmefällen. Sein eigenes „g'ttliches Auge" so wie der Chatam Sofer ein wenig in der Parasha zu „trainieren", um dann im „richtigen Moment" den „richtigen Blick" zu haben, kann daher nicht schaden. Und der Rest ist, wie wir schon sagten, „History".

ויצא
Vajetze

Sprechende Steine

5.000³³ schlaflose Nächte nehmen bisweilen sogar heilige Urväter ordentlich mit. Jakov Avinu, dritter im Bunde des jüdischen Vorväter-Trios, sucht folglich nach einer bequemen Gelegenheit, um sich wieder einmal richtig in die „Federn zu hauen". Oder besser gesagt: in die Steine.

Denn wie wir aus der Tora³⁴ erfahren, hatte sich Jakov ein ziemlich ungemütliches Nachtlager aus Steinen für seine erste Träumerei nach 14 Jahren zurechtgerichtet. Deren zwölf an der Zahl bunkerte er sich zwischen ihnen auch noch regelrecht ein, um den wilden Tieren in der Wüste nicht zum Opfer zu fallen. Keine sehr bequemen Voraussetzungen für Jakovs schläfriges Vorhaben also.

SCHLUMMERNEST ✧ Ob Jakov dabei durch seine lange Schlafabstinenz die üblichen Gebrauchsgewohnheiten für ein gesundes Schlummernestchen verlernt hatte, oder die extreme Müdigkeit seine Sinne etwas in Mitleidenschaft gezogen hatte, wird sich wohl nie wirklich klären lassen. Fakt ist lediglich, dass er sich tatsächlich auf dem

---

33 Lt. Rashi zu Bereshit 28,11 hatte Jakov zuvor während seiner Jeshiva-Zeit 14 Jahre lang nicht geschlafen. Dies entspricht etwa 5.000 Nächten (14 Jahre á 354 Tagen = 4.956 Nächte).
34 Bereshit 28,11.

harten Lager bettete und auf der steinigen Unterlage dann auch wirklich einschlief. Ist es denn ein Wunder nach so vielen schlaflosen Jahren, „Nebbach"[35]?

Jakovs Schlafambitionen blieben jedoch ganz und gar nicht unbemerkt. Vielmehr sorgte der Zadik in Horizontallage für einen wahrhaften Aufruhr. Dieser spielte sich zwischen ansonsten äußerst schweigsamen Zeitgenossen ab. Die meisten von ihnen bringen zumeist sogar Jahrtausende lang kein Sterbenswörtchen hinaus und liegen einfach so reglos und gelangweilt in der Sonne herum.

Dennoch erzählt uns Rashi von „sprechenden Steinen", die sich mit Jakovs Liegeposition nicht zurechtfanden. „Auf mich soll der Zadik seinen Kopf legen", ätzte da ein Stein aus dem Schutzwall neben Jakov. Ein anderer Stein konterte sogleich: „Auf mich soll er ihn legen …" Die Zankerei der felsigen Brocken um Jakovs Kopf störte den Schlaf des Zadiks keineswegs. Denn die Tora[36] erzählt weiter, dass er erst aufschreckte, als ihm ein Engelsteam auf Leitersprossen und schließlich Hashem persönlich im Traum erschienen.

ENGELSTEAM ✧ Hashem versprach Jakov in diesem Traum durchaus keine Kleinigkeiten: Da wäre einmal ein heiliger Landstreifen, der seinen Aktualitätswert auch Jahrtausende später noch kaum verlieren würde. Es folgte ein famoser Segen, der ihm versprach, dass sich seine zahlreichen Nachkommen in alle vier Windrichtungen ausbreiten würden. Und dann noch die Zusage, dass Hashem stets für Jakovs Sicherheit und Wohlergehen garantieren wird.

Wie Rashi an dieser Stelle weiter erklärt, wollte Hashem jetzt auch die elenden Scharmützel der zankenden Steine ein für alle Mal beenden. Er verband daher einfach die zwölf Steine im Wunderverfahren zu einem großen, steinernen „Kopfpolster" und sorgte so für ewige Ruhe. Viele Eltern würden sich so ein „Wunderverfahren für ewige Ruhe" wohl wünschen, wenn ihnen die Geschwisterzwistigkeiten ihrer Kinder mal über den Kopf wachsen.

PÄDAGOGISCHES WUNDER ✧ Doch wie dem auch sei, vor lauter Freude über die guten Nachrichten wusste Jakov nun weder ein noch aus. Er nahm sich einen Stein, der groß genug war, um zu einem Altar umfunktioniert zu werden, und begoss diesen aus Dankbarkeit mit Öl. Der Stein, den er dafür verwendete, war interessanterweise

---

35 Ausdruck des Bedauerns, vorw. v. jüdischen Müttern verw.
36 Bereshit 28,16.

genau Jakovs Wunderkopfpolster, den Hashem im Rahmen seines „pädagogischen Wunders" hergestellt hatte.

ÖLGESALBTER FELSEN ✧ Dass es sich um diesen Stein handelte, ist nicht sehr schwer zu erraten. Die Tora betont nämlich ausdrücklich, dass er „den Stein nahm, den er unter seinem Kopf hatte, und diesen zum Altar machte." Sie lässt somit keinen Zweifel über die Herkunft des ölgesalbten Felsens offen.

Der „Maharsham" – Rav Shalom Mordechai Schwadron[37] – wundert sich in seinem Werk „T'chelet Mordechai" jedoch ein wenig über die genaue Herkunftskennzeichnung des Steines.

Noch lange bevor die Nationen der Welt – bzw. Europas – sich daran machten, Produkte aus dem Heiligen Land mit sternigen Herkunftsbezeichnungen zu versehen, gibt es einem tatsächlich zu denken, warum die Tora so genau ausdrückt, aus welchem Stein er jetzt den Altar machte.

HERKUNFT ✧ Wollte uns die Tora etwa damit Mut machen, dass aus einem misslungenen Kopfpolster ein g'ttgeweihter Altar werden kann? Der Maharsham erklärt aber, dass hier sehr wohl ein einleuchtender Grund für die Betonung der Altarherkunft vorliegen muss.

Er erklärt basierend auf einer Stelle in der Gemara[38], dass es im Heiligen Lande damals beinahe keinen einzigen Stein gab, der nicht durch die üblen Machenschaften irgendwelcher Götzendiener „verunreinigt" wurde. Solche „Götzen-Steine" sind laut der Halacha jedoch für einen Altar total unbrauchbar.

Jegliches Gut, das für den Götzendienst missbraucht wurde, muss nämlich erst von dem Götzendiener selbst „entweiht" werden, um es wieder für heilige Zwecke brauchbar zu machen. Wie also hätte Jakov hier einfach einen x-beliebigen Stein zur Hand nehmen können, um diesen zum Altar zu küren? Wo dieser doch womöglich durch Götzendiener missbraucht und verunreinigt worden war?!

Die Antwort auf diese Frage findet der Maharsham nun ausgerechnet in einem Konzept betreffend das annahende Chanukka-Fest.

---

37 Polen, 19. Jhdt.
38 Mes. Avoda Sara 45a.

CHANUKKA ✧ Die Gemara[39] wirft eine interessante Frage bezüglich des kleinen „Krügleins" auf, das die „Kohanim"-Priester im zerstörten Tempel vorfanden. Dieses war vor allem deswegen noch „rein" und für den Tempeldienst geeignet, da es mit dem Stempel des Hohenpriesters „Kohen Gadol" versiegelt war. Der Tosafot-Kommentar versucht zu klären, warum sich die Kohanim eigentlich so sicher waren, dass das versiegelte Öl nicht „unrein" geworden war? Schließlich gäbe es auch Möglichkeiten, einen versiegelten Krug von außen zu „verunreinigen" und für den Tempeldienst unbrauchbar zu machen.

Doch der Maharsham erörtert, dass die Kohanim sich auch vor so einer Art „Verunreinigung" nicht fürchten mussten. Der beste Beweis dafür ist, dass das „Chanukka-Wunder" mit genau diesem Öl-Krug geschah. Und ein Wunder, so der Maharsham, geschieht nicht mit „verunreinigten" Dingen! Der Fakt, dass mit dem Gefäß ein Wunder geschah, ist folglich der Beweis dafür, dass es sich um einen „reinen" Öl-Krug handeln musste. Das „Öl-Krug-Konzept" wendet Rav Schwadron nun auch auf Jakovs „Öl-Altar" an. Jakov verwendete gerade den „Kopfpolster-Stein" als Altar, weil bei diesem zuvor ein Wunder geschehen war, nämlich das Wunder mit der Verschmelzung der streitenden Steine.

FLIEGENDE STEINE ✧ Als Jakov sah, dass Hashem ein Wunder mit diesen Steinen vollbracht hatte, wusste er, dass es sich nicht um „Götzendiener"-Steine handeln konnte. Er durfte diese somit prompt und sorgenfrei für heilige Zwecke – den Altar – verwenden, so der Maharsham. Und das wollte die Tora hier eben betonen, als sie die „Steinherkunft" so deutlich ausdrückte!

Einen Bezug zur heutigen Zeit herzustellen ist nun leider nicht allzu schwierig. Zumindest fliegen mit ständigen Aufs und Abs genügend Steine im Heiligen Land durch die Gegend, die ein g'ttliches Wunder rechtfertigen würden. Am besten eines mit gehörigem Umkehrschub.

Doch sind etwa auch aus diesen fliegenden Steinen „Stimmen" zu hören? Sind die Wurfgeschosse womöglich „sprechende Steine"?

Es ist dabei sicher nicht der gemeine Ruf der steinewerfenden, mörderischen Bande, die dem Tod wie Götzendiener huldigen, den wir erhören sollen. Es ist vielmehr ein

---

39 Mes. Shabbat 21b.

ganz anderer Ruf, der aus den Steinen hallt: ein Ruf nach Einigkeit und Eintracht im jüdischen Volk. Untereinander, mit G'tt und mit der Tora.

MASHIACH ✧ Die „sprechenden Steine", auf welchen Jakov gesegnet wurde, brachte Hashem damals mit Einigkeit zum Schweigen. Möglicherweise kann Einigkeit somit auch heute noch Steine zum Schweigen bringen!

וישלח
Vajishlach

Die „Kiruv-Rebbetzen" am Tempelberg

Rot und erhaben steht er da, wie ein Fels in der Brandung. Ein Riesenlächeln im Gesicht, vielleicht sogar ein wenig Zufriedenheit. Der böse Esav ist in seinem Element. Sein verhasster Bruder kommt ihm wie ein verloren gegangener Dackel entgegengelaufen und verbeugt sich vor ihm. Seine vier Frauen und elf Kinder sandte Jakov dabei noch mit einem ganzen Haufen kostbarster Geschenke voraus.

Esav hatte das ganze Getue allerdings nicht wirklich gebraucht. Er hatte finanziell und sozial schon lange ausgesorgt. Dennoch gelang es Jakov mit seinem Auftritt, Esavs „Sprache" zu sprechen und das zornige Gemüt des absolut bösesten Bösewichts aller Zeiten zu beruhigen. Zumindest so weit, dass er ihn nicht an Ort und Stelle aufspießte und seinen 400 Söldnern zum Fraß vorwarf.

MASSNAHMENPAKET ✧ Doch obwohl Rashi bezeugt, dass sich Jakov auf das Zusammentreffen mit seinem Bruder strategisch hervorragend vorbereitet hatte, bemängelt er eine seiner Maßnahmen. Diese war dabei nur ein Teil eines ganzen „Maßnahmenpaketes", das Jakov für seine Beschwichtigungstaktik wohlüberlegt bereitgestellt hatte.[40]

Rashi[41] kritisiert allerdings keine Offensiv-, sondern eine Defensivmaßnahme des kampferprobten Urvaters Jakov. Er kannte Esavs Hang zur „vorschnellen Heirat" nämlich allzu gut und wollte seine – laut einigen Lehrmeinungen – einzige Tochter Dina vor ihm verstecken. Er befürchtete, dass er bei ihrem Anblick auf die Idee kommen könnte, sie zu heiraten. Was Jakov nun ganz und gar nicht gefiel. Einen Esav als Bruder zu haben, war schon schlimm genug. Aber als Schwiegersohn?!? Das kam absolut nicht in Frage!

SCHMUGGELMETHODEN ✧ Wohl aus Ermangelung an besseren Schmuggelmethoden griff er nun auf eine altbekannte Idee zurück. Schon „Opa Avraham"[42] hatte auf diese Art versucht, seine Frau vor allzu interessierten Augen zu verstecken: Jakov packte Dina in eine Kiste und schmuggelte sie – schuppdiwupp – an Esav vorbei!

Laut Rashi betrachtete Hashem Jakovs Schmuggel-Business aber mit argwöhnischen Augen. Schließlich, so Rashi, wäre es gar kein so schlechter „Shidduch" gewesen, wenn Dina und Esav heirateten. Ja, Dina könnte Esav sogar positiv beeinflussen und aus ihm einen „Ba'al Teshuva" – einen Religionsrückkehrer – machen. Mit dicken Zizzit, lang andauernden Segenssprüchen vor jedem Wasserglas und einer seltsamen Neigung, ständig „Baruch Hashem" und „Bli Neder" zu sagen. Eben ein „BT"[43], wie er im Buche steht.

KIRUV-REBBETZEN ✧ Demnach hatte Dina aber durchaus das Zeug dazu, eine erfolgreiche „Kiruv-Rebbetzen"[44] zu werden. Denn einen Bösewicht wie Esav zu einem Zizzit-schwingenden „BT" zu machen, erforderte sicherlich übermenschliche bzw. „überjüdische" Kräfte.

Doch da Jakov das Kiruv-Potenzial seiner Tochter unterschätzt hatte und einen BT als Schwiegersohn ablehnte, wurde er von Hashem bitter bestraft, erklärt Rashi. Denn bereits im nächsten Abschnitt berichtet die Tora von schockierenden Gewaltszenen, die sich um Dina herum abspielten.

---

40 Mehr dazu im ersten Leiner-Buch, Parashat Vajishlach.
41 Bereshit 32,23.
42 Ramban zu Bereshit 12,10.
43 In den USA geläufiges Akronym für „Ba'al Teshuva".
44 Weibliche religiös-orthodoxe Aktivistin, die junge ReligionsrückkehrerInnen unterstützt und fördert.

Der neue Leiner

KRAFT DER TESHUVA ✧ Rav Jecheskel Levenstein[45] pflegte im Zusammenhang mit diesem Kommentar Rashis jedoch immer gerne die „Kraft der Teshuva" hervorzuheben. Sogar ein Bösewicht wie Esav, dessen zuständiger Engel im Himmel gar der Satan persönlich gewesenen sein soll[46], kann Teshuva noch zu einem g'ttesfürchtigen Juden umkehren! Wäre doch gelacht, wenn unsereins sich nicht dazu hinreißen lassen würde!

Dass demnach nicht nur Dinas außerordentliche Fähigkeiten als „Kiruv-Rebbetzen", sondern vor allem auch die wie ein positiv gepolter Magnet anziehende „Kraft der Teshuva" der Faktor sein sollte, der Esav zur Rückkehr bewegen sollte, sei hier nur am Rande erwähnt. Jedenfalls hätte Jakov seiner Tochter ihr Platzangst-Trauma ersparen können und – wer weiß – doch noch einen g'ttesfürchtigen Schwiegersohn und Bruder dazugewinnen können.

Den Gaon aus Vilna plagte an dieser Stelle jedoch eine andere Frage. Rashi erläutert hier ohne mit der Wimper zu zucken, dass Jakov Dina versteckt hatte. Doch woher wusste Rashi das überhaupt? Wie der Gaon erklärt, las Rashi Dinas Fehlen nur zwischen den Zeilen heraus. Denn laut der statistischen Aufzählung in der Tora erreichten Esav genau 1 Vater, 2 Ehefrauen, 2 Mägde und insgesamt 11 (elf) Kinder aus der Familie Jakov Avinus. Elf Kinder sind hier allerdings um eines zu wenig! Jakov hatte zu diesem Zeitpunkt ja schon zwölf Kinder![47]

EINS ZU WENIG ✧ Da die Tora aber nur von elf Kindern berichtet, wird klar, dass ein Kind hier gefehlt hat! Doch was um Himmels Willen trieb Rashi dazu, festzulegen, dass ausgerechnet Dina fehlte? Vielleicht fehlte ja einer ihrer Brüder und Dina war in der Aufzählung der elf Kinder inkludiert. Können wir Dina vor ihrem Kisten-Trauma bewahren?

Aber der Gaon wäre nicht als „Genie" bekannt geworden, wenn er nicht solche Einfälle wie den folgenden gehabt hätte. Er löst das Dilemma wie immer gekonnt und elegant auf. Seine Ausführungen basieren auf einer Aussage unserer Weisen aus dem Midrash, dass Benjamin – der jüngste von Jakovs Söhnen – immenses Glück hatte, zu diesem Zeitpunkt noch ungeboren in der mütterlichen Leibeshöhle zu verweilen.

---

45 CEO der Jeshivat „Mir" in Schanghai (1940er Jahre) und später der Jeshivat „Ponovitz" in Bnei Brak.
46 Siehe Kli Jakkar 32,25.
47 1. Reuven, 2. Shimon, 3. Levi, 4. Jehuda, 5. Dan, 6. Naftali, 7. Gad, 8. Asher, 9. Jissaschar, 10. Sevulun, 11. Josef, 12. Dina. Benjamin war noch nicht geboren.

Vajishlach

Immerhin wurde das Heiligtum in Jerushalajim – der Bet HaMikdash – unter anderem in seinem Abschnitt des Heiligen Landes erbaut, weil er sich im Gegensatz zu seiner restlichen Familie nicht vor Esav verbeugt hatte.

BENJAMIN ✧ Alle anderen Brüder, erklärt der Gaon, hätten ansonsten womöglich auch ein Anrecht darauf gehabt, dass der Tempel in einer ihrer Ländereien stehen wird. Welches Auswahlverfahren in diesem Fall zur endgültigen geografischen Tempelzuordnung geführt hätte, lässt er dabei offen. Uns könnte hier höchstens noch interessieren, ob sich um einen Tempelberg in einer anderen Gegend des Heiligen Landes ähnliche Differenzen abgespielt hätten wie um den jetzigen.

Doch wie dem auch sei, der Gaon nutzt diese Erkenntnis nun dafür, seine Frage zu beantworten. Denn demnach konnte gar kein anderes Kind als Dina gefehlt haben, als sich die Familie Jakovs vor Esav verbeugte. Würde nämlich einer der Söhne fehlen, hätte auch er sich nicht vor Esav verbeugt. Und somit wäre auch er ein Kandidat für die „Austragung" der „Tempelmeisterschaften" in seinem Land gewesen.

ANWARTSCHAFT ✧ Dina aber sollte faktisch keinen Anteil am Lande Jisrael erben. Ihr Fehlen schmälerte Benjamins Anwartschaft ganz und gar nicht. Doch das Fehlen eines der Brüder würde den Fakt, dass der Tempel gerade in Benjamins Land erbaut wurde, aushebeln und diesen Bruder genauso dazu berechtigen wie ihn, meint der Gaon. Und dass der Tempel in Benjamins Ländereien stand, ist genau in der Tora[48] dokumentiert.

Daher, führt der Gaon nun aus, war sich Rashi so sicher, dass nur Dina gefehlt haben konnte. Einer der Brüder kam wegen des „Tempel-Arguments" nicht in Frage!

HASHEM EHREN ✧ Bisweilen mutet es jedoch etwas eigenartig an, dass Jakov und seine Familie sich tatsächlich vor Esav verbeugt haben. Auch wenn sie sich in Lebensgefahr wähnten, entschuldigt dies nicht die „Verbeugung" vor Esav. Denn so eine Art der Verbeugung ist sicherlich auch in diesem Fall zumindest fraglich.

Laut dem Sohar[49] verbeugte sich die Familie Jakovs jedoch ganz und gar nicht vor Esav. Vielmehr war ihnen Hashem persönlich zur Hilfe geeilt und soeben vor Jakov „erschienen".

---

48 Devarim 33,12, Me'am Lo'ez hiezu.
49 Siehe Sha'arei Aharon S. 1310, verweist auf Sohar Vajishlach 171,1.

Der neue Leiner

Als Jakov Hashem erblickte, so der Sohar, verbeugten er und seine Familie sich vor Hashem, um zu zeigen, dass nur ihm allein Ehre gebührt. In Wahrheit hat sich damit aber niemand wirklich vor Esav verbeugt, sondern nur vor Hashem!

Was für ein Jammer nur, dass unsere „Kiruv-Rebbetzen" diesen Anblick verpasst hat!

וישב
Vajeshev

Ein Hemd für Angeber

„Wegen eines Stückchens Stoff landeten unsere Vorväter in Mizrajim", fasst schon die Gemara[50] die anziehende Geschichte um Josefs Sonderbehandlung so gelungen zusammen. Vater Jakov war scheinbar ins Fettnäpfchen getreten und hatte seinen Lieblingssohn mit einem Mäntelchen aus feinster Wolle beschenkt.

Für die anderen Kinder bedeutete dies eine glatte Kampfansage und den Beginn eines familiären Kleinkrieges, der in der Versklavung der Bnei Jisrael in Mizrajim gipfelte. Die Zusammenfassung der Gemara hat es folglich wirklich in sich, war doch das „Ketonet Passim" – wie die Tora das Kleidungsstück nennt – das erste Requisit einer äußerst tragischen Geschichte.

Aber es ist nicht etwa so, dass es den anderen Brüdern dabei an Kleidern mangelte. Es war vielmehr das Publikmachen seiner übermäßigen Zuneigung gegenüber Josef, was sie so störte. Auch die Tora[51] betont, dass Jakov den Josef mehr als alle anderen Söhne liebte und ihm deswegen das Kleidchen zum Geschenk machte.

---

50 Mes. Shabbat 10b.
51 Bereshit 37,3.

NOBELPREIS ✧ Die oben erwähnte Gemara möchte mit ihrer Lehre aus dieser Geschichte nun noch den „Nobelpreis im Erziehungswesen" einfahren und folgert: „Ein Familienvater sollte niemals ein Kind zu sehr bevorzugen". Immerhin könnte es ja wie erwähnt zu folgenschweren Konsequenzen – bis zum Exil einer ganzen Nation – kommen.

Doch obwohl die Gemara sicherlich eine tiefgründige Bedeutung hinter dieser einfach anmutenden Fassade verbirgt, wird man von der Schlussfolgerung der Gemara nicht vom Hocker gerissen. Als ob man erst ein allwissender Talmudstudent sein müsste, um zu verstehen, dass man besser bei keinem Kind eine Extrawurst spielt.

Und falls die Eltern dies nicht von alleine begreifen, so helfen die Kinder ihnen gerne auf die Sprünge und decken jegliche Art von „Ungerechtigkeit" blitzschnell auf. Die Mutter wird zur Präzisionshandwerkerin, wenn sie das letzte Kuchenstückchen redlich zwischen den Kindern aufteilen soll. Um jeden Millimeter Kuchen kämpfen die Kinder, wenn notwendig auch mit körperlicher Gewalt. Sogar, wenn ihnen der Kuchen gar nicht schmeckt!

DESIGNERKLAMOTTEN ✧ Etwas mutet folglich an der „Ketonet-Passim"-Idee Jakovs etwas eigenartig an. Jakov hatte – „Kajn Ajn Horre" – 13 Abkömmlinge – und gerade er soll aus den „Kuchenkriegen" seiner Kinder nichts gelernt haben? Wie also konnte Jakov Neid zwischen den Brüdern entfachen, indem er nur Josef allein mit den neuesten „Designerklamotten" ausstattete?

Neben vielen anderen Kommentatoren stellt sich auch der Chatam Sofer diese Frage. Er geht aber noch einen Schritt weiter, und wundert sich, ob Jakov denn nicht auch einen anderen Weg hätte finden können, um seine übermäßige Zuneigung gegenüber Josef auszudrücken?

MR. ÜBERWICHTIG ✧ Einen „feinen Rock" zu kaufen, mit dem sich sein Sohn in den Augen seiner Mitmenschen für „Mr. Überwichtig" ausgeben kann? Das würde eher zu primitiven Leuten aus dem Proletariat passen, nicht etwa zu Urvater Jakov, dem Begründer der geistig orientierten Tora-Nation der Bnei Jisrael!

BABYLONS GELEHRTE ✧ Doch der Chatam Sofer präsentiert gleich im Anschluss an seine Frage eine interessante Stelle in der Gemara[52], die sich mit kleidsamen Äußerlichkeiten auseinandersetzt. Dort wird die Frage diskutiert, warum die Tora-Gelehrten

---

52 Mes. Shabbat 145b, Rashi D"H „Metzujanin" ff.

Vajeshev

Babylons sich immer so auffallend schön kleideten. Die Gemara stellt dabei fest, dass die „Gelehrten" Babylons ihren Kollegen aus Eretz Jisrael um einiges nachstanden. Sie waren nicht aus demselben Holz geschnitzt wie ihre Kameraden und reichten kaum an deren geistige Größe heran. Es ging sogar so weit, dass man ihren Status nicht an ihrem Wissen oder Benehmen ablesen konnte, sondern höchstens an ihren Kleidern!

Die Kleider hielten sozusagen als „Ersatzschimmer" für das ansonsten durch das eifrige Tora-Studium und die unermüdliche Mizwa-Ausführung erleuchtete Antlitz her. Ein weiterer wichtiger Faktor im Verständnis von Jakovs Antrieb hinter der Idee, das Kleidungsstück zu schenken, ist, nachzuvollziehen, welche Werte Jakov und seine Söhne damals für wichtig hielten. Bereits nach allzu kurzer Kontemplation wird man dabei darauf kommen, dass es sich eigentlich nur um eines handeln kann, was die zwölf Stämme damals am meisten interessierte: das Torastudium.

FAVORITENROLLE ✧ Dies ist zumindest die Meinung des Chatam Sofers. Denn wie Rashi[53] erklärt, wirkte sich Josefs Favoritenrolle unter den Brüdern vor allem auf sein Torastudium aus. Er war der einzige, dem Jakov, „alles, was er bei Shem und Ever gelernt hatte, übergab", so Rashi. Jakov bildete Josef somit mehr als seine Brüder zu einem außergewöhnlichen Tora-Gelehrten aus. Und nachdem dies bei seinen Söhnen eine solch angesehene Sache war, fürchtete Jakov nun, dass sie Josef um seine „Extraschichten" in Sachen Torastudium beneiden würden.

Jakov wusste – ganz im Gegenteil zur eingangs aufgestellten „Kuchenthese" – sehr wohl über den „Gerechtigkeitsdrang" von Geschwistern Bescheid. Es war sogar so, dass erst die Panik vor dem Geschwisterneid die Schneiderkünste in Jakov erweckte. Denn laut dem Chatam Sofer schneiderte Jakov seinem Sohn das Top-Accessoire als reines Täuschungsmanöver gegenüber den Brüdern. Sie durften keinen Verdacht schöpfen, welch hohe geistige Stufe sein Josef bereits erreicht hatte. Alleine Rashis Betonung, dass er alles, was er von „Shem und Ever" gelernt hatte, an Josef übergeben hatte, lässt eine solch hohe Stufe bereits vermuten. Es handelte sich schließlich um die langlebigsten Tora-Gelehrten der Weltgeschichte, die Jakov sicherlich mit einem adäquaten Maß an Gelehrsamkeit ausstatten konnten!

TÄUSCHUNGSMANÖVER ✧ Das Designerhemd sollte daher laut dem Chatam Sofer den Effekt der babylonischen „Gelehrten" vortäuschen. Es sollte den Anschein erwecken, als hätte Josef es notwendig, seine Mitmenschen zu blenden, um seine Un-

---
[53] Bereshit 37,3.

Der neue Leiner

wissenheit und Ignoranz zu verstecken. Auf diese Art, dachte Jakov laut dem Chatam Sofer, würden die Brüder niemals Verdacht schöpfen und das Aufkommen von jeglichem Neid wäre damit im Keim erstickt worden.

Doch auch Jakovs Söhne waren nicht frei von List und Schlauheit. Als sie Josef „verkleidet" daherkommen sahen, erkannten sie sein vor Tora strahlendes Antlitz auch hinter seiner Maskerade. Sie ließen sich nicht von Äußerlichkeiten blenden! Ganz im Gegenteil, sie durchschauten Jakovs Plan und waren nun noch mehr besorgt: „Hat Vati ihm wirklich so viel beigebracht, dass er sein Wissen vor uns verstecken muss?!?"

Und somit kam erst recht der Neid in ihnen hoch. Sie machten sich Josef wegen des Kleides zum Feind. Nicht jedoch, weil sie es so schick fanden, sondern, weil sie Jakovs Täuschungsmanöver aufgedeckt hatten und die Notwendigkeit desselben ihnen Sorge bereitete, erklärt der Chatam Sofer.

DÄMPFEN ✧ Der „nobelpreisverdächtige" Ratschlag aus der Gemara bekommt aber nun auch Hand und Fuß. „Ein Familienvater sollte niemals ein Kind zu sehr bevorzugen", meinte die Gemara. Und sie inkludiert damit auch solche Täuschungsmanöver, die den Geschwisterneid dämpfen sollen. Denn im Endeffekt sind die Kinder doch klüger. Und wenn sie dafür bis nach Mizrajim ziehen müssen!

מקץ
Miketz

Flüssiger Lügendetektor

Verschwörungstheorien scheinen selbst vor den Begründern der zwölf Stämme nicht Halt zu machen. Als Jakovs Söhne nämlich um Nahrung bettelnd vor ihrem verstoßenen Bruder standen, wurden sie eiskalt mit einer solchen konfrontiert.

„Spione seid ihr!", rief Josef ihnen zu. Da sie ihren Bruder das letzte Mal als 17-jährigen, bartlosen[54] Jüngling gesehen hatten, erkannten sie den ausgewachsenen Mann mit dichtem schwarzen Vollbart und Königskleidern nicht. Und schon gar nicht, wenn er akzentfreies Ägyptisch[55] sprach.

Alle Beteuerungen der Brüder sollten nichts helfen, denn Josef – oder „Zafnat Paneach"[56], wie Pharao ihn nannte – ließ sich nicht mehr vom Gegenteil überzeugen. Er verwickelte sie in Widersprüche und nahm einen der Brüder in „Geiselhaft". So konnte er sie zwingen, auch ihren in Kena'an verbliebenen Bruder zu sich zu bringen.

MAULKORB ✧ Der Spionage-Vorwurf kam Josef dabei äußerst gelegen. Denn nun würden seine Brüder es niemals wagen, sich auf etwaige vertraute Gesichtszüge, Be-

---

54 Rashi zu Bereshit 42,8.
55 Rashi zu Bereshit 42,23.
56 Bereshit 41,45.

wegungen oder Redewendungen zu konzentrieren. Sie würden sich nie trauen, ein Gespräch mit einem anderen Mizri anzufangen und ihn nach Josefs Herkunft zu fragen. Der „Spione"-Schrei war somit ein exzellentes Defensivwerkzeug von Josef; Maulkorb und Scheuklappen zugleich.

Dass Josef seine Identität nicht geradewegs verriet, hatte dabei mit seinem Plan zu tun, den Brüdern die vollkommene Ausmerzung der Sünde, ihren Bruder verkauft zu haben, zu ermöglichen. Sein Plan sah vor, dass sich Jakovs Söhne als Sühne für ihren jüngsten Bruder Benjamin einsetzen sollten. Unter Lebensgefahr sollten sie laut Josefs Plan auf diese Art den üblen Verkauf endgültig wiedergutmachen.

STRATEGIE ✧ Um dies zu erreichen, spannte Josef alle möglichen Fäden und setzte bemerkenswerte Strategien ein. Alles zum Vorteil seiner Brüder, die ihn dereinst verschmäht hatten. Nur, dass sie zu diesem Zeitpunkt noch nichts von ihrem Glück wussten.

Josefs Plan ging in weiterer Folge auch wunderschön auf. Die Brüder erkannten ihn nicht und kamen nach einiger Zeit tatsächlich mit Benjamin zurück. Zu ihrer Überraschung war Josef bei ihrer Rückkehr jedoch in äußerst geselliger Stimmung. Er ließ ein Festmahl anrichten, bei dem Fleisch und Wein in Hülle und Fülle serviert wurden.

CHANUKKA ✧ Nebenbei bemerkt, sieht einer der späteren Kommentatoren des Talmuds, Mordechai Ben Hillel, ausgerechnet darin einen Hinweis auf den Brauch, zu Chanukka tagtäglich eine zünftige Festmahlzeit[57] zu verrichten. Denn erstens wird dieser Abschnitt immer am Shabbat, der auf Chanukka fällt, verlesen und zweitens finden sich die Buchstaben des Wortes „Chanukka" in diesem Satz der Tora eindeutig wieder[58]. Ob es sich bei Josefs Festmahlzeit daher wohl um die erste Chanukkafeier der Weltgeschichte gehandelt hat?

Schon möglich, denn ansonsten wäre es ein wenig schwer zu verstehen, was es hier zu feiern gegeben hätte. Schließlich war die Familie seit Josefs Verschwinden in eine Krise geschlittert, von der sie sich einfach nicht erholen konnte.

GUTE MIENE ✧ Zugegebenermaßen war die ganze Sache auch den angereisten Brüdern nicht ganz geheuer. Doch sie machten gute Miene zum bösen Spiel und di-

---

57 Siehe Shulchan Aruch O. C. 570.
58 Bereshit 43,16: „tevach" = „Tevach veHachen, Buchstaben von „Chanukka".

nierten mit Josef. Und sie tranken Wein. Wie die Tora betont, sogar so viel, dass sie mit dem Taxi hätten heimfahren müssen.

Zumindest hätte man von den Söhnen Jakovs sicher nicht erwartet, dass sie aufgrund ihrer Trunkenheit jemand anders am Heimweg gefährden würden. Auch Rashi[59] wundert sich über die übermäßige Weineinnahme der Brüder und stellt fest: „Seit dem Tag von Josefs Verkauf hatten sie keinen Wein mehr getrunken. Weder die Brüder, noch Josef. Aber an diesem Tag tranken sie."

Viele Kommentatoren wagen nun einen „tiefen Blick in die Flasche" und versuchen zu erklären, was es mit dem alkoholischen Rätsel auf sich haben könnte. Warum betranken sich Josef und die Brüder? Und dass es sich dabei um einen antiken Chanukka-Brauch handeln könnte, würde der oben angeführte Mordechai mit Sicherheit verneinen.

MASKIL LEDAVID ✧ Rav David Pardo, der in seinem Werk „Maskil LeDavid" schon so manchen Rashi-Kommentar erhellt hat, versucht hier ein wenig Übersicht zu verschaffen. Er erklärt, dass die Brüder sich in einer echten Zwickmühle befanden, als Josef ihnen Wein anbot. Schließlich hat der rubinrote Zaubersaft die Eigenschaft, den Kopf des Trinkenden zu verdrehen. Oder wie die Gemara[60] es so schön darstellt: „Kommt Wein hinein, gehen die Geheimnisse hinaus." Daher, so Rav Pardo, befürchteten die Brüder, dass Josef ihnen hier womöglich einen vorzeitlichen, flüssigen Lügendetektortest anhängen wollte. Immerhin standen sie nach wie vor unter dem Spionageverdacht, auf den Josef bei ihrem vorherigen Besuch so vehement bestanden hatte.

Die Brüder waren daher ziemlich hin- und hergerissen. Sie waren das Weintrinken seit über zwanzig Jahren nicht mehr gewohnt. Doch sie befürchteten, dass Josef seinen Spionagevorwurf als bestätigt sehen würde, wenn sie ablehnen sollten. Er würde glauben, dass sie sich davor drücken wollten, Wein zu sich zu nehmen, da ihnen im Rausch ansonsten die Wahrheit über ihre geheime Mission entkommen könnte. Daher tranken sie nun mit Josef – und siehe da, sie gaben auch im Rausch ihre Spionagemission nicht zu.

---

59 Bereshit 43,34.
60 Mes. Sanhedrin 38a.

SFAT EMET ✧ Am Rande soll nur die Meinung des „Sfat Emet", Rav Jehudah Arieh Leib Alter aus Gur, erwähnt werden. Er betont, dass die Brüder nicht etwa besonders viel tranken. Sie waren das Trinken einfach nicht mehr gewohnt und daher bereits nach dem ersten Vierter'l entsprechend beschwipst. Scheinbar so weit, dass es für einen „Lügendetektortest" ausreiche.

Aus einer anderen Perspektive nähert sich jedoch Rav Avraham Abish aus Frankfurt dem Thema an. Er basiert seine „Alko-Test"-Analyse der urbrüderlichen Trunkenheit allerdings auf bisher unerwähnt gebliebenen Fakten. Denn die Tora[61] berichtet, dass Josef es mit seiner „Ausmerzungsstrategie" ziemlich ernst nahm. Als er nun die Brüder zu seiner Festmahlzeit rief, ließ er sich sogar zu einer ganzen Vorstellung hinreißen. Er nahm einen Becher an sich und tat so, als würde er darin etwas „ersehen". Dann rief er jeden Bruder der Reihe nach auf und teilte ihm einen Sitzplatz zu. Die Brüder staunten nicht schlecht, als plötzlich alle dem Alter gemäß dasaßen. Laut Rav Avraham Abish war dies aber nun das erste Mal, dass die Brüder Verdacht schöpften. Sie nahmen dem mizrischen Herrscher seine „Becher-Seherei" nicht ab. Sie vermuteten eher, dass entweder er selbst Josef war, oder, dass ihr Bruder irgendwo im Palast war und dem Herrscher die Altersreihenfolge verraten hatte. Doch wie konnten sie das bloß herausfinden?

TRINK-DETEKTOR ✧ Zum Glück aber gab es eine gute Lösung für dieses Problem: Sie beschlossen, den „Trink-Detektor" zu verwenden und so die wahre Informationsquelle aufzudecken. Doch Josef, so Rav Avraham Abish, ließ die Aussage der Gemara im Stich und gab sich weiterhin als mizrischer Herrscher mit einem Hang zu Verschwörungstheorien!

Wer hier nun wen testen wollte, bleibt bislang offen. Vielleicht testeten sich die Brüder ja tatsächlich gegenseitig. Klar ist nur, dass die Brüder die wahre Intention Josefs bis zuletzt nicht begriffen. Und dies war nun auch der Fakt, der ihnen dann eine vollkommene Sühne ermöglichte. Manchmal heißt es eben einfach: Abwarten und Wein trinken!

---

61 Bereshit 43,33.

ויגש
Vajigash

Hand vor Augen

*S*taubwolken am Horizont. Zwei Wüstenwägen auf Kollisionskurs. Vater und Sohn nähern sich einander im rasanten Tempo an. Die Vorfreude auf das lang ersehnte Wiedersehen knistert förmlich in der heißen Wüstenluft.

Vater Jakov hatte seinen Sohn Josef bereits für tot gehalten. Doch in kurzen Augenblicken sollte er ihn wider Erwarten doch noch in die Arme schließen können. 22 Jahre Trauer und Trübsal kamen zu ihrem Abschluss, das Rad des Schicksals drehte sich für den alten Mann nun doch noch zum Guten.

Die Wüstenwägen kamen zum Stillstand. Einer stieg mehr, der andere weniger wendig vom Wagen hinab. Als ihre Blicke sich trafen, schienen Galaxien miteinander zu kollidieren. Als sie sich umarmten, schienen sie kosmische Funken väterlicher Zuneigung und kindlicher Ehrerbietung zu versprühen.

HUNGERSNOT ✧ Josef war als Jüngling nach Mizrajim verschleppt worden und hatte sich zum zweitwichtigsten Beamten des Landes hochgearbeitet. Sein Vater hatte ihn für tot gehalten und ein Teil in ihm war am Tag von Josefs Verschwinden gestorben. Als er seine anderen Söhne jedoch aufgrund einer Hungersnot nach Mizrajim geschickt hatte, um Nahrung zu besorgen, trafen diese unvorhergesehen auf Josef. Ja-

Der neue Leiner

kovs Söhne lotsten ihn daraufhin zu ihm. Es kam zu einem Wiedersehen, das zugleich auch die Ära des qualvollen mizrischen Exils einläutete.

Der bühnengerechte Moment, als Jakov und Josef aufeinandertrafen, ist dabei sicherlich einer der dramatischsten in der gesamten Erzählung des Bereshit-Buches. Ein Bollwerk an Emotion, Rührung und Ergriffenheit. Zweifelsohne – so könnte man annehmen – wurden auch die Hauptdarsteller der Geschichte von ihren Gefühlen regelrecht überrollt. Tatsächlich berichtet die Tora[62] auch, dass die zwei unendlich lang eng umarmt dastanden. Josef, der mizrische Herrscher, weinte dabei wie ein Kind und küsste seinen Vater. Fast schon ein wenig kitschig scheint es im Wüstendrama der Tora zuzugehen. Da blieb wohl kein Auge trocken!

HEILIGES AUGE ✧ Ausnahme bildet hier wohl nur das heilige Auge von Rashi. Er verliert nämlich auch inmitten der ganzen erhebenden Dramatik seinen Blick fürs Wesentliche nicht. Rashi merkt an, das die Tora hier explizit betont, dass Josef derjenige war, der seinem Vater um den Hals fiel, weinte und küsste. Bei der Beschreibung von Jakovs Reaktion spart die Tora aber mit Worten. Ob seine Reaktion etwa zu emotional war, um für künftige Generationen offenbart zu werden?

Das wäre wohl wenig verwunderlich, nach all dem Kummer, Sorgen und Ängsten, die er wegen Josef durchstehen musste. Bloß, dass Rashi hier gegenteiliger Meinung ist. Er zieht den Urvater vielmehr zu sich ins Boot und lässt diesen auf den ersten Blick völlig emotionslos erscheinen.

SHEMA JISRAEL ✧ Vater Jakov, so erklärt Rashi, soll nämlich während des kosmischen Umarmungsmoments an etwas ganz anderes gedacht haben. Und zwar an seine halachische Verpflichtung, das Glaubensbekenntnis „Shema Jisrael" am Morgen zu lesen.

„Jakov fiel Josef nicht um den Hals und er küsste ihn auch nicht. Unsere Gelehrten sagten, dass er gerade das ‚Shema' las", schildert Rashi hier diesen Moment.

Doch was war da bloß mit Jakov geschehen? 22 Jahre lang sah sein Leben aus wie ein Scherbenhaufen, weil sein geliebter Josef verschwunden war. Hatte Jakov im Moment des Wiedersehens wirklich nichts Besseres zu tun, als das „Shema" zu lesen?

PRAGMATISMUS ✧ Zahlreiche Kommentatoren sehen die Sache nun recht pragmatisch. Laut ihnen war es tatsächlich so, dass einfach die zeitliche Verpflichtung, das

---
62 Bereshit 46,29.

Shema zu lesen, eingetreten war. Die Morgendämmerung war gerade eingetroffen und der erste Moment, das Shema am Morgen lesen zu können, war angebrochen. Die Shema-Pflicht war sozusagen „aktiviert" worden. Und bei einem Zadik der Spitzenklasse, wie Jakov es nun mal war, gibt es ab dem Aktivierungszeitpunkt einer Mizwa nichts mehr, was ihn von ihrer Erfüllung abhalten könnte. Nicht einmal verschwundene Lieblingssöhne.

Daher erhob er also die Hand vor Augen und posaunte ein „Shema Jisrael" hinaus, das sich sehen lassen konnte. Egal wer oder was vor ihm stand!

Im Werk „Sha'arei Aharon"[63] wird die Annahme der Kommentatoren, dass soeben die Zeit zum Shema-Lesen eingetreten war, auch mit harten Fakten belegt.

Der Sha'arei Aharon bezieht sich dabei auf die prophetischen Träume Josefs, die er noch vor seiner Verschleppung zuhause geträumt hatte. Einer dieser Träume[64] beinhaltete, dass sich die Sonne, der Mond und elf Sterne vor ihm verbeugten. Der Traum sollte Josef offenbaren, dass sich eines Tages seine elf Brüder, seine Ziehmutter und sein Vater vor ihm verbeugen würden. Der Sha'arei Aharon zieht nun meisterhaft die Parallele zwischen der traumhaften Prophezeiung und dem Moment des Wiedersehens.

MORGENGRAUEN ✧ Laut ihm hatte sich nämlich in diesem Augenblick der Traum Josefs bewahrheitet. Zwar verbeugte sich damals niemand richtig vor ihm, doch es waren immerhin alle Teilnehmer des Traumes beisammen.

Bezüglich des Traumes merkt der Sha'arei Aharon an, dass dieser auch die Tageszeit prophezeit hatte, zu welcher Jakov auf Josef treffen würde, nämlich im Morgengrauen. Denn nur dann ist es technisch bzw. astronomisch möglich, dass Sonne und Mond – wie Josef es geträumt hatte – gemeinsam am Himmelsfirmament stehen. Somit war das zeitliche Element der Verpflichtung, das Shema am Morgen zu lesen, bereits am Ursprung der Geschichte mit eingewoben. Und Jakov wollte demnach nichts anbrennen lassen und las das Shema gleich im erstmöglichen Moment, als Sonne und Mond gemeinsam am Himmel standen. Josefs Traum ging somit sekundengenau in Erfüllung.

---

63 S. 1538, D"H BeMa SheKatav Rashi.
64 Bereshit 37,9.

Der Maharal von Prag geht mit diesen Erklärungen selbstverständlich auch konform. Er offenbart allerdings noch eine weitere, tiefspirituelle Komponente im Verhalten Jakovs.

Laut ihm war Jakov in diesem Moment nämlich alles andere als emotionslos gewesen. Ohne die These um die Mizwa-Erfüllungsambition zu bestreiten, schlägt er einen anderweitigen Weg ein. Wenn man sich das Shema-Gebet inhaltlich etwas genauer ansieht, so wird man bemerken, dass man dabei echte „Liebesbekundungen" an Hashem zum Ausdruck bringt[65]: „Und liebe Hashem, deinen G'tt, mit deinem ganzen Herzen und mit deiner ganzen Seele und mit deinem ganzen Vermögen", spricht man morgens und abends in Inbrunst.

STICHFLAMME ◆ Allerdings ist Liebe nun mal kein Gefühl, das man erzwingen kann. Liebe ist auf rationaler Basis nicht herbeiführbar, sondern eine pure Emotion des Herzens. Echte Zadikim arbeiten ihr ganzes Leben daran, diese Emotion auch wirklich von ganzem Herzen zu empfinden.

Als Jakov nun Josef vor sich stehen sah, explodierten die Emotionen in ihm. Ein Gefühl der elterlichen Liebe flackerte in ihm auf. Eine Stichflamme der Zuneigung, die er wohl noch nie zuvor verspürt hatte.

In diesem Moment, so der Maharal, wollte Jakov seinen enormen „Liebesausbruch" nun auf Hashem umleiten, und das Gebot, „Hashem zu lieben" von ganzem Herzen erfüllen. Er überkam seine Gefühle gegenüber seinem Sohn und setzte die Emotion zur Liebesbekundung gegenüber Hashem ein!

Die „hohe Kunst der Liebe" in dieser Form zu betreiben, wird uns wahrscheinlich schwerfallen. Aber die Erfüllungsambition nachzuahmen und das Shema täglich zeitgerecht zu lesen, ist durchaus kein Ding der Unmöglichkeit.

---

65 Devarim 6,5.

וִיחִי
Vajechi

Kein Stolz und kein Neid

Intensivpflege im Lande Goshen: Jakov Avinu erkrankt im 148. Lebensjahr schwer und seine Tage scheinen gezählt. Kurz vor seinem Tod ruft Jakovs Enkelsohn Menashe seinen Vater Josef herbei.

Josef beeilte sich zu seinem Vater Jakov und brachte seine beiden Kinder – Efraim und Menashe – gleich mit. Jakov freute sich sichtlich über Josefs Besuch und setzte zu einem umfangreichen Segensritual an, das vor allem Josefs Söhnen eine vielversprechende Zukunft ermöglichen sollte.

SEGENSRITUAL ✧ Jakov hob die beiden Enkelsöhne nämlich mit seinem Segen „einen Rang höher" und bescherte ihnen einen Anteil am Lande Jisrael, der dem der anderen Söhne Jakovs ebenbürtig war. Josefs Stamm wurde quasi in zwei neue Stämme unterteilt, die dieselben Rechte und Pflichten wie beispielsweise die Stämme Reu'ven und Shimon hatten[66].

Vor seinem Segen umarmte und küsste Jakov die beiden Enkelsöhne noch innig. Ein Zeichen der besonderen Zuneigung den Kindern seines „Lieblingssohnes" Josef gegenüber.

---
66   Bereshit 48,5.

Josef nahm die Kinder anschließend aus Jakovs Schoß und stellte sie vor diesem auf, damit er seine Hände auf sie legen und mit dem Segen loslegen konnte. Menashe, der Ältere, stand der rechten Hand Jakovs gegenüber. Efraim, der Jüngere, stand der linken Hand gegenüber. Schließlich gebührte dem älteren Sohn nach alter Segensmanier auch die rechte und wichtigere Hand des segnenden Großvaters. Doch Jakov „legte seine Hände mit Bedacht", wie es die Tora[67] ausdrückt.

SEGENSEINBUSSE ✧ Er überkreuzte seine Hände und leitete den „Supersegen" der rechten Hand auf den jüngeren Sohn Efraim um!

Menashe ging mit der linken Hand Jakovs zwar ganz und gar nicht leer aus, aber er sollte immerhin eine deutliche „Segenseinbuße" erleiden. Ein herber Verlust für jemanden, der in der „geistigen Welt" der Segen und Gebete zuhause sind.

Auch Josef zeigte sich ein wenig verwirrt von der Segenstaktik des Vaters. Er vermutete wohl einen alters- und krankheitsbedingten Irrtum und wollte die Sache wieder „geradebiegen". Doch da offenbarte ihm der Vater einige wichtige Details über die Zukunft seiner Söhne. Er sagte ihm, dass die Nachkommen des jüngeren Sohnes die des älteren noch übertreffen werden. Oder wie man in Wien sagen würde: „Josef, das passt scho(n)!"

NACHTRAGSSEGEN ✧ Und dann setzte Jakov noch zu einem „Nachtragssegen" an und sagte[68]: „Mit dir möge Jisrael segnen: ‚Es mache dich G'tt wie Efraim und wie Menashe!'"

Gemeint ist damit laut Rashi, dass in Zukunft jeder, der seine Kinder segnen möchte, seinen Schützlingen den Wunsch mit auf den Weg geben möge, dass sie G'tt „wie Efraim und Menashe" mache. Damit zeigte sich Josef nun zufrieden und gab nach. Womit sich der Vorhang für die anderen Brüder öffnen konnte, die nun noch alle in einem Aufwasch „durchgesegnet" wurden.

Der Abschnitt mit den Segen der Brüder ist nebenbei bemerkt auch Zeugnis der hohen und tiefen Dichtkunst der Tora, die in dieser Form nur mit der „heiligen Sprache" möglich ist. Dies sei nur erwähnt, um einen kleinen Ansporn dazu zu geben, diesen Abschnitt im Rahmen der vermehrten Freizeit der Winterferien etwas genauer zu studieren.

---

67 Bereshit 48,14.
68 Bereshit 48,20.

Doch wie dem auch sei, der „Segenskrimi" mit Jakov und Josef wirft gleich mehrere Fragen auf, die es zu beantworten gilt. Am besten gleich mit nur einer Antwort, die alle Zweifel wie ein Atombombenblitz in radioaktive Asche verwandelt.

SEGENSTECHNIK ✧ Da fragt man sich zunächst mal, warum Josef eigentlich so lautstark protestierte, als er die „Segenstechnik" seines Vaters beobachtete? Und warum gab er sich nach den Erklärungen des Vaters zufrieden?

Und wenn wir schon bei den Erklärungen sind: Warum soll man in Zukunft seine Kinder mit dem „Efraim-Menashe-Segen" übergießen? Fehlt es etwa an kreativen Wünschen für einen elterlichen Segensschwall?

Allerdings können wir all diese Fragen mit G'ttes Hilfe ganz im Sinne Jakovs „in einem Aufwasch" beantworten. Rav Zvi Elimelech Shapira aus Dinov nimmt die Herausforderung dieser Fragen nämlich an und weiß diese in seinem Werk „Agra deKallah" auf eine geistreiche Art und Weise zu beantworten.

SEGENSPARCOURS ✧ Er bemerkt in der Tat etwas Eindrucksvolles an der Verhaltensweise der beiden Knaben: Auch nachdem Jakov den einen Sohn bevorzugt hatte, blieb der andere Sohn ganz ruhig und unbeteiligt! Und auch umgekehrt: Der „bevorzugte" Sohn verhielt sich seinem Bruder gegenüber auch nach seinem „Sieg am Segens-Parcours" der Urväter-Familie keineswegs überheblich oder arrogant.

Wir hören nicht einen Mucks von den beiden Knaben. Nicht während des Segens, nicht danach und auch Generationen später nicht. Efraim war frei von jeglichem Stolz und Menashe verspürte nicht einmal einen Anflug von Neid! So, als wäre ihnen die Segensreihenfolge schon im Vorhinein klar gewesen!

Was sicherlich nicht so ist, wie wir an Josefs Reaktion mit Leichtigkeit erkennen können. Denn dieser, so scheint es zumindest aus Sicht des Autors, geriet mit einem Mal in „Geschwisterneid-Panik". Sein nur allzu streng konditionierter Instinkt, gefährliche Querelen zwischen Geschwistern zu orten, wurde im Moment der „Segensüberkreuzung" aktiviert. Alle Alarmglocken schrillten, als er sah, wie sein Vater – schon wieder – ein Familienmitglied bevorzugte. Immerhin hatte er für so eine Aktion einst mit einem tiefen Fall in die Schlangengrube bezahlen müssen.

SEGENSPLAN ✧ Wohl aus diesem Grund reagierte Josef mit Vorbehalt auf den Segensplan seines Vaters und versuchte sogar durch behutsame körperliche Einwirkung[69], diesen zu beeinflussen und das brüderliche Gleichgewicht wiederherzustellen.

Zugegebenermaßen hatte auch sein Vater Jakov mit seinem Bruder einen ähnlichen Streit mitmachen müssen, der sich noch bis in die heutige Generation und weiter hinauszieht. Zumindest erklärt der Kli Jakkar[70] andernorts, dass der teilweise auch heute noch spürbare Neid der Nachkommen Esavs seine Wurzel in dem „gestohlenen Segen" Jakovs[71] hat.

SEGENSUMPOLUNG ✧ Josefs Sorge, dass eine weitere „Segensumpolung" zu einem heftigen Streit mit generationenübergreifenden Folgen führen könnte, wäre also nicht ganz unberechtigt gewesen.

Doch sein Vater war trotz seiner schlechten körperlichen Verfassung voll im Bilde. Er las Josef seine Befürchtungen von den Augen ab und erklärte ihm, dass der „Supersegen" dem jüngeren Bruder rechtmäßig gebührte. Und falls er sich Sorgen um eventuelle Streitigkeiten macht – wie sie in der urväterlichen Familie schon vorgekommen waren –, so hatte er auch einen Punkt zu machen, wie der Agra deKallah nun erklärt.

SEGENSUMKEHRUNG ✧ Das erwähnte stillschweigende Verhalten von Efraim und Menashe war nämlich absolut echt und vorbildlich. Die beiden Knaben akzeptierten die „Segensumkehrung" im Gegensatz zu ihrem „Familienbrauch" ohne Wenn und Aber. Es war eine Art der inneren Akzeptanz, die so echt war, dass sie als Vorbild für alle künftigen Generationen hergenommen werden könnte. Es gab diesmal absolut keinen Stolz und keinen Neid!

Und das bestätigte Jakov auch mit dem „Segen-der-Zukunft"-Stempel, dass alle Juden „wie Efraim und Menashe" sein mögen. Mögen daher Jakovs Worte auch tausende Jahre später noch ihre Wirkung zeigen und im Vajechi-Leiner einen stolz- und neidfreien Abschlusssegen mit drei „S" bilden.

---

69   Bereshit 48,17.
70   Devarim 2,3.
71   Bereshit 27,41.

שמות
Shemot

Schlangenbiss auf der Baustelle

Schwere Zeiten brechen für die Bnei Jisrael heran. Nach der recht gemütlich verlaufenen Ankunft in Eretz Mizrajim entwickeln Pharao und sein Volk langsam eine echte Abneigung gegen die wohlgedeihende Familie Jakov Avinus. Aus Missgunst erwächst Verachtung. Aus Abscheu wird Hass.

Weder Jakov noch seine Söhne sollten dabei etwas von der neuen Antistimmung und Volk-Jisrael-Hetze mitbekommen. Zumindest nicht in irdischen Sphären. Denn der „neue König"[72] Pharao erstieg seinen Thron der Qualen und des Leids erst nach dem Ableben der „Einwanderergeneration".

Die Tora berichtet von schrecklichen Dekreten und einem brutalen Arbeitspensum, das ein nunmehr versklavtes Volk unter den schwersten Bedingungen ableisten musste.

MIZRISCHE HÖLLE ✧ Inmitten des Geschehens offenbart die Tora aber noch eine interessante Geschichte. Ihr Hauptdarsteller ist Moshe Rabbenu, der Mann, der die Bnei Jisrael in naher Zukunft aus der mizrischen Hölle befreien würde.

---

72 Shemot 1,8.

Der neue Leiner

Moshe legte sich mit einem mizrischen Befehlshaber an, der in seinen Augen einen Juden ungerecht behandelt hatte. Das Zusammentreffen zwischen den beiden endete mit dem Tod des Mizris. Gesehen hatte Moshes Tat zum Glück niemand, außer zweier jüdischer Personen. Doch gerade dies sollte sich als Bumerang für Moshe erweisen. Die beiden fingen an, Moshe für seine Tat schlechtzureden[73]: „Warum hast du ihn geschlagen? Wer hat dich zum Richter über uns gemacht?", schrien sie Moshe an. Dem wurde schwarz vor Augen. Das waren doch seine eigenen Leute, die ihn hier für eine Hilfeleistung attackierten!

SPITZE ZUNGEN ◆ Scheinbar bemerkten die beiden Hebräer mit den spitzen Zungen Moshes Unmut und provozierten ihn weiter: „Wirst du uns etwa auch so erschlagen, wie du den Mizri getötet hast?", ätzten sie. Die Reaktion Moshes beschreibt die Tora nun folgendermaßen: „Moshe fürchtete und sagte: ‚Jetzt ist mir die Sache klar!'[74]" Was Moshe aber in dem Moment klargeworden sein soll, ist nun alles andere als „klar".

War es etwa die Erkenntnis, dass man ihn bald verraten würde, die ihm jetzt erst dämmerte? Das hätte er wohl kaum mit so einem tief erstaunten Ruf zum Ausdruck bringen müssen! Auch Rashi vertieft sich in Moshes Ausruf und präsentiert seine Gedankengänge in einem ganz neuen Licht: „Jetzt ist mir etwas klargeworden, über das ich mich die ganze Zeit gewundert habe", soll Moshe sich laut Rashi in dem Moment gedacht haben. „Was haben die Bnei Jisrael eigentlich verbrochen, dass ausgerechnet sie von allen siebzig Völkern zu solch einer ‚harten Arbeit' verdonnert wurden?"

Die „harte Arbeit" – in der Tora als „Avodat Parech"[75] bezeichnet – hatte ihren Namen nebenbei bemerkt tatsächlich verdient. So berichtet beispielsweise die Gemara[76], dass beim Bau der beiden Vorratsstädte „Pitom" und „Ra'amses" kein Stein auf dem anderen blieb und die Baustellen der Arbeitssklaven einem einzigen Chaos glichen.

KARTENHAUS ◆ Wie ein Kartenhaus fielen die Bauwerke der Bnei Jisrael zusammen oder wurden von der Erde verschluckt! Doch das störte Pharao scheinbar gar nicht. Er ließ seine hebräischen Sklaven weiter werken. Egal, was dabei herauskam! Mit der „harten Arbeit" ist damit in der Tora diejenige gemeint, die überhaupt keine Früchte trägt, die sinnlos ist.

---

73 Shemot 2,14.
74 Wörtl.: „Also ist die Sache bekannt!"
75 Shemot 1,13.
76 Mes. Sota 11a.

Shemot

Doch Rashi ist noch nicht fertig und lässt Moshe noch ein wenig weiterdenken, und zwar in spektakulärer Art und Weise.

MONOLOG ✧ „Jetzt aber sehe ich, dass ihnen die harte Arbeit gebührt!", führt Rashi nämlich Moshes Gedankenmonolog aus.

Einen Kommentar früher erklärt Rashi dabei, was genau Moshe „jetzt gesehen" hatte, dass ihm die verkehrte Welt der Sklaverei so logisch erscheinen ließ: Er hatte gesehen, wie die beiden Bösewichte schlecht über ihn sprachen!

Er sah damit Menschen – Mitglieder der „Familie Jisraels" – die nichts Besseres zu tun hatten, als über ihre eigenen Leute zu tratschen. Die nur das Negative im Anderen sahen und stets nach Fehlern suchten. Die schamlos Fehlinformationen und Lügen verbreiteten.

LASHON HARA ✧ Die großartige Erkenntnis, die Moshe in diesem Moment zuteilwurde, war somit das Ausmaß, in dem sich die „böse Zunge" – „Lashon HaRa" – zwischen den Bnei Jisrael bereits verbreitet hatte. Als ihm dies klar wurde, entkam ihm laut Rashi zum Abschluss noch ein Statement, das man einem „Erlöser" nie zugeordnet hätte: „Die sind einer Erlösung sicher nicht würdig!"

Es gebietet sich beim Studium dieses Rashi-Kommentars aber fürwahr ein Moment des Innehaltens. Wo lag die Logik hinter Moshes „klarem Bild"? Sklaverei wegen „böser Zunge"? Betonklatschen wegen Rumtratschen? Wo war hier die Gerechtigkeit geblieben? Und dass Hashem auch im Zusammenhang mit der „harten Arbeit" wie überall sonst ein genaues Maß an Strafabgeltung walten ließ, steht wohl außer Zweifel.

Im Werk „Tozaot Chaim" sucht der Autor Rav Shlomo Kahane nun nach dem passenden Messbecher für das „Maß an Gerechtigkeit", das Hashem hier angewandt hatte. Wieso musste das jüdische Volk so hart arbeiten, weil sie der „Lashon HaRa" verfallen waren, wie Rashi es anhand von Moshes Reaktion so schön erläutert? Worin bestand der Zusammenhang zwischen der „harten Arbeit" und der „bösen Zunge"?

Doch der Tozaot Chaim findet einen genialen gemeinsamen Nenner zwischen den beiden Dingen und liefert uns damit einen höchst passenden „Messbecher". Schlüssel seiner Ausführungen ist, dass in den Schriften der Propheten[77] Pharao stets als „Tannin" – Schlange – bezeichnet wird. Dies ist deswegen der Fall, erklärt der Tozaot Chaim, weil Pharaos Handlungsweise der einer Giftschlange glich.

---

77 Jecheskel, Daniel.

Der neue Leiner

VON SCHLANGEN UND LÖWEN ✧ Im Gegensatz zu anderen Tieren, die ihre Opfer am Höhepunkt der Jagd beißen – wie es zum Beispiel auch ein Löwe tut –, hat die Schlange während des Bisses keinen Genuss von ihrem Opfer. Der Schlangenbiss gleicht eher einer Giftinjektion. Der Löwenbiss ist jedoch außer einem Tötungswerkzeug auch der erste Bissen in das leckere Abendhäppchen des „Königs der Tiere".

Pharao aber hatte keinerlei Genuss von der fruchtlosen Arbeit der Bnei Jisrael. Denn wie oben erwähnt, waren die Baukünste seiner Sklaven von äußerst bescheidener Natur. Die mizrischen Baustellen mit den jüdischen Arbeitern glichen eher römischen Ruinen als ägyptischen Pyramiden. Aber das war noch lange kein Anlass für Pharao, auf sie zu verzichten! Er ließ sie weiterarbeiten, obwohl er keinen Nutzen davon hatte. Er „biss" zu, ohne Genuss zu haben. Wie eine Schlange, wie ein „Tannin". Was Pharao eben seinen unwürdigen „Ehrentitel" bei den Propheten einbrachte.

Doch dasselbe Verhalten kann man auch den „Lashon-HaRa"-Sprechern der jüdischen Nation zuordnen, meint der Tozaot Chaim. Auch sie haben nämlich überhaupt keinen Genuss von der üblen Nachrede, die sie betreiben. Sie benehmen sich wie eine Schlange, wie Pharao.

ERLÖSUNGSPLANUNG ✧ Daher, meint der Tozaot Chaim, passen die beiden Elemente der „harten Arbeit" und der „bösen Zunge" sehr wohl zusammen. In beiden Fällen sind es fruchtlose und sinnlose Unterfangen, in die man endlose Kräfte hineinsteckt, ohne auch nur einen kleinen faktischen Genuss davon zu haben.

Sich Tratsch und Klatsch von heute auf morgen zur Gänze abzugewöhnen, ist sicherlich „harte Arbeit" und ein äußerst schwieriges Unterfangen. Doch im Sinne einer „gesunden Erlösungsplanung" wäre es zumindest ratsam, sich nicht so wie eine Schlange zu benehmen und seine Giftzähne wenigstens ein bisschen abzustumpfen.

ואra
Vaera

Zfardea, sei kein Frosch!

Wir schreiben „Plage zwei" im urjüdischen Befreiungskampf jenseits des Nilufers. Hashem ruft sein „Zfardea"-Regiment auf den Plan, um die mizrischen Widersacher in die Knie zu zwingen. Auf vier Beinen kriechend entsteigt die schlabbrige, g'ttliche Wunderwaffe dem Fluss, um seine Mission zu erfüllen.

Um was für ein Tier es sich bei der „Zfardea"-Plage dabei genau gehandelt haben soll, ist Gegenstand reger Diskussionen zwischen unseren Gelehrten. Die Grundfrage, ob es sich bei den „Zfardeim"[78] um Reptilien oder Amphibien gehandelt hat, wird genauestens erwogen. Waren es nun Krokodile oder Frösche, die den Mizrim das Fürchten lehrten?

AL TAMSACH ✧ Die meisten der Gelehrten nehmen bekanntlich an, dass es sich bei Zfardea um Frösche gehandelt hat. Rabbenu Chananel, bekannt für seinen etwa tausend Jahre alten Kommentar zum Talmud, vertritt im Gegensatz dazu die Meinung, dass es sich bei den Zfardeim tatsächlich um Krokodile gehandelt hat[79]. „Al Tamsach" sollen diese im umgangssprachlichen Arabisch genannt worden sein, fügt der aus Tu-

---

78 Plural von Zfardea.
79 Rab. Bechaje zu Shemot 10,19.

nesien stammende Gelehrte, dessen Schriften die Entwicklung der Halacha maßgeblich beeinflusst haben, noch hinzu.

Auch Rabbenu Bechaje, ein Kommentator, der etwa 300 Jahre nach Rabbenu Chananel lebte, schließt sich der Krokodils-These an. Schließlich, so meint er, finden wir auch heute noch die berühmten „Nilkrokodile" als schwimmende Sehenswürdigkeiten Ägyptens wieder. Ganz so, wie Moshe es Pharao auch versprochen hatte[80], als dieser nach einer Plagenwoche um Gnade winselnd um ein Ende des bösen Treibens bat: „Nur im Fluss sollen sie verbleiben!", hatte Moshe gepoltert. Und sie verblieben tatsächlich dort, bis zum heutigen Tag.

AMPHIBIOPHIL ✧ Die in unseren Breitengraden etablierte Version der Zfardea-Plage ist aber sicherlich die amphibiophile Inszenierung mit den grunzenden Quakgeräuschen, den kräftigen Sprungschenkeln und der überlangen Klebezunge. Wobei wir die Krokodils-These vorerst nicht ganz über Bord werfen möchten. Denn es gibt ja auch noch die Lehrmeinung[81], dass sowohl Frösche als auch Krokodile die Protagonisten der Zfardea-Plage waren. Schließlich ist die Versinnbildlichung der Plage ohne die netten Fröschchen kaum noch möglich.

Schon der Name „Zfardea" deutet bereits mehr auf einen Frosch als auf ein Krokodil hin. Auf Aramäisch bedeutet „Zfar" nämlich „Morgen" und „De'a" „Wissen". Laut Rabbenu Mejuchas[82] soll er Name „Zfar-De'a" – „Morgenwisser" – zum Ausdruck bringen, dass Frösche ganz genau wissen, wann es Zeit ist, mit dem elenden Gequake aufzuhören: am Morgen.

Interessanterweise kommt damit bereits im Namen der Zfardeim ein wesentliches Element der Plage zum Vorschein. Die Zfardeim schafften es nämlich stets, genaue Grenzen zu ziehen. Sei es nun wie eben beschrieben die Grenze zwischen Tag und Nacht, oder etwa auf geografischer Ebene, wie der nachfolgende Midrash es beschreibt.

GRENZSTREITIGKEITEN ✧ Laut ihm gab es zwischen dem Land Mizrajim und dem benachbarten Land Kush seit jeher Grenzstreitigkeiten. Der genaue Verlauf der Landesgrenzen wollte sich einfach nicht festlegen lassen. Doch als Moshe dem Pharao

---

80   Shemot 8,5.
81   Rav Saadia Gaon, Emek Davar.
82   Rabbenu Mejuchas ben Elijahu, Griechenland, 15. Jhdt., s. Sha'arei Aharon, Vaera, S. 203.

mit der Zfardea-Plage drohte, so betonte er, dass er „sein ganzes Gebiet mit Fröschen schlagen werde"[83].

GRENZPOSTEN ✧ Das „ganze Gebiet" Mizrajims wurde also durch die Frösche markiert. Ein Fakt, den die Tora später noch zweimal hervorhebt. Als die Plage einsetzt, schreibt die Tora, dass die Frösche „das Land Mizrajim bedeckten"[84]. Die zweite Aufwertung der Frösche als „Grenzposten" geschieht wiederum bei der Erzählung über die Reaktion der „Chartumim", der Weisen[85] Mizrajims, als die Froschplage bereits im Gange war. Auch sie „brachten Frösche über das Land Mizrajim"[86].

Warum die Chartumim dabei auf die wahnwitzige Idee kamen, ein Land, das ohnehin schon mit Fröschen übersät ist, noch mit weiteren zu überschwemmen, ist schnell erklärt. Es war ein Versuch, Moshe hinterlistig auszubooten. Indem die Chartumim durch gewisse „Zaubertricks" dieselben Plagen wie Moshe und Aharon herstellten, konnte Pharao deren Forderung, das jüdische Volk ziehen zu lassen, ruhigen Gewissens ausschlagen. Schließlich waren es sicher nur irgendwelche „Zaubertricks", die die beiden hier vorführten. Da war gar kein G'tt im Spiel, alles nur frei erfunden! Die „Gegenplagen" der Chartumim waren für Pharao der Beweis dafür! Bekanntlich waren aber auch die Chartumim spätestens bei der dritten Plage am Ende ihres Lateins angelangt und auch die findigsten „Zaubertricks" halfen ihnen nicht mehr weiter.

LANDGEWINNUNG ✧ Rav Josef Ettinger kann in seinem Werk „Edut Bihosef" aber noch einen weiteren einleuchtenden Grund für das „amphibiophile" Verhalten der Chartumim „hervorzaubern". Er erklärt, dass es sich hier in Wahrheit um einen Versuch zur Landgewinnung gehandelt hatte. Denn wie bereits erwähnt, hatte Moshe die Frösche über das „ganze" Land Mizrajim gebracht. Über das „ganze" Land und keinen Deut weiter! Immerhin hatten die netten Nachbarn im Lande Kush nichts gegen die Bnei Jisrael verbrochen. Somit gebührte ihnen auch keine Strafe.

Daher sorgte Hashem nun dafür, dass kein Frosch auch nur eine Klebezunge über die Grenze zum Nachbarn ausstreckte. Doch das schmeckte den Chartumim gar nicht. Denn damit war die Grenze für ihren Geschmack viel zu knapp festgelegt worden. Daher, erklärt Rav Ettinger, versuchten sie in Windeseile, weitere Frösche herbeizu-

---

[83] Shemot 7,27.
[84] Shemot 8,2.
[85] Rav Hirsch übersetzt „Schriftkundige".
[86] Shemot 8,3.

schaffen. Sie sollten über die wahren Grenzen des Landes Mizrajim hinaus aktiv werden und auch Teile des Landes Kush besetzen. So könnte sich Mizrajim noch einige Quadratkilometer Land „einfroschen" und aus dem Grenzkonflikt als Sieger hervorgehen!

Doch wie die Tora schreibt, fiel der fiese Plan der gierigen Chartumim voll ins Wasser. Auch ihre Frösche blieben nur „im Lande Mizrajim" und setzten keinen Fuß und auch kein Klebezünglein in fremdes Territorium.

FELDFRÖSCHE ✧ Dem Chatam Sofer[87] fällt nun in Bezug zu den Chartumim-Kröten noch ein weiteres Detail auf. Als Moshe nämlich am Ende der Plage für das große Sterben der Zfardeim sorgte, betont die Tora[88] plötzlich, dass auch diejenigen „auf den Feldern" starben.

Die Frage ist nur: Wer hat die Frösche in die „Felder" gebracht? Moshes Frösche waren schließlich dazu da, den Mizrim ihre „Grenzen" zu zeigen. Und zwar nicht nur zeitlich und geografisch gesehen, sondern auch in Bezug auf ihre Taten. Die Frösche drangen überallhin ein und überschwemmten das Land. Aber da es ihre vorwiegende Bestimmung war, den Mizrim selbst zu schaden, hatten sie auf den Feldern herzlich wenig zu suchen.

Der Chatam Sofer meint daher, dass die „Feldfrösche" diejenigen der Chartumim sein mussten. Die „jüdischen Frösche" wüteten nämlich vor Ort in den bewohnten Siedlungen und füllten alles bis zum letzten Millimeter an. Den „mizrischen Fröschen" blieben nur mehr die Felder übrig. Die Frösche zogen damit aber auch eine weitere Grenze, nämlich die zwischen bewohntem und unbewohntem Gebiet.

Ein wichtiger Aspekt der Zfardea-Plage war somit eindeutig die „Grenzziehung" für die Mizrim. Sie sollten den Mizrim quakend und hüpfend klarmachen, dass es so nicht mehr weitergehen konnte. Dass es mit der Unterdrückung der Bnei Jisrael vorbei ist. Ein Wunsch, der auch jetzt, vor Mashiachs Ankunft, noch aktuell ist wie noch nie. Ob schlabbrige Frösche allein auch den modernen „Mizrim" ihre Grenzen aufzeigen könnten, ist aber fraglich. Dazu wäre wohl eher eine ganze Schar der „Al-Tamsach"-Zfardeim notwendig.

---

[87] Torat Moshe Shemot 8,9.
[88] Shemot 8,9.

בא
Bo

Knochenharte Verabschiedung

Frei wie Könige und Staatsmänner fühlten sich die Bnei Jisrael in jener Vollmondnacht in Mizrajim. Während vor der Haustüre G'tt persönlich die tödliche Erstgeborenenplage vollzog, verspeiste eine neu geborene Nation einen „Grillteller" in geselliger Runde.

Ganz stressfrei dürfte es aber auch für die frischgebackenen königlichen Herrschaften nicht vonstattengegangen sein. Denn ihre vermeintliche „Grillparty" war mit allerlei Hindernissen gespickt. Aus der „Party" drohte ein echter „Hindernislauf" zu werden, sollte man sich die betreffenden Verzehrungsvorschriften[89] nicht genau eingeprägt haben.

KÖNIGSSÖHNE ✧ Der g'ttliche Befehl, in der Nacht vor dem Auszug aus Mizrajim die Pessach-Darbringung zu verspeisen, brachte folglich einige Herausforderungen für das von Sklaven zu Königssöhnen mutierte Volk mit sich. Da war zuerst einmal die Verpflichtung, das Pessach-Lämmchen nur über offenem Feuer zu braten. Weiters durfte das fertig gebrutzelte Tier nach Beginn der Verspeisung nicht mehr außer Haus gebracht werden.

---

89 Shemot 12,8-10 u. 12,46.

Doch auch während des Essens war höchste Vorsicht geboten: Dem Tier durfte kein Knochen gebrochen werden! Und zu guter Letzt trug Hashem seinem Volk noch auf, ja nichts von dem Tier übrig zu lassen. Außer den Knochen, versteht sich. Alles in allem also ein recht strenges Regelwerk, mit dem Hashem seine neu gewonnenen Schützlinge hier konfrontierte. Dabei war die Pessach-Darbringung eigentlich als Maßnahme dafür gedacht, die Bnei Jisrael bereits vor ihrem Auszug aus Mizrajim das „Gefühl der Freiheit" erleben zu lassen. Wie „frei" sich die Guten jedoch während der Ausführung dieser besonderen Mizwa tatsächlich gefühlt hatten? Bei so vielen Ge- und Verboten, die das kleine Lämmchen mit sich brachte?

SEDERABEND ✧ Doch etwas musste in der Tat hinter diesem Regelwerk gesteckt haben. Denn der Befehl, ein Pessach-Lämmchen zu opfern und zu verspeisen, gilt seitdem für alle Generationen bis hin zu Mashiachs Zeiten. Aufgrund unserer Sünden können wir diese Mizwa jedoch derzeit nicht in ihrer originalen Form erfüllen, da der Bet HaMikdash noch nicht wiedererbaut wurde. Dennoch dreht sich ein zentraler Abend im jüdischen Jahreskreis – der Sederabend – um diese Darbringung.

Mit der „Afikoman"-Mazza wurde auch für einen prominenten „Verspeisungsersatz" für das Pessach-Opfer gesorgt. Unsere Hoffnung ist natürlich, dass wir anstatt des Afikomans aus dem Stoffsäckchen schon bald wieder das gegrillte Lamm aus den Flammen ziehen können. Doch dafür müsste sich die Mizwotbilanz des jüdischen Volkes noch um einiges aufbessern, um so den Tempel wieder herbeizuzaubern zu können. Allerdings muss man der Hoffnung auch einen Namen geben. Daher erwarten wir tagtäglich, dass sich Hashem unser endlich erbarmt und das Zeitalter der Erlösung durch den Mashiach einläutet. Und wer weiß – vielleicht sind wir ja schon kurz davor!

GEBOTSDETAILS ✧ Schon allein aus diesem Grund lohnt sich ein Blick auf einige Gebotsdetails dieser Darbringung. Denn womöglich werden wir schon dieses Jahr wieder mit all den Ausführungsnuancen des Pessachopfers konfrontiert sein, wenn die Erlösung mit G'ttes Hilfe eingetroffen ist, Bimhera Bejamenu.

Im Sefer HaChinuch[90], einem Sammelwerk der in der Tora erwähnten Mizwot, werden die Gründe für die Ge- und Verbote recht detailliert behandelt. Dort hebt der Autor unter anderem hervor, dass gerade die vielen Details um die Pessachdarbringung den Bnei Jisrael klarmachen sollten, dass sie von nun an als „auserwähltes Volk" galten.

---

90 Mizwa 5-17.

Denn es sei gerade der Brauch von „Auserwählten" wie Königen und Staatsmännern, frisch gebratenes Fleisch zu essen, meint der Chinuch. Auch das Verbot, etwas von dem Tier außer Haus zu bringen, hat laut ihm durchaus etwas Königliches an sich.

HOCHADEL ✧ Schließlich würde der Hochadel sich nie und nimmer außerhalb seiner Paläste zu einer königlichen Mahlzeit setzen. Das wäre recht unziemlich! Das Verbot, Knochen zu zerbrechen, soll laut dem Chinuch wiederum ausschließen, dass die Bnei Jisrael „rückfällig" werden und sich wieder wie „arme Leute" benehmen. Denn diese würden jeden kleinen Knochen zerbrechen, um das verbliebene Knochenmark aus ihm zu schlürfen. Ein Verhalten, dass mit dem Auszug aus Mizrajim nun nicht mehr notwendig war.

Laut dem Rabbiner von Bistritz, Rav Shlomo Salman Ulman, ist dies auch der Grund, warum man nichts von der Darbringung übrig lassen soll. Denn nur arme Menschen, die sich um ihre Verpflegung für den nächsten Tag sorgen müssen, heben sich zur Sicherheit etwas von ihrem Nachtmahl auf. Die Bnei Jisrael aber konnten sich von nun an darauf verlassen, dass ihnen niemals etwas fehlen würde und durften – nein, mussten – alles aufessen, ohne an morgen zu denken.

Wie genau es die Tora dabei mit den diversen Vorschriften nimmt, wird mittels der folgenden Abhandlung des Gaon aus Vilna ersichtlich. Er bemerkt einen erstaunlichen Unterschied zwischen dem Verbot, etwas von der Darbringung aus dem Haus zu bringen, und dem Verbot, seine Knochen zu zerbrechen.

AUSFUHRVERBOT ✧ Beim „Ausfuhrverbot" wendet sich die Tora nämlich explizit an eine Einzelperson und drückt das Verbot in der Singularform aus. Das „Knochenbrecher-Verbot" wird von der Tora jedoch im Plural aufgetragen[91].

Doch warum bleibt die Tora nicht in ein und derselben Form, wenn sie die Verbote rund um die Pessach-Darbringung formuliert? Was steckt hinter dem Stimmungswechsel der Tora?

Aber der Gaon weiß natürlich Rat und verweist auf das halachische Regelwerk des Rambam. Er ist einer der wenigen, der die Ge- und Verbote rund um die Pessach-Darbringung genauestens auflistet und gegebenenfalls auch offene Fragen beantwortet. Sein Werk dürfte somit nach der Ankunft des Mashiachs ein volles Comeback erleben,

---

91 Lo Totzi, Lo Tishberu.

wenn das jüdische Volk sich mit Freuden wieder all den Details des Pessachopfers zuwenden wird.

COMEBACK ✧ Der Rambam[92] schreibt dort beispielsweise in Bezug auf das „Ausfuhrverbot", dass ein Stück einer Darbringung, das aus dem Haus gebracht wurde, für immer von seinem Podest gestoßen wurde. Das „ausgerissene" Stückchen ist nämlich von nun an „entwertet" und für eine weitere Verspeisung ungültig geworden.

So traurig das auch für das Fleischstückchen sein mag, so glücklich kann sich ein Zweiter schätzen. Denn wie der Rambam erklärt, ist damit auch das „Ausfuhrverbot" für dieses Stückchen erloschen. Und sogar, wenn sich jemand erdreisten sollte, das Stückchen nochmals hinauszuschmuggeln, hat derjenige das „Ausfuhrverbot" nicht mehr übertreten, da das Stück ohnehin schon „entwertet" worden war.

FEINSTAUB ✧ Beim Verbot, Knochen zu brechen, verhält es sich allerdings anders. Ein zweigeteilter Knochen kann noch in vier Teile zerkleinert werden. Ein Knochensplitter kann zu „Feinstaub" zermahlen werden. Dem Knochenbrechen sind laut dem Rambam keine Grenzen gesetzt!

Daher, so der Gaon, hat die Tora mit Bedacht die Singularform für das „Ausfuhrverbot" ausgewählt. Denn dort kann nur ein Mensch das Verbot übertreten. Jeder weitere Versuch würde bloß noch mit dem entwerteten Stückchen betrieben werden. Doch beim Knochenbrechen kann tatsächlich mehr als eine Person das Verbot übertreten. Ein mehrmaliges Zerkleinern ist ja möglich und somit weiterhin verboten.

SPITZFINDIGKEIT ✧ Was nun aber wie eine Spitzfindigkeit des Gaons anmutet, kann für uns schon in Bälde zur knochenharten Realität werden. Schon einmal quälte sich das jüdische Volk jahrhundertelang durch ein grauenvolles Exil und wartete auf seine Erlösung. Der Midrash erzählt sogar, dass die Bnei Jisrael in Mizrajim jeden Shabbat gemeinsam in alten Pergamentrollen über das Versprechen ihrer Vorväter lasen, dass sie dereinst erlöst werden. Ähnlich wie wir durch unsere „Pergamentrolle" – die Tora – über ein solches Versprechen informiert werden.

Möglicherweise ist der Schlüssel zu der Erlösung daher derselbe geblieben: das Pessachopfer. Dieses ist womöglich immer noch das Symbol unserer wahren „Freiheit", auch wenn diese an noch so viele Vorschriften geknüpft sein sollte. Nennen wir es lieber eine „knochenharte Verabschiedung" vom Exil und der geistigen Unterjochung.

---

92 Rambam, Hil. Korban Pessach, Perek 9.

בשלח
Beshalach

Dritte und vierte Stunde

Sah das „Man" im Morgengrauen aus wie ein frisch beschneiter Gletscher? Oder erinnerte es eher an den Moment nach einem riesigen Hagelgewitter, wenn die ausgedienten Kanonenkugeln aus Eis ihr kurzes Dasein vor ihrem Zerschmelzen noch genießen?

Aus Sicht der Lebensdauer ähnelte das Man wohl eher zweiterem, hatte sich die himmlische Pulvernahrung doch nach kurzer Zeit wieder verflüchtigt[93].

Spätestens mit dem Beginn der „vierten halachischen Stunde"[94] war nämlich aus dem wunderschönen Panoramagletscher bzw. dem Eiskornteppich wieder eine stinknormale Wüste geworden, berichtet die Tora. Natürlich nur, sofern die Empfänger der himmlischen Nahrung überhaupt etwas von ihr übrig ließen.

---

93   Shemot 16,21.
94   Die „halachische Stunde" besteht aus einem Zwölftel der Zeitdauer zwischen Morgen und Abend. Die „erste Stunde" beginnt mit dem Morgen und kann jahreszeitbezogen kürzer oder länger als 60 Minuten dauern.

VERFLÜCHTIGUNG ✧ Die Lehrmeinungen der Gemara[95] über den genauen Zeitpunkt der Man-Verflüchtigung gehen zwar geringfügig auseinander, sie sind sich jedoch darin einig, dass es sich irgendwann zwischen der dritten und vierten Stunde abgespielt haben muss.

Eine schöne Aussicht war aber nun bei Weitem nicht das einzige, was das Man zu bieten hatte. Es stellte vielmehr eine der wichtigsten Maßnahmen von Hashem dar, die Nahrungsversorgung der Bnei Jisrael nach dem Auszug aus Mizrajim zu gewährleisten.

Das Wunder des Mans kann somit getrost als eines der „Hauptwunder" der Wüstenreise bezeichnet werden. Denn ohne dieses hätte sich der g'ttliche Plan, eine Nation zur Annahme der Tora heranwachsen zu lassen, womöglich nie umsetzen lassen. Dies wird vor allem dann augenscheinlich, wenn man das Man nicht mehr als bloßes „logistisches Wunder" betrachtet.

PRÄZISION ✧ Hashem hätte die Bnei Jisrael in der unwirtlichen Wüste ja sicherlich auch anderweitig versorgen können. Schließlich ist er der Herrscher über das ganze Universum – Mikro- und Makrokosmos zugleich – und damit nicht auf übernatürliche Wunder angewiesen, um seine Versorgungslogistik gewährleisten zu können. Hashems Versorgungssystem auf dieser Erde funktioniert nun schon 5777 Jahre mit einer ungekannten Präzision, sodass bis zum einzelnen Grashalm jeder das bekommt, was ihm zusteht.

Eine Versorgung der Bnei Jisrael hätte sich somit auch ohne das „offensichtliche" Wunderwirken in Form von vom Himmel herabregnender Man-Nahrung bewerkstelligen lassen.

Doch was sollte das Man denn ansonsten darstellen, wenn es nicht nur ein einfaches, logistisches Wunder zur Volksversorgung war? Etwa einen lustigen Party-Gag, um die Bnei Jisrael ein wenig aufzuheitern? Ein fröhliches „Marshmallow-Konfetti" in der öden Steppe?

ASTRONAUTENNAHRUNG ✧ Die Antwort auf diese Frage liegt jedoch auf der Hand, wenn man sich die Natur des Wunders nur etwas genauer ansieht. Denn dann erkennt man, dass die Bnei Jisrael in der Wüste wohl ziemlich abhängig vom Man waren, da es sich um ihre einzige „erneuerbare" Nahrungsquelle handelte.

---

95   Mes. Berachot 27a.

Allerdings war es auch eine Nahrungsquelle, die sich ihrer Kontrolle total entzog. Damit zu leben, war nun sicherlich keine leichte Übung. Tagtäglich guter Dinge zu sein und auf ein g'ttliches Wunder zu warten, um dann seinen Becher „Astronautennahrung" zu sich zu nehmen, verspricht einigen Nervenkitzel. Noch dazu, wenn es um so ein heikles Thema wie Essen ging, das seit jeher ein erhebliches Unruhepotenzial in sich birgt.

UNRUHEPOTENZIAL ✧ Denn wo es den Menschen einmal auf den Magen schlägt und humananimalische Hungergefühle bzw. -instinkte mitspielen, wird es oft brenzlig. Der Streit um das letzte Räucherlachsbrötchen mit Mayonnaisespitze endete schon oft genug mit der klassischen „Gabel im Handrücken". Der „Tschulent-Schöpflöffel" wurde schon mehr als einmal als „Mundraub-Keule" missbraucht.

Jeden Morgen erinnerte das intensive Grummeln und Brummen in den Mägen der Auszugsgeneration sie unweigerlich daran, dass sie von Hashems Güte abhängig waren, und dass sie ohne sein Zutun, ohne sein Erbarmen und ohne seinen Willen überhaupt nicht weiterkamen!

UHRWERK ✧ Doch zugleich wurden die Bnei Jisrael auch Zeugen, dass Hashem seine Güte auch pünktlich wie ein Schweizer Uhrwerk walten ließ, dass er sie nie vergaß, sich nie verspätete und immer danach sah, sie satt zu bekommen. Das „Man-Wunder" war somit wahrhaftig ein „Trainingslager" für absolutes, blindes und bedingungsloses G'ttesvertrauen. Ein pädagogisches Programm zur Erziehung einer ganzen Nation, das die spirituellen Sinne der Bnei Jisrael schärfen sollte. Sie lebten in der Wüste nicht nur für G'tt und mit G'tt, sie lebten durch das Man auch von G'tt!

Wo wir nun den „Trainingseffekt" des Mans herauskristallisiert haben, wird nun auch sein Hauptzweck klarer. Nämlich die spirituelle Vorbereitung auf die Volkswerdung und die Aufgabe, die Tora auszuführen und ihre Vorgaben, Ideen und Ideale in dieser Welt umzusetzen. „Die Tora wurde ganz bewusst einer Generation, die sich vom Man ernährte, übergeben", heißt es dementsprechend auch im Midrash[96]. Einer Generation, die von innen und außen mit G'ttesvertrauen erfüllt war!

BEGLEITWUNDER ✧ Andererseits war das Man nicht das einzige Wunder, dass Hashem vollbracht hatte. Es gab mindestens noch zwei weitere „Begleitwunder": den mobilen Wasserbrunnen und die schützenden Wolkenwände. Und wenn wir schon

---

96 Midrash Tanchuma, Beshalach Siman 20.

über Wunder sprechen: Was war eigentlich mit den Sonnenaufgängen und dem Sternenhimmel? Waren und sind dies nicht auch g'ttliche Wunder, die wir sogar heute noch sehen können?

Doch leider sind diese „Standard-Wunder" etwas außer Acht geraten, weil wir uns so sehr daran gewöhnt haben. Wenn man nun noch vom Makro- in den Mikrokosmos wandert, so wird man mit dem Wunderzählen gar nicht mehr fertig: Zellatmung und Photosynthese. Elektronen, Protonen und Neutronen. Währungssysteme und Kriege, Krankheit und Heilung …

GLAUBEN ✧ Ist nicht all das unter G'ttes Waltung und damit schlicht und einfach ein Wunder?! Möglicherweise kann man daher den Schluss wagen, dass das Man nicht bloß ein einmaliges „Glaubenstraining" war, sondern vielmehr auch all die anderen Aspekte der g'ttlichen Waltung auf dieser Welt in den Köpfen der Bnei Jisrael zum Aufleuchten bringen sollte. Nicht nur für die Bnei Jisrael von damals, sondern auch für die Bnei Jisrael von heute.

Zwar gibt es heute kein „Man-Wunder" mehr, das einem Hashem in Erinnerung ruft. Höchstens das grummelnde Magenbrummen ist noch aus der Zeit vor der Toragabe geblieben. Aber es gibt nach wie vor Gebote, die sich wie das Man in der dritten oder der vierten Stunde des Tages verflüchtigen. Gebote, die uns durchaus an die vom Man induzierten Kernaussagen erinnern könnten.

Gemeint ist hier die alltägliche Verpflichtung das Shema zu lesen und das Morgengebet zu sprechen. Denn so wie das Man sich zu dieser Uhrzeit auflöste, verschwindet aus halachischer Sicht auch die Möglichkeit, diese Gebete zu sprechen, um dieselbe Uhrzeit. Oft ist es im Alltagsleben schwierig, sich rechtzeitig vor der dritten oder vierten Stunde an Hashem zu erinnern. Doch dafür gibt es eben unsere Gebete, die für uns zur richtigen Zeit wie „himmlische Nahrung" bereitstehen, um sich an ihn zu erinnern. Man muss sein „Man" nur einsammeln!

יתרו
Jitro

Krone der Erinnerung

*O**bwohl sich die Bnei Jisrael schon früher mit dem Shabbat vertraut machen durften, besiegelte das „vierte Gebot" nun ihr Monopol als Hüternation des g'ttlichen Ruhepols der Woche.*

Mit der Toragabe wurde aber zugleich auch das Schicksal des siebten Tages geregelt, der laut dem Midrash[97] seit jeher auf einen „Partner" wartete. Der Shabbat hatte sich demnach nach Abschluss der Welterschaffung bei Hashem beschwert: „Alle haben einen Partner, nur ich bin alleine geblieben!" Die „Partner" waren dabei die Wochentage untereinander: der Sonntag mit dem Montag, der Dienstag mit dem Mittwoch und der Donnerstag mit dem Freitag. Bloß der Shabbat als siebter und „ungerader" Wochentag blieb allein auf weiter Flur.

Doch Hashem hatte eine grandiose Idee, erzählt der Midrash: „Die Bnei Jisrael werden dein Partner sein!", meinte er. Dem Schweigen des Midrashs zufolge willigte der Shabbat auch ein, obwohl er noch einige tausend Jahre auf seinen „Erfüllungsgehilfen" warten musste. Mit der Gabe der Tora, so der Midrash weiter, wurden die Bnei Jisrael

---

97 Midrash Rabba 11,9.

schließlich endgültig mit dem Shabbat vereint: „Sachor!"[98] – Erinnert euch daran, was ich dem Shabbat versprochen habe: Die Bnei Jisrael sind dein Partner!", sagte Hashem dem Midrash zufolge am Berg Sinai.

FÜR IMMER UND EWIG ✧ Womit der Midrash auch die Ausdruckweise des Gebots[99] „Erinnere dich an den Shabbat, ihn zu heiligen", erklärt sieht: Die Bnei Jisrael sollten sich daran erinnern, dass sie für immer und ewig die „Partner des Shabbats" sind. Dass sich das jüdische Volk mit diesem Status äußerst glücklich schätzen kann, ist aus dieser Sicht eigentlich unmissverständlich. Eine „Partnerschaft" mit dem heiligsten Tag der Woche eingehen zu dürfen, ist schließlich keine Kleinigkeit!

Für die Gemara[100] hat dieser Tag aber zugleich auch etwas Monarchisches an sich, denn sie bezeichnet den Shabbat gar als „Königin". Als Partner der „Königin Shabbat" krönt sich der „Shabbat-Erinnerer" damit allwöchentlich selbst zum „Shabbat-König"! Laut einer anderen Stelle in der Gemara[101] wird der Shabbat wiederum als „Geschenk" bezeichnet, das Hashem aus seinem innersten Schatzkämmerchen hervorholte. Wahrscheinlich der beste Aufbewahrungsort, für eine Königin, die so lang auf ihren König warten sollte. Doch wie wir wissen, hat der Shabbat auch eine andere Seite an sich. Neben der „Erinnerung" an den Shabbat hat G'tt nämlich auch das „Hüten" des Shabbats in die Steintafeln der zehn Gebote eingemeißelt.

STEINTAFELN ✧ Dieser trotzt nun allen romantischen Gefühlen und setzt mit einem Mal einen strengen Gehorsam voraus. Man wird dutzenden komplizierten Regeln unterworfen und muss beinahe auf jede Bewegung achten, wenn man den Shabbat richtig hüten will! Zugegebenermaßen kann ein geübter Shabbat-Hüter die Shabbat-Ruhe zumeist trotz – oder besser gesagt: gerade wegen – der strengen Regeln genießen. Dennoch ist der Auftrag „Shabbat zu hüten" eindeutig ein anderer, als sich an „Shabbat zu erinnern".

Doch die „Krone der Erinnerung" kann sich schließlich nur derjenige aufsetzen, der seine königliche Partnerin auch entsprechend behütet. Dies ist dabei nicht nur am Shabbat selbst der Fall. Mitunter kann man nämlich sogar unter der Woche ein Shabbathüter werden.

---

98 Hebr. „Erinnert euch!"
99 Shemot 20,8.
100 Mes. Bava Kama 32b.
101 Mes. Beiza 16a.

Der Gaon aus Vilna kann beispielsweise eindrucksvoll aufzeigen, dass noch keine Sterne am Shabbathimmel aufgehen müssen, um den siebten Tag hüten zu können. Ihn hatte dabei eine Fragestellung an der Formulierung der Shabbat-Mizwa in den zehn Geboten stutzig gemacht:

AUSSCHLUSS ✧ „Sechs Tage sollst du arbeiten und all dein Werk schaffen", heißt es in der Tora[102] nach dem „Erinnerungsauftrag". „Der siebte Tag ist Shabbat, keinerlei Werk sollst du schaffen", heißt es weiter. Die Frage des Gaon lautet nun: Wieso trägt uns die Tora auf, sechs Tage lang zu arbeiten, wenn sie uns eigentlich nur sagen möchte, dass wir am siebten Tag ruhen sollen? Genügt denn nicht der „Ruhebefehl" allein?

Und was den Gaon weiter wunderte: „Keinerlei Werk sollst du schaffen", befiehlt die Tora, „schaffe all dein Werk", empfiehlt sie dann. Was möchte die Tora hier mit den Worten „keinerlei" und „all" zusätzlich ausdrücken? Gibt es denn irgendwelches Werk, das man ansonsten am Shabbat doch verrichten könnte, oder das unter der Woche verboten wäre?

WÜSTENWANDERER ✧ Um seine Fragestellung nun aufzuklären, beschreitet der Gaon aus Vilna verblüffende neue Wege. Er zieht einen Zusammenhang aus seiner Schatzkiste, der uns seine Gewandtheit im Talmudlernen ein wenig zur Schau stellen kann. Die Gemara[103] diskutiert an einer Stelle den Fall eines verirrten, verlorenen und verwirrten Wüstenwanderers. Nicht etwa, dass die Gemara hier spezielle „Survival"-Tricks offenbart, oder eine „magische Gebetsformel" preisgibt, die an Ort und Stelle eine Oase entstehen lassen könnte.

Die Gemara sorgt sich vielmehr um unseren „Augapfel", die Königin Shabbat. Nach endlosen Tagen der Wanderschaft hat der Wüstengänger aus der Gemara nämlich tatsächlich vergessen, welchen Wochentag man zählt! Begonnen hatte es wahrscheinlich mit dem Montag, den er irrtümlich für einen Dienstag hielt. Der Dienstag hielt dann allerdings zwei oder drei Tage lang an, bevor der Wüstenwanderer es sich anders überlegte und nun doch auf Sonntag plädierte. Kurz gesagt: Ein reines Wochentagschaos entwickelte sich!

Als nun der „echte" siebte Tag eintraf, zählte er noch den Donnerstag und rieb wohl gerade erst den Kren und weichte Tschulent-Bohnen ein – sofern er überhaupt noch Essbares mit sich führte. An „seinem" Shabbat wollte ihm der „Tschulent" dann aber

102 Shemot 20,9.
103 Mes. Shabbat 69a.

nicht so recht schmecken. Schließlich war es in Wahrheit gerade Montagmittag, da verträgt die jüdische Seele solch heilige Kost ja gar nicht!

TSCHULENT-FIASKO ✧ Spätestens nach dem „Tschulent-Fiasko" wird dem Wüstenwanderer aus der Gemara also klar, dass es so nicht weitergehen kann. Er ist aus dem Zyklus geraten und hat keinen blassen Schimmer, wie er ihn wieder findet. Die Gemara schlägt in diesem Fall die folgende Vorgehensweise vor:

Der Wüstenwanderer möge sechs Tage zählen und am siebten Tag Shabbat feiern. Doch auch an den sechs anderen Tagen muss er „Shabbat auf Verdacht" hüten und darf nur lebensnotwendige Arbeiten verrichten. Dies muss er dann allerdings auch an „seinem" Shabbat tun. Von etwas muss er ja leben! Somit verwandelt sich seine Woche laut der Gemara allerdings zu sechs „Shabbat-Verdachtstagen" und einem „Zweifel-shabbat". Ob er damit etwa zu einem „Verdachtszweifelkönig" wird? Doch wie dem auch sei, der „Shabbat-Wüstling" wird sich nach seiner Rettung – die zweifelsohne als Verdienst seiner Aufopferung für den Shabbat erfolgen würde – vom Gaon gerne einen guten Rat geben lassen. Zumindest sieht der Gaon einen solchen für diesen Fall in den zehn Geboten inkludiert.

„Erinnere dich an den Shabbat", heißt es dort und soll bezogen auf unseren Fall ausdrücken: „Behalte den Wochentagszyklus stets im Auge und vergiss nicht, wann der Shabbat wieder anrollt!" Und in diesem Fall kann der Wüstengeher gleich zwei Vorteile ernten.

Erstens: „Sechs Tage sollst du arbeiten und <u>all</u> dein Werk schaffen!" Der verwirrte Wanderer muss nämlich nicht jeden Tag mit „Shabbatverdacht" leben und kann somit tagtäglich tun und lassen, was er möchte.

KRÖNUNG ✧ Zweitens: „Der siebte Tag ist Shabbat, keinerlei Werk sollst du schaffen!" Am siebten Tag kann der Wanderer dann endlich ruhen und muss dann nicht einmal lebensnotwendiges Werk verrichten, da er ja an den sechs Tagen davor alles uneingeschränkt vorbereiten konnte. Er kann ruhen, seinen Tschulent genießen und den Shabbat richtig hüten. Der Wüstenwanderer erobert die „Krone der Erinnerung" zurück!

Dass auch wir uns jede Woche mit dieser Krone schmücken können, obliegt nun nur unserer Entscheidung. Der Wochentagszyklus ist uns ja bestens bekannt. Oder sind wir etwa „verwirrte Wüstlinge" auf Wanderschaft?

משפטים
Mishpatim

Die Wahrheit ist ein Berg

Kaum haben die Bnei Jisrael die Tora am Berg Sinai angenommen, werden sie von einem regelrechten Schwall an Ge- und Verboten übergossen. Doch noch mehr als sie die Menge an Mizwot überraschen konnte, bot ihnen wohl deren Vielfalt, Detailgenauigkeit und weise Voraussicht Grund zur Vorfreude auf ein Leben mit der Tora.

Das „neue Gesicht" des „Buches aller Bücher" zeigte sich dabei ein wenig fordernd. Hashem ging quasi gleich „ans Eingemachte" und sparte nicht an Details, Szenarien und Vorgaben aus allen möglichen Sparten des Lebens.

ANS EINGEMACHTE ✧ So behandelt die Tora in diesem Wochenabschnitt neben personen-, schuld- und sachrechtlichen Fragen auch die Regeln für die jüdische Gerichtsbarkeit selbst.

Schließlich soll es ja auch bei der Anwendung des Tora-Rechts mit rechten Dingen vor sich gehen. Bestechung und sozialer Bevorzugung wird in der Tora beispielsweise die kalte Schulter gezeigt. „Protektion" kann höchstens auf der Anklagebank Platz nehmen.

Der neue Leiner

Weiters werden die Urteile der jüdischen Gerichtsbarkeit zwischen einer Gruppe an Richtern ganz demokratisch abgestimmt. Nach der Verhandlung wird die Schuldfrage gestellt und jeder Richter spricht sein Urteil.

KOLLEGIUM ✧ In manchen Fällen – wenn es um Leben und Tod geht – ist die Richterbank dabei oft dichter besetzt als die Zuschauerbank. Insgesamt 23 Richter bilden dann ein „Richterkollegium". In anderen Fällen wiederum genügen drei Richter, während das „große Gericht" gar aus 71 Weisen besteht.

Wohlgemerkt ist für das Richtertribunal stets eine ungerade Zahl an Richtern vorgesehen, und zwar aus gutem Grund. Da das Urteil nach der Verhandlung abgestimmt wird, könnte es bei einer geraden Zahl an Richtern zu einem „Unentschieden" kommen. Dies würde die „Schuldfrage" – immerhin das Endziel einer jeden Gerichtsverhandlung – jedoch nicht wirklich beantworten.

MEHRHEIT ✧ Das Tora-Gericht ist damit äußerst zielstrebig und drängt schon von seiner Grundkonzeption her auf eine schnelle Entscheidung des Falles. Denn jede Urteilsabstimmung zieht ein eindeutiges Ergebnis nach sich: schuldig oder nicht schuldig. Unentschieden gibt es nicht.

Dass das Urteil schließlich nach der Mehrheit der Stimmen bestimmt wird, ist folglich keine große Überraschung. Das war ja der ganze Zweck der Übung! Die Tora nahm es dennoch sehr genau und verankerte zur Sicherheit ein Gebot in ihrem Regelwerk, das dem Gericht vorschreibt, auch wirklich nach der Mehrheit zu gehen.

Allerdings verbirgt sich beim näheren Hinsehen doch ein unerwarteter Aspekt im Gebot der Urteilsabstimmung. Ein Aspekt, der moderne Juristen wohl vor ein schier unlösbares Rätsel stellt. Während zum Freispruch eines Angeklagten in einer Strafsache eine knappe Mehrheit von einer Stimme genügt, ist für die Verurteilung wundersamerweise eine Mehrheit von zwei Stimmen notwendig[104].

Kurz gesagt: Stimmen 12 von 23 Richtern für Freispruch, so ist der Angeklagte frei. Stimmen die 12 jedoch für eine Verurteilung, ist der Angeklagte dennoch nicht verurteilt. Erst wenn 13 Richter hier einer Meinung sind, gilt die Verurteilung. Die Menge, die die Mehrheit bestimmt, ist demnach vom Urteil abhängig!

---

104 Shemot 23,2.

Mishpatim

PEDANTERIE ✧ Aber ist das für ein Gericht, das eigentlich für Haarspalterei, Spitzfindigkeiten und Pedanterie einstehen sollte, nicht eine äußerst ungewöhnliche Vorgangsweise? Sich auszusuchen, wann man nach welcher Mehrheit geht?

Doch der „Sefer HaChinuch"[105] findet dies ganz und gar nicht bemerkenswert. Er hält vielmehr fest, dass sich die jüdische Gerichtsbarkeit der Tora damit an der „himmlischen Gerichtsbarkeit" G'ttes orientiert. So wie Hashem mit den Menschen „Gnade vor Recht" ergehen lässt, so sollen auch wir ein Auge – bzw. einen Richter – „(hin)zudrücken", um „Gnade vor Recht" ergehen zu lassen.

Die „verschobene Mehrheit" hat demnach einen guten Grund. Schließlich würde man bei einer „Rechtsprüfung" durch Hashem oft nicht so toll abschneiden. Zweifelsohne legen viele von uns häufig ein Fehlverhalten aus Sicht der Tora an den Tag, das eigentlich sofort von Hashem abgestraft gehörte. Wir können uns jedoch glücklich schätzen, dass Hashem „Gnade vor Recht" ergehen lässt und sich mit der Bestrafung Zeit lässt. Er glaubt an uns und wartet auf unsere reuige Rückkehr, um uns unsere Sünden zu verzeihen.

Es wäre daher das Mindeste, die „g'ttliche Geduld" zu würdigen und es Hashem so weit wie möglich gleichzutun, und „Sündiger" nicht allzu schnell für ihr Fehlverhalten zu bestrafen. Und das symbolisiert die „verschobene Mehrheit" laut dem Chinuch: ein Tröpfchen mehr Geduld beim Verurteilen eines Sündigers.

GEDULD ✧ Doch der „Wind der G'ttlichkeit" weht auch aus einer ganz anderen Richtung in die Gebote der Gerichtsbarkeit hinein. Das Segel, das den Wind dabei für uns auffängt, ist der ehrwürdige Chatam Sofer. Er zitiert[106] einen Midrash[107], laut dem einmal ein Nichtjude Rabbi Jehoshua ben Korcha eine vife Frage gestellt haben soll. Seine Logik basierte auf dem eben abgehandelten Gebot der Urteilsabstimmung bei Gerichtsurteilen.

„Steht denn nicht in eurer Tora, dass ihr stets nach der Mehrheit gehen müsst?", fragte der Mann laut dem Midrash. „Die Mehrheit der Welt sind doch Götzendiener! Wenn ihr also nach der Mehrheit geht, dann müsstet ihr ja auch Götzendiener werden. Eure Tora will das so!" Dass der Mann Rabbi Jehoshua ben Korcha nicht aus der Ruhe brachte, war wohl vorauszusehen. Seine im Midrash zitierte Antwort soll hier aus

---
105 Sefer HaChinuch, Mizwa 76, MiShoreshei HaMizwa.
106 Torat Moshe S. 118, D"H „Lintot".
107 Vajikra Rabba 4,6.

Der neue Leiner

Platzgründen unerwähnt bleiben, sie schlug den Nichtjuden aber problemlos in die Flucht.

Was uns an diesem Midrash jedoch noch mehr interessiert, ist die messerscharfe Analyse des Chatam Sofer in Bezug auf die Rechtmäßigkeit der Frage selbst. Will die Tora tatsächlich, dass man auch in so einem Fall nach der Mehrheit geht? Bringt das „Gebot der Mehrheit" etwa unser Tora-Engagement in Gefahr?

Der Chatam Sofer erläutert aber, dass der Mann scheinbar das Grundkonzept dieses Gebots missverstanden hatte: Für welchen Fall sieht die Tora denn vor, dass man nach der Mehrheit geht? Doch nur, wenn es auf beiden Seiten schlüssige Argumente gibt!

WAHRHEIT ✧ Ein Richter aus dem Kollegium lässt sich von diesen Argumenten leiten, der andere Richter von jenen. Einer plädiert für schuldig, der andere für nicht schuldig. Doch beide Richter basierten ihr Urteil auf schlüssigen und logischen Vorgaben, die der Wahrheit entsprechen könnten.

Aber in einem Fall, der ohnehin schon klar ist, spielt die Entscheidung einer Mehrheit keine Rolle! Wenn es nur eine Wahrheit gibt, ist eine Urteilsabwägung nicht notwendig. Die Schuldfrage ist bereits geklärt und es ist kein „Urteil", keine „Wahrheitsfindung" mehr erforderlich.

Dies setzt der Chatam Sofer nun auch auf die Frage des Nichtjuden aus dem Midrash um. Denn auch in unserem Fall ist das Argument, nach der Mehrheit gehen zu müssen, unzulässig.

TORA VON G'TT ✧ Dass die Juden sich nach der Tora richten müssen, ist nämlich absolut kein Zweifel, meint der Chatam Sofer. Dass die Tora den Juden von G'tt gegeben wurde, ist ganz im Gegenteil ein bestens dokumentiertes Ereignis mit Millionen von Zeugen und muss daher zwingend der Wahrheit entsprechen. Denn sogar, wenn Abertausende schreien, dass sie es anders wünschen, bleibt eine Wahrheit die Wahrheit! Hier gibt es keine bestimmende Mehrheit!

Das Großereignis der Toragabe am Berg Sinai ist nun in der Tat ein schlagkräftiges Argument, den Wahrheitsanspruch der Tora zu unterstreichen[108]. Ein <u>ganzes Volk</u> hat die Übergabe der Tora „live" miterlebt. Die Übergabe erfolgte nicht als „versteckte Eingebung" an eine Einzelperson. Es gab keine zweifelhafte Offenbarung an einen <u>Solo-Propheten</u>. Alle Juden haben die Übergabe der Tora miterlebt!

---

108 Rambam, Hil. Jesodei HaTora 8,1 ff.

Mishpatim

Die Ereignisse sind zudem in der Tora selbst genau festgehalten und wurden von Generation zu Generation weitergegeben. Könnte ein ganzes Volk bei einer „Trickübergabe" mitspielen? Eine „Volkslüge" kreieren, die niemals aufgedeckt wurde? Unmöglich!

DREI MILLIONEN ✧ Die jüdische Religion ist damit die einzige unter den Weltreligionen, die nicht auf der Eingebung einer Einzelperson beruht, sondern von einem ganzen Volk – drei Millionen Menschen – erlebt wurde. Drei Millionen Menschen, die dieselbe Tora, die wir heute in unseren Händen halten, stolz an ihre Kinder und Kindeskinder weitergegeben haben. Gibt es einen besseren Zeugen als ein ganzes Volk und eine Jahrtausende alte Zeugenschrift?

Auch die anderen Weltreligionen akzeptieren die Tatsache, dass es die Volksoffenbarung am Berg Sinai gab. Sie haben keine eigene Offenbarung, ihre Lehren bauen auf der unsrigen auf! Wohl ein wichtiger Punkt, um das Argument zu stärken, dass eine Volksoffenbarung nicht erfunden werden kann. Sonst könnte sich jede Religion ja mit ihrer eigenen Offenbarung brüsten und bräuchte Sinai nicht.

Die Wahrheit ist wie ein unverrückbarer Berg. Und „Har Sinai" ist dieser Berg, unser Berg. Ein Fels, der jede Mehrheit spalten kann.

תרומה
Teruma

Tatenlose Selbstaufgabe

*E**inem unsichtbaren Gott Gold- und Silberschätze zu opfern, klingt in Zeiten der Cyberkriminalität ein wenig nach einem Scam-Versuch. Doch Moshe Rabbenus Aufruf, für das G'ttesheiligtum zu spenden, erfolgte nicht etwa unter dem Vorwand, ein Riesenerbe aus einer nigerianischen Bank freikaufen zu können.*

Vielmehr wandte sich Moshe direkt an die Herzen der Nation und rief dazu auf, zu Ehren von Hashem zu spenden. Eine Abgabe, die seine „Abgeber" spirituell erheben und ihnen einen Anteil am Mishkan[109] ermöglichen sollte.

GEMEINSAM ✧ Moshe sammelte die Gaben des ganzen Volkes und übergab sie gemeinsam dem mit dem Bau des Mishkans beauftragten Team. Die „Teruma"-Spenden waren somit als Gemeinschaftsprojekt des ganzen Volkes gedacht. Keine halbseidenen Argumente oder Lügengeschichten über nigerianische Bankschikanen versuchten hier jemanden zum Zahlen zu bewegen. Jeder Einzelne gehörte zu den Spendern und kein Einziger profitierte in finanzieller Hinsicht von den Spenden.

---

109 Der Mishkan diente dem jüdischen Volk während seiner Wüstenwanderung als wiederaufbaubarer Tempel. Nachdem sich das Volk endgültig in Eretz Jisrael niedergelassen hatte, wurde der Mishkan vom „Bet-HaMikdash"-Heiligtum in Jerushalajim abgelöst.

Und ganz sicher nicht Hashem selbst. Denn in Wahrheit war sein Aufruf, Materialien für den Bau seines Heiligtums zusammenzustellen, ein reiner Akt der Barmherzigkeit gegenüber den Bnei Jisrael. Er hatte ihre Spenden sicherlich nicht notwendig. Die materialisierte Willensbekundung in Form der Spendenabgabe sowie die exakte Einhaltung der Errichtungsvorgaben ermöglichen es den Bnei Jisrael nämlich, eine glanzvolle Stätte für das Ruhen der g'ttlichen Präsenz zwischen ihnen zu erbauen.

Toragabe ✧ Die Konzentration der g'ttlichen Präsenz auf einen Raum war allerdings nur durch das Zutun der Bnei Jisrael selbst notwendig geworden.

Nach der Toragabe hatten sie eine hochgeistige Stufe erreicht, die ihnen ein Leben in einer absoluten G'ttesnähe ermöglichen sollte. Doch durch die Sünde mit dem goldenen Kalb wurde ihr erhobener Status mit einem Mal zerstört.

Hashem musste seine Anwesenheit unter den Bnei Jisrael ab diesem Zeitpunkt auf einen Mishkan beschränken. Wenigstens konnten sie sich durch eine beherzte Materialspende nun ihren Anteil an so einem Stiftszelt sichern und doch noch eine gewisse Form der G'ttesnähe fühlen. Wichtig war Hashem jedoch, dass die Spende aus ganzem Herzen erfolgte. Eine freiwillige Abgabe, die ihre durch die Kalbsünde verursachte Distanz zu Hashem wieder wettmachte.

Der Midrash berichtet dabei von Moshes Gram darüber, dass er keinen Anteil an der Spendenaktion für den Mishkan haben konnte. Das ganze Volk durfte etwas dafür spenden. Jeder durfte einen Teil von sich in das Gebilde, das die g'ttliche Präsenz aufnehmen sollte, integrieren. Nur Moshes Anteil war links liegen geblieben. Ein Fakt, der ihn laut dem Midrash eben sehr schmerzte.

Der Chafetz Chaim erklärt, wie es dazu kommen konnte, dass gerade er die große und einmalige Mizwa, für den Mishkan zu spenden, nicht erfüllt hatte. Sollte Moshe als Anführer des Volkes nicht sogar als Erster eine Spende abgeben?

Fass ohne Boden ✧ Doch laut dem Chafetz Chaim fürchtete Moshe, dass er durch seine Spende womöglich jemand anderem die Gelegenheit nehmen könnte, zu spenden. Die für den Mishkan benötigten Materialen waren nämlich von Hashem höchst exakt berechnet worden. Der Mishkan war kein „Fass ohne Boden", in das man seine Spende grenzenlos hineinfließen lassen konnte. Jedes Schräubchen hatte seinen Platz und eine wichtige Bedeutung.

Der neue Leiner

BEDARF ✧ Alles war genau vermessen und gewichtet. War der Materialbedarf für den Mishkan einmal erfüllt, wurden den Spendern die Tore für weitere Abgaben verschlossen.

Daher wartete Moshe bis zuletzt und warf keine Münze in die Spendenbüchse, bevor er nicht sicher war, dass alle anderen bereits ihren Teil gegeben hatten. Etwas für den Mishkan zu geben war eine einmalige spirituelle Gelegenheit für jeden der Bnei Jisrael. Auch Moshe schätzte die Mizwa, einen Teil am Mishkan zu haben, als äußerst wichtig ein.

Aber er schätzte auch jede jüdische Neshama[110] als äußerst wichtig ein und wollte ihr keinen Gram zufügen, indem er ihren Platz im Mishkan einnahm und sie um die Erfüllung dieser Mizwa brachte. Laut dem Chafetz Chaim lehrt uns der Midrash damit aber auch etwas Wichtiges für unser Alltagsleben. Persönlicher Einsatz, Hingabe und Engagement erfordern nämlich nicht immer ein „Opfer" von uns. Man muss nicht immer etwas „aufs Spiel setzen", um sich für jemand oder etwas einzusetzen.

Moshe blieb tatenlos und zeigte dennoch seine Hingabe für eine Mizwa. Indem er NICHT gab, gab er etwas von sich selbst und überließ seinen Anteil am Mishkan einem anderen Menschen. Er sprang nicht in eisiges Wasser, um jemand zu retten. Er wagte sich nicht in ein brennendes Haus, um jemanden aus den Flammen zu holen. Er gab einfach nur seinen Teil auf, um jemand anders nicht den Weg zu versperren. Und dass, obwohl es ihn schmerzte, räumt der Midrash ein.

ZUNEIGUNG ✧ Aus Moshes Verhalten können wir folglich die Lehre ziehen, dass auch „tatenlose Selbstaufgabe" ein zutreffender Weg ist, um seine Zuneigung unter Beweis zu stellen, meint der Chafetz Chaim. Moshe verzichtete auf seine spirituelle Gelegenheit, um anderen ihren spirituellen Weg zu ebnen.

Er vollzog damit eine hochgeistige Form der Selbstaufgabe, die uns bis heute als glühendes Beispiel dienen kann. Mund zu und Hände verschränken hilft dem Anderen manchmal mehr als gute Ratschläge und tatkräftige Unterstützung.

---

110 Seele.

תצוה
Tezave

Leute machen Kleider

Dem altbekannten Spruch „Kleider machen Leute" erweist das Gebot, dem Kohen Gadol ein Jäckchen zu stricken, eine eindeutige Abfuhr. Denn nicht jeder Mensch war würdig, die „blaue Kluft" auch zu tragen. Hinter dem Strickwerk aufwändig gesponnener Fäden verbarg sich nämlich eine ganze Reihe an mysteriösen Symbolen, Bedeutungen und Geheimnissen. Nur ein Eingeweihter oder ein äußerst treuer G'ttesdiener, wie es beispielsweise Aharon war, konnte diese „Last" auch mit sich herumtragen.

AHARONS KLEIDER ✧ Die Tora benennt daher die Uniform des Kohen Gadol – die „Bigdej Kehuna" – so treffend als „Kleider Aharons". Wie Rashi erklärt, sollten diese Kleider auch Aharons Inauguration zum allerhöchsten Hohenpriester ein für alle Mal besiegeln. Dabei hält sich die Tora bei der ersten Vorstellung der Kleider noch bedeckt, und verrät nicht, welch große Geheimnisse sich wirklich hinter ihnen verbergen. Es heißt lediglich, dass die Bigdej Kehuna Aharon zu „Ehre und Ruhm" gereichen sollen.

Erst im darauffolgenden Satz geht die Tora mehr zur Sache und verrät, dass nur die sogenannten „Chachmej Lev" – hoch gebildete Gelehrte und Gerechte aus dem jüdischen Volk – ihre spirituellen Schneiderkünste an dem g'ttlichen Textil versuchen dürfen. Die Bestellung solch illustrer Schneider lässt die vielen versteckten Bedeutungen der priesterlichen „Heimdressen" bereits ein wenig erahnen. Zudem würden die Kleider Aharon schließlich „heiligen" und ihm die Möglichkeit geben, sich als exklusiver Priester von Hashem unter Beweis zu stellen, berichtet die Tora weiter.

„MODESCHAU" ✧ Woher aber kommt dieser plötzliche Richtungswechsel bei der allerersten „Modeschau" der Tora? Zuerst sollen die Kleider ihrem Träger bloß zu „Ruhm und Ehre" verhelfen, und nur einen Satz später bestellt die Tora dann die größten Gerechten des Volkes in die Schneiderwerkstatt, um diese nähen zu lassen? Es gibt zwar keinen wirklichen Widerspruch zwischen dem Konzept von „Ruhm und Ehre" und der „exklusiven Heiligung" Aharons, aber immerhin setzt die Tora hier doch zu einem recht heftigen Sprung in luftig-spirituelle Höhen an. Warum spricht die Tora erst nur von dem äußeren Aspekt des Ruhms und verlangt dann nach zadikhaften Schneidern, die sich eher auf innere Werte konzentrieren?

Rav Shimon Sofer wundert sich ebenso über diesen abrupten „Stimmungswechsel" der Tora. Doch der aus der erhabenen Familie des „Chatam Sofer" stammende Talmid Chacham hat natürlich auch gleich eine passende Antwort parat. Denn edle und auffällige Kleider, meint Rav Sofer, haben meist die Funktion, ihren Träger aufzuwerten. Manch einer ist im Gerichtssaal sicherlich bereits den netten Personen mit den aufwändigen schwarzen Mänteln mit veilchenlila Schulterpolstern begegnet. Ob man mit den Richtern nun eine gute Erfahrung gemacht hat oder nicht, sei dahingestellt. Die Aufwertung des richterlichen Status durch die Wahl der richtigen Garderobe steht jedoch außer Zweifel, besonders bei Menschen, die sich von solchen Äußerlichkeiten leicht blenden lassen.

RICHTIGER „DURCHBLICK" ✧ Doch dass sich nicht ein jeder von Äußerlichkeiten beeindrucken lässt, dürfte bekannt sein. Manch einer hat den richtigen „Durchblick" und lässt sich auch durch die modischste Fassade nicht irritieren. So jemand fokussiert eher auf die „inneren Werte", als nur auf geschickt zusammengestellte Stoffkompositionen zu schauen. Dennoch, sogar für den Menschen mit dem richtigen „Durchblick" ist das äußere Erscheinungsbild zumindest ein Anlass, zweimal hinzuschauen.

Die Erkenntnis aus der Äußerlichkeits-Wahrnehmung könnte uns nun auch die Antwort auf den vermeintlichen „Stabhochsprung-Rekord" der Tora geben. Die Tora spricht durch ihren „Stimmungswechsel" nämlich einfach zwei unterschiedliche Personengruppen an, meint Rav Sofer. Für das „gemeine Fußvolk" waren die Kohen-Kleider nur als reines äußeres Erscheinungsbild relevant. Sie sollten Aharon in ihren Augen „Ehre und Ruhm" bescheren. Da diese die Tiefe und die wahre Bedeutung der Bigdej Kehuna nicht verstanden, sprach die Tora in ihrer Sprache und erwähnte nur den Fakt der Aufwertung des äußeren Erscheinungsbildes.

Für die „Chachmej Lev" wiederum, die auch das „innere Wesen" der Kohen-Kleider kannten, sprach die Tora auch von der Heiligkeit und der Priesterwürdigkeit dieser Gewänder, erklärt Rav Sofer. Der „Stimmungswechsel" der Tora ist somit in Wahrheit nur eine mehrstufig gefächerte Auskunftserteilung über das Wesen der Bigdej Kehuna. Jeder kann die Wichtigkeit dieser Kleider und seines Trägers folglich erkennen, die Frage ist nur, wie „tief" der Blick eines jeden reicht. Nicht unerwähnt bleiben darf in alter „Leiner"-Tradition, dass ein intensives Studium der betreffenden Abschnitte einem diese Geheimnisse durchaus offenbaren kann, und somit eine entsprechende „Blicktiefe" für jeden in Reichweite liegt.

כי תשא
Ki Tissa

Gold macht nicht glücklich

Mit dem Geschick geübter Trickdiebe – und vor allem blitzschnell – entledigten übereifrige Zweifler aus den jüdischen Reihen toratreue Frauen ihres Schmuckes. Dabei hatte Aharon nur Zeit schinden wollen, als er vorschlug, die Goldschätze des Volkes einsammeln zu lassen. So wollte er einerseits dem Drängen derjenigen nachgeben, die glaubten, dass Moshe nicht mehr am Leben war. Doch andererseits war Aharon davon überzeugt gewesen, dass sich die Sammelaktion derart in die Länge ziehen würde, dass Moshe schon längst wieder zurück wäre, bevor die Aktion zu einem Ende käme.

ÜBEL ÜBERRUMPELT ✧ Doch unglücklicherweise lief es „erstens anders und zweitens als man denkt". Das götzendurstige Volk kam der Anforderung nach einem Golddepot zur Gottesherstellung im „Höllentempo" nach und lieferte Aharon in Windeseile den Rohstoff zum schwersten Fehltritt in der jüdischen Geschichte. Die schmucklosen Frauen standen noch wie angewurzelt da, als schließlich das „goldene Kalb" dem „Schmelztiegel des Bösen" entstieg. Unter den Jubelrufen altägyptischer Götzendiener, die gemeinsam mit den Bnei Jisrael aus Mizrajim gezogen waren, wurde das Kalb schließlich als Gottheit angehimmelt.

Ki Tissa

Als Moshe letztendlich mit den frischgebackenen Steintafeln des Bundes, den „Luchot HaBrit", vom Berg Sinai hinabstieg, traute er seinen Augen nicht. Und diesmal war es wohl Aharon, der zu stottern anfing. Der klirrende Aufprall der Steintafeln auf dem steinigen Boden am Fuße des Berg Sinai brachte allesamt zum Verstummen: „Oh-oh, es gibt Probleme ...", schien es den ungestümen Kalbsanbetern durch den Kopf zu gehen. War nun mit den Gesetztafeln auch der Bund mit Hashem in die Brüche gegangen?

KAMERAÜBERWACHUNG ✧ Allerdings, so fragt man sich, woher kam eigentlich der überraschte Ausbruch von Moshe Rabbenu? Lesen wir nicht nur einige Sätze früher, dass Hashem ihm alles genau vom Treiben im Zeltlager berichtet hatte? Schon lange vor der Einrichtung einer systematischen Kameraüberwachung schaltete Hashem quasi „live" zu und besprach mit Moshe sogar das weitere Vorgehen. Moshe wusste also schon Bescheid! Der Seforno[111] stellt daher die berechtigte Frage, warum Moshe eigentlich erst nach dem Vollenden seines Abstieges die Steintafeln zerbrach? Er hätte diese doch einfach oben am Berg zerbrechen können und sich so zumindest ein wenig Ballast beim mühevollen Abstieg erspart!

Doch Moshe, der aus seiner Zeit als Schafshirte bereits ein geübter Bergsteiger war, scheute keine Mühen. Ganz ohne Trekking-Stöcke brachte er die Tafeln bis ganz nach unten ins Tal. Und erst dann zerbrach er sie vor lauter Wut und Enttäuschung. Rashi[112] macht hier übrigens noch auf einen interessanten Gedankengang aufmerksam, der sich unmittelbar vor dem Niederschmettern der Tafeln in Moshes Kopf abgespielt hatte: „Die Verspeisung der Pessach-Darbringung, die ja nur eine der vielen Mizwot darstellt, ist einem Ungläubigen untersagt. Nun ist die ganze Tora hier und das Volk ist ungläubig. Denen soll ich die Tora jetzt übergeben?" Und kaum hatte er den Gedanken zu Ende gedacht, befanden sich die mühevoll erworbenen Luchot HaBrit bereits auf dem Sturzflug.

DIE GANZE TORA ✧ Moshe Rabbenu schien sich folglich auch laut Rashi tatsächlich erst bei seiner Ankunft im Zeltlager der Schwere dieser Sünde bewusst geworden zu sein. Erst jetzt machte er sich Gedanken, dass die Bnei Jisrael einer Tora-Annahme gar nicht würdig seien. „Nun ist die ganze Tora hier", dachte sich Moshe laut Rashi. Aber: Erst jetzt war sie hier? Wo war sie denn vorhin, als Moshe noch oben am Berg

---

[111] Shemot 32,19.
[112] Shemot 32,19.

Sinai war? Da war die Tora ja auch schon da? Warum hatte sich Moshes Meinung nun geändert?

Der Seforno erklärt jedoch, dass ein subtiles Detail Moshe Rabbenu wachgerüttelt hatte. Als er zuerst vom Fehltritt der Bnei Jisrael gehört hatte, war er sich noch sicher gewesen, dass er ihren Götzenwahn wieder rückgängig machen könnte. Ein paar rhetorische Tricks, leckere Delikatessen aus der Tiefsee (Hering, Anm.) und der klassische dampfende Bohneneintopf aus Avraham Avinus Spezialküche könnten sicher Wunder wirken! Als „Kiruv-Spezialist" der allerersten Stunde war Moshe sicherlich für die Aufgabe gewappnet, die Bnei Jisrael wieder „auf Schiene" zu bringen. Daher nahm Moshe die Tafeln erst einmal mit, denn er war fest davon überzeugt, dass er das Volk zur aufrichtigen Rückkehr zu Hashem bewegen könnte.

Aber Moshe hatte sich wohl etwas zu viel zugemutet – beziehungsweise den Bnei Jisrael etwas zu wenig! Was Moshe in der „Live-Übertragung" des g'ttlichen Fernsehkanals wohl übersehen hatte, war nämlich die musikalische Inszenierung des Götzendienstes, betont der Seforno. Als Moshe Rabbenu die keineswegs monotonen Trommelgeräusche aus dem Zeltlager hörte, wurde ihm schwarz vor Augen. Das „Musikfestival", das sich um das goldene Kalb abspielte, war einfach zu viel für seine Nerven. Er hatte nicht mit der enormen „positiven Energie" der Bnei Jisrael gerechnet, die sich aus deren negativen Taten ergab. Die gewaltige Freude, mit welcher das Volk sich um den goldenen Gottesklumpen gereiht hatte, brachte Moshe dazu, sein „Kiruv-Programm" aufzugeben. Sündigen war eines. Mit Freude sündigen etwas ganz anders!

TORA ALS SCHUTZSCHILD ✧ Laut dem Tora-Kommentator „Pardess Josef"[113] leuchtet auch eine ähnliche Erkenntnis aus dem von Rashi erwähnten Gedankengang hervor. Moshe sah nämlich nicht nur die „Kalbs-Rockerband" vergnügt aufspielen. Es war nicht bloß der peppige „Kalbs-Gig", der die Steintafel-Gravitation so sprunghaft ansteigen ließ. Moshe musste außerdem noch mit Schrecken beobachten, wie die Kalbsanbeter sich gar religiöser Stilmittel und Rituale aus dem Judentum bedienten[114]: Sie bauten einen Altar und brachten Darbringungen auf ihm. Sie riefen ein „Chag" – einen Feiertag – aus. Sie beteten das Kalb an, bis sie in Ekstase gerieten und „das ist jetzt dein Gott, Jisrael!"[115] riefen.

---

113 Rav Josef Pazanowski 1875-1942.
114 Shemot 32,5-6.
115 Shemot 32,4.

Als Moshe das sah, dachte er sich: „Die ganze Tora ist hier", soll heißen: Die Kalbsanbeter verwendeten „die ganze Tora", um ihr übles Treiben hinter ihr zu verstecken. Mit den jüdischen Ritualen und Bräuchen als Schutzschild hatten die Übeltäter sich eine neue Religion gebastelt, die in Wahrheit jedoch nach den eben erst ausgemusterten Konzepten mizrischer Herkunft funktionierte. Daher blieb Moshe gar keine andere Wahl, als die Tafeln des Bundes vor den Augen des Volkes zu zerbrechen!

ERLÖSUNG ✧ Mit dem Zerbrechen der Luchot HaBrit tat Moshe dem jüdischen Volk übrigens einen großen Gefallen. Es geht sogar so weit, dass sogar Hashem selbst Moshe „auf die Schultern klopfte" und sich für das Zerbrechen der Tafeln bei ihm bedankte[116]. Die gebrochenen Steintafeln sollten den Bnei Jisrael schließlich auch für alle Zeiten als Andenken daran dienen, dass Hashem ihnen im Endeffekt auch diesen unglaublichen Fehltritt – mit noch immer andauernder „Zinsenrückzahlung" – verzieh.

Es liegt folglich nur an uns, die „goldenen Kälber" und die „Tora-Masken" der heutigen Zeit zu erkennen und ja nicht in heller Freude um sie herumzutanzen. Bis Mashiach sich endlich aus dem „Schmelztiegel des Guten" erheben wird und uns die endgültige Erlösung bringen wird, Bimhera Bejamenu, Amen.

---

116 Rashi Devarim 34,12.

ויקהל
Vajakhel

Eine Welt erschaffen

Während in den Paraschot der vergangenen Wochen der Bau des mobilen Wüstenheiligtums – des Mishkans – noch wie ein „Himmelfahrtskommando" forciert wurde, scheint sich der Abschnitt dieser Woche eher um ein zu hohes Arbeitspensum Sorgen zu machen. Der sofortige „Baustopp" am siebten Tag wird geboten. „Kein Mishkanbau am Shabbat!" lautet die neue Devise. Dass die Tora damit aber auch gleich dem Shabbat die Essenz seiner Existenz verpasst hat, ist dabei kein Zufall.

TAG DER ERINNERUNG ✧ Denn obwohl die Tora den Shabbat bereits an vorderster Front in den ersten Abschnitten[117] erwähnt, wird die genaue Art des Ruhens nur wenig erörtert. Die Tora berichtet lediglich, dass Hashem „sich von all seinen Werken enthielt"[118] und schaffende Tätigkeiten unterließ. Später erklärt die Tora an zahlreichen Stellen,[119] dass ein jeder Jude dazu verpflichtet ist, es G'tt an jedem Shabbat gleichzutun und keine schaffenden Tätigkeiten zu verrichten.

---

117 Bereshit 3,1.
118 Bereshit 3,3.
119 Shabbatbefehle in der Tora: Shemot 16,4-5+19-30, Shemot 20,8-11, Shemot 23,12, Shemot 31,13-17, Shemot 35,1-3, Vajikra 19,3+30, Bamidbar 28,9-10, Devarim 5,12-15, Yeshajahu 58,13-14 (Liste nicht vollständig).

Vajakhel

Der Shabbat fungiert aus dieser Sicht jedoch bloß als „Tag der Erinnerung" daran, dass G'tt die Welt erschaffen hat. Da auch G'tt am siebten Tag geruht hat, tun wir es ihm gleich und proklamieren damit, dass wir an die Erschaffung der Welt durch G'tt glauben und uns auch im alltäglichen Leben damit identifizieren. Doch die Art der zu unterlassenden Tätigkeiten bleibt hier noch offen.

An dieser Stelle setzt nun der oben erwähnte „Baustopp" der Tora an. Denn wie schon Rashi[120] erläutert, hat die Tora die Pausenglocken genau vor dem Befehl zum Start der „Baustelle" läuten lassen, damit man daraus lernt, dass „der Bau des Mishkans keineswegs die Shabbatruhe verdrängt". Alleine mit der Präpositionierung der Aufforderung, den Shabbat zu hüten, wird in der Tora also offenbart, was man am siebten Tag alles nicht tun und lassen soll: Man soll den Mishkan „nicht bauen"! Aber wie baut man einen Mishkan?

MISHKAN ✧ Wirft man einen Blick in die mündliche Tora, so wird im Talmud[121] genauestens ersichtlich, welche Art von Tätigkeiten und Handlungen zur Errichtung des Wüstentempels notwendig waren. Da wäre beispielsweise das Anzünden eines Feuers zur Farbstoffgewinnung oder die Schächtung eines Tieres zur Ledergewinnung. Weitere Beispiele wären das Färben selbst, Kämmen und Weben von Stoffen, Ackern und Ernten von Nutzpflanzen zur Farbstoffherstellung, und noch viele mehr. Insgesamt zählt die Mishna 39 Grundtätigkeiten auf, die zum Mishkanbau notwendig waren.

Wenn Rashi nun feststellt, dass man am Shabbat „keinen Mishkan bauen darf", dann meint er damit, dass man am Shabbat keine der 39 Grundtätigkeiten verrichten darf, die zum Mishkanbau und -inbetriebnahme notwendig waren. Jede der 39 Grundtätigkeiten – „Avot", „Väter" genannt – hat außerdem noch zahlreiche „Abkömmlinge" – „Toldot" genannt – die den Kreis der Melachot um ein Vielfaches erweitern. Die „Abkömmlings-Tätigkeiten" ähneln den Grundtätigkeiten dabei so sehr, dass auch sie am Shabbat verboten sind. Ein jedes Shabbat-Verbot der Tora lässt sich somit stets vom Mishkan herleiten.

Allerdings ergibt sich trotz – oder gerade wegen – dieser Tatsachenklärung nun eine naheliegende Frage: Am Shabbat ruht man als Andenken an die Welterschaffung. Wir sollen ruhen, wie G'tt es tat. Aber Hashem baute in seinen sechs „Werktagen" doch

---

120 Shemot 35,2.
121 Mishna Mes. Shabbat 63a.

keinen Mishkan, sondern er erschuf die Welt!? Wie erfüllen wir die Verpflichtung, so wie G'tt vom „Welterschaffen" zu ruhen, wenn wir Mishkan-Tätigkeiten unterlassen?

KRONE DER SCHÖPFUNG ⟡ Ein kurzer Blick auf die Kernidee des Mishkans wird uns jedoch relativ unmissverständlich die Augen öffnen. Die Erschaffung der Welt hatte laut Rashi[122] nämlich vornehmlich den Grund, eine Manifestationsplattform für die Lehre der Tora herzustellen. Als G'tt nach einem langen und harten Auswahlprozess endlich das Volk auserkoren hatte, das mit der Annahme, Ausführung und Betreuung der Tora betraut wurde, war ein „Meilenstein" der Welterschaffung erreicht. Als dieses Volk nun das Wüstenheiligtum – den ersten jüdischen Tempel der Weltgeschichte – im Einklang mit den Tora-Gesetzen erbaut hatte, war das Ziel der Welterschaffung erreicht worden, geht aus dem Midrash hervor[123].

Denn ein Volk hatte sich der Tora verschrieben und mit dem Tempel einen Ort für das Verweilen der g'ttlichen Präsenz auf der Erde geschaffen, so wie Hashem es vorgesehen hatte. Der Bau des Mishkans glich somit dem Abschluss der Welterschaffung und gehörte noch zur Welterschaffung dazu. Auch die Gemara[124] erklärt, dass Hashem bei der Aufstellung des Mishkans dieselbe Freude empfand, wie an dem Tag, an welchem Himmel und Erde erschaffen wurden. Demnach ist es gar nicht so abwegig, dass man am Shabbat genau diese welterschaffenden Tätigkeiten unterlässt! Der Mishkanbau war ein Stück Welterschaffung, ja sogar die „Krone der Schöpfung".

SODBRENNEN ⟡ Von manchen werden die aus heutiger Perspektive möglicherweise sonderbar anmutenden Shabbatgesetze jedoch als „Strafe" empfunden. Man „darf" dieses und jenes nicht tun, „alles" ist „verboten", und wie die Vorwürfe auch lauten mögen. Der Shabbat ist aus dieser eher seichten Sicht höchstens der „Tag des ausgiebigen Nasenbohrens und Sodbrennens", an dem einem so richtig langweilig wird. Schließlich darf man „nichts" machen. Doch diese in Schieflage geratene Sichtweise über den heiligen Shabbat ändert sich rasch, wenn man sich ein wenig erhebt, die Perspektive wechselt und einer weiteren Bedeutung des Shabbats widmet.

So stellt die Gemara[125] schon fest: „Alle sind sich einig, dass die Tora am Shabbat gegeben wurde." Aus oberflächlicher Sicht ist diese Aussage der Gemara rein informativer

---

122 Bereshit 1,1.
123 Midrash Rabbah Shemot, Par. 50.
124 Mes. Megilla 10a.
125 Mes. Shabbat 86b.

Natur und bezieht sich einfach nur auf den Wochentag, an welchem die Toraübergabe stattgefunden hat. Doch spätere Kommentatoren sehen darin sehr wohl auch einen Hinweis auf die Verpflichtung eines jeden Juden, sich am Shabbat von jeglicher weltlichen Beschäftigung loszusagen und sich dem Torastudium zu widmen. Die Tora wird demnach allwöchentlich am Shabbat wieder „gegeben" und die Aussage der Gemara erscheint in völlig neuem Licht und eröffnet einem ganz neue Chancen der „Shabbatbewirtschaftung".

SPIRITUELLES VERGNÜGEN ✧ Denn der Shabbat ist nicht bloß ein Ruhetag, um endlich die Beine ein wenig hochzulagern und gemütlich – im Einklang mit den Shabbat-Gesetzen zubereiteten – Früchtetee zu trinken. Es ist vielmehr die Lossagung von jeglichem profanen Gedankengut für einen Tag. Von der Sorge über den kaputten Wäschetrockner bis hin zum Hochrechnen seiner Pensionshöhe oder der Einkommenssteuer. Am Shabbat sind diese Themen einfach nicht vorhanden! Es gibt nur das bloße spirituelle Vergnügen, das Studium des Wochenabschnitts, der Shabbat-Gesetze, oder des Talmuds selbst.

Shabbat ist somit der „Tag der Tora", der jede Woche wiederkehrt. Das Unterlassen der Mishkanbau-Tätigkeiten wiederum ist die Anerkennung des Primärziels der Welterschaffung, nämlich die Gabe der Tora und der daraus resultierende Bau des Tempels. Es ist ein Konzept der „geballten Doppelpackpower" für das wahre Vergnügen des Shabbats, eine rein spirituelle Erquickung auf Basis der Tora.

EHRE ✧ Der Chatam Sofer deutet den Zusammenhang zwischen Shabbat und Mishkan übrigens auf eine sehr schmeichelhafte Weise. Er erklärt, dass die Tora durch die Positionierung des Shabbats vor den Mishkan den Juden aller Generationen eine wichtige Botschaft mit auf dem Weg geben wollte. Der Bau des Mishkans, der zu Ehren G'ttes errichtet wurde, soll am Shabbat unterbrochen werden. Doch bezüglich „Pikuach Nefesh" – der Setzung lebensrettender Sofortmaßnahmen – ist es sehr wohl gestattet, den Shabbat zu brechen, um eine jüdische Seele zu retten. Daraus schließt der Chatam Sofer nun, wie hoch angesehen das jüdische Volk in den Augen Hashems sein muss. Schließlich stellt er ihre Ehre – Pikuach Nefesh – über die seine – den Mishkanbau.

Es ist somit sicherlich eine „Ehre", Shabbat hüten zu dürfen. Dass man für die richtige Art der Enthaltung von Mishkanbautätigkeiten dabei eher keine höhere technische Lehranstalt besuchen muss, liegt vielleicht auf der Hand. Aber der Bedarf zu „büf-

Der neue Leiner

feln" und sich – nicht einmal, sondern 39 Mal – in die Materie zu vertiefen, dürfte nun ebenso klar sein. Schließlich soll nach Ankunft des Mashiachs – Bimhera Bejamenu – auch ein immerwährender Shabbat beginnen. Und dieser wird dann hoffentlich ganz ohne Sodbrennen und Nasenbohren zum wahren Vergnügen.

פקודי
Pikude

Mit dem Erlöser verwechselt

Schon von Kindheit an war der Gaon und Zadik Rav Moshe Teitelbaum aus Przemyśl in Gallizien für seine außergewöhnlichen Fähigkeiten in Bezug auf das Tora-Lernen bekannt. Er erntete Respekt bei den großen Tora-Gelehrten seiner Zeit und wurde von ihnen mit dem Beinamen „Der eiserne Kopf" versehen. Im Alter von 17 Jahren war er bereits ein bedeutender Gelehrter und hatte zahlreiche Schüler. Zudem pflegte er mit bekannten rabbinischen Persönlichkeiten zu korrespondieren.

Eines Tages kam Rav Moshe nach Lublin. Der Rabbiner Lublins, genannt „Der Seher", bat Rav Moshe, vor seiner Gemeinde zu sprechen, obwohl dieser sich damals noch nicht zu den Chassidim zählte. Seine Rede begeisterte die vielen Zuhörer, die ihm zu Ehren gekommen waren. Mit der Zeit wurde Rav Moshe ein Chassid und Anhänger des „Sehers" aus Lublin.

TRAUER ✧ Wenig später wurde er Rabbiner der Gemeinde in Shinova. Doch den Höhepunkt seiner Laufbahn bildete der Rabbinerposten in Újhely in Ungarn, den er über 30 Jahre lang bekleidete. Er eröffnete dort eine große und erfolgreiche Jeshiva und führte tausende Chassidim an. Man erzählt sich, dass sogar der Chatam Sofer

Der neue Leiner

ihn um einen Segen gebeten hatte, als sein Sohn Rav Shmuel-Binjamin eines Tages erkrankt war.

Auch unter den Nichtjuden genoss der Rabbi großes Ansehen. Öfters waren Nichtjuden unter den Menschen, die sich mit dem Rabbi beraten wollten, oder um einen Segen baten. Doch am meisten war er für seine tiefe Trauer bekannt, die er wegen der Zerstörung des Tempels empfand und die er oft zum Ausdruck brachte. Wohl aus diesem Grund wurde unter vorgehaltener Hand gemunkelt, dass die Seele des Propheten Jirmijahu in ihm wiedergekehrt war.

Der Rabbi hatte den Brauch, dass er seine Shabbat-Kleider ständig bereithielt, um diese sofort anziehen zu können, wenn der Shofar des Mashiachs ertönen sollte.

Eines Tages bekam Rav Moshe die Nachricht, dass sein hoch geschätzter Schwiegersohn, Rav Arieh-Leib Lipschitz, seines Zeichens der Rabbiner von Wischnitz und Autor des Werkes „Arieh Dewaj Ila'ah", auf dem Weg zu ihm war. Der ganze Haushalt war aufgeregt und man begann, die notwendigen Vorbereitungen zu treffen. Auch Rav Moshe war hocherfreut über das Kommen seines Schwiegersohns, da sie bei seinen Besuchen stets viele Stunden über Stellen aus dem Talmud und über Halacha diskutierten.

VERSPÄTUNG ✧ Als der angekündigte Zeitpunkt eingetroffen war, stellte sich der gesamte Haushalt vor der Türe auf, um Rav Lipschitz in Empfang zu nehmen. Doch dieser schien sich zu verspäten. Aus Minuten wurden Stunden, und der Wagen des Rabbis war noch immer nicht zu sehen. Langsam begann die Familie, sich Sorgen zu machen:

„Vielleicht haben wir seinen Brief missverstanden? Vielleicht hatte er einen anderen Tag gemeint?", sagte einer von ihnen. „Vielleicht ist er plötzlich erkrankt", schlug ein anderer vor. „Vielleicht ist irgendein technisches Problem aufgetreten und die Reise zieht sich deswegen in die Länge?", meinte wieder ein Dritter.

„Es sieht so aus, als würde er unterschätzen, wie sehr wir auf ihn warten, und er lässt sich einfach noch Zeit", sagte ein Vierter. Rav Moshe aber saß die ganze Zeit über in seinem Zimmer und lernte. Schließlich begaben sich einige Familienmitglieder auf das Dach und hielten nach Rav Lipschitz Ausschau. Jeder von ihnen wollte der Erste sein, der Rav Moshe die Nachricht über die Ankunft seines Schwiegersohnes brachte, und ein Streit brach zwischen ihnen aus. Noch während sie stritten, bemerkte einer von ihnen einen kleinen Punkt in der Ferne, der sich auf sie zubewegte.

ANKUNFT ✧ Der Diener des Rabbis reagierte als Erster. Er eilte zu Rav Moshe und rief aufregt: „Rabbi! Er ist da! Er ist gekommen!" Sogleich lief er wieder zurück zum Aussichtspunkt am Dach. Nach wenigen Minuten trat Rav Moshe in feierlicher Stimmung, bekleidet mit seinen besten Shabbat-Kleidern, vor das Haus. Sein Gesicht strahlte und er schien beinahe vor Freude zu schweben. Dies war höchst ungewöhnlich für Rav Moshe. Er pflegte ansonsten jede Minute auszunützen und jeder Moment seines Lebens war ihm Gold wert. Doch keiner der Umstehenden bemerkte Rav Moshe, da sie auf den Wagen blickten, der aus weiter Ferne heranrollte. Ansonsten hätten sie vielleicht gesehen, wie sich seine Augen auf den Horizont richteten und er seine Ohren spitzte, um den Shofar des Erlösers zu erhören.

Wie groß war schließlich die Überraschung bei Rav Moshe, als der Wagen neben ihm zum Stillstand kam, und nur sein Schwiegersohn allein von diesem abstieg… Wie groß war sein Entsetzen, als er verstand, dass er die Nachricht seines Dieners falsch interpretiert hatte.

Rav Moshe konnte seinen Schmerz und seine Enttäuschung nicht mehr unterdrücken und fiel in Ohnmacht!

Die freudigen Begrüßungsrufe für Rav Lipschitz verstummten sogleich und alle liefen zu Rav Moshe, um zu helfen. Als dieser wieder erwachte, sah er blass und mitgenommen aus. „Oj!", entkam ihm ein Seufzer, „er ist doch noch nicht gekommen …" Alle schwiegen betroffen. Sie verstanden genau, wer „nicht gekommen" war.

ויקרא
Vajikra

Dein und Mein

Domestizierte Paarhufer sind wieder in! Mit einem tierischen Wirbelwind, der jedem Streichelzoo Konkurrenz machen könnte, läutet die Tora den lang erwarteten Parasha-Frühling ein. Ob die Ziegen, Schäfchen und Rinder dabei denselben Spaß an der Darbringungs-Flut haben wie in einem kuscheligen Tiergehege, sei dahingestellt. Fakt ist jedoch, dass sich den Bnei Jisrael durch die Sühne-Rituale der „Korbanot" ab nun eine Möglichkeit bot, vor einem möglichen Sturz in den Sünden-Wasserfall noch einmal zurückzurudern.

Die Tora steigt dabei ganz undramatisch in die Materie ein. Keine salbungsvollen Predigten über die Bedeutung von Tieropfern und keine populistisch anprangernden Hetzreden gegen vermeintliche Tierschutzaktivisten. Es heißt[126] schlicht und einfach: „Wenn ein Mensch von euch eine Darbringung für Hashem bringen möchte, dann ..." möge er sich gewisser Tiersorten bedienen. Reine Verfahrensanweisungen also, die den Beginn des Buches Vajikra markieren. Je nach Darbringungsart unterscheidet die Tora in weiterer Folge verschiedene Tierarten und Darbringungsmethoden. Ja, sogar bis hinab in die pflanzliche Ebene erstreckt sich das Darbringungspotenzial!

---

126 Vajikra 1,2.

Vajikra

Manch einer hätte womöglich lieber zuerst eine Grobanleitung ähnlich einem *„Before-you-start-printing"*-Informationsblatt vor einer Druckerinstallation gelesen. Immerhin wäre es vor dem „Plug-in" der Korbanot-Idee doch sicherlich zuträglich, einmal zu verstehen, wofür die „Hardware" überhaupt geeignet ist. Warum möchte ich einen Korban darbringen? Warum fehlt mir diese Möglichkeit heute? Warum sollte ich diese Darbringungen vermissen?

KORBANOT-RELAUNCH ✧ Nebenbei bemerkt, ist die Klärung der Korbanot-Frage in Wahrheit ein zentrales Element des Judentums. Das ständige Sehnen und Flehen nach dem Wiederaufbau Jerushalajims und des Bet HaMikdashs dreht sich nämlich hauptsächlich um das Thema eines Korbanot-Relaunches. Wenn man also bedächtig „LeShana Haba BiJerushalajim" trällert, so meint man auch die Reinstitutionalisierung der Tier- und Pflanzenopfer im Bet HaMikdash.

Andererseits – meint zumindest Rav Benjamin Rappaport in seinem Werk „Gevulat Benjamin" – wer genau genug schaut, kann sich sehr wohl sein „Start-up"-Paket aus dem Hardwareshop der Tora abholen. Um genauer zu sein, man müsste sich schon im Verkaufsbereich des Kommentatoren-Abteilungsleiters Rashi umschauen, um das ewige Spannungsfeld zwischen Angebot und Nachfrage hier ein wenig zu beruhigen. Im Regal der Midrash-Drucker würde man dann sicherlich recht schnell fündig werden.

MENSCH, ADAM! ✧ Denn Rashi zitiert einen spektakulären Midrash[127], welcher den Aufklärungsbedarf des Korbanot-Philosophen ein wenig stillt. Als die Tora mit den oben angeführten Worten „Wenn ein Mensch ..." in den Parasha-Frühling aufbricht, steckt hinter dem Wort „Mensch" – im hebräischen Original „Adam" – nämlich eine äußerst wichtige Botschaft für die zukünftigen Korbanot-Darbringer:

„,Adam'? Warum verwendet die Tora hier dieses Wort?", fragt Rashi sinngemäß – und antwortet im selben Aufwasch: „So wie Adam – der erste Mensch, der die Erde nach der Welterschaffung bevölkerte – keine gestohlenen oder geraubten Güter darbrachte, so dürft auch ihr kein Raubgut als Opfergabe darbringen!" Rashi erklärt noch in einem Nebensatz, dass Adam beim besten Willen keine Karriere als Bankräuber machen konnte – schließlich war er damals als erster und einziger Mensch die wohl „reichste Ente" aller Zeiten! Die ganze Welt gehörte ihm – wen sollte er da noch bestehlen?

---

127 Vajikra Rabba 2,7.

Der neue Leiner

GELD STINKT DOCH! ✧ Rashi gelang es folglich, gleich am Anbeginn der Korbanot-Anweisungen eine „Diebstahlsicherung" zu aktivieren. Und Rav Rappaport trägt diese Erkenntnis des Rashi nun durch den elektronisch gesicherten Ausgang des Tora-Kaufhauses und sorgt für ein angeregtes Alarmpiepsen, das nicht nur die eifrigen Verkäufer zum Hinsehen bewegt. Im Detail beschäftigt er sich mit der Frage, warum denn Gestohlenes als Korban-Material überhaupt ungültig ist? Wo man sich doch heute sogar staatenweise auf die Suche nach gestohlenem bzw. hinterzogenem Geld für die Staatskassa macht (und dabei auch selbst nicht vor Datendiebstahl zurückschreckt)? Geld stinkt ja nicht! Oder etwa doch?

Allerdings weiß Rav Rappaport hier Rat. Denn einen Korban mit zu leistenden Steuerzahlungen zu vergleichen, trifft nicht unbedingt den Nagel auf den Kopf. Korbanot, erklärt er, dienen in Wahrheit als „Schutzschild" für den Sündiger. Wäre da nicht das meckernde Zicklein, so müsste der Sündiger selbst den Hals ausstrecken. Durch das urjüdische Konzept des „Sachar vaOnesh" – Lohn und Bestrafung für seine Taten – und der Hinzunahme der Idee eines allwissenden G'ttes, ist eine derartige Strafexekution im Falle einer entsprechenden Verbotsübertretung durchaus keine abwegige Denkweise.

AIRBAG ✧ Nur gut also, dass Hashem dem Sündiger noch einen tierisch-pflanzlichen Airbag übrig lässt, bevor es ihm selbst an den Kragen geht. Dies impliziert jedoch, dass die Darbringung des Opfers an seiner statt dem Sündiger im Himmel so angerechnet wird, als hätte er quasi sich selbst als Sühne für seine Sünden dargebracht. Sollte die Rechnung anders laufen, so geht das Airbag-Konzept erst gar nicht auf! Denn wenn man laut der Tora ein Tier als Ersatzsündiger hernehmen kann, dann gilt es sicherlich als vollwertiger Ersatz! Und diese Schlussfolgerung stellt nun die erste Grundlage zum besseren Verständnis des Korbanot-Konzepts dar: Ich opfere nicht das Tier, ich opfere quasi mich selbst!

Was aber, so möchte der Leser nun fragen, hat all dies jetzt mit dem Datendiebstahl zu tun? Rav Rappaport erklärt jedoch, dass der Rückschluss nicht allzu weit entfernt liegt. Das Konzept quasi sich selbst zu opfern und das Thema „Diebstahl" haben nämlich sehr wohl eine enge Beziehung. Die Gemara[128] konstatiert, dass Gerechten – „Zadikim" – ihre Besitztümer mehr wert sind als ihr Körper, als sie selbst. Das leitet sich aus einer Geschichte um Jakov Avinu ab, der einmal wegen eines kleinen, wertlosen

---

128 Mes. Chullin 91a/3. Zeile v.u.

Tonkruges gegen brandgefährliche Engelsgestalten kämpfte[129]. Die Gemara fügt hier noch ein interessantes Anhängsel hinzu: Dass die Gerechten niemals – aber wirklich niemals – ihre Hände nach Gestohlenem oder Geraubtem ausstrecken würden!

ALLES (GUTE) KOMMT VON OBEN! ✧ Doch inwiefern kann man verstehen, dass einem Zadik das Materielle wichtiger ist als sein persönliches Wohlbefinden? Ist das nicht reine Verantwortungslosigkeit? Sollte ein Zadik nicht über allen materiellen Dingen stehen? Aber möglicherweise meint die Gemara hier etwas Anderes. Vielleicht möchte sie hier betonen, dass gerade Zadikim sehr genau wissen, dass jede kleinste Kleinigkeit – bis in tiefste subatomare Ebenen – von Hashem gelenkt und gesteuert wird. Somit wurde auch jeglicher Gegenstand, der sich im Besitz eines Menschen befindet, von Hashem explizit in sein Ziel geleitet. Der Zadik schätzt somit sogar das Wegwerf-Jausensackerl seines extrakoscheren Sandwichs! Es ist für ihn – so wie alles andere im Leben – ein Geschenk G'ttes! Hashem hat dieses Säckchen in seine Hände geführt, damit es seine schmackhaft garnierten Brotscheiben behütet und frisch hält!

Ein Zadik empfindet alles und jedes ständig als Geschenk G'ttes und zollt daher auch jedem Gegenstand, den Hashem ihm gewährt hat, den notwendigen Respekt! So einem Zadik würde es aber sicherlich nicht einmal im Traum einfallen, etwas zu stehlen! Denn der Zadik weiß genau, was ihm zusteht, und lebt seine G'ttesfurcht in jeder Alltagssituation aus. Zugegebenermaßen ist eine solch gewaltige spirituelle Stufe keine alltägliche Erscheinung. So kommt es, dass sogar an den heiligsten Orten der Welt – wie zum Beispiel bei chassidischen Tischen – Einweggeschirr verwendet wird, obwohl dies eigentlich im krassen Gegensatz zu obigem Konzept steht. Nichtsdestotrotz brennt die Wertschätzung für Hashems wohl durchdachte „Besitzzuordnungen" sicherlich in allen Menschen, so dass sich eigentlich niemand erlauben dürfte, etwas zu stehlen.

CHAFETZ CHAIM ✧ Wer das allerdings ganz „unzadikhaft" doch tut, der hat wohl seine Lektion in Sachen G'tteswaltung nicht richtig gelernt oder verstanden! Man erzählt beispielsweise über den Chafetz Chaim, dass er einmal ein Stückchen Papier, das man ihm gebracht hatte, nicht verwenden wollte, bis man ihm bewies, dass es nicht „gestohlen" war. So ein starkes G'ttesbewusstsein aufzubauen, ist natürlich nicht jedermanns Sache. Aber man kann sich zumindest an solchen Vorbildern orientieren, um wenigstens die richtige „Autobahnabfahrt" für das eigene Alltagsleben zu erwischen.

---

129 Bereshit 32,25.

Wenn die Korbanot also fordern, dass man quasi sich selbst opfert, kann nur ein solcher Mensch einen Tierersatz zur Hand nehmen, der sich zumindest in dieselbe Richtung bewegt wie die Zadikim. Ein Mensch, der den Besitztümern, die Hashem ihm gewährt hat, eben den notwendigen Respekt zollt. Denn diesem sind – wie die Gemara konstatiert – seine Besitztümer mehr wert als er selbst. Wenn solche Menschen somit ihren Besitz – ein Zicklein – darbringen, dann sind diese nicht nur bloß ein minderwertiger Ersatz für den Sündiger, sondern mitunter sogar ein höherwertiger!

Der „UnZadik" jedoch, der sich selbst über seine Besitztümer stellt, kann nicht einfach etwas aus seinem Besitz als Ersatz für sich selbst verwenden. Da er nicht in dem Bewusstsein lebt, dass ihm Hashem diesen Gegenstand gewährt hat, macht der diesen fast wertlos und sticht damit eine spitze Nadel in seinen Korbanot-Airbag. Er schätzt seinen Besitz nicht ausreichend und dieser wird somit nicht zum Schutzschild für ihn umfunktioniert. Er opfert hier gar nicht „sich selbst", sondern bloß einen Gegenstand! Und dies hebelt den Sühnemechanismus der Korbanot komplett aus!

Zu Herzen nehmen ✧ Daher, erklärt der Gevulat Benjamin abschließend, stellt die Tora nun mit dem Wort „Adam" ein blinkendes Warndreieck vor der falschen Autobahnauffahrt auf. Noch vor Beginn der Korbanot-Erläuterungen hält die Tora in diesem einen Wort fest, was eigentlich Sinn und Zweck der Korbanot ist und was die Basis für ein erfolgreiches Gelingen der Sühne darstellt: Die Korbanot opfert man an seiner statt, aber niemals – unter keinen Umständen – aus Fremdbesitz! Dies wollte Rashi hier mit dem Zitat des Midrashs rund um Adams Besitzverhältnisse also aufzeigen. Das Urwesen der Korbanot und ihre behutsame Funktionsweise als erlösender Sühnemechanismus für die Bnei Jisrael.

Uns fehlt heute die Möglichkeit einfach zum Bet HaMikdash zu gehen und ein Tierchen zu opfern. Zwar ist die Trauer darum tief im Judentum verankert, mit der Umsetzung ins Alltagsleben hapert es jedoch mitunter noch. In Wahrheit sollte ein jeder jeden Tag aufs Neue über die Tatsache des fehlenden Bet HaMikdashs erschüttert sein! Vielleicht wäre es daher nicht fehl am Platz, Parashat Vajikra zum Anlass zu nehmen, um sich das Wesen der Korbanot ein wenig zu Herzen zu nehmen. Das vertiefende Studium der jeweiligen Passagen könnte die „Druckerinstallation" für die Ankunft des Mashiachs – Bimhera Bejamenu – dann vollenden und die lieben Vierbeiner aus dem Streichelzoo somit ihrer eigentlichen Bestimmung zuführen!

צו
Zav

Mund auf: Ein heiliger Ort

„*Du sollst die Mazzot an einem heiligen Ort verspeisen*", verlautbart die *Tora[130] in diesem Wochenabschnitt. Diese Anweisung bezieht sich dabei auf den „Korban Mincha" – das „Huldigungsopfer", das aus Mehl bestand und als Mazzot ausgebacken wurde. Diese Mazzot dürfe man nun nur innerhalb des Tempelgeländes verspeisen, an einem „heiligen Ort", will uns die Tora hier mitteilen. Denn schließlich waren auch die Mazzot selbst mit ihrer Verwendung als Opferzubehör „heilige Ware" geworden, die man auch dementsprechend behandeln sollte.*

Rav Chaim Meier Hager sieht die Aussage der Tora in seinem Werk „Imrei Chaim" jedoch in einem ganz anderen Licht. Er verbindet die Mazzot des Huldigungsopfers nämlich mit den Mazzot des Sederabends, wo uns als Erinnerung an den Auszug aus Mizrajim geboten wird, Mazzot zwischen Sternenaufgang und der halachischen Mitternacht zu verspeisen. Laut dem Imrei Chaim versteckte die Tora hier einen Hinweis an den mazzaspeisenden Juden bis in unsere Zeiten hinein: Man soll die Mazzot der Sedernacht an einem heiligen Ort verspeisen!

---

130 Vajikra 6,9.

Und um was für einen „heiligen Ort" handelt es sich hier? Müssen wir etwa den nächsten Sederabend in Eretz Jisrael planen? Das wird unter Berücksichtigung der überbuchten Tourismusangebote in jener Saison wahrscheinlichen nur wenigen zur Freude gereichen!

MÜNDLICHE LEHRE ✧ Doch der Imrei Chaim bezieht sich ganz und gar nicht auf die räumliche Verspeisungsvorschrift der Tora. Denn er erklärt, dass mit dem Ort der Mazzaverspeisung der Mund des mazzaessenden Juden selbst gemeint ist! Der Mund, der Körper des Menschen soll zu einem heiligen Ort werden!

Wie aber – fragt man sich – wird der Mund ein „heiliger Ort"? Doch die Antwort darauf ist denkbar einfach: Man kann den Mund „heiligen", indem man ihn für „heilige Zwecke" verwendet. Für Worte der Tora und des Gebets. Für den süßen Singsang des Gemara-Lernens, aber genauso für ein tröstendes Wort, eine kleine Aufheiterung, oder auch nur ein freundliches „Guten Morgen"! Das bedeutet es, „Mazzot an einem heiligen Ort zu verspeisen", in so einen Mund sollen die Mazzot am Sederabend gelangen!

Mit der Heiligung des Mundes sollte man aber nicht erst bis zum Mazza-Essen warten. Denn so ein Gemara-Singsang mit Mazza im Mund sorgt sicherlich für ein unangemessenes Bröselmeer. Vielmehr lässt sich diese Heiligung das ganze Jahr über quasi als Vorbereitung für die Mizwa des Mazza-Essens vollziehen. So bleibt der Mund dann im richtigen Moment frei, um die Früchte seiner Anstrengungen zu ernten und die Mazza wie vorgesehen an einem „heiligen Ort" genüsslich zu zermahlen.

שמיני
Shmini

Ein Enkelsohn ist auch nicht schlecht

Aharon HaKohen war es beinahe schon peinlich, als er bei der Einweihung des Mishkans vor „laufender Kamera" vor den Altar gebeten wurde. Seine Scham und Demut, seine aufrichtige Bescheidenheit hielten ihn davor zurück, den entscheidenden Schritt zu tun. Wie Rashi[131] erklärt, versuchte Moshe seinem älteren Bruder Mut zuzusprechen: „Warum schämst du dich denn? Du wurdest doch für diesen Dienst ausgewählt!?" Der heilige Arisal[132] interpretiert die Aussage des Rashi jedoch ein wenig anders. Er nutzt dabei die Vielfalt der hebräischen Sprache, indem er das Wort „warum" mit dem buchstabengleichen Wort „weil"[133] austauscht: „Weil du dich schämst, Aharon, wurdest du für diesen Dienst ausgewählt!"

Laut dem Arisal wollte Moshe hier zum Ausdruck bringen, dass Aharon nicht trotz, sondern gerade wegen seiner Bescheidenheit und Demut von G'tt zum Hohenpriester ausgewählt worden war. Tatsächlich sind es gerade diese Eigenschaften, die sogar noch bis in heutige Zeiten wahre Führungspersönlichkeiten im jüdischen Volk ausmachen.

---

131 Vajikra 9,7.
132 Rav Isaak Luria (1534-1572), bekannt als „Arisal", Kabbalist.
133 Warum – „Lama", Weil (begründend) – „LeMa".

Der neue Leiner

Einer von diesen war beispielsweise Rav Akiva Eger. Er galt vor etwa 200 Jahren als „inoffizieller Oberrabbiner" Posens. Sein Ruf eilte ihm voraus, und sein Name war sogar im Munde einfacher Juden ein geläufiger Begriff. Rav Egers Stärke befand sich eindeutig in der Welt des Talmudstudiums. Doch zusätzlich zu seiner talmudischen Genialität zeichneten ihn auch seine feinen und mitfühlenden Charakterzüge der Demut und Bescheidenheit aus. Was die folgende Geschichte beweist:

JÜDISCHER BAUER ✧ In einem polnischen Dorf in beträchtlicher Entfernung zu Posen lebte einst ein bäuerlicher, einfacher Jude. Die jüdische Gemeinde bestand hauptsächlich aus Bauern und es gab nur wenige Juden, die Tora lernen konnten, geschweige denn Tora-Gelehrte waren. Der betreffende Bauer hatte zeitlebens ein „goldenes Händchen" bewiesen und konnte durch sein Geschick in der Tierpflege und -aufzucht eine kleine, aber gut gehende Farm aufbauen. Nicht, dass er zu Reichtum oder etwas Ähnlichem gelangt wäre. Aber im Gegensatz zu den anderen jüdischen Bauern blieb ihm zumal das eine oder andere Ei mehr, das er bei seiner Shabbatmahlzeit verzehren konnte. Was natürlich den Neid seiner Mitbewerber anfachte.

Der Bauer – nennen wir ihn den „Jid" – hatte eine Tochter im heiratsfähigen Alter. Sie wartete schon länger auf einen Bräutigam. Aber ihr Vater war – aus der Überzeugung heraus, dass seiner Tochter „etwas Besseres" gebühre – mit keinem der vorgeschlagenen Kandidaten einverstanden. „'Nase-herauf-Strategie' auf Kosten der eigenen Tochter", nannten dies die Heiratsvermittler, die sein Verhalten nicht schätzten.

KOMITEE ✧ Eines Tages beschlossen seine Mitbewerber und die enttäuschten Heiratsvermittler aus einer Laune heraus, dem Jid einen üblen, bösartigen Streich zu spielen. Man bat ihn vor ein „Komitee" aus selbst ernannten Heiratsvermittlern und berichtete ihm allen Ernstes, dass sich kein Geringerer als Rav Akiva Eger persönlich für seine Tochter interessieren würde und sie als Frau für seinen Sohn in Erwägung ziehe.

Der Jid war hocherfreut und einverstanden, dass weitere Schritte gesetzt werden. Das „Komitee" war höchst belustigt und fand Gefallen an der Geschichte. Sie ließen einige Tage vergehen und riefen ihn nochmals zu sich: „Rav Eger ist überglücklich über deine Einwilligung und möchte den Hochzeitstermin fixieren." Dann nannten sie eine willkürliche Auswahl an Daten und der Jid wählte ein Datum aus. Dann hatte er noch ein paar Fragen, da er seine Tochter ja nicht „irgendjemanden" geben könnte. Das Komitee versprach, seine Fragen weiterzuleiten. Kaum hatte er den Raum verlassen, brachen alle in prustendes Gelächter aus.

Wenige Tage später riefen sie ihn nochmals zu sich und „beantworteten" seine Fragen – selbstverständlich zu seiner vollsten Zufriedenheit. Nun stand einer Heirat nichts mehr im Wege! Die Familie begann, sich auf den Termin vorzubereiten. Schneidertermine, Reiseplanungen und die Suche nach einem geeigneten Heim für das junge Paar.

Als der Termin näher rückte, beklagte sich der Jid, dass er schon so lange nichts von seinem „Mechitten"[134] gehört habe. Das Komitee versprach ihm, Kontakt aufzunehmen, und wenig später riefen sie ihn wieder einmal zu sich. Diesmal hatte sich das Komitee vergrößert – schließlich wollten andere auch ihren Spaß haben! Todernst erklärte man ihm, dass Rav Eger sich entschuldigen lasse. Er habe einfach so viel zu tun, dass er nicht einmal mit hochverehrten „Mechitunim" Kontakt halten könne. Er bitte um Verzeihung und habe dem Komitee aufgetragen, dass der Jid als Zeichen der Vergebung dreimal „Verziehen sei dir" aussprechen soll – aus ganzem Herzen und mit verschlossenen Augen. Was der Jid zur Freude des Komitees auch tat. Das leise Gelächter einiger Komiteemitglieder nahm er gar nicht so richtig wahr und das schallende Lachen fing erst an, als er den Raum verlassen hatte.

HOCHZEIT ✧ Endlich kam der große Tag! Die Familie – Vater, Mutter und Tochter – reiste ab. Die Tochter war bereits im Braut-Outfit, auch ein weißer Schleier durfte nicht fehlen! Als sie in Posen beim Haus von Rav Eger ankamen, waren sie überrascht, dass man nichts von den Hochzeitsvorbereitungen sehen konnte. Sie taten das aber ab: „Wahrscheinlich findet die Feier woanders statt", dachten sie. Als die Familie im Vorraum vor Rav Egers Zimmer stand, fanden sie einen Haufen Wartender vor. Der Gabbai[135] empfing sie hektisch, fragte, worum es gehe: „Eine Bracha[136] am Tag der Hochzeit vielleicht?", meinte er im Hinblick auf die Braut.

Die Brust des Jiden schwoll an: „Eine Bracha? Wir sind die Mechitunim!", sagte er zuckersüß. Der Gabbai war sichtlich verwirrt und traute sich nicht so recht an die Sache heran. Er bat die Familie Platz zu nehmen. Diese waren zwar überrascht, willigten aber ein. Schließlich war ihr Mechitten quasi der Oberrabbiner Posens und damit mehr als beschäftigt. Und außerdem hatte man ihm ja schon vergeben …

Als sich die Reihen etwas gelichtet hatten, trat Rav Eger vor die Tür. Der Jid sprang auf, stürmte zu dem distinguierten Rabbi, küsste und umarmte ihn: „Mechitten Le-

---

134 Jiddisch für Vater des Bräutigams.
135 Sekretär.
136 Segen.

Der neue Leiner

jben! Shulem Alajchem! Oh! Sof-Sof sieht man sich! Burech Hashem!"[137], rief er. Dann drehte er sich theatralisch um, zeigte auf die Braut und sagte: „Und das ist meine Tochter, das Juwel, das sie in ihre Familie aufnehmen wollen."

Rav Eger war ein Mann, der schnell dachte. Was genau los war, verstand er zwar nicht. Aber er wusste, dass dieser naive Jid jemandem auf dem Leim gegangen sein musste. „Wo ist der Bräutigam?", fragte der Jid nun fordernd. „Ich will meinen neuen Schwiegersohn – den Sohn des bekannten Rav Eger – kennenlernen!" Nun erhärtete sich der Verdacht von Rav Eger. Er machte einen Schritt zurück und hob die Hände.

ERWACHEN ✧ „Mein teurer Jid!", sagte er mit einer warmen Stimme, „ich würde meinen Sohn liebend gerne mit so einer wunderbaren Familie und so einer vorzüglichen Braut verheiraten. Aber ... ich habe meinen jüngsten Sohn bereits vor über zehn Jahren verheiratet und ... ich habe keinen Sohn, der für ihre Tochter in Frage kommt. Jemand muss sie reingelegt haben. Es tut mir leid!"

Der Jid wurde zuerst ganz blass, dann ganz rot, und verlor seine Farbe gleich darauf wieder. Zurück blieb ein gelb-grün-graues Gesicht. Mit offenem Mund drehte er sich um. Mutter und Tochter weinten, schluchzten, ja schrien vor Schmerz. Die Braut kam sich mehr als dämlich vor. An einem gewöhnlichen Wochentag war sie mit einem Brautkleid unterwegs. Sie hatte nicht einmal etwas zum Umziehen mit!

Der Vater fing sich langsam wieder. Er hatte nun verstanden, was vorgefallen war. Er erinnerte sich an das leise Gelächter des Komitees. Doch er verlor keine Zeit! Behutsam nahm er die Hand seiner Tochter in die eigene und sagte: „Mein Kind! Weine nicht! Es wird vorübergehen! Hashem wird uns helfen, da durchzukommen! Alles ist vom Himmel vorbestimmt, es gibt einen G'tt, der lenkt und leitet. Verzage nicht, lass' uns diese Versuchung gemeinsam überstehen. Wir kommen da durch, wir alle gemeinsam." Zwar überkam auch ihn dann ein heftiges Schluchzen, doch seine Frau und seine Tochter hatten sich wieder etwas gefangen.

---

137 Übersetzung aus dem Jiddischen: „Verehrter Vater des Bräutigams! Ich begrüße Sie herzlichst! Es freut mich sehr, Sie kennenzulernen! Gelobt ist G'tt!"

VERSPRECHEN ✧ Ratlos stand Rav Eger daneben und beobachtete kopfschüttelnd das Schauspiel. Wer konnte so grausam sein, jemand so einen „Streich" zu spielen. Das grenzte an Mord und Totschlag!

Plötzlich aber rief er seinen Gabbai herbei und sagte: „Ruf sofort meinen Sohn Shlomo zu mir. Jetzt. Sofort. Unwiderruflich." Shlomo, ein Mann mittleren Alters, eilte wenig später herbei.

„Reb Shlomo", sagte ihm sein Vater, „du hast doch einen Sohn, den du verheiraten möchtest! Da! Sieh her! Hashem hat dir deine Braut in mein Vorzimmer geschickt." Reb Shlomo sah sich die schluchzende Bauernfamilie an und stand vor einem Rätsel. Dieses Mädchen – für seinen Sohn?

„Shlomo, hör mir zu!", sagte Rav Eger und fasste seinen Sohn am Arm, „ich verspreche dir, dass du Generationen von Zadikim[138] mit diesem Paar aufstellen wirst. Es sind gefährliche Zeiten, ein gefährlicher Wind weht auf den Gassen. Wenn du dieses Mädchen zur Braut nimmst, gebe ich dir meinen Segen, ja mein festes Versprechen, dass alle ihre Kinder und Kindeskinder auf dem jüdischen Weg bleiben werden!"

STAUNEN ✧ Shlomo war verwirrt, doch er verstand, dass er so ein Versprechen nicht außer Acht lassen konnte. Er ließ seinen Sohn bringen und noch am selben Abend wurden Chuppah und Kiddushin[139] vollzogen. Am nächsten Morgen kehrte die Familie vor den erstaunten Gesichtern der Dorfbewohner mit ihrem neuen Schwiegersohn zurück. „Er ist zwar nicht der Sohn von Rav Eger", sagte der Jid dem erblassten „Komitee", „aber der Enkelsohn von Rav Eger ist ja auch nicht so schlecht …"

Was Rav Eger wohl dazu bewogen hatte, dies zu tun? Es gibt viele Mutmaßungen dazu. Sicherlich waren es sein feiner Charakter und tiefe Demut, die ihn diesen Schritt tun ließen. Manche sagen aber, dass ihn die Reaktion des Vaters dazu bewogen hatte, sein Versprechen abzugeben. Der unzerstörbare, geradlinige Glaube eines einfachen Juden.

---

138 Gerechten Juden.
139 Rituale zur Eheschließung.

תזריע
Tasria

Auf der spirituellen Achterbahn

*E**ine gewisse Zahl schlängelt sich seit letzter Woche in gekonnter Art und Weise durch die Wochenabschnitte: die Acht. In ihrer Eigenschaft als doppelrunde Endlosschleife gibt die Acht der vorigen Parasha („Shemini") ihren Namen und ist auch in dieser Woche an prominenter Stelle vertreten. Denn noch in der „Einfahrt" zur dieswöchigen Parasha wird das Beschneidungsgebot „Brit Mila" am achten Tag nach der Geburt propagiert.*

Anders als in Parashat „Shemini", wo sich die Acht auf den achten Tag der Tempeleinweihungszeremonien bezieht, hat der „Beschneidungsachter" auch heute noch großen Aktualitätswert. Sogar den heiligsten Tag der Woche, die Oase der schlemmerhaften Familienidylle, den illustren Shabbat, weiß das Gebot, gerade am achten Tag zu beschneiden, zu verdrängen. Wobei „verdrängen" hier nicht wirklich die richtige Wortwahl darstellt.

Denn Rav Shimshon Rafael Hirsch erklärt, dass der Shabbat sich nicht „verdrängen" lässt, sondern vielmehr strategisch klug handelt, wenn er den roten Faden seiner Verbote vom Messer des Mohels[140] beschneiden lässt. Um die „Strategie" dahinter ent-

---
140 Beschneidungsexperte.

schlüsseln zu können, lohnt sich dabei ein kurzer „Blick hinter die Kulissen". Eines der vielen wohl durchdachten Shabbat-Verbote ist das Verursachen einer blutenden Schnittwunde. Und das ist es wohl, was dem Neugeborenen an delikater Stelle zugefügt wird, wenn man die Brit Mila vornimmt. Aber falls eine Geburt an einem Shabbat stattfindet, so wird die Beschneidung – sofern der Gesundheitszustand des Kleinen dies zulässt – dennoch am darauffolgenden Shabbat durchgeführt, trotz Schnittwundenverbotes.

„Shabbat-Maniker" ✧ Wie verwunderlich dieser Fakt in Wahrheit ist, liegt allerdings nach kurzer Überlegung bereits auf der Hand. Woche für Woche vollbringt das jüdische Volk seit Jahrtausenden logistische Meisterleistungen, um sich entsprechend auf den Shabbat vorzubereiten. Minimalste Bewegungen können aus dem Shabbat-Hüter bereits einen Shabbat-Brecher machen. Eine Reißbewegung in die falsche Richtung, ein Knopfdruck auf das falsche Knöpfchen, oder sogar ein schlichtes Wegzupfen eines Hautrestchens kann eine hochgradige Verletzung des Shabbat-Reglements darstellen.

Das jüdische Volk lebt seit Jahrtausenden für den Shabbat. Alles dreht sich um den Shabbat. „Shabbes-Zimmer", „Shabbes-Hosen", „Shabbes-Schuhe", „Shabbes-Platte", „Shabbes-…" – was auch immer es sein mag. Sogar Haman, der Bösewicht aus der Purim-Story, soll König Achashverosh unter anderem mit dem Argument überzeugt haben, dass die Juden regelrechte „Shabbat-Maniker" wären. Ein echter „Shabbat-Streiter" würde sogar kilometerlange Umwege gehen, um ein kleines Verbot nicht zu übertreten. Der „Shabbat-Maniker" aus Hamans Propagandakistchen bleibt im Falle einer verspäteten Landung an einem Freitagnachmittag über Shabbat lieber am Flughafen auf einer gemeinen Wartebank, als Shabbat brechen zu müssen, um in sein bequemes Zuhause zu gelangen.

Expansionsdrang ✧ Wie also kann man hier für die Brit Mila eine Ausnahme gestatten? Klar, es gibt sehr wohl Ausnahmen, für welche die Halacha die Shabbat-Verbote aufhebt. Sei es nun ein medizinischer Notfall oder sonst eine lebensbedrohliche Situation. Aber um einem kleinen, hilflosen Baby eine blutende Wunde zuzufügen? Doch wie Rav Hirsch eben meint, fußt die spektakuläre Ausnahme auf einer klugen strategischen Entscheidung der Halacha. Denn durch die Durchführung der Brit Mila wird Shabbat nicht etwa gebrochen. Er wird dadurch vielmehr erweitert!

Die Brit Mila beschert dem Shabbat noch einen zusätzlichen „Shabbat-Streiter", vergrößert so seinen Einflussbereich und beschert ihm auf dem Weg zum „erfolgreichsten Ruhetag aller Zeiten" gehörigen Rückenwind! Die Brit Mila ist ein Bund mit Hashem und damit auch ein Bund mit Shabbat. So gesehen ist es leicht verständlich, wie sogar der „Frömmste der Frommen" am Shabbat das Mohel-Messer zückt, um eine ansonsten am Shabbat verbotene Tätigkeit zu vollziehen. Es geht um einen Zugewinn für Shabbat selbst!

GLÜCKWÜNSCHE ✧ Die Zeremonie rund um das Beschneidungsritual herum unterscheidet sich dann allerdings kaum, egal welchen Heiligkeitsstatus der Tag der Beschneidung nun einnimmt. Kaum ertönt das gellende Schreien des 50 cm messenden „Shabbat-Streiter"-Bündels, ergießt sich auch schon ein ganzer Schwall an Glückwünschen und segensreichen Worten über den Kleinen. Obwohl seine Aufmerksamkeit in diesen Momenten sicherlich mehr den blutstillenden Maßnahmen gilt, die der Mohel mit gekonntem Fingerspitzengefühl zu setzen vermag, können die Wünsche der Anwesenden die Zukunft des Knaben durchaus positiv beeinflussen.

„So wie er in den Bund mit Hashem eingetreten ist", rufen aufgeregt, mit braunen Kuchenbröseln und glitzernden Schnapsperlen besetzte Münder, „so möge er auch in die Welt der Tora, unter die Chuppah[141] und in den Vollstreckungsdrang von guten Taten eintreten." Hat nun der letzte Verbandsknoten seine Parkposition am Säuglingsleib erreicht, so stürmen die angeheiterten Wunschverteiler auf den Vater des Kindes zu und es regnet ein handfestes „Maseltov"-Gewitter. Mit Tränen in den Augen und voller Dankbarkeit an Hashem wird das beschnittene Bündel schließlich wieder in Richtung „Frauenschil"[142] abtransportiert und – bis 120 – von mütterlich-jiddischer Liebe erstversorgt, bis die Balken brechen.

KEIN STOLZ ✧ Der Rebbe Menachem Mendel aus Kotzk hört dabei etwas tiefer in die Glückwünsche der Kuchenvertilger hinein. Er ortet zwischen den Bächen aus Zwetschgenbrand und Weizensaft einen ganz besonderen Wunsch, den man den Kleinen da mit auf den Weg gibt. „So wie er in den Bund mit Hashem eingetreten ist", so ruft man in den Wald hinein. Doch wie hallt es wieder heraus? *Wie* tritt man denn eigentlich in den Bund mit Hashem ein? In erster Linie wohl mit Pampers in Säuglingsgröße, einem etwas zu großen Bärenstrampler und – ganz wichtig – dem obligatorischen blauen Blümchenschnuller, der beinahe das ganze zarte Gesicht des einwöchigen Neuankömmlings verdeckt.

---

141 Traubaldachin.
142 Damenabteilung der Synagoge.

Aber da ist noch mehr, meint der Kotzker Rebbe. Er sieht in dem spezifischen Glückwunsch nämlich vor allem, dass man einen negativen Faktor des menschlichen Charakters damit auszuspielen versucht. Es geht um den üblen Charakterzug des Stolzes, so der Rebbe. Die Gemara[143] stellt nämlich fest, dass ein stolze Person in Hashems Umkreis absolut nichts zu suchen hat! „Eine stolze Person und ich können sich nicht denselben Lebensraum teilen", meint die Gemara.

„PAMPERS-SEGEN" ✧ Da man dem Baby aber sicherlich ein langes Leben in g'ttlichem Lebensraum wünscht, spricht man bei seinem Brit eben den „Pampers-Segen" aus: „So wie du in den Bund eingetreten bist" – nämlich als achttägiger Säugling noch garantiert stolzfrei – „so mögest du auch zur Tora, Chuppah und zu guten Taten deinen Zugang finden." Denn nur so, nur ganz ohne Stolz, lässt sich dieses Projekt auch erfolgreich bewerkstelligen. Was Hashem dabei so an dem stolzen Charakterzug stört, ist augenscheinlich: In Anbetracht der Erhabenheit G'ttes und der Seichtigkeit des Menschen ist es wohl wirklich unangebracht, „stolz" zu sein. „Stolz sein" bedeutet, die Fähigkeiten, Talente und Wohltaten, die einem Hashem gewährt hat, sich selbst anzurechnen. Und dies hebelt G'ttes Gutmütigkeit unweigerlich aus, da er doch derjenige ist, der einem diese Dinge gewährt!

Möglicherweise lässt sich der Gedanke des Kotzker Rebben aber noch weiterspinnen. Denn der Brit-Mila-Knabe absolviert nicht nur stolzfrei, sondern auch ungerührt von jeglichem Vorurteil seinen ersten Synagogenbesuch. Wenn der „stolze" Vater ihn dem Mohel präsentiert, so hegt der Kleine keinerlei Sentimente gegen Tora und Mizwot. Fürwahr, wenn er nur gewusst hätte, was ihn da erwartet, wäre das eine oder andere Sentiment vielleicht aufgekommen. Aber der Brit-Mila-Wunsch bezeichnet ja explizit den „Eintrittsvorgang" in diese Mizwa, noch vor dem „bösen Erwachen".

Vielleicht gilt also der Wunsch an den jüdischen Neuankömmling auch seinem Zugang zum Dienst an Hashem im Allgemeinen. Sich wie in einer „Achterbahn" ohne Sentimente und frei von Zweifeln von der Tora und den Mizwot durch die Strecke – durch das Leben – führen zu lassen und bei Loopings – freudigen Anlässen, wie einer Brit Mila – vor lauter Freude aufzujauchzen. Denn das Leben ist im Gegensatz zu Hashem und der Tora keine Endlosschleife. Doch erfreulicherweise – und erst recht, wenn man Tora und Mizwot ambitioniert einhält – ganz sicher auch keine Doppelnull!

---

143 Mes. Sota 5a.

מצורע
Mezora

Schweigen ist Silber, Reden ist Gold

Nachdem seltsame Hauterscheinungen dem Kohen[144] Bände über das Innenleben des „Mezora" – Aussätzigen – verraten hatten, ergab sich für diesen ein dringender spiritueller Sanierungsbedarf. Die weißen, roten oder punktierten Flecken, die den Körper des Aussätzigen plötzlich verunstaltet hatten, kamen nämlich nicht von ungefähr. Es war vielmehr der Ausdruck eines geistigen Verfalls, der sich wie durch ein Wunder auf seine Körperoberfläche projizierte. Der Kohen, der durch sein langes Tora-Studium zum Profi-Analysten für die sonderbaren Ausschläge geworden war, konnte die Zeichen im Aussatz genau erkennen und ordnete die richtige Therapie an.

Je nach Schweregrad wurde der Mezora für eine gewisse Dauer in Quarantäne geschickt und beobachtet, bis er durch Ausmerzen seiner Charakterschwächen wie Hochmut oder Neid den Aussatz – „Zara'at" genannt – besiegen konnte. War sein Kampf gegen Zara'at einmal beendet, stand dem Mezora jedoch noch ein „Säuberungsprozess" bevor, der alles andere als das Waschen mit cremiger Reinigungsmilch beinhaltete. Der Mezora musste im Bet HaMikdash im Laufe von einer Woche verschiedenste Opfer

---

144 Hohenpriester.

Mezora

darbringen und bedeutungsvolle Rituale vollziehen, bevor er sich in seiner „neuen Haut" wieder in aller Öffentlichkeit zeigen durfte.

Während sich die Parasha der Vorwoche – „Tasria" – vor allem mit den Symptomen und den Therapiemaßnahmen des Aussatzes beschäftigte, geht es in „Mezora" vornehmlich um den erwähnten Reinigungsprozess.

Wie die Tora nun berichtet[145], begann dieser erstmal mit dem Herannehmen zweier Vögel, eines Scheites Zedernholz, roter Wolle und Gräsern der „Esov"-Sorte. Gerade die Vögel waren dabei für den ersten Teil des Reinigungsprozesses unerlässlich. Die beiden „Zwitschergestalten" sollten dem Ex-Aussätzigen nämlich auf symbolische Art eine abschließende Lehre erteilen, die ihn in Zukunft vor einer Wiederholung der Aussatz-Episode bewahren sollte. Denn wie Rashi an dieser Stelle erklärt, hatte die Tora nicht etwa zufällig die geflügelten Schnabelmusikanten in den Reinigungsprozess integriert: „Da der Aussatz wegen ‚Lashon HaRa' – übler Nachrede – erscheint, ist es notwendig, Vögel in den Reinigungsprozess miteinzubinden, da auch sie ständig tratschen und zwitschern."

SCHNABELMUSIKANTEN ✧ Die Vögel symbolisierten laut Rashi also die Sünde der „üblen Nachrede", die wohl im Himmel wie das Geschnatter zweier Rohrspatzen klingt. Kein sehr schmeichelhafter Vergleich. Geprägt ist diese Art der menschlichen „Vogelsprache" dabei stets von den angesprochenen Gefühlen des Hochmuts und Neids. Lashon HaRa entspringt so zumeist den dunklen Seiten des eigenen Ichs. Wenn diese dunklen Seiten nun ein Übermaß erreicht haben, dringen sie als Hauterscheinungen nach außen und zeigen so dem Kohen als spirituelle Leitfigur, dass man sich ein wenig um das „Ausleuchten" der „dunklen Stellen" kümmern sollte.

Den beiden Vögeln widerfuhr übrigens ein äußerst unterschiedliches Schicksal. Während ein Vogel geschächtet wurde, kam der zweite Vogel frei. „Vogelfrei" sozusagen. Eigentlich recht verwunderlich! Wofür hat man den Vogel dann überhaupt hinzugezogen, wenn er am Ende scheinbar „nutzlos" freigelassen wird und von nun an Abend für Abend genussvoll die Sonne über den Hügeln Jerushalajims untergehen sehen kann?

Rav Shlomo Ganzfried, der seines Zeichens mit dem Werk „Kitzur Shulchan Aruch" Berühmtheit erlangt hat, widmet sich dieser Frage in seinem Buch über die Wochen-

---

145 Vajikra 14,4.

abschnitte, „Apirjon al HaTora". Auch er versucht zu ergründen, warum man gerade zwei Vögel hernimmt und warum man einen nachher im Rahmen des Reinigungsrituals als freilässt.

SCHWEIGEN ⟡ Zur Beantwortung dieser Frage zieht Rav Ganzfried eine interessante Stelle aus der Gemara[146] hinzu. Die Gemara bemüht sich dort um die Analyse eines Satzes im Buch „Tehillim"[147], der frei übersetzt ausdrückt: „Habt ihr wirklich geschwiegen, wo ihr das Richtige sagen solltet?" Die Phrase „habt ihr wirklich …" interpretiert die Gemara nun auf eine ganz andere Art und Weise und baut darauf einen wichtigen Grundsatz für das Leben eines jeden Juden auf. Für die Bildung dieser Phrase kommen nämlich dieselben Buchstaben wie für das hebräische Wort für „Beruf", „Aufgabe"[148] zur Anwendung. Auf dieser Basis erklärt die Gemara nun Folgendes: „Was ist die Aufgabe des Menschen auf dieser Welt? Sich stumm zu stellen und zu schweigen! Doch ist es möglich, dass man auch bezüglich der Worte der Tora schweigen soll? Nein! Denn der Satz endet mit ‚… das Richtige sagen …', was ausdrücken soll, dass man über das ‚Richtige' – die Tora – in der Tat sprechen soll!"

Die Gemara stellt somit zwei wichtige Grundsätze auf: Erstens, man soll sich davor hüten, zu viel zu sprechen, und immer danach streben, so viel wie möglich zu schweigen. Zweitens, wenn es zu Worten der Tora kommt, möge man seiner Zunge freien Lauf lassen und so richtig drauflosplappern – solange es nur „richtige Tora" ist, die den Mund wasserfallartig verlässt. Rav Ganzfried versucht die Aussage der Gemara sogar noch mehr zu polarisieren und meint, dass so wie die Ermunterung zu sprechen sich auf „richtige Worte" bezieht, auch die Warnung zu schweigen sich auf die „falschen Worte" beziehen muss. Und mit „falschen Worten" – Worten der Sünde – ist eindeutig Lashon HaRa gemeint, so Rav Ganzfried.

ÜBERFLÜGELN ⟡ Nach erfolgter Analyse liegt nun auch der Rückschluss auf die beiden Vögel auf der Hand: Der geschächtete Vogel soll dem Mezora nämlich zeigen, dass er die „falschen Worte" von nun an unterdrücken soll. Doch der Mezora könnte irren und glauben, dass er ab jetzt für immer zum Schweigen verurteilt ist. Da kommt ihm der zweite Vogel zur Hilfe, den er im Rahmen des Rituals fliegen lässt. Der Vogel fliegt auf und davon und zeigt dem Mezora, dass er sehr wohl wieder sprechen darf.

146 Mes. Chullin 89a.
147 Tehillim 58,2. Rav Hirsch übersetzt: „Ist denn in Wahrheit Stummsinn, Gerechtigkeit wo ihr reden solltet?!"
148 Original: „HaOmnam" wird zu „HaOmanut".

Er sollte seine Worte nur korrekt wählen und sich in Zukunft auf „Worte der Tora" konzentrieren. Diesen darf er „freien Lauf" lassen und sich mit seinen Tora-Vorträgen von Mal zu Mal regelrecht „überflügeln"!

Dies also ist das Geheimnis, das sich laut Rav Ganzfried hinter den zwei Rohrspatzen verbirgt. Man darf zwitschern, aber es geht um die Wahl der richtigen Melodie! Wie man dieses Konzept vom Bet HaMikdash weg in das eigene Alltagsleben integriert, ist dabei nicht schwer zu erklären. Denn das Thema „Lashon HaRa" ist sicherlich auch heute noch aktuell und hat seinen Ursprung in denselben charakterlichen Untiefen, die dem Mezora schon damals seine Hauterscheinung bescherten. Wir können heutzutage wegen des zerstörten Tempels zwar keine zwei Vögel mehr darbringen. Auch die Hauterscheinungen gehören mittlerweile der Vergangenheit an. Sich selbst allerdings wie ein „Zwitscherkönig" zu fühlen, der den Sonnenuntergang über den Hügeln Jerushalajims erlebt, ist uns aber ohne Weiteres möglich. Es ist dazu nur notwendig, sich den „richtigen" Inhalten zu widmen und der Tora freien Lauf zu lassen. „Reden ist Gold" – es kommt nur darauf an, was da aus dem Schnabel kommt.

אחרי מות
Achre Mot

Auf den Spuren der Sühne

Wenn in der Synagoge der Abschnitt „Achre Mot" verlesen wird, bricht in vielen chassidischen Höfen noch einmal „Jom Kippur" – der Versöhnungstag – herein. Mit einem Mal erklingen am Freitagabend-Tisch des Rebben wieder dieselben Melodien, die man vom Gebetsmarathon des heiligsten Tages im jüdischen Kalender kennt, und der Rebbe persönlich lässt womöglich die eine oder andere „versöhnende" Moralpredigt los. Anlass dafür ist aber nicht etwa eine erhöhte Sündenbilanz der Anhänger des Rebben just zu diesem Zeitpunkt, sondern vielmehr die äußerst detaillierte Behandlung von Jom Kippur im Rahmen dieser Parasha.

Ob die altbekannten Melodien und Predigten dabei angenehme oder eher fordernde Erinnerungen auslösen, sei dahingestellt. Denn dies hat wohl mit jeder Person selbst zu tun, vor allem damit, wie ihr vergangener Jom Kippur ausgesehen hat. Manch einer verbindet mit Jom Kippur eben Glücksgefühle der Sündenfreiheit, ein anderer wiederum Schuldgefühle einer verpassten Gelegenheit, sich von den Sünden befreit zu haben. „Überstanden" haben den Jom Kippur wohl alle anwesenden Chassidim. Ob sie mit ihrer Sühnestrategie am Jom Kippur Erfolg hatten, lässt sich jedoch nicht so leicht ergründen.

Doch wie funktioniert die angesprochene Sündenbefreiung des Jom Kippur eigentlich genau? Kommt es eher auf eine effiziente Nutzung des Versöhnungstages an, auf eifriges Beten und Bitten zu G'tt? Oder kann Jom Kippur auch „ineffizient" zur Sündenfreiheit führen, ganz ohne Gebetsbemühungen? Eine Frage, die man sich wohl zumindest einmal in Jahr stellen sollte.

PASSIV-JOM-KIPPUR ✧ In der Tora wird der „Tag der Tage" dabei mit einem recht vertrauensvollen Statement vorgestellt: „Dieser Tag soll Sühne für euch erwirken, um euch zu reinigen", heißt es dort[149]. Demnach bleibt dem weißbekittelten Synagogenbesucher am Jom Kippur sehr wohl auch die passive Version der Sühne erhalten. Die Tora drückt ja scheinbar wortwörtlich aus, dass der „Tag" die Sühne bewirke. Der Tag, und nicht der Mensch.

Dass unsere Weisen in der Gemara[150] über diese Frage diskutieren, war nun wohl bereits vorauszuahnen. Dort sieht es allerdings laut der Mehrheit an Lehrmeinungen ganz und gar nicht danach aus, als wäre man gut damit bedient, sich auf einen „Passiv-Jom-Kippur" zu verlassen. Einzig ein Mitglied des „Weisenrates", „Rebbi[151]", ist der Meinung, dass man ruhigen Blutes sein kann, da Jom Kippur tatsächlich aus eigener Kraft beinahe alle Sünden begräbt.

Doch laut der Mehrheit unserer Weisen aus der Gemara sieht es in der Welt der Sühne ohne ordentliche Anstrengungen des Sühnesuchenden recht trostlos aus. Und dass trotz des vielversprechenden Statements über Sühne in der Tora, die ja dem „Tag" allein die Kraft zu geben scheint, Sünden wegzuwaschen. Bevor man darin allerdings einen Widerspruch vermutet, möge die folgende Interpretation des Kotzker Rebben jegliche Bedenken zerstreuen. Dem Kotzker Rebben gelingt es nämlich, die Lehrmeinung der Weisenmehrheit in dem Satz der Tora selbst wiederzufinden. Er liest den Satz nicht: „Dieser Tag soll Sühne für euch erwirken, um euch zu reinigen", sondern er ortet darin eine Frage: „Dieser T͟a͟g͟ soll Sühne erwirken?", fragt die Tora demnach, „Glaubt denn jemand, dass der T͟a͟g͟ alleine Sühne erwirken kann?", könnte die Frage auch klingen. Und dann antwortet die Tora: „(Nein, es liegt an) euch, sich zu reinigen". Jeder soll selbst „Hand anlegen" und an seiner Sühne arbeiten! Gebeugt, klopfend und weinend[152]! Jeder soll die sühneversprechende Energie des Jom Kippur dazu nutzen,

---

149 Vajikra 16,30.
150 Mes. Joma 85b.
151 Rabbi Jehuda HaNassi, (Mit-)Verfasser der Mishna.
152 Passend zu „Al Chet", dem Ritus des Sündenbekenntnisses am Jom Kippur.

sich von seinen Sünden zu befreien. Denn nur dann funktioniert der Effekt, will der Kotzker Rebbe hier ausdrücken.

EINMAL IM JAHR ✧ Auch der „Likutej Jehuda[153]" findet Unterstützung für die Lehrmeinung, dass Jom Kippur ein „Arbeitstag" ist, und kein „Urlaubstag", an welchem die Sühne automatisch angewendet wird. Die Tora[154] betont nämlich, dass der Versöhnungstag „<u>einmal im Jahr</u> Sühne für die Bnei Jisrael erwirken soll". Dies ist zugegeben rein rechnerisch eine völlig richtige Aussage, da Jom Kippur tatsächlich nur einmal im Jahr stattfindet. Doch die Tora ist fürwahr kein Rechenbuch, und sicherlich keines, das „kleine Einmaleins" wiedergibt! Einmal im Jahr? Das hätten wir auch ohne die Erklärung der Tora ermitteln können!

Doch wie der Likutej Jehuda meint, wollte uns die Tora sehr wohl etwas Wichtiges mit ihrer „Intervall-Information" über den einmaligen Auftritt der Sühne zu verstehen geben. Denn nur wenn der Mensch die Gelegenheit des Jom Kippur richtig nützt und sich auf Teshuva konzentriert, kann er Sühne erlangen, erklärt der Likutej Jehuda. Und in diesem Fall werden seine Sünden tatsächlich nur an „einem Tag" im Jahr gesühnt, nämlich am Jom Kippur. Doch wenn der Mensch es – G'tt behüte – unterlässt, sich am Jom Kippur auf Teshuva zu konzentrieren, so muss Hashem auch während des Jahres zusätzliche „Sühne-Tage" einbauen, an welchen man durch Probleme und Leid aus der Sündenbilanz kriecht. Denn dies wäre die Konsequenz der Jom-Kippur-Ignoranz: Hashem sühnt die Sünden durch eine gehörige Portion Kummer und Not. „Einmal im Jahr" wäre somit wohl etwas wie der Optimalfall, der sich ergibt, wenn man nach Plan vorgeht. „Mehrmals im Jahr" wäre dann das genaue Gegenteil. Der Fall, der dann eintritt, wenn man die Gelegenheit auslässt und Jom Kippur an sich vorbeisegeln lässt.

ANNÄHERUNG ✧ Nachdem wir nun schon so viel Unterstützung für die – geltende – Lehrmeinung der Weisenmehrheit gefunden haben, sollte aber auch die bei Weitem angenehmere Interpretation des „Rebbi" nicht alleine im Regen stehen gelassen werden. Dazu weiß Rav Jitzchak Elchanan Spector in seinem Werk „Nachal Jitzchak" ein Liedchen zu singen. Er verschafft Rebbis Lehrmeinung durch eine aufsehenerregende Verknüpfung an Stellen aus der Gemara doch noch eine prominente Position, die sich bisweilen sogar bewähren konnte.

---

153 Rav Jehuda Arieh Leib Heine, vor etwa 50 Jahren.
154 Vajikra 16,34.

Achre Mot

Zu diesem Zweck zitiert Rav Spector eine Gemara[155], die erklärt, warum in unserem Wochenabschnitt unmittelbar vor der Auseinandersetzung mit Jom Kippur noch rasch vom Tod der beiden Söhne Aharons erzählt wird[156]. Die Tora schreibt nämlich, dass der g'ttliche Jom-Kippur-Auftrag „nach dem Tod" – auf Hebräisch: „Achre Mot"– der beiden Zadikim[157]-Söhne Aharons stattgefunden hat. Die Gemara ortet hier jedoch keineswegs eine zufällige Annäherung dieser beiden Elemente, sondern sie stellt fest: „So wie Jom Kippur Sühne erwirkt, führt auch der Tod von Zadikim Sühne herbei." Die Bedeutung dieser Aussage ist dabei recht fundamental. Denn – nicht etwa, dass wir den Tod von Zadikim wünschen – jeder dahingeschiedene Gerechte könnte somit vollziehen, was ansonsten nur ein Jom Kippur schaffen kann: gesühnte Sündiger!

BEGRÄBNIS ✧ Eine weitere Gemara-Stelle scheint nun deutlich zu machen, dass der Tod eines Zadiks mitunter sogar effizienter sühnt als Jom Kippur selbst. Denn die Gemara[158] erzählt andernorts vom Begräbnis des bereits erwähnten „Rebbi", Rabbi Jehuda HaNassi. Während dessen soll eine himmlische Stimme vermeldet haben: „Jeder, der an dem Begräbnis von Rebbi teilgenommen hat, ist in die nächste Welt eingeladen!" Wie Rashi hier erklärt, war die herzliche „Einladung" aber nicht etwa ein fieser Trick des „Totenengels", sondern sie sollte bedeuten, dass jeder Begräbnisteilnehmer nach seinem Tod ganz ohne „himmlisches Gericht" direkt in den „Himmel" kommt. Auch sühnendes Leid und Qualen sollten ihm auf dieser Welt erspart bleiben. Und das alles nur, weil er an Rebbis Begräbnis teilgenommen hatte! Kein schlechter „Stundenlohn"!

Doch demnach war das Begräbnis von Rebbi sogar noch um einiges erfolgreicher als ein jeder Jom Kippur. Denn schließlich haben wir bereits festgehalten, dass am Versöhnungstag niemand „einfach so" in den Himmel kommt, da bloße Jom-Kippur-Teilnahme nicht ausreicht, um Sünden auszumerzen. Wie also ist es möglich, Rebbis maximierte Begräbnissühne mit den bisher aufgestellten Thesen zu vereinbaren? Schließlich hat die Gemara selbst gesagt, dass der Tod von Zadikim so wie Jom Kippur sühnt, und nicht besser!

---

155 Talmud Jerushalmi, Mes. Joma 2a.
156 Vajikra 16,1.
157 Gerechten.
158 Mes. Ketubot 103b, „Ashkavta deRebbi".

SONDERREGELUNG ✧ Doch Rav Spector gelingt es, hier den Bogen zu spannen und zu erklären, was es mit der himmlischen Stimme auf sich hatte. Denn wie wir oben bereits erwähnt hatten, vertrat Rebbi die Lehrmeinung, dass Jom Kippur für beinahe alle Sünden im „Passiv-Modus" Sühne erwirkt. Es sieht daher so aus, erklärt Rav Spector, dass an jenem Tag, als das Begräbnis Rebbis stattfand, eine Sonderregelung im Himmel erlassen wurde. Zu Ehren Rebbis wurde dieser durch den Tod eines Zadiks herbeigeführte „Spezial-Sühnetag" nach seinen Regeln durchgeführt, die eine „Passiv-Sühne" vorsehen. Daher konnte die himmlische Stimme an jenem Tag so stolz ausrufen: „Jeder, der an dem Begräbnis von Rebbi teilgenommen hat, ist in die nächste Welt eingeladen!" Die Begräbnis-Teilnehmer profitierten an jenem traurigen Tag von dem „Rebbi-Sühne-Bonus" und hatten sich ihr Ticket in die nächste Welt gesichert!

Dass dies nun am „Standard-Sühnetag" des jüdischen Volkes, am Jom Kippur, nicht so einfach geht, haben wir bereits ausreichend erörtert. Doch mit ein wenig Anstrengung und ausreichend Vorbereitung lässt sich Jom Kippur als hervorragendes Werkzeug zur endgültigen Buße verwenden. Und obwohl man die Parasha „Achre Mot" mit ihren Jom-Kippur-Reminiszenzen stets mitten im jüdischen Jahreskreislauf liest, bedeutet ihre Entfernung vom letzten Jom Kippur auch, dass der nächste in Bälde vor der Türe steht. Wenn man also bereits jetzt die Auseinandersetzung des Wochenabschnitts mit dem höchsten Feiertag des Jahres für eine eingehende Analyse und ein tieferes Verständnis der Sühnemechanismen nutzt, ist es höchstens zu spät für letztes Jahr, aber – mit G'ttes Hilfe – nicht zu früh für das kommende.

קדושים
Kedoshim

Blind vor Stolz

Zahlreiche Gesetze der Tora nehmen Bedacht auf die Armen und Bedürftigen. So gebietet uns die Tora in diesem Wochenabschnitt beispielsweise, vor, während und nach der Ernte an Notleidende zu denken und Erntereste übrig zu lassen[159]. Wer die Schwächen von Blinden oder Taubstummen schamlos ausnutzen möchte, sollte sich vor deren Schutzpatron – nämlich G'tt selbst – in Acht nehmen[160]. Und überhaupt möchte die Tora, dass man „seinen Nächsten so liebt wie sich selbst"[161]. Gerade sozial besser gestellte Individuen sollten dabei darauf achten, dass sie ihren Status nicht so sehr sich selbst, sondern dem Lenker und Leiter aller Weltenschicksale zurechnen. Und zwar ausnahmslos.

Wie sehr Stolz und Eigenliebe den Charakter einnehmen können, und welch gravierende Auswirkungen dies haben kann, soll nun folgende wahre Geschichte veranschaulichen:

ZU GAST IN MAROKKO ✧ Ein älteres Ehepaar zog durch die Straßen von Tunis, der Hauptstadt von Tunesien. Sie hielten Ausschau nach einem Dach überm Kopf.

---
159   Vajikra 19,9.
160   Vajikra 19,14.
161   Vajikra 19,18.

Der neue Leiner

Zumindest so lange, bis sie einen ständigen Wohnsitz gefunden hatten. Nach einer Weile fanden sie ein einfaches Hotel, in dem sie sich ein Zimmer nahmen. Ein wenig später verließ der Mann das Hotel, um die Gegend nach jüdischem Leben auszukundschaften. Niemand kannte Rabbi Avraham Ben Moussa, der aus Sali in Marokko stammte, in Tunis.

Endlich traf der Rabbi auf einen Juden. Dieser sah ihn prüfend an: ein langer Bart, vor Weisheit strahlende Augen und ein edles Auftreten. Der Mann verstand, dass Rabbi Avraham ein großer Gelehrter – ein „Talmid Chacham" – sein musste. „Ich stamme aus Marokko", sagte Rabbi Avraham, „und ich kenne hier niemanden." „Heute Abend findet eine große Hochzeit im Haus eines reichen Mannes statt", meinte der Jude. „Ich schlage dir vor, dorthin zu kommen. Alle Thora-Gelehrten der Stadt werden dort sein!"

Als Rabbi Avraham bei der Adresse, die ihm der Jude gegeben hatte, angekommen war, musste er staunen. Er stand vor einem fürstlichen Schloss. Die Tore des Schlosses standen weit offen. Die Hochzeit hatte noch nicht begonnen. Da er müde war, setzte sich Rabbi Avraham auf einen der Stühle. Einige Familienmitglieder bemerkten ihn und boten ihm ein Getränk an. Rabbi Avraham freute sich. Er fand es schön von den Gastgebern, dass sie keinen Unterschied zwischen geladenen und ungeladenen Gästen machten!

Es trafen immer mehr Gäste ein. Der Hausherr – der Vater der Braut – begrüßte sie warmherzig. Er war einer der reichsten Leute der Stadt. Plötzlich bemerkte er Rabbi Avraham und dessen alte, verstaubte Kleider. Er wandte sich an den Vater des Bräutigams und fragte ihn: „Wer ist dieser Mann, der zu unserer Feier mit solchen alten, verstaubten Kleidern kommt?"

SCHWARZ VOR AUGEN ✧ Da auch er ihn nicht kannte, verstand der Vater der Braut, dass der Rabbi nicht dazugehörte. In seinem Zorn entkamen ihm beleidigende Worte über „ungebetene Gäste, die fremde Feiern stören". Obwohl er sich nicht direkt an ihn gewandt hatte, konnte Rabbi Avraham das nicht überhören und verschwand zurück in sein Hotel. Scheinbar hatte niemand den peinlichen Vorfall bemerkt. Der Gastgeber kümmerte sich weiter vorbildlich um seine Gäste. Er vergaß den ärmlich gekleideten Rabbi gleich wieder.

Kedoshim

Als er gerade dabei war, einige Köstlichkeiten für seine Gäste aus der Küche zu holen, wurde ihm jedoch plötzlich „schwarz vor Augen". Er konnte überhaupt nichts mehr sehen! Schockiert tastete er nach einem Sessel. „Wahrscheinlich hat meine Müdigkeit mir einen Streich gespielt", dachte er sich. Er wartete einige Minuten, aber es wurde nicht besser. Er war einfach blind! Er fing an, in Panik herumzuschreien. Die Feier kam zu einem Stillstand. „Was ist nur mit mir geschehen! Ich bin blind! Ich kann nichts sehen! Rettet mich! …"

Als erste Reaktion brachte man ihn zu den anwesenden Rabbinern. Diese segneten ihn zwar, aber die Blindheit wollte nicht weichen. Schließlich trat ein Familienmitglied an den reichen Gastgeber heran und flüsterte: „Vielleicht wurdest du dafür bestraft, dass du den Fremden in aller Öffentlichkeit beleidigt hast?" Nun dämmerte es dem reichen Mann. Man machte sich auf die Suche nach dem „armen Mann", doch er war nicht mehr zu finden. Erst der Jude, der Rabbi Avraham den Weg gewiesen hatte, wusste Bescheid.

MORALPREDIGT ✧ Er schickte sie zum Hotel. Dort angekommen, klopften sie an der Zimmertür des Ehepaares Ben Moussa. „Wer ist dort?", fragte seine Frau. „Wir sind die Gastgeber von der Hochzeit, bei der Ihr Mann war. Wir müssen dringend mit ihm sprechen", antworteten sie. „Mein Mann schläft", rief die Frau, „kommt morgen wieder!" „Nein, bitte", flehten sie, „es muss jetzt sein!"

Die Frau weckte ihren Mann auf und sagte ihm, dass man ihn sprechen wollte. „Was möchten sie von mir?", wunderte sich Rabbi Avraham, „reicht es ihm denn nicht, dass er blind geworden ist?" Die Frau überkam daraufhin Mitleid. Sie überredete ihren Mann, den Leuten zuzuhören. Als er hinauskam, fielen die Leute auf die Knie, weinten und bettelten ihn an. „Ich habe gesündigt", schluchzte der reiche Gastgeber, „bitte, verzeih' mir …"

„Dein Vater war ein Talmid Chacham[162]. Nur deswegen verzeihe ich dir", sagte der Rabbi. Dann begann er eine scharfe Moralpredigt. Er sprach zum Herzen des stolzen reichen Mannes. Schließlich stotterte der Mann: „Ich verspreche dir, dass ich ab nun alle gleich behandeln werde."

Darauf hatte Rabbi Avraham gewartet. Er murmelte ein Gebet zu G'tt, der Blinde sehend macht: „Die Sünde ist gewichen und die Sühne ist Dein!" Während er diese

---

162 Tora-Gelehrter.

Der neue Leiner

Worte sprach, fuhr er mit seinen Händen über die Augen des Blinden. Und siehe da! Die Blindheit war vorüber! Er konnte wieder sehen!

Der reiche Mann musste sich zwar noch an sein wiedergewonnenes Augenlicht gewöhnen. Aber kurz darauf kehrte er gesund und munter wieder zur Hochzeit zurück. Doch er war nicht derselbe Mensch geblieben. Sein ganzer Stolz war Demut und Scham gewichen. Die Geschichte machte schnell die Runde und Rabbi Avraham Ben Moussa wurde bald im ganzen Land bekannt.

אמור
Emor

Frischgebackene Gebets-Brote

Gerade haben sich Stoffwechsel, Bankkonto und Haushaltshilfen aus den Lava-Fluten des erloschenen Pessach-Vulkans gerettet, da meldet sich das „Fest der Freiheit" ganz unverdrossen wieder zurück. Das eben erst verdaute Gebot, Mazza zu verspeisen, nimmt in der Feiertagsaufzählung dieser Parasha nämlich gleich die „Pole-Position" ein[163] und scheint dabei hämisch aus der Tora heraus zu schmunzeln. Wenigstens wird der biblischen Aufforderung, rund um die ungesäuerte Mazza-Scheibe eine Festwoche zu gestalten, diesmal der schweißtreibende Faktor der Chametz-Entfernung genommen. Doch dafür gesellen sich im weiteren Verlauf der Parasha immer mehr Feiertage zum Pessachfest hinzu.

Sogar Hinweise auf Feiertage rabbinischer Natur – wie Chanukka und Purim – sind laut einigen Kommentatoren in der Feiertagsaufzählung dieses Wochenabschnitts enthalten. So offenbart die Tora gleich im Anschluss an die „offizielle" Feiertagsaufzählung, die mit „Shmini Azzeret"[164] endet, ein wichtiges Kernritual aus dem Bet HaMikdash: das Entzünden der Menora.

---

163 Vajikra 23,6.
164 8. Tag nach Sukkot.

Obwohl weder das Wort „Chanukka" noch „Krapfen" oder „Kartoffelpuffer" explizit angeführt werden, ist die Erwähnung des Kerzenentzündens im Bet HaMikdash sicherlich mehr als nur eine Anspielung auf Chanukka. Es ist fast schon ein direkter Hinweis darauf und drückt so auch ein offenes Bekenntnis der Tora zu den Feiertagen rabbinischer Herkunft aus. Dass die Tora das Entzünden der Menora – die Hauptmizwa von Chanukka – in der chronologisch richtigen Reihenfolge – gleich nach Shemini Azzeret – angibt, ist somit auch ein Hinweis auf die weise Voraussicht und den ewigen Wahrheitswert der Tora, die das Lichterfest scheinbar schon am Berg Sinai in ihrer Feiertagsaufzählung berücksichtigt hatte.

WINK MIT DEM ZAUNPFAHL ✧ Doch während man bezüglich Chanukka von einem „Wink mit dem Zaunpfahl" der Tora sprechen kann, muss man für Hinweise auf das gesellige Purimfest doch noch etwas genauer hinsehen. Wo ist nur das lustigste Fest des Jahres geblieben?

Auf der Suche nach einem Hinweis der Tora auf das Purimfest werden uns die nachfolgenden Hintergrundinformationen sicherlich behilflich sein:

Gleich im Anschluss an die Schilderungen über das Gebot, die Menora im Bet HaMikdash zu entzünden, wird in der Tora von einem weiteren wichtigen, aber weniger bekannten Ritual berichtet. Es handelt sich um den allwöchentlichen Austausch des „Lechem HaPanim", der zwölf Schaubrote, die gleich gegenüber der Menora im Heiligtum auf dem heiligen „Shulchan" – Tisch – angeordnet waren. „Lechem HaPanim" bedeutet dabei auch wörtlich übersetzt nicht „das Brot des Gesichtes", sondern „Brot mit mehreren Oberflächen". Die zwölf Brote wurden nämlich in recht exzentrischer Form gebacken, sodass sich auf ihnen zahlreiche Oberflächen – „Gesichter" – ergaben. Das Brot hatte aber keinesfalls ein „Gesicht" oder auch nur annähernd menschliche Züge.

KLEINE SCHIFFCHEN ✧ Schließlich wurden die Brote – die für einen Laien vielleicht wie kleine Schiffchen aussahen – in zwei Türmen mit jeweils sechs Broten auf einem Gestell aufgelegt. Dieses Gestell war ein behutsam angefertigtes Objekt aus reinem Gold mit einem ventilierbaren Stützsystem. Durch halbrunde Stützstangen wurde verhindert, dass die Brote während ihrer einwöchigen „Dienstzeit" im Mishkan verfaulten.

Und tatsächlich berichtet die Gemara[165], dass die Brote bei ihrem allwöchentlichen Austausch – der immer am Shabbat stattfand – noch so warm und frisch waren, als hätte man sie soeben aus dem Backofen genommen. Die Schaubrote wahrten quasi ihr frisches „Gesicht" und vertrockneten auch in der nüchternen Stimmung des Heiligtums keineswegs. Es handelte sich dabei aber nur um eines von vielen Wundern, die den jahrhundertelangen Alltag des Mishkans und des Bet HaMikdashs prägten.

PURIMALLTAG ✧ Der Chatam Sofer meint nun, dass eben dieser Abschnitt über das „Lechem HaPanim" den gesuchten Hinweis auf den zweiten rabbinischen Feiertag – das Purimfest – enthält. Denn zu Purim spielen Brotmahlzeiten durchaus eine wichtige Rolle, meint der Chatam Sofer im Werk „Torat Moshe". Damit ist wahrscheinlich nicht nur die Verpflichtung gemeint, eine Brotmahlzeit am Purim einzunehmen, sondern auch die Mizwa, seinen Freunden und Kameraden zum Verzehr geeignete Lebensmittel zu schicken.

Obwohl man es im Purimalltag eher selten anwendet, würde Brot nämlich ganz sicher ein tolles Mishloach-Manot[166]-Thema abgeben! Und da demnach nun bereits 50 Prozent aller Purimgebote mit „Brot" zu tun haben, ist der Abschnitt über das „Lechem HaPanim" laut dem Chatam Sofer als handfester Hinweis der Tora auf das Purimfest zu bewerten. Aber auch in der chronologischen Feiertags-Reihenfolge – Purim nach Chanukka – bleibt die Tora so ihrer Linie treu. „Familie Jontev" ist also nun endlich vollzählig in der Tora vertreten und sogar die jüngsten Familienmitglieder dürfen nun am Feiertagstisch Platz nehmen.

ZWÖLF EMPFÄNGER ✧ Allerdings stellt sich die Frage, ob es nicht noch weitere Verknüpfungen zwischen Purim und den Schaubroten gibt. Zur Beantwortung derselben lohnt es sich, das Wesen der zwölf Schaubrote einmal etwas genauer zu betrachten. Am besten aus dem Blickwinkel des „Sfat Emet".

Das „Lechem HaPanim" diente laut dem Sfat Emet dazu, den g'ttlichen Segensfluss auf dieser Welt zu manifestieren. Die Brote als Symbol des Lebensunterhaltes galten als „Empfangseinrichtungen" für jeglichen g'ttlichen Segen, der auf diese Welt hinabgeschickt wurde. Laut dem Ba'al HaTurim war das auch der Grund dafür, dass es zwölf Schaubrote gab. Jeder der zwölf Stämme sollte Zugang zu seiner privaten Empfangseinrichtung für Hashems Segen haben.

---

165 Mes. Chagiga 26.
166 Essbare Geschenke, werden am Purim verschenkt.

BITTGEBETE ✧ Der Sfat Emet[167] erwähnt jedoch noch einen weiteren Aspekt der Zahl Zwölf. In jedem Wochentagsgebet der „Shmone Essre"[168] befinden sich exakt zwölf Absätze, die sich mit den persönlichen Bedürfnissen der Betenden beschäftigen. Insgesamt umfasst das Hauptgebet aller drei Tagesgebete bekanntlich 19 Sprüche. Die einleitenden drei Sprüche beinhalten G'ttes Allmächtigkeit und Heiligkeit sowie die Grundbausteine der jüdischen Volkswerdung im Rahmen der Erwähnung der drei Urväter Avraham, Jitzchak und Jakov. Die abschließenden drei Sprüche sind wiederum Danksagungen an Hashem.

Übrig bleiben noch 13 Sprüche. Die ersten sechs davon sind private Bittgebete, die sich mit den ureigensten persönlichen Bedürfnissen eines jeden Juden beschäftigen. Die weiteren sechs beinhalten Volksbedürfnisse, also übergeordnete persönliche Bedürfnisse. Diese zwölf Sprüche bilden den Hauptteil des Gebets. Abgeschlossen werden diese noch von einem 13. Spruch bezüglich der Akzeptanz der Gebete durch Hashem. Die zwölf Schaubrote würden nun diesen zwölf mittleren Bittgebeten der Shmone Essre entsprechen, meint der Sfat Emet geheimnisvoll.

Laut ihm gibt es einen direkten Zusammenhang zwischen den Schaubroten als Manifestation des g'ttlichen Segens auf dieser Welt und den persönlichen Bitten um eine solche Manifestation, wie zum Beispiel im Bittspruch für ein ertragreiches Jahr. Auch die Gruppenaufteilung in zwei Mal sechs Brote sei ein Hinweis auf die zwei Mal sechs Bittgebete – private und übergeordnete Bitten –, die die zwölf Sprüche der Shmone Essre ausmachen.

Nun, nachdem wir so einige Fakten zusammengetragen haben, wollen wir uns bemühen, den tieferen Zusammenhang hinter Purim, den Schaubroten und den Bittgebeten zu erkennen.

„JOM KE-PURIM" ✧ Purim wird in der rabbinischen Literatur oft als Feiertag beschrieben, der sogar die Heiligkeit eines „Jom Kippur" übertrifft. Dieser Feiertag wird in voller Länge nämlich als „Jom HaKippurim" bezeichnet, das man auch als „Jom Ke-Purim" lesen kann. „Jom Ke-Purim" bedeutet soviel wie „ein Tag wie Purim". Jom Kippur – der vermeintlich heiligste Tag des jüdischen Jahres – ist somit nur so heilig

---

167 Emor 5643, 5648, 5663.
168 Zentrales Element aller drei G'ttesdienste des Tages, bestehend aus 19 Sprüchen. Der 19. Spruch kam erst im Nachhinein dazu, sodass bei Institutionalisierung des Gebets anfangs nur 18 Sprüche inkludiert waren. „18" bedeutet auf Hebräisch „Shmone Essre", daher der Name des Gebets.

„wie Purim", reicht aber scheinbar noch immer nicht ganz an seine spirituelle Ebene heran und ordnet sich Purim sogar unter.

An diesem Tag, so heißt es weiter[169], kann jeder Mensch Hashem um alles bitten, was er begehrt. Denn der Shulchan Aruch gebietet uns an diesem Tag, jedem, der „seine Hand (nach einer Spende) ausstreckt, etwas zu geben". Dementsprechend würde auch Hashem jedem, der „seine Hand ausstreckt, etwas geben". Nämlich genau das, worum er in seinen Gebeten bittet!

EFFEKTIVITÄTSKATAPULT ✧ Die Kraft und Effektivität der Gebete wird demnach am Purim enorm gesteigert. Damit könnte man Purim schon fast den Titel für den „heiligsten und gebetsfreundlichsten Tag des Jahres" verleihen. Interessanterweise wurde aber gerade für Purim kein eigenes Gebet vorgeschrieben. Es wurde lediglich eine knappe Gebetsaddition in die Shmone Essre integriert. Eigentlich recht knausrig für einen Tag mit so einem Ehrentitel!

Doch die Schaubrote, die die zwölf Bittgebete der Shmone Essre symbolisieren, können hier jedoch ein wenig Licht ins Dunkel bringen. Denn gerade am heiligsten Tag des Jahres, an welchem die Gebetskraft sich wie erwähnt bis ins Unendliche ausdehnen kann, müssen die zwölf Standard-Bittgebete unbedingt zum Tragen kommen! Die zwölf Bittgebete stellen nämlich die Tore zum Empfang des g'ttlichen Segens von heute dar! Sie sind unser „Lechem HaPanim"! Und Purim stellt womöglich ein Effektivitätskatapult für genau diese zwölf Bittgebete dar. Vielleicht wird den zwölf Bittgebeten ja gerade an diesem Tag mit der Kraft von Purim „Leben eingehaucht" und die notwendige Energiemanifestation garantiert, um sie dann das ganze Jahr „schwingen" zu lassen. Vielleicht gibt es auch deswegen keine eigenen Purim-Bitten, obwohl das an so einem heiligen Tag durchaus angebracht wäre. Und eventuell ist so auch der gesuchte Zusammenhang zwischen Purim und dem Abschnitt über das „Lechem HaPanim" hergestellt.

BATTERIEN AUFLADEN ✧ Unterstützend für diese These wäre sicherlich noch der Fakt, dass man die Brote stets am Shabbat getauscht hat. Denn am Shabbat werden die zwölf Bittgebete bekanntlich nicht gesprochen, und auch Purim wird am Shabbat nicht gefeiert. Der beste Tag also, um hier die Schaubrot-Batterien frisch aufzuladen und die Brote der vergangenen Woche zu verspeisen!

---

169 Ner Israel, Purim, im Namen des Admor miRushin.

Der neue Leiner

Wie schön wäre es daher, die Kraft der Feiertage und der Schaubrote aus diesem Wochenabschnitt mitzunehmen und seine Gebete an Hashem von nun an auf einem goldenen „Shulchan" mit ventiliertem Stützsystem zu präsentieren. Bis Hashem endlich unser Flehen um den Wiederaufbau Jerushalajims und die Ankunft des Mashiachs erhört, Bimhera Bejamenu, Amen.

בהר

Behar

Maulkorb für bissige Schlangen

Ganz friedfertig knabbert die arme Waldmaus an einem feucht-erdigen Tannenzapfen. Nur wenige Lichtstrahlen bahnen sich ihren Weg durch das dichte Blattwerk des Laubwaldes. Die kleinen Tautröpfchen am moosbewachsenen Waldboden glitzern jedes Mal vor Freude auf, wenn sich ein Sonnenstrahl hinunter verirrt. Hie und da rauscht eine Windbö durch die üppigen Baumkronen. Ein sanftes Rascheln begleitet die glattrandigen Blätter bei ihrem Tanz unter der Sonne. Doch plötzlich horcht die arme Maus auf und spitzt ihre Ohren. Was war da für ein Zischeln zu vernehmen?

Die Maus lässt den Tannenzapfen unvermittelt los. Er kollert herrenlos auf den Boden hinab. Der klitzekleine Mäusebart stellt sich auf. Etwas regt sich im Laub! Die Maus springt auf. Sie versucht zu fliehen, aber es ist zu spät! Die raublustige Schlange hat bereits zugebissen und ihr tödliches Gift in den zierlichen Körper injiziert.

Lediglich zwei kleine Einstiche sind nun im Rumpf des todgeweihten Nagers zu sehen, aber die Wirkung des Giftes ist erstaunlich. Innerhalb weniger Sekunden hat es sich im ganzen Körper ausgebreitet und bringt den Organismus zu einem völligen Stillstand. Kurz darauf öffnet sich der dunkle Schlangenschlund, um die arme Maus für immer und ewig in ihren schuppigen Kriechschlauch aufzunehmen …

GRAUSIGES ZINSVERBOT ✧ Selbstverständlich können Schlangenbisse auch beim Menschen eine verheerende Wirkung haben. Von der Bissstelle aus, die sich oft an den Füßen befindet, wandert das Gift dann langsam aufwärts bis zum Kopf. Der ganze Körper schwillt an, und oft ist sogar Gefahr im Verzug.

Ob dieser dramatischen Umstände ist es höchst verwunderlich, dass die Tora das Zinsverbot[170] in dieser Parasha gerade mit dem grausigen Nebengeschmack eines Schlangenbisses präsentiert. Denn der von der Tora verwendete Ausdruck für „Zinsen" – „Neshech" – enthält auch die Buchstabenwurzel[171] des Wortes „Nachash" – Schlange. Sowohl der Kli Jakkar als auch der Ba'al HaTurim heben diesen Zusammenhang hervor. Der Kli Jakkar ist es jedoch, der auch die „Idee" des Schlangenbisses in seine Erläuterungen zum Thema des strengen Zinsverbotes mit aufnimmt.

Doch um nun auch herpetophoben[172] Leinern die Möglichkeit zu geben, sich ein wenig in das Zinsverbot einzulesen, sollen vorerst einmal die Rahmenbedingungen für die bekannteste Finanzmaßnahme der Tora erläutert werden. Erst einmal gilt das Zinsverbot vorwiegend zwischen jüdischen Personen und bezieht sich nicht nur auf Geld, sondern auch auf Lebensmittel oder andere Objekte des täglichen Lebens. „Zinsen" bedeutet genau genommen, dass ein Verleiher mehr zurückbekommt, als er verborgt hat. Klassischer Fall wäre eine Leihgabe von 100€, für welche der Verleiher dann 110€ zurückerhält. Während das Leihen (und Zurückgeben) von Geld an sich eine Mizwa darstellt, handelt es sich bei dem Überschuss von 10€ um echtes „Schlangengeld" – „Neshech".

SCHLANGENGELD ✧ Interessanterweise übertreten in diesem Fall sowohl der Verleiher als auch der Leihende das Zinsverbot und begeben sich sündentechnisch gesehen in eine „Schlangengrube". Aber auch bei Leihgaben von Lebensmitteln kommt das Zinsverbot zum Tragen. Beispielsweise, wenn man eine Tonne Weizen verborgt, dafür aber 1,5 Tonnen von dem Korn zurückerhält. Beim „Zinsverbot" handelt es sich somit nicht nur um eine reine finanzregulierende Schutzmaßnahme, sondern eher um einen gesamthaft wohlüberlegten Zugang zum Thema Besitztümerverteilung im jüdischen Volk.

---

170 Vajikra 25,36-38.
171 Das „Ende-Chaff" und das „Chet" dürfen sich miteinander abwechseln.
172 Herpetophobie: Furcht vor Schlangen.

Es geht um die Herstellung einer „richtigen Sicht" der Dinge aus dem Auge des g'ttesfürchtigen Betrachters. Sollte die Tora nämlich eine ungeregelte Zinspolitik gestatten, so hätte dies nicht nur auf den Bankensektor negative Auswirkungen. Vielmehr würden die „Handelsdelegierten" des jüdischen Volkes laut dem Kli Jakkar Gefahr laufen, ihr sicheres Vertrauen in Hashem als obersten Energie-, Nahrungsmittel- und Rohstoffversorger der Welt einzubüßen. Denn ein jeder Händler weiß, wer der wahre Spekulant an der Börse und der geschickteste Kaufmann auf dem Marktplatz ist: G'tt allein!

Wenn man sich nämlich als Händler verschuldet, um Waren einzukaufen, und diese Waren schließlich seinem Kunden feilbietet, so erheben sich die kaufmännischen Augen zum Himmel: „Bitte, Hashem, möge die Ware Gefallen in den Augen des Kunden finden. Möge er viel – möge er sehr viel – kaufen und, oh Hashem, möge er prompt und ohne weitere Abzüge in bar bezahlen!" Ein jeder Geschäftstermin wird bei so einem Händler zu einer wahren spirituellen Erfahrung und sorgt für eine stetige Annäherung an das „größte Börsengenie der Welt", Hashem.

ZINSENJÄGER ✧ Anders jedoch würde es sich bei einem „Zinsenjäger" verhalten, meint der Kli Jakkar. Seine monatlichen Einnahmen sind nämlich vorprogrammiert. Er hat Geld zu Wucherzinsen verliehen und wartet nun geduldig auf den Vermögensrückfluss und natürlich die saftigen Zinsen. Es gibt auch kein Entrinnen seitens des „Bezinsten" – schließlich sind ausreichende Sicherheiten hinterlegt. Stoßgebete bezüglich Warenabnahmemenge oder einfallsreicher Zahlungsabsichten des Kunden sind bei solchen „Deals" kaum vonnöten. Das Geschäft läuft wie von selbst und der verzinste Verleiher braucht niemanden – nicht einmal Hashem – um Hilfe oder erhöhte Erfolgschancen zu bitten. Er erhält sein Geld ja quasi „automatisch"! Und um genau so eine krasse Absage an Hashem zu vereiteln, setzte die Tora das Zinsverbot in Kraft, das quasi ausdrücken soll: kein g'ttloses „easy money" für das jüdische Volk!

Doch wer andererseits auf die lange und leidige Geschichte der Juden zurückblickt, wird nur allzu schnell auf den Fakt stoßen, dass Juden eigentlich seit jeher sehr wohl Geld und Waren mit Zinsen verliehen haben. Der Beruf des „Geldverleihers" galt sogar als „jüdischer Beruf" und steuerte wohl zum stereotypen Bild bei, das Antisemiten bisweilen vom „geldgierigen Juden" zeichnen. Dass das Zinsverbot im Falle eines Geldverleihs an einen Nichtjuden für aufgehoben gilt, ist jedoch angesichts der Tatsache, dass Zinsgeschäfte das G'ttesvertrauen senken, tatsächlich merkwürdig.

SORGENFREI ◈ Doch der Kli Jakkar hat auch hier eine einleuchtende – und zugleich auch traurige – Antwort parat. Denn die Geschichte der jüdischen Geldverleiher ist auch eine Geschichte der Pogrome, des Leids und der Qual. Der jüdische Geldverleiher wähnt sich somit in seinem Geschäft alles andere als sicher und sorgenfrei, meint der Kli Jakkar.

Obwohl sich die Wogen diesbezüglich in den letzten 60 Jahren ein wenig geglättet haben, waren die Beziehungen zwischen Juden und Nichtjuden in den letzten Jahrtausenden stets von Angst und Furcht bestimmt. Zum Beispiel hätte ein jüdischer Geldverleiher aus dem Wien der späten 1930er Jahre sicherlich nicht „sorgenfrei" auf seine monatlichen Zinszahlungen gewartet. Die wären eher mit seinem restlichen Vermögen im Schlangenschlund des nationalsozialistischen Kriechschlauches verschwunden. Dem jüdischen Geldverleiher kamen sicherlich sogar noch mehr und noch einfallsreichere Stoßgebete hoch als seinem zinsenfreien Händlerkollegen. Bei ihm ging es ja ums nackte Überleben! Bei einem Zinshandel zwischen Juden und Nichtjuden, stellt der Kli Jakkar daher fest, braucht man keine Angst vor einem verwaschenen G'ttesvertrauen zu haben. Es ist eher das Gegenteil der Fall, es wird wohl kein Cent ohne besondere Gebete verliehen!

FINANZFIEBER ◈ Aus Sicht des Kreditnehmers jedoch steht die negative Wirkung der Zinsen in jedem Fall außer Frage. Für ihn gleichen die Zinsen nämlich der anfangs beschriebenen Giftschlange, die ihn mitten am Weg in die Ferse beißt, so der Kli Jakkar. Eine kleine Einstichstelle nur, so erscheint es dem Gebissenen. Doch nach kurzer Zeit hat sich das Gift über die Blutbahn im ganzen Körper verbreitet. Zuerst bemerkt es das Bissopfer gar nicht richtig, doch mit der Zeit schwillt der ganze Körper an und sein Giftfieber steigt ins Unermessliche, bis er kaum noch zu retten ist. So machen sich auch Zinsen zuerst kaum bemerkbar. Doch mit der Zeit wird die Zahllast für den Kreditnehmer unerträglich und sein „Finanzfieber" steigt, bis er kaum noch zu retten ist.

SOZIALE INTELLIGENZ ◈ Die gleichlautende Buchstabenwurzel von „Neshech" und „Nachash" kommt also nicht von ungefähr, sondern bietet hier vielmehr eine tiefgehende Einsicht in das Wesen der Zins- und Zinseszinsverrechnung. Nämlich, dass der „Schlangenbiss" die „arme Maus" in die Knie zwingen würde und eine daraus resultierende Vermögensumverteilung im jüdischen Volk recht schnell für zwei Kasten – Arm und Reich – sorgen würde.

Die „soziale Intelligenz", mit der die Tora hier vorgeht, wird daher offensichtlich. Es kommt durch das Zinsverbot zwar nicht zu einem „sozialen Ausgleich" im jüdischen Volk, es bietet sich dafür aber Personen in einer finanziellen Notlage eine echte zweite Chance für eine finanzielle Genesung durch zinslose Darlehen.

ZWEITE CHANCE ✧ Oft stellt die Mizwa, Geld zu verleihen, jedoch eine größere Hürde für den eifrigen G'ttesdiener dar als die Einhaltung anderer Ge- und Verbote der Tora. Sogar Menschen, die bei der Prüfung von Koscher-Siegeln oder bei der Schläfenlockenlänge nicht übertreiben wollen, gehen beim Geldverleih mit der größtmöglichen Vorsicht und „Chumra"[173] vor, um bloß nicht reinzufallen.

Selbstverständlich sind Vorsichtsmaßnahmen durchaus berechtigt, vor allem, wenn man sich einen Rückzahlungsentfall nicht leisten kann. Auch hierfür gibt es in der Halacha einige konstruktive Vorschläge. Doch andererseits fordert die Tora[174] eindeutig von uns, dass wir jeder „armen Maus" gehörig den Rücken stärken und ihr mehr als nur „feucht-erdige Tannenzapfen" vor die Nagezähne werfen.

TANZENDE BAUMWIPFEL ✧ Denn gerade wenn sich die „arme Maus" in einem dunklen Wald wiederfinden sollte, gilt es, sie nicht auch noch durch eine unnötige Unterlassung eines zinslosen Darlehens „in den Rumpf zu beißen". So würde man den von der Tora so kategorisch abgelehnten „Schlangenbiss" nämlich letzten Endes doch noch ausführen. Und dies wäre vermutlich wenig zuträglich für die Erfüllung unseres lang ersehnten Wunsches nach der Ankunft des Mashiachs in unserem moosbewachsenen Laubwald, unter den tanzenden Baumwipfeln der Erlösung, Bimhera Bejamenu, Amen.

---

173 Besonders strenge Vorsicht im Umgang mit der Halacha.
174 Vajikra 25,35.

בחוקותי
Bechukotai

Das Wunder mit dem Rimonbaum

Die Tora verspricht denjenigen, die sich mit Eifer und Gewissenhaftigkeit an ihre Gesetze halten und diese obendrein noch engagiert studieren, Segen und Überfluss. Sogar Laubbäume, die bislang überhaupt keine Früchte trugen, sollen einmal zu reich behängten Obstparadiesen werden, wenn die Erlösung durch Mashiach einmal eingetroffen ist, meint Rashi[175]. Doch auch vor der lang ersehnten Ankunft des Erlösers sind Obstbäume aus dem Heiligen Land von einem mysteriös-heiligen Flair umgeben, den man zumal auch aus deren Früchten hinausschmecken kann. Schön veranschaulicht ist dieser Fakt beispielsweise in folgender Geschichte ...

Im Heiligen Land lebte einst ein sehr frommer Mann namens Nissim. Er lebte in einem kleinen Dorf unweit von Tiberias, am Rande des Kinnereth-Sees. Nissim war ein bitterarmer Mann. Er besaß keine Felder oder Weingärten, wie es in dieser Gegend üblich war. Seine einzige Einkommensquelle war ein Rimonbaum[176], der neben seinem kleinen Häuschen stand.

---

175 Vajikra 26,4.
176 Granatapfelbaum.

Bechukotai

Der Rimonbaum war ein recht prachtvolles Exemplar seiner Gattung. Er hatte starke, dicht bewachsene Äste und spendete während der heißen Sommertage reichlich Schatten. Während des Jahres saß Nissim täglich stundenlang im Schatten des Baumes und lernte Tora. Wenn der Baum schließlich vor grellroten Rimonfrüchten nur so strotzte, war die Freude in Nissims Haus grenzenlos.

SHABBAT NACHAMU ✧ Da der Baum ihre einzige Einkommensquelle war, ernährten sich Nissim und seine Familie hauptsächlich von seinen Früchten. Was sie nicht selber aßen, verkauften sie und von diesen Einnahmen lebten sie dann das restliche Jahr mehr schlecht als recht. Die Rimonim reiften dabei jedes Jahr während der dreiwöchigen Trauerzeit „Ben HaMezarim"[177]. Doch Nissim rührte die Früchte bis nach dem 9. Av nicht an. Erst anlässlich des Shabbats nach dem 9. Av, „Shabbat Nachamu", trat Nissim mit seinen Söhnen an den Baum heran und pflückte den ersten Rimon. Voller Dankbarkeit an Hashem sprach er dann den „Shehechejanu"-Segen, den man auf Früchte der neuen Saison spricht, und genoss den Geschmack des frischen Rimons.

Nissims Rimonim hatten einen guten Ruf in der ganzen Gegend. Juden wie Araber zogen in Scharen heran, um Rimonim zu ergattern. Man sagte den Rimonim nämlich nach, dass sie äußerst gesundheitsfördernd und lebensverlängernd wirkten. Dennoch wurden Nissim und seine Familie durch den einzelnen Rimonbaum nicht reich. Die Einnahmen reichten ganz im Gegenteil kaum aus, um sich und seine Familie das ganze Jahr zu ernähren.

KEINE MITGIFT ✧ Mit den Jahren kamen die Töchter von Nissim ins heiratsfähige Alter. Nissim sah sich gezwungen, nach passenden Männern für seine Töchter Ausschau zu halten. Allerdings mangelte es Nissim an jeglichen finanziellen Mitteln, um eine Mitgift zu bezahlen. Des Weiteren hatte sich in diesem Jahr ein großes Unglück ereignet. Es war bereits nach den „drei Wochen" und der Rimonbaum war noch immer so leer wie am Beginn des Sommers!

Nissim ließ sich dennoch nicht von seinem Brauch abbringen, am Shabbat Nachamu den „Shehechejanu"-Segen zu sprechen. Er stand am Vorabend von Shabbat Nachamu unter dem Baum und suchte fieberhaft nach einem Rimon, auf welchen er den Segen sprechen könnte. Er suchte und suchte, aber er sah nicht einmal ein einziges Stück. Es war ihm zum Weinen zumute.

---

[177] Während der „drei Wochen" (Hebr.: „Ben HaMezarim") zwischen dem 17. Tammus und dem 9. Av (Tisha Beav) trauert man wegen der Zerstörung der Tempel.

Der neue Leiner

„Avraham mein Sohn, komm bitte her", rief er nun seinen Sohn, der im Bar-Mizwa-Alter war. „Bitte klettere auf den Baum. Vielleicht kannst du von oben mehr sehen und einen Rimon entdecken, damit wir morgen mit G'ttes Hilfe den Segensspruch sagen können." Avraham war ein flinker Knabe und erklomm den Baum in Sekundenschnelle. „Ich habe einen!" rief er plötzlich. „Gelobt ist G'tt!", entgegnete sein Vater, voller Freude über den Fakt, dass er auch dieses Jahr wieder den Shehechejanu-Segen sprechen kann. „Da ist noch einer", erklang es nun wieder aus dem Blätterwerk des Baumes. Wieder zeigte sich Nissim hocherfreut. Und sogar noch ein drittes Mal meldete Avraham einen Fund.

DREI RIMONIM ✧ Schließlich stieg er wieder vom Baum und gab bekannt, dass er alle verfügbaren Rimonim – insgesamt drei an der Zahl – gepflückt hatte. Nissim betrachtete die Rimonim und war höchst erstaunt. Es waren drei wunderschöne, fruchtige und großgewachsene Exemplare. Solche waren noch nie auf seinem Baum gewachsen. Auch Avraham meinte, dass er noch nie solche Rimonim gesehen hätte.

Kurz darauf begannen die ersten Kunden für seine Rimonim einzutrudeln. Sie kamen mit großen Körben und wollten wie gewohnt ihre Früchte für diese Saison bei Nissim erwerben. Doch er teilte ihnen mit trauriger Miene mit, dass er dieses Jahr nur drei Stück geerntet hatte und diese nicht zum Verkauf standen. Die Kunden verstanden seine schwere Situation und segneten ihn, dass G'tt ihm im nächsten Jahr seinen Verlust ausgleichen möge.

An diesem Shabbat Nachamu war die Freude bei Nissims Familie dennoch riesengroß. Sie schnitten zwei Rimonim auf und verteilten sie gleichmäßig zwischen den Kindern. Den dritten Rimon ließen sie unversehrt.

BESONDERE KRÄFTE ✧ Zwischen den Menschen hatte mittlerweile das Gerücht die Runde gemacht, dass die Rimonim von Nissim dieses Jahr besondere Kräfte innehätten. Die Kraft des ganzen Baumes sollte in den drei Rimonim gebündelt worden sein, hieß es. Man bot Nissim stattliche Summen für den verbleibenden Rimon. Doch Nissim lehnte alle Angebote ab. Schließlich, so meinte er, müsse er einen Rimon für Tubishvat aufheben!

Sogar seine Frau bedrängte Nissim, den Rimon zu verkaufen. Sie hatten nichts mehr zu essen im Haus und seine Töchter wurden älter und älter. Nissim aber blieb stark. „Hashem wird helfen!", meinte er nur, „es gibt keinen Grund zur Sorge."

Seine Frau aber ließ ihm keine Ruhe und wollte ihn dazu zwingen, wenigstens ins Ausland zu reisen, um dort Geld für seine Töchter zu sammeln. Doch auch diesen Vorschlag wusste Nissim abzuschmettern. „Ich möchte kein Verdienst daran haben, dass ich in Eretz Jisrael wohne", sagte er. Auch wenn die Juden in der Diaspora ihn deshalb unterstützen würden, lehnte er diese Art der „Geldbeschaffung" ab.

Doch als er den Schmerz in den Augen seiner Frau nicht mehr ertragen konnte, entschied er, sich auf den Weg ins Ausland zu machen. Allerdings nahm er sich fest vor, niemandem zu verraten, dass er aus Eretz Jisrael stamme.

KONSTANTINOPEL ✧ Schweren Herzens verabschiedete er sich von seiner Familie und zog los. Er reiste durch viele Städte und Dörfer, doch niemand beachtete ihn, da er seine Herkunft geheim hielt. Und so zog er erfolglos herum, bis er eines Tages in Konstantinopel landete. Man schrieb genau den 15. Shvat, „Tubishvat". Er begab sich schnurstracks zur örtlichen Synagoge. Doch auch dort wurde niemand auf ihn aufmerksam.

Die Juden der Stadt waren nämlich zurzeit in gedrückter Stimmung, da sie von einem schrecklichen Dekret bedroht wurden. Der Sohn des Sultans war schwer erkrankt und sein Vater war davon überzeugt, dass die Juden schuld daran waren, da sie ihn verflucht hätten. Der Sultan drohte, dass er die Juden aus seinem Land vertreiben würde, wenn sein Sohn nicht gesund werden würde. Und an jenem Tag war der letzte Tag, an dem der Sohn des Sultans noch gesund werden könnte. Das Ultimatum lief genau am Tubishvat aus. Man fürchtete, dass der Sultan alle Juden aus dem Land vertreiben würde.

Nach Abschluss des Gebets blieben die Betenden daher weiterhin in der Synagoge, um Tehillim[178] zu lesen, um das Dekret so vielleicht noch abwenden zu können. Nissim setzte sich zusammen mit den anderen hin und las Tehillim. Plötzlich trat der Tempeldiener an ihn heran und fragte: „Stammst du zufällig aus Eretz Jisrael?" Nissim war von der Frage überrascht und fragte den Tempeldiener, woher er das wusste. „Ich spüre in der Synagoge den Geruch von Eretz Jisrael!"

„Ich bin mir sicher, dass unser Rabbiner dich gerne kennenlernen möchte. Er ist ein ganz besonderer und heiliger Mann", fuhr der Tempeldiener fort, „darf ich dich zu ihm bringen?" Daraufhin führte er ihn zum Zimmer des Rabbiners, ein alter Mann mit einem vor Heiligkeit strahlenden Gesicht.

---

178 Psalmen.

Der neue Leiner

Als der Tempeldiener sie alleine gelassen hatte, streckte der Rabbiner die Hand zum Gruß aus und meinte: „Schon lange war kein Jude aus Eretz Jisrael mehr bei uns zu Gast! Wie geht es unseren Brüdern im Heiligen Land?", fragte er. Nissim wunderte sich, woher der Rabbiner wusste, dass er aus Eretz Jisrael stammte. Der Tempeldiener hatte es mit keinem Sterbenswörtchen erwähnt. „Sicherlich spüren sie den Geruch des Rimons in meiner Tasche", sagte Nissim daher.

„Du hast einen Rimon aus Eretz Jisrael?", entgegnete der Rabbiner aufgeregt. „Ja, Rabbi", meinte Nissim, „ich möchte ihn heute zu Ehren von Tubishvat, dem Neujahrfest der Bäume, verspeisen und würde ihn gerne mit Ihnen teilen. Es wäre mir eine große Ehre!" Der alte Rabbiner sprang aus seinem Sessel und umarmte Nissim. „G'tt höchstpersönlich hat dich zu uns geschickt, um unsere Gemeinde vor der Vertreibung zu retten!"

DIE RETTUNG NAHT ✧ Anschließend erzählte der Rabbiner dem verwunderten Nissim die folgende Geschichte: „Du weißt sicher, in welch schlechter Situation wir uns befinden. Gestern Abend saßen wir in der Synagoge und beteten spezielle Tubishvat-Gebete. Wir alle waren sehr besorgt wegen des nächsten Tages, wenn das Ultimatum des Sultans ablaufen sollte. Doch wir versuchten die Gedanken zu vertreiben und uns auf G'tt, den Hüter Jisraels, zu verlassen. Ich vertiefte mich in das Studium heiliger Texte und gelangte zu einer Stelle, die sich mit Früchten auseinandersetzte. Dort stand, dass es drei Arten von Früchten gibt. 1.) Früchte, die man so isst, wie sie sind, so wie Trauben, Datteln, Äpfel etc. 2.) Früchte mit einem harten Kern, wie die Aprikose, Marille, Kirsche etc. und schließlich 3.) Früchte, die nur genießbares Fruchtfleisch besitzen, deren Schale aber ungenießbar ist, wie Rimonim, Nüsse, Mandeln etc.

Als ich mich nun tiefgehend mit dem Geschriebenen auseinandersetzte und mir zum Beispiel vor Augen führte, dass bei den Früchten nur die inneren Werte zählen, die niemand sehen kann, fing plötzlich das Wort ‚Rimon' förmlich zu blinken an. Es stach hervor und zog mich in seinen Bann, bis ich plötzlich verstand, dass in diesem Wort ein Hinweis auf unsere Rettung versteckt sein muss. Und siehe da, nach einigen Sekunden dämmerte es mir. Das hebräische Wort ‚Rimonim' steht als Akronym für das hebräische ‚Refuat Melech uBeno Nissim Jawi Mehera', ‚Die Heilung des Königs und seines Sohnes wird Nissim in Bälde herbeiführen!'"

„Hörst du, Nissim!", rief der Rabbiner. „Dein Name lautet nicht umsonst ‚Nissim'[179]. G'tt hat dich als Gesandten ausgewählt, damit du unserer Gemeinde zu einem Wunder verhilfst. Nur deswegen bist du hier! Lass uns schnell zum Sultan gehen, wir dürfen keine Zeit mehr verlieren!"

BEIM SULTAN ✧ Total verwirrt ging Nissim mit dem alten Rabbiner zum Palast des Sultans. Sie wurden sofort eingelassen. Der Sultan bettelte sie an, dass sie seinen Sohn retten mögen. Er war verzweifelt und bot ihnen Unmengen an Gold und Silber an. Er versprach, es ihnen niemals zu vergessen und den Juden nur mehr Gutes zu tun, falls sie seinen Sohn retten würden.

„Sodann, lass uns zu deinem Sohn", sagte der Rabbiner, „mit G'ttes Hilfe werden wir ihn heilen können." Sie betraten das Zimmer des Sohnes. Blass und schwach lag er da, es waren beinahe keine Lebenszeichen mehr zu bemerken. Nissim nahm den Rimon aus der Tasche, wickelte ihn vorsichtig aus seiner Verpackung und zeigte ihn dem Rabbiner. Der Rimon sah aus, als hätte man ihn soeben vom Baum gepflückt. Nissim nahm ein Messer zur Hand und schnitt die Frucht in zwei Teile. Einen Teil ließ er für seinen Segensspruch über, den anderen reinigte er und presste einige Tropfen Rimonsaft aus ihm in ein kleines Glas. Daraus gab er dem Kranken zu trinken.

Der Sohn des Sultans schluckte die Tropfen und sofort war eine Besserung bemerkbar. Er öffnete die Augen. Nissim gab ihm noch einige Tropfen und man konnte ihm förmlich ansehen, wie frische Kräfte in seinen Körper einschossen, bis er sogar fähig war, wieder aufzustehen. Ein wahres Wunder war geschehen!

WIEDER GESUND ✧ Der Sultan war überglücklich und küsste die Hände des Rabbiners und die von Nissim. „Ihr habt meinen Sohn gerettet", frohlockte er, „das werde ich euch nie vergessen!"

Glücklich und zufrieden gingen die beiden zurück nach Hause, um den Juden die gute Nachricht von ihrer Rettung und dem großen Wunder zu überbringen. Dass Nissim sich von nun an keine finanziellen Sorgen mehr machen musste, versteht sich von selbst. Er kehrte mit dem Geschenk des Sultans – vielen Säcken voller Geld und Gold – in sein Dorf neben Tiberias am Kinnereth-See zurück. Zuhause angekommen traf er auf seinen Rimonbaum. Er war wieder voller frischer, roter Rimonim, bereit für die nächste Ernte …

---

179 Plural für Wunder.

במדבר
Bamidbar

Chronischer Levitenschwund

*I*m statistischen Zentralamt des Bezirkskreises Wüstensteppe herrscht mit Eröffnung des Buches Bamidbar große Aufregung. Eine neuerliche Volkszählung wird auf den Plan gerufen. Die notwendigen Vorbereitungen dürften immens sein, denn jeder Stamm wird gesondert gezählt und namentlich aufgelistet. Nur der Stamm „Levi" bildet hier eine kleine Ausnahme. Er soll nicht gemeinsam mit den anderen Stämmen, sondern in einer eigenen Zählung erfasst werden. Ob der Stamm Levi etwa ein eigenes Statistikamt betrieb?

Doch der Stamm Levi sollte nicht nur bei der Datenerfassung als „Extrawurst" gelten. Er schien überhaupt anderen statistischen Regeln zu unterstehen als seine Volkskameraden. Denn während die Mitglieder anderer Stämme erst ab dem Alter von 20 Jahren reif für die Zählung waren, sah der Zensus der Leviten einen kleinen „statistischen Trick" vor: Sogar einmonatige Säuglinge sollten beim Stamm Levi mitgezählt werden. Nichtsdestotrotz kam es dann aber nach der Zählung des Stammes Levi zu einem negativen Überraschungsergebnis. Denn so sehr man den Stamm auch von allen Seiten „ausquetschte" und sogar beim Mindestalter ein Auge zugedrückt hatte, brachte Levi es bloß auf mickrige 22.000[180] gezählte Seelen.

---

180 Bamidbar 3,39.

Damit war Levi im Gegensatz zu anderen Stämmen eindeutig in der Unterzahl. So zählte der Stamm „Dan" beispielsweise stolze 175.600[181] Mitglieder und der Stamm „Reu'ven" etwa beachtliche 151.450[182]. Das ganze Volk kam insgesamt auf 603.550[183] Mitglieder. 22.000 Levi'im – und unter ihnen noch dazu ein Haufen an Säuglingen und Kleinkindern – mutet daher tatsächlich etwas eigenartig an. Doch was genau war die Ursache für das Überraschungsergebnis der Levi'im? Hatte ihr Statistikamt etwa Probleme mit den Auszählkuverts?

MISSETATEN ✧ Die Kommentatoren wetteifern nun regelrecht um die Begründung für den plötzlichen „Levitenschwund". Der Ramban als einer der Spitzenreiter des Kommentatorenwettbewerbs betont dabei, dass eine niedrige Mitgliederzahl gerade beim Stamm Levi für doppelte Verwirrung sorgt. Schließlich waren sie als Tempeldiener der Stamm mit den besten Verbindungen „nach oben" und gehörten zu G'ttes engsten Untergebenen. Zudem hatten sie weder bei der Erzsünde mit dem goldenen Kalb noch bei anderen Missetaten der Bnei Jisrael mitgewirkt und die „mitgliederdezimierenden" Strafen G'ttes waren ihnen somit auch erspart geblieben. Dass gerade sie nun an Mitgliedermangel litten, bedarf daher einer handfesten Erklärung.

Doch der Ramban kann durchaus eine aufschlussreiche Begründung für die winzige Levitenanzahl anbieten. Denn wie wir in der Pessach-Haggada nachlesen können, hatte Hashem in Mizrajim ein spezielles „Vermehrungswunder" für das als Sklaven gepeinigte Volk walten lassen. Umso mehr man die Juden quälte, desto stärker vermehrten sie sich. Sechs Kinder auf einmal gehörten in den mizrischen Sklavenfamilien zum (Geburten-) Alltag dazu!

Wie der Ramban meint, wird es nun schon nachvollziehbarer, warum der Stamm Levi sich zahlenmäßig trotz der genannten positiven Rahmenbedingungen nie richtig entfalten konnte. Schließlich war dieser Stamm in Mizrajim von jeglicher Sklaverei ausgeschlossen, meint er. Während alle anderen Stämme unter unaufhörlichem mizrischen Antriebsdruck arbeiten mussten, blieben dem Stamm Levi jegliche Sklavenqualen erspart. Daher erstreckte sich auch das Vermehrungswunder nicht auf deren Stamm, so der Ramban. Die zahlenmäßige Ungleichheit ergab sich demnach bereits in der Urgeschichte der Bnei Jisrael, als überhaupt noch keine Rede von Volkszählungen oder statistischen Tricks war.

181 Bamidbar 2,31.
182 Bamidbar 2,16.
183 Bamidbar 2,32.

Der neue Leiner

Aber der Kommentatorenwettbewerb würde kaum als hochklassig gelten, wenn es nicht noch andere Bewerber gäbe. Der Kli Jakkar[184], der sicherlich einen Platz in den vorderen Reihen belegt, möchte dem Ramban zwar nicht vollkommen widersprechen, aber er sieht einiges aus einer anderen Perspektive. Denn er ortet einen weiteren Grund für den Levitenschwund in dem bereits erwähnten Fakt, dass die Levi'im zu den „engsten Mitarbeitern" G'ttes gehörten.

ILLEGAL ✧ Die Nähe zu G'tt inkludierte nämlich auch Tätigkeiten, die kein anderes Volksmitglied durchführen durfte. Eines ihrer Aufgabengebiete war da zum Beispiel die Betreuung des Mishkans in der Wüste. Dazu gehörte auch der Umgang mit den Utensilien aus dem innersten Kern des Mishkans, wie dem „Aron HaKodesh", dem Schrein mit den Original-Steintafeln der Tora, die Moshe vom Berg Sinai mitgebracht hatte.

Doch so heilig und beinahe schon transzendent diese Aufgabe der Levi'im auch wirkte, barg sie große Risiken in sich. Ein „illegaler Blick" auf den „nackten Schrein" konnte nämlich zum Tod führen, wie die Tora am Ende dieser Parasha erklärt[185]. Wer sein Augenlicht auf die falsche Ecke im Mishkan warf, drohte umzukommen, da die Tora es verbietet, die heiligsten Utensilien unverhüllt zu betrachten. Dies war für die Levi'im, die sich ständig im und um das Heiligtum herum aufhielten, sicher nicht immer leicht zu bewerkstelligen. Daher, erklärt der Kli Jakkar, war es möglich, dass das risikoreiche Aufgabengebiet der Levi'im für eine hohe Sterberate verantwortlich war, womit sich wiederum die kleine Anzahl an Stammesmitgliedern im Volkszensus relativ schlüssig erklären lässt.

BELASTUNG ✧ Ohne hier nun ein Ranking im Kommentatorenwettbewerb erstellen zu wollen, gehört auch die Meinung von Rav Josef-Dov Soloveitchik, Autor des Werkes „Bet HaLevi"[186], in den Raum gestellt. Er kann dem Problem aus einem ganz anderen Blickwinkel etwas abgewinnen. Wie er meint, hatte Hashem den Stamm der Leviten vor allem in Hinblick auf ein gemütlicheres Zusammenleben mit den übrigen Stämmen auf so „kleiner Flamme kochen lassen" und seine Mitgliederanzahl dezimiert.

---

184 Bereshit 30,6.
185 Bamidbar 4,20.
186 Kommentar zur Tora, kein spezielles Werk über Levi'im.

Die Tora sieht nämlich vor, dass der Stamm Levi nach Eroberung des Landes Kena'an bei der Gebietsaufteilung leer ausgehen sollte. Sie sollten einzig und allein den anderen Stämmen zur Last fallen und von deren Abgaben leben. Doch wenn die Levi'im beispielsweise Stammeskapazitäten wie ein Stamm Dan erreicht hätten, so wären die restlichen Stämme mit ihrer Versorgung unter Stress geraten. Um daher die Belastung der übrigen Stämme zu verringern, hatte Hashem die Anzahl des Stammes, den sie ernähren mussten, so klein wie möglich gehalten.

Dass sich nun alle drei Gründe in Wahrheit problemlos miteinander verknüpfen lassen[187], verwundert einen nicht weiter. Zumindest, wenn man mit den Begebenheiten der Tora etwas vertraut ist. Denn wahre Tora findet im Kern immer zusammen. Da werden auch ein Kommentatorenwettbewerb oder Zuständigkeitsunschärfen von Statistikämtern keine Verwirrung stiften können. Den Levi'im wird auch das zahlenmäßig nicht mehr weiterhelfen, denn der „chronische Levitenschwund" scheint als feststehende Diagnose in die Geschichte eingegangen zu sein. Einziges Heilmittel wäre vielleicht ein kräftiges „Vermehrungswunder", das höchstens noch der Mashiach herbeiführen könnte. Dazu laden wir ihn auch gerne ein. Denn es besteht kein Zweifel, dass sein Kommen nicht nur im Interesse des Stammes Levi liegen würde, Bimhera Bejamenu.

---

187 Urgeschichte und Aufgabenrisiko sorgten für kleine Mitgliederzahl, damit die übrigen Stämme nicht zu sehr unter Druck gerieten, Anm.

נשא
Nasso

Und täglich grüßt der „Mishkanpionier"

Es musste sich wohl ein wenig wie ein Déjà-vu angefühlt haben, was sich da bei der Einweihung des Mishkans zugetragen hatte. Vom ersten Tag des Monats Nissan an trat nämlich jeden Tag ein weiterer der zwölf Stammesfürsten heran, um Gaben zu Ehren der Tempelinauguration darzubringen. Sei es feinst gesiebtes Mehl, eine Prise der „Ketoret"-Gewürzmischung oder eine kleine Wagenladung mit Opfertieren. Präsentiert wurde das Ganze noch dazu in aufwändigen Gold- und Silberutensilien, bei deren Verarbeitung nun wirklich nicht mit Material gespart wurde. Die Gabe jedes einzelnen Stammesfürsten blieb dabei dem ersten Anschein nach seiner Fantasie überlassen, solange diese tauglich für den Tempeldienst war.

Am ersten Tag war es der Fürst des Stammes Jehuda, ein gewisser Nachshon ben Aminadav, der seine Darbringungen im Mishkan präsentierte[188]. Die Tora zählt seine Gaben genau auf und präsentiert eine beeindruckende Liste, welche dem Stammesfürsten sicherlich bis in alle Generationen zur Ehre gereicht. Eindeutig eine schwere Vorgabe für die weiteren Fürsten, die in den nächsten Tagen wiederum ihre Darbringungen auftischen mussten.

---
188 Bamidbar 7,12.

MIMIKRY-FÜRST ✧ Als der Fürst des Stammes Jissachar schließlich am nächsten Tag mit seinem Geschenkkorb vor dem Mishkan stand, sollte die Überraschung jedoch groß gewesen sein. Der Fürst Netanel ben Zu'ar hatte nämlich haargenau dieselben Gaben gebracht wie sein Amtskollege Nachshon am Vortag. War das etwa die feine Art der Stammesfürsten, ohne mit der Wimper zu zucken Darbringungen zu imitieren? War es Netanel nicht zu billig, als „Mimikry-Fürst" zu gelten? Oder war die Übereinstimmung etwa nur ein Zufall?

Doch die Tora macht keinen großen Hehl um die vermeintliche Nachahmung des Netanel und gibt ihm sogar noch die Ehre, auch seine Darbringungen bis ins kleinste Detail aufzulisten. So als wären seine Gaben ein ganz neuer „Geschenke-Mix" für die Mishkan-Einweihung.

So weit so gut, wenn auch ein wenig verwunderlich. Schließlich ist der ganze Talmud mit Spitzfindigkeiten über „überflüssige" Wörter oder sogar Buchstaben gespickt. Dass die Tora hier einem Stammesfürsten zuliebe scheinbar die eigenen Regeln beugt und, statt einem Verweis auf die Vortagsdarbringung, einfach die ganze Liste wiederholt, erzeugt folglich zumindest ein Stirnrunzeln, das kräftige Falten wirft. Aber man könnte dies auch als reine Barmherzigkeit gegenüber Netanel auffassen, da dieser sicher reinen Herzens gehandelt hatte und womöglich einfach einen schlechten Tag hatte, oder durch den Druck seiner Verantwortung in eine Art Fantasielosigkeit verfallen war.

EINWEIHUNGSRÄTSEL ✧ Nun sei's drum, wir haben ja noch weitere zehn Fürsten, die uns mit ihrem Einfallsreichtum überzeugen können. Vor den Vorhang trat also nun der Fürst des Stammes Sevulun, Eliav ben Chelon, mit seinen Opfergaben. Doch diesmal konnte es einfach kein Zufall mehr sein und zu nachgiebig sollte man sogar mit wackeren Anführern nicht sein: Auch Eliav war dem „Mimikry-Syndrom" verfallen. Seine Darbringung glich den beiden vorhergehenden bis aufs Haar!

Dass die Tora die Liste nun wieder genau wiederholt, anstatt auf die früheren Fürsten zu verweisen, gehört beinahe schon zur Routine. Und auch der Fakt, dass dies bei allen anderen Fürsten so weitergeht, überrascht hier kaum noch. Doch auf der Suche nach dem Grund für die fürstliche Wiederholungssequenz setzen jetzt wirklich alle bisherigen Argumente – von Zufallsprodukten bis zu Barmherzigkeitsakten – aus. Was steckte hinter dem Einweihungsrätsel der Stammesfürsten? Jeden Tag dieselben Gaben, jeden Tag zählt die Tora diese genau auf. Wird das nicht einmal langweilig?

Aber wie gewohnt lassen uns die Kommentatoren mit dieser Frage nicht allein. Wie der Ramban erklärt, hatten sich die Stammesfürsten nämlich schon am ersten Tag der Einweihung abgesprochen. Sie hatten gemeinsam beschlossen, aus welchen Zutaten ihre „Geschenk-Boxen" bestehen sollen. Der Ramban erteilt damit der Fantasie-These eine Abfuhr und bringt ans Tageslicht, dass es sogar die volle Absicht der Fürsten war, vor Hashem als „gleichwertig" dazustehen.

Größtes Problem der Fürsten war jedoch, dass sie in einer „Raum-Zeit-Blase" feststeckten; soll heißen: Die Fürsten konnten ihre Gaben nicht alle gemeinsam am selben Tag darbringen. Eine zeitliche Diskrepanz zwischen den Darbringungen war daher unvermeidlich. Doch damit war auch die angestrebte Gleichheit untergraben. Denn einer musste schließlich als Erster bzw. als Letzter drankommen. Daher löste die Tora das Problem mit der „Raum-Zeit-Blase" einfach, indem sie jede Gabe gesondert ins Rampenlicht stellte. Denn mit der Wiederholung der Gabendetails konnte die Tora aufzeigen, dass alle Darbringungen in den Augen Hashems gleichwertig waren, und dass alle Stammesfürsten dafür dieselben Verdienste erhalten sollten. So würde sich bestimmt keiner der Fürsten benachteiligt fühlen, denn ein ganzer Absatz in der Tora ist mehr als nur ein Ehrendenkmal, noch dazu wo die Tora bekanntlich über „Raum und Zeit" steht!

MISHKANPIONIER ✧ Andere Kommentatoren[189] erklären wiederum, dass die Tora die Darbringungen wiederholt, um zu zeigen, dass keine von ihnen der anderen glich. Denn obwohl diese immer aus denselben Zutaten bestanden, brachte jeder Fürst seine Gabe mit einer anderen Intention dar. Jeder von ihnen war ein „Mishkanpionier", dessen Darbringungen sich im spirituellen, geistigen Sinne unterschieden. Jede Gabe wird von der Tora nochmals aufgelistet, da jede einzelne von ihnen für sich stehend etwas Individuelles und Besonderes war.

Diese Erklärung lässt nun eine weitere Interpretation zu, die einem jeden Juden in seinem Alltagsleben als Stütze dienen könnte. Denn wie wir anhand der Stammesfürsten feststellen können, gleicht keine Gabe an G'tt der anderen. Aus einem ähnlichen Blickwinkel lässt sich daraus folgern, dass jeder Mensch auch seine Individualität in eine Mizwa einbringen kann. Denn jeder Mensch erfüllt eine Mizwa auf seine spezielle Weise und macht sie zu einer eigenständigen, neuen und erwähnenswerten Tat. So wie die Tora jede Darbringung aufzählt, um zu zeigen, wie sehr Hashem sie als individuelle

---

189   „Otzar HaMachshava".

Gabe schätzt, so verhält es sich auch mit den Mizwot jedes Individuums. Das Schütteln des Lulav-Straußes sieht nach außen hin vielleicht bei jedem gleich aus. Was sich der Mensch aber dabei denkt, ist Sache jedes Einzelnen.

INNERER TON ✧ Die Stammesfürsten als „Mishkanpioniere" zeigen uns folglich auf, dass jeder Jude zu einem „Mizwa-Pionier" werden kann, und das selbst bei vermeintlich „ausgelutschten" Mizwot, die nach außen hin völlig gleich wirken.

Am ehesten zeigt sich der „Pioniergeist" aber sicherlich beim Gebet. Denn hier werden seit Jahrtausenden dieselben Worte gesprochen und immer wieder wiederholt. Hier ist es offensichtlich, dass der innere Ton die Musik macht. Wenn man nun noch beachtet, dass die Gebete heutzutage den Dienst im Mishkan bzw. Bet HaMikdash ersetzen, scheint sich ein Kreis zu schließen. Denn demnach kann ein jeder Jude dreimal täglich zum Stammesfürsten werden und mit „seinem" Gebet wie ein „Mishkanpionier" in die Geschichte eingehen!

בהעלתך
Beha'alotcha

Wundersame Rettung aus der Hungersnot

Wie sehr beklagten sich doch die Bnei Jisrael – besser gesagt ihre aufgezwungenen Begleiter aus Mizrajim – über das „schlechte Essen" auf ihrem „Wüstentrip". Als hätten sie erster Klasse bei einem Reiseveranstalter gebucht, traten sie an Moshe – ihren „Reiseführer" – heran und lasen ihm so richtig die Leviten[190]. Das „Man", die himmlische Universalnahrung, die ihnen tagtäglich von G'tt persönlich serviert wurde, war ihnen scheinbar nicht mehr gut genug. Was folgte, war zwar ein leckeres Abendmahl auf Geflügelbasis, bedeutete aber zugleich auch das Ende vieler Klagemäuler. Zugegeben kein sehr charmantes Abwenden dieser künstlich herbeigeführten „Hungersnot".

Eine echte Hungersnot erlebten hingegen die Juden Jerushalajims vor etwa 400 Jahren, worüber die folgende wahre Geschichte handelt:

Es war eine äußerst schwere Zeit für die Einwohner Jerushalajims. Die Hungersnot hatte bereits die ganze Gegend heimgesucht und die Preise für Lebensmittel waren

---

190 Bamidbar 11,4.

Beha'alotcha

überall drastisch angestiegen. Der Erwerb von Nahrungsmitteln hatte sich in einen tagtäglichen Krieg um die eigene Existenz verwandelt.

VERTEUERUNG ✧ Auch die Situation der Jeshiva-Schüler Jerushalajims war schwierig. Bisher hatten treue Sponsoren ihren Lebensunterhalt finanziert, so dass sie sich Tag und Nacht dem Tora-Studium widmen konnten. Nun drohten sie vor Hunger umzukommen, da sich ihre Förderer durch die enorme Verteuerung ihre Beiträge nicht mehr leisten konnten.

Die Führer der Gemeinden und ihre Rabbiner kamen zu einer Notversammlung zusammen. Es wurde entschieden, den Enkelsohn eines prominenten Jerushalajimer Bürgers ins Ausland zu schicken, um Spendengelder bei vermögenden Juden, die ihren Brüdern in Israel helfen wollten, zu sammeln.

Eine solche Auslandsreise war zu dieser Zeit mit zahlreichen Gefahren verbunden und es gab eine große Auswahl an Kandidaten. Die Versammelten beschlossen daher, ihren Gesandten mittels einer Losziehung auszuwählen.

Das Los wurde gezogen, und es fiel auf einen der großen Kabbala-Gelehrten aus dieser Zeit, Rav Avraham Galanti. Er nahm die Aufgabe demütig an, obwohl ihm seine Mission von seinem Tora-Studium und seinem Dienst an der Öffentlichkeit abhalten würde, denn schließlich würde er so den Juden Jerushalajims zur Hilfe kommen.

ÜBERFAHRT ✧ Der Rabbi begab sich zum Hafen nach Jaffo und bestieg ein Schiff nach Istanbul (Türkei). Die Überfahrt verlief ohne Probleme, doch als der Hafen Istanbuls bereits in Sicht war, zeigte sich ein besorgter Ausdruck auf dem Gesicht des Kapitäns, der die Küste mit seinem Fernglas beobachtete.

„Ich kann nicht nachvollziehen, was da los ist …", murmelte der Kapitän. Als das Schiff sich nun der Küste annäherte, wurde der Grund seiner Sorge offensichtlich: In der Stadt passierte etwas höchst Eigenartiges. Die Bewohner der Stadt und zahlreiche Soldaten liefen in Panik umher. Viele Menschen standen auf den Dächern der Häuser und blickten auf das Geschehen in den Gassen hinab.

Die Passagiere des Schiffes konnten sich das komische Bild, das sich ihnen bot, nicht erklären. Der Schiffskapitän beschloss, seine Passagiere nicht unnötig in Gefahr zu bringen, und gab bekannt, dass das Schiff den Hafen Istanbuls überspringen und zur nächsten Station weiterfahren würde.

Der neue Leiner

Rav Galanti war damit aber ganz und gar nicht einverstanden. Istanbul war eine wichtige Station auf seiner Reise, um dort Geld für die Hungerleidenden in Jerushalajim zu sammeln.

BEIBOOT ✧ Er schlug dem Kapitän vor, dass einer seiner Matrosen ihn mit dem Beiboot an Land bringen sollte. Zuerst wollte der Kapitän nichts davon hören. „Ich bin für die Sicherheit meiner Passagiere verantwortlich und darf dein Leben nicht in Gefahr bringen, auch wenn das dein Wunsch sein sollte", sagte der Kapitän. Doch Rav Galanti ließ nicht locker, bis ihm der Kapitän schließlich zustimmen musste.

Ein Matrose wasserte das Beiboot, brachte Rav Galanti an Land und kehrte in Windeseile zurück. Rav Galanti bahnte sich gerade seinen Weg durch die Gassen der Stadt, als ihn plötzlich zwei Soldaten aufhielten: „Was machst du hier draußen?", brüllten sie ihn an, „dein Leben ist in Gefahr!"

Sie erzählten Rav Galanti, was in der Stadt los war. Zwei Löwen waren aus dem Tiergarten des Sultans ausgebrochen und streiften nun in der Stadt umher! Sie hatten bereits einige Menschen getötet!

LÖWEN ✧ Noch bevor die Soldaten ihre Ausführungen beenden konnten, zeigte sich plötzlich ein Löwe an der Straßenecke. In Sekundenschnelle waren die beiden „heldenhaften" Soldaten verschwunden, doch Rav Galanti blieb ganz ruhig stehen. Der Löwe näherte sich ihm an, doch er blieb weiterhin ganz ruhig! Hunderte Augenpaare beobachteten von den Dächern aus gespannt das Geschehen.

Der Löwe kam sehr nahe an Rav Galanti heran und legte sich ganz ergeben und ruhig neben ihn hin. Der Rabbi nahm nun das Ohr des Löwen in die Hand und zog ihn hinauf. Der Löwe stand auf und folgte ihm. Die Menschen auf den Dächern trauten ihren Augen nicht. Rav Galanti führte den Löwen seelenruhig zurück in den Garten des Sultans. Doch plötzlich zeigte sich der zweite Löwe!

Nun waren die Zuschauer vor Spannung kaum noch zu halten. Sogar der Sultan hatte sich zu den Zusehern hinzugesellt. Doch auch der zweite Löwe schloss sich überraschenderweise Rav Galanti an, der ihn wie den ersten Löwen am Ohr packte und die beiden wie zwei Lämmchen weiter in den Garten hineinführte.

Schließlich gelangte er zum offenen Löwenkäfig. Er führte die Löwen hinein und schloss die Türen hinter sich.

Beha'alotcha

SULTAN ✧ Ganz Istanbul atmete auf! Die Menschen klettern von ihren Dächern hinunter und frohlockten. Rav Galanti wurde unterdessen zum Sultan gerufen. Er stand mit seiner Tasche in der Hand ganz bescheiden vor dem Sultan. Der Sultan lobte ihn sehr und fragte: „Wer bist du? Wie konntest du die Löwen unter Kontrolle bringen? Bist du etwa ein Magier?"

Rav Galanti richtete sich auf und blickte den Sultan in die Augen: „Das liegt mir fern! Ich bin ein Jude und die Tora verbietet mir den Umgang mit Magie. Es ist aber so, dass G'tt den Menschen bereits bei der Schöpfung die Kontrolle über die Tierwelt überlassen hat. Doch dies funktioniert nur dann, wenn ein g'ttliches Strahlen das Antlitz des Menschen ziert. Wenn ein Mensch sich immer gegen seinen bösen Trieb wehrt, dann strahlt ein g'ttlicher Funke aus seinem Gesicht und die Tiere fürchten sich vor ihm.

Der Sultan war sehr beeindruckt von den Worten des Rabbis. Er hatte mit seiner aufschlussreichen Rede das Herz des Sultans gewonnen. Er bat den Gelehrten, bei ihm zu bleiben. Doch der Rabbi erklärte dem Sultan, warum er eigentlich nach Istanbul gekommen war.

Sofort beauftragte der Sultan seine Bediensteten, die Tasche des Rabbis randvoll mit Goldmünzen anzufüllen, und begleitete ihn zum Hafen zurück. Dort wurde Rav Galanti mit großen Ehren verabschiedet und die Juden Jerushalajims hatten ab nun genügend finanzielle Mittel zur Verfügung. Rav Galanti und die wundersame Löwenzähmung konnten die Hungersnot in Jerushalajim wieder abwenden!

שלח
Shlach

Der Held der Schattenspiele

*M*ächtig, aber unscheinbar zugleich. Dunkel und furchterregend, jedoch ebenso harmlos und vergänglich. Da fliegt ein „Riesengeier" in Überschallgeschwindigkeit vorbei. Dort öffnet ein „Elefantenkrokodil" seinen unersättlichen Rachen. Es ist allerdings nur ein kurzlebiger Zauber, die Illusion einer schattigen Wirklichkeit. Denn mit nur einem gezielten Lichtstrahl ist der ganze Trubel wieder aufgehoben und die angsteinflößenden Schatten verschwinden von der Leinwand. Übrig bleiben dann höchstens ein paar kunstvoll überkreuzte Bubenfinger – und natürlich ein unerschrockenes Publikum.*

So ein Schattenspiel hat jedoch in der Tat seinen Reiz. Mit den einfachsten Hilfsmitteln lassen sich bedrohliche Visionen herzaubern, die mitunter für unterhaltsame Höhepunkte sorgen können. Man denke beispielsweise an das lustige Schatten-Kaninchen, das mit seinen breiten Löffeln wackelt. Oder an den kläffenden, schwarzen Fingerspiel-Hund mit der markant spitzen Nase. Doch nicht nur interessante Schattenspiele dieser Art sind zu beobachten. Da tummeln sich beispielsweise noch im weiten Universum Sonne, Mond und der eine oder andere Planet vor einer kosmischen Leinwand. Sie produzieren Schattenspiel-Schlager wie eine Sonnen- und Mondfinsternis, oder einfach nur die altbekannte Neumondsichel.

Ungestüme Vergnügungspark-Besucher können ebenfalls von klug eingesetzten Schatteneffekten berichten, die bereits so manchen Geisterbahnfahrer hochschrecken ließen. Aber auch andernorts – und schon lange, bevor der erste Lunapark seine Karussells anwarf – wusste man über die furchteinflößenden Effekte der Schattenwelten Bescheid. Da waren zum Beispiel die gar nicht wohlgemeinten Erfahrungsberichte der Kundschafter von Moshe Rabbenu, die sich ebenso der dunklen Materie bedienten.

SPIONAGETECHNOLOGIE ✧ Dabei hatte alles so schön begonnen. Man stand kurz vor dem Eintritt in das verheißene Land. Lediglich eine improvisierte Spionageoperation trennte die Bnei Jisrael noch von ihrem eigenen Stück Boden. Zwölf Kundschafter sandte Moshe aus, um die geografische, militärische und wirtschaftliche Situation abschätzen zu können. Die Beteuerung des Welterschaffers selbst schien dem hartnäckigen Volk, das dereinst Vorreiter in der Spionagetechnologie-Branche werden sollte, nicht genug. Fakten mussten es sein. Und da damals wohl noch keine ferngesteuerten Flugdrohnen zur Verfügung standen, mussten es eben doch zweibeinige israelische „Bio-Drohnen" sein, die die Mission der Landeserkundung in ihrem Auftragskalender eintragen konnten.

Nach ihrer Rückkehr von der 40-tägigen Spähoperation wussten die „Drohnen-Menschen" allerdings nur wenig Gutes vom Lande Kena'an zu berichten. Was nicht etwa heißen soll, dass es nichts Positives zu berichten gab. Ganz im Gegenteil, sogar die Miesmacher unter den Spionen bestätigten die g'ttlichen Angaben über einen reißenden Honig-Milch-Strom und das Vorhandensein leckerer Fruchtsorten, für die das Land Kena'an so bekannt war. Allerdings vermeldeten die Kundschafter zusätzlich noch die Existenz schwer befestigter Städte und unheimlicher Riesenwesen.

HIRNGESPINSTE ✧ Zwei der Kundschafter blieben jedoch bei Sinnen und vertraten standfest die Meinung, dass es sich bei den Angaben der anderen Späher um keine sehr vorteilhafte Darstellung der Lage in Eretz Kena'an handelte. Es seien zwar keine echten Hirngespinste, was die zehn Miesmacher da vorbrachten, aber dennoch: Nichts wird so heiß gegessen, wie es gekocht wird! Namentlich handelte es sich bei den zwei Kundschaftern, die Hashem und Moshe hier die Treue hielten, um Kalev und Jehoshua. Während sich Kalev damit seinen Weg in das „Who's who" der Bnei Jisrael sicherte, war auch Jehoshua ein toller Karrieresprung beschert. Er wurde letzten Endes Moshes Nachfolger als Anführer des jüdischen Volkes und er war es, der sie schließlich in das verheißene Land führte.

Mit seiner Standhaftigkeit arbeitete er folglich auch für die Zukunft vor. Denn wie hätte es wohl ausgesehen, wenn er als Anführer der Bnei Jisrael nur Jahre zuvor über dasselbe Land geschimpft hätte, in das er sein Volk nun hineinführen wollte?

SONNENSCHIRME ✧ Die Tora berichtet[191] nun ganz detailliert über Kalevs und Jehoshuas Ehrgeiz: „Fürchtet euch nicht!", sollen die beiden Helden nach ihrer Rückkehr von der Spähmission der Menge, die eher den Worten der zehn Verräter Glauben schenkte, zugerufen haben. „Wir werden die Landeseinwohner noch wie Brot verschlingen!", meinten sie weiter sinngemäß. Scheinbar wollten sie mit einer „ausgebackenen" psychologischen Strategie jeglichen Zweifel zerstreuen. Doch es kam noch besser: „Ihr Schatten ist von ihnen gewichen, Hashem ist mit uns, fürchtet sie nicht!", lautet der Abschluss der feurigen Rede. Was das wohl für ein Schatten war, auf den die beiden Retter der Nation hier anzuspielen versuchten? Hatten die kena'anitischen Riesenwesen etwa auf den berühmt-berüchtigten israelischen Sandstränden keinen passenden Sonnenschirm für ihre Größe gefunden? War es etwa dieser eklatante Mangel an dem bunt gestreiften Sonnenschutz, auf den die beiden hier anspielen wollten?

Der Sfat Emet lässt sich jedoch von keinem Sonnenschirm-Argument blenden. Er erklärt nämlich, dass Kalev und Jehoshua hier in Wahrheit etwas ganz anderes ausdrücken wollten: Es war alles nur ein Schattenspiel! Die beiden Abwehr-Agenten wollten hier gewissermaßen kundtun, dass die Befürchtungen der anderen Kundschafter sich schon bald als reine Panikmache erweisen würden. „Lasst uns in das Land ziehen und ihr werdet sehen, wie die Ängste und Sorgen der anderen Kundschafter sich wie ein ausgeleuchteter Schatten in Luft auflösen werden", könnten sie dem besorgten Volk zugerufen haben, „es waren alles nur flüchtige Schatten, die die zehn Spione hier als bedrohlich empfunden haben." Das meinten die beiden also mit „ihr Schatten ist gewichen!" Die anderen zehn Kundschafter hatten ja beinahe schon Angst vor ihrem eigenen Schatten!

BESCHÜTZER ✧ Eine recht wohlbeschattete Erklärung also, die der Sfat Emet hier ans Tageslicht bringt. Doch so nett diese Schattenspiel-Idee auch ist, so sehr plagt einen der Drang nach einer tieferen Erklärung. Aber möglicherweise muss man seinen Blick gar nicht allzu weit schweifen lassen, um seine Neugierde etwas zu beschwichtigen. Denn bereits der „ortsansässige" Rashi-Kommentar erhellt den fragelustigen Schatten über der Rede Kalevs und Jehoshuas mit Erfolgsgarantie.

---

191 Bamidbar 14,9.

Wie Rashi erklärt, meinten die beiden „guten Agenten" mit dem „gewichenen Schatten" nämlich etwas ganz anderes. Der Schatten wird vor allem an heißen Tagen bekanntlich gerne als Schutz vor der prallen, stechenden Sonne in Anspruch genommen. Eine ganze Stadt wird bei hohen Temperaturen schnell zu „Schattenparkern" und „Schattenwalkern". Der Schatten dient als Schutz! Daher wagt Rashi nun, das Wort „Schatten" gleich direkt als „Schutz" oder „Beschützer" zu interpretieren. Anstatt: „Ihr <u>Schatten</u> ist von ihnen gewichen" setzt Rashi ein: „Ihr <u>Beschützer</u> weilt nicht mehr unter ihnen!" Mit „Beschützer" meint Rashi jedoch sicherlich kein weiteres Riesenmonster mit sieben scharfen Klauen, einem dornenbesetzten Schwanz und natürlich den klassischen feuerspeienden Fähigkeiten. Laut Rashi geht es hier vielmehr um einen „koscheren" Menschen, einen Zadik, einen Gerechten, der eine schützende spirituelle Hand über die Landesbewohner legen konnte und aufgrund dessen Verdienste Hashem eine Landeseroberung unterbinden würde. „Ihr Beschützer weilt nicht mehr unter ihnen", sollte in den Bnei Jisrael daher wieder das Vertrauen aufbauen, dass das Land Kena'an derzeit sehr wohl zur Eroberung bereit stünde.

BAUMSUCHE ✧ Im Übrigen war der Beschützer-Aspekt, den Kalev und Jehoshua hier laut Rashi ins Spiel brachten, nichts Neues in dieser Episode. Schon beim Auftragsbriefing hatte Moshe alle zwölf Kundschafter explizit dahingehend angewiesen, nach solchen Menschen Ausschau zu halten. Allerdings ist sogar diese „explizite" Anweisung etwas tiefer in die offensichtliche Bedeutung des Textes eingewoben: Die Mission, mit welcher Moshe die Kundschafter beauftragte, sollte nämlich nicht nur militärische Positionen auspähen, sondern unter anderem auch über den vegetativen Zustand des Landes Auskunft geben[192].

Da war es beispielsweise vonnöten, nachzusehen, ob es dort Bäume gab. Dass man dafür wohl nicht gleich sein bestgehütetes militärisches Geheimnis – die angesprochenen „Bio-Drohnen" – ins Feld schicken müsste, wäre eigentlich selbstverständlich. Immerhin scheint es zumindest ziemlich wahrscheinlich, dass sich einige der braunen Tiefwurzler tatsächlich im Lande Kena'an aufhielten. Doch Moshe meinte es durchaus ernst: Seine Agenten sollten nach Bäumen Ausschau halten!

HIOBSBOTSCHAFT ✧ Nun ist es wirklich nicht so, als würde Rashi keine bessere Erklärung einfallen, als immer nur „koschere Menschen" ins Spiel zu bringen. Dennoch scheut sich Rashi nicht, zu erklären, dass Moshe hier nicht wirklich nach Bäu-

---
192 Bamidbar 13,20.

men, sondern in Wahrheit nach „Gerechten" suchen ließ. Einerseits ist dieser „Zadikim-Hype" Rashis wenig verwunderlich, da er wohl selbst ein Gerechter war, der sein Land beschützen konnte. Andererseits leuchtet einem der Zusammenhang zwischen der Vegetationsspionage und einem spirituellen Messunterfangen mit Zadik-Detektor nicht sofort ein. Hatte Moshe mit den „Bäumen" wirklich die „koscheren Menschen" gemeint?

Die Kommentatoren – wie zum Beispiel der Siftej Chachamim – können diesen vermeintlich fehlenden Zusammenhang jedoch meisterhaft herstellen. Denn Rashi erklärt in seinem zuerst erwähnten Kommentar zur aufregenden Rede von Kalev und Jehoshua weiter, dass es sich bei dem verstorbenen „Beschützer" um keinen Unbekannten gehandelt hat. Rashi erwähnt hier vielmehr eine Person, die sich ihren Rang und Namen als Gerechter und Zadik sogar weit über die Sphären der jüdischen Welt hinaus erkämpft hat. Es handelt sich dabei sogar um niemand geringeren als den weltberühmten „Ijov[193]" persönlich! Wobei man nun nicht unbedingt eine „Hiobsbotschaft" zu befürchten hat.

Laut Rashi, der eine Gemara[194] zitiert, war bloß Ijov der Beschützer, dessen Verdienste so groß waren, dass er sogar die Bnei Jisrael daran gehindert hätte, das Heilige Land zu erobern! Dabei hatte Hashem es ihrem Urvater Avraham schon über 400 Jahre zuvor versprochen! Ijovs erhabener spiritueller Status hätte die Einlösung dieses Versprechens aber beinahe noch verschoben. Er starb daher quasi genau zum richtigen Zeitpunkt, um die Ankunft der Bnei Jisrael im Land ihrer Bestimmung nicht zu verhindern. Ijov war der gewichene Schatten und Beschützer aus Kalevs und Jehoshuas Rede! Der leidgeplagte Ijov stammte dabei ursprünglich aus dem Lande „Utz", das sich im hebräischen wie „Etz" – Baum – schreibt. Er ist scheinbar erst später nach Kena'an übersiedelt. Die Gemara bemüht sich nun, eine interessante Parallele zwischen „Utz" und „Etz" aufzudecken: Ijov, der Zadik aus „Utz", hatte ein Leben, so lang wie ein „Etz" (Baum). Mit dem Baum, nach dem die Kundschafter laut Missionsauftrag

---

193 Leider würde eine nähere Schilderung über diesen wundersamen Mann hier den Rahmen sprengen. Daher nur kurz angerissen: Ijov war ein höchst erfolgreicher und sehr g'ttesfürchtiger Mann, der alles hatte, was man sich nur wünschen kann. Der böse Satan beschloss Ijovs G'ttesfurcht herauszufordern. Hashem ließ den Satan an Ijov heran. Dieser nahm ihm alles, was ihm lieb und teuer war, und setzte ihm auch körperlich hart zu. Dennoch blieb Ijov stets Hashem treu und überstand die Versuchungen des Satans. Hashem segnete ihn daraufhin erneut mit allem Guten. „Ijov" ist eines der Prophetenbücher des Tanachs.

194 Mes. Bava Batra 15a.

Ausschau halten sollten, war damit unweigerlich auch Ijov gemeint, erklärt der Siftej Chachamim. Ijov, der „koschere Mensch", lebte „so lang wie ein Baum" und glich damit einem Baum.

SCHWARZMALEREI ✧ Bekanntermaßen war es aber tatsächlich nicht Ijov, sondern die Bnei Jisrael selbst, die ihre Ankunft in Eretz Jisrael hinauszögerten. Aufgrund ihrer Sünde, an die Schwarzmalerei der zehn Kundschafter geglaubt zu haben, wurde die Landnahme nämlich um traurige 40 Jahre verschoben. Rav Shmuel Eidels, auch bekannt als der „Maharsha", erklärt in seinem Kommentar zu der oben erwähnten Gemara, warum sich so ein „Zadik-Leben" eigentlich gerade auf eine „Baumlänge" erstreckt. Er schreibt, dass die Lebtage eines Zadiks nur so vor Taten, die Ewigkeitscharakter haben, strotzen und diese seinen „Lebensbaum" weit in die Höhe wachsen und zugleich tiefe Wurzeln treiben lassen. Ein Zadik-Leben ist stabil und solide wie ein Baum! Das Leben eines Rashas – eines Bösewichts – wiederum gleicht da eher kurzlebigem Gras. Denn die Taten eines Bösewichts haben keinen Ewigkeitscharakter. Er läuft bloß den Gelüsten und Genüssen des irdischen Lebens nach und es bleibt ihm außer dem „Gefühl des Moments" kein langfristiger Nutzen von seinem Treiben auf dieser Welt.

Möglicherweise kann man nun auf Basis dieser baumigen Verknüpfung des Maharshas auch eine interessante Lehre aus Rashis Interpretation bezüglich „Schatten" und „Beschützer" ziehen. Vielleicht möchte uns die Tora ja auch hier eine ihrer speziellen Botschaften übermitteln. Die eigenen Taten können – wenn es schlecht läuft – mal kurzlebig wie ein Schatten sein. Wenn es aber gut läuft, werden diese Schatten zu baumgleichen „Beschützern" umgepolt. Ganz so, wie unsere Weisen sagen: Teshuva – Rückkehr zu Hashem – macht aus Sünden Verdienste! Eben so wie bei Ijov, den Rashi von einem „Schatten" zum „Beschützer" und zu einem „Baum" verwandelt. Insofern wäre Ijov, der sich niemals von seiner Schattenseite zeigte, sicherlich der wahre Held in unserem Schattenspiel. Lasst daher auch uns endlich über den eigenen Schatten springen und ein für alle Mal den bunt gestreiften Sonnenschirm des Mashiachs aufspannen, Bimhera Bejamenu, Amen!

קרח
Korach

Duftende Rauchsignale

Frühlings-Aufstände sind nach wie vor modern. Tunesien, Ägypten oder Libyen können ein Liedchen davon singen. Sogar in der Türkei lag kürzlich ein wenig Rebellion in der schwülen Sommerluft. Allen gemeinsam ist wohl die schlagkräftige Art, mit den Aufständen umzugehen. Heerscharen in schnittigen Kunststoffrüstungen ziehen aus und versuchen ihre Ehre mit wässrigem Hochdruck und stechendem Tränengas zu verteidigen. Bei Korachs Frühlings-Aufstand gegen Moshe wird jedoch von einer etwas anderen Abwehr-Strategie berichtet. Diese ist zwar etwas sanfter als die Knüppelschläge im Gezi-Park, stellt einen beim näheren Hinsehen aber dennoch vor einige Rätsel. Doch zunächst zu den Fakten.

Korach, der Aufmupf-Initiator, der dieser Parasha ihren Namen gibt, war eigentlich kein Unbekannter am politischen Parkett der Wüstennation. Er gehörte sogar zu Moshe Rabbenus Verwandtschaft und leitete unter anderem das Logistik-Team, das den „Aron" – die Bundeslade aus dem innersten Heiligtum des Tempels – transportierte. Ihn plagte jedoch ständig nur ein Gedanke: War durch die Annahme der Tora nicht in Wahrheit das ganze jüdische Volk ein „Kraftpaket" an Heiligkeit – „Kedusha" – geworden? Hatten sie es als auserwähltes Volk tatsächlich notwendig, sich einem Menschen aus Fleisch und Blut zu unterjochen? Nein und nein!

Der Gedanke breitete sich in Korach aus, nahm ihn vollständig ein. Wo er auch nur hinkam, war es sein einziges Gesprächsthema. „Seinen Bruder Aharon hat er zum obersten Priester ‚Kohen Gadol' gemacht", höhnte er, „und seinen Cousin Elizafan zum Stammesfürsten! Nichts als Freunderlwirtschaft! Reiner Nepotismus! Korrupte Bande aber auch!", könnte Korach im Stile eines Urwiener Taxlers geschimpft haben. Unglücklicherweise blieb sein eifersüchtiges Gequake aber nicht unerhört. Zahlreiche Schaulustige aus der Nachbarschaft strömten heran. Zu guter Letzt hatte sich bereits eine Schar von 250 Anhängern für seinen Aufstand zusammengetan.

OFFENE KARTEN ✧ Doch Moshe meisterte die Situation staatsmännisch und spirituell erhaben zugleich. Zwar zeigte er sich ziemlich besorgt, dass Hashem vielleicht nicht mehr auf ihn hören würde, wenn er ihn nun um Vergebung für das aufmüpfige Volk bitten würde. Schließlich war es bereits der vierte Zwischenfall in der jungen Geschichte des jüdischen Volkes. Aber andererseits reagierte Moshe doch sehr klug und gelassen. Er rief weder Gummiknüppel-Ritter noch Tränengas-Panzer auf den Plan. Er betrieb keine Schmutzkübelkampagne in den Medien und zog nicht an dunklen Fäden im Hintergrund. Moshe spielte lieber mit offenen Karten.

„Morgen Früh kommt es zum großen Showdown", ließ er vor Korachs Schar verlauten.[195] „Wir treten zu einem Pfannenwettkampf an! Danach wird alles klar sein!" Jeder Einzelne der 250-köpfigen „blauen Fraktion"[196] sollte sich dabei ein pfannenartiges Räuchergefäß, wie es im Heiligtum verwendet wurde, zur Hand nehmen. Darin sollte nun jeder eine spezielle „Ketoret"-Gewürzmischung in Rauch aufgehen lassen. Dabei würde Hashem sich zeigen, und kundtun, zu wem er hält, meinte Moshe. Korach willigte ein, insgeheim hoffend, dass Hashem sich für ihn entscheiden würde.

UNTERIRDISCH ✧ Moshe, der das böse Ende kommen sah, versuchte nochmals, die Gruppe zu beschwichtigen, um Schlimmeres zu vermeiden. Aber es war zwecklos. Herrschsucht und Überheblichkeit ließen jeden Rettungsversuch scheitern.

Die Räuchererfahrung in der nächsten Früh brachte schließlich tatsächlich nichts Gutes für Korach und seine Mannen. Hashem meldete sich wie geplant zu Wort, bestätig-

---

195 Bamidbar 16,5. Sinngemäß dargestellt, keine Übersetzung.
196 Korachs Schar kleidete sich laut dem Midrash in himmelblaue Mäntel.

te Moshe und Aharon in ihren Ämtern und die ganze Bande wurde im Schnellverfahren unter die Erde gebracht – im wahrsten Sinne des Wortes!

Die Kommentatoren übertrumpfen sich nun in der Folge mit ihren tiefsinnigen Weisheiten über die innere Beschaffenheit dieses Konfliktes zwischen Moshe und Korach.

STREITLUST ✧ Die Geschichte würde einem die Folgen von Eifersucht, Streitlust und zwanghaftem Neid nur allzu gut vor Augen führen, meinen viele von ihnen. Und das ist sicherlich die „Hauptlehre", die man aus den Erzählungen über den Aufstand ziehen kann. Doch nur wenige Kommentatoren analysieren die etwas fehl am Platz scheinende Abwehrmethode von Moshe selbst. Räucherwerk gegen Aufständische? Ob das im Gezi-Park genauso funktioniert hätte?

Rav Daniel Tirni, italienisch-stämmiger Autor des Tora-Kommentars „Shem Olam" [197], ist dabei sicherlich nicht der Einzige, der sich dieser Frage annimmt. Seine Erklärung der Ketoret-Szene lässt die ganze Angelegenheit aber durchwegs in einem neuen Licht erscheinen. Dazu bedient er sich einiger interessanter Tatsachen, die es mit dem Räucherwerk auf sich hat.

WÜRZIGER RAUCH ✧ „Ketoret" ist nämlich ganz und gar keine „dahergelaufene" Darbringung. Erstens ist sie eine von wenigen, die nicht verspeist wird und auch nicht aus Nahrungsmitteln besteht. Zwar finden sich von den elf Gewürzen, die zusammen die wohlriechende Mischung ausmachen, auch heutzutage noch einige in den Gewürzschränken guter Köche wieder. Aber nicht alle Inhaltsstoffe waren zum genüsslichen Verzehr geeignet. Außerdem wurde die Ketoret auch nicht am klassischen Altar im Hof des Heiligtums, sondern auf einem besonderen goldenen Altar im inneren Heiligtum dargebracht.

Einmal im Jahr – am „Jom Kippur" – gelangte die Ketoret schließlich zu besonderem Ruhm. Der Kohen Gadol spazierte da mit einer Ketoret-Räucherpfanne in der Hand in den innersten Kern des Heiligtums[198]. Der Rauch der Ketoret füllte dann das ganze „Kodesh HaKodashim" an. Im verrauchten Abteil, hinter schweren Vorhängen, aber trotzdem vor dem geistigen Auge der Bnei Jisrael, sollte der Kohen dann auch Gebete für das Wohlergehen des gesamten Volkes sprechen. Zusätzlich zu diesem ruhmreichen Auftritt am Tag der Sühne spielte die Ketoret aber auch unterm Jahr eine würde-

---

197 Petrikov, 1929.
198 „Kodesh HaKodashim".

Korach

volle Rolle. Zweimal täglich wurde eine Ketoret-Mischung im inneren Heiligtum zum Rauchen gebracht.

CROWD-CONTROL ✧ Bei solch illustren heiligen Aufgaben wird nun immer klarer, dass es sich bei Moshes „Geheimwaffe" nicht um eine beliebige „Crowd-Control"-Maßnahme handeln kann. Vielmehr dürfte sich hier ein wohlbehütetes Geheimnis hinter dem Deckmantel der Räucherpfannen verbergen. Glücklicherweise hat es sich der „Shem Olam" zur Aufgabe gemacht, diesen zu enthüllen. Dazu wirft er allerdings noch einen Blick auf ein Gebot, das mit der Ketoret zusammenhängt.

Die Ketoret-Mischung wird in der Tora[199] an sich recht ausführlich beschrieben. Der betreffende Abschnitt hat mit einigen Zusätzen aus der mündlichen Lehre sogar Einzug in das tägliche Morgengebet gefunden. Dort erwähnen wir allmorgendlich den Fakt, dass das Fehlen nur einer Gewürzzutat fatale Folgen haben kann. Eines der höchsten Strafmaße der Tora ist nämlich für das Auslassen auch nur einer Zutat vorgesehen. Ob und wie oft die Todesstrafe in diesem Zusammenhang wirklich ausgesprochen wurde, sei nun dahingestellt. Wichtig ist, dass die Tora hier mit Vehemenz ausdrücken will, dass alle – aber wirklich alle – elf Gewürze auch in der Mischung vorhanden sein müssen!

ESOTERIK-SHOPS ✧ Bei einem davon, dem „Chelbena"-Gewürz, ist dies jedoch höchst verwunderlich. Rashi[200] erklärt, dass es diese Zutat heutzutage nämlich sicher nicht zu einem Verkaufsschlager in den wie Pilze aus dem Boden sprießenden Esoterik-Shops gebracht hätte. Denn Chelbena – im Deutschen „Galbanharz" genannt – hat einen durchwegs unangenehmen Geruch. Der Urwiener Taxler hätte einen Kohen Gadol, der Galbanharz mit sich führt, wahrscheinlich recht rasch aus seinem Wagen gebeten. Und das sicherlich nicht, ohne zuvor noch seine Meinung über die „mirchtelnden" und „fäulenden" Ausdunstungen kundzutun und den einen oder anderen Kommentar über die himmelblaue „Panier" des Kohens fallen zu lassen.

Warum aber wollte die Tora ausgerechnet so eine übelriechende Zutat in dieser distinguierten Gewürzmischung unterbringen? Anstatt nur wohlriechende, aromatisch duftende Ingredienzien zu verwenden, die einer solchen Darbringung auch würdig sind, soll sich da ein fauliger Hauch zwischen die edlen Gerüche mischen? Und das ganze

---

199 Shemot 31,34.
200 Shemot 31,34.

sogar unter Strafandrohung? Doch Rashi „lüftet" diesen mysteriösen Dunstschleier, der sich über der Ketoret-Zusammensetzung gebildet hat.

SKEPSIS ✧ Das Galbanharz in der Ketoret-Mischung sollte nämlich in Wahrheit eine äußerst wichtige Botschaft übermitteln. Und zwar nicht nur den Kohanim des Bet HaMikdashs vor etwa 3.000 Jahren, sondern dem ganzen jüdischen Volk für alle Generationen, bis in heutige Zeiten und weiter: „Die Einbindung von Chelbena zwischen die Gewürze der Ketoret soll uns lehren, dass wir etwaige Sündiger nicht mit einem skeptischen Blick betrachten, wenn sie gemeinsam mit uns beten und fasten. Man soll sie vielmehr zur Gemeinschaft dazuzählen!", erklärt Rashi und lässt den fauligen Dunstschleier somit plötzlich in einem ganz neuen Licht erscheinen.

Das faulige Galbanharz birgt nämlich diese Botschaft der Solidarität zwischen den „braven Juden" und den Sündigern in sich: „Ihr gehört zu uns, wir sind nur gemeinsam stark!", sollen diese den Sündigern zurufen, wenn sie sich eines Tages besinnen und doch den Weg in die Synagoge finden. Das Beeindruckende daran ist, dass hier nicht irgendein – ich bitte um Verzeihung für den Ausdruck – „Unterkorban" ausgewählt wurde, um dies mitzuteilen, sondern gerade dieser „Überkorban" der Ketoret. Und das ist sicherlich ein gewaltiges Zeichen der Zuneigung, das Hashem seinem Volk hier zuteilwerden lässt. Er verstößt die Sündiger nicht, sondern wartet geduldig auf deren Rückkehr, auf deren Verwandlung zu einem wohlriechenden, blumigen „Odeur".

EIGENTOR ✧ Moshe Rabbenu verwendete daher genau diese Darbringung als „Abwehr", um Korach nun vor das folgende ketoretspezifische Problem zu stellen, meint der „Shem Olam": Wird Korach das Chelbena-Gewürz in der Ketoret-Mischung akzeptieren? Dann schießt er sich damit ein Eigentor! Denn laut Korach war ja das ganze Volk durch die Tora-Annahme „heilig" geworden. Echte Sündiger können jedoch vorerst noch nicht als „heilig" angesehen werden. Zwar soll man sie sehr wohl einbinden und dazurechnen. Doch bei der „Kedusha" hapert es bei Sündigern noch.

Das Chelbena in der Ketoret symbolisiert jedoch genau die Sündiger. Es ist ein fixer Bestandteil der Mischung und man darf es auch nicht einfach so weglassen. Korachs Argument, dass ein „heiliges Volk", das die Tora angenommen hat, gar keinen Anführer braucht, verwelkt daher wie ein Löwenzahn. Denn aufgrund der „Sündiger" braucht das Volk sehr wohl einen Anführer, der es aus dieser Bredouille rettet! Will Korach andererseits aus diesem Grund das bedrohliche Chelbena ganz weglassen, so gebührt ihm erst recht die Todesstrafe, die auf das Auslassen einer Ketoret-Zutat steht!

FEINMECHANIK ✧ Korach kam somit in eine echte Zwickmühle, die ihn vor ein schier unlösbares Problem stellen sollte! In der Tat brachten Korach und seine Gefolgsleute schließlich die gesamte Ketoret-Mischung in ihren Pfannen zum Räuchern und schossen sich somit das genannte Eigentor, welches ihrem Treiben ein jähes Ende setzen sollte. Moshes „Crowd-Control"-Maßnahme hatte somit eindeutig gewirkt und basierte dabei im Hintergrund auf den allerfeinsten spirituellen Mechanismen.

Die übrig gebliebenen Räucherpfannen der Schar wurden anschließend allerdings überraschenderweise für heilige Zwecke verwendet. Aus ihnen wurde dem äußeren Altar[201] eine neue Außenhülle verpasst. Das Verwunderliche ist hier jedoch, dass die Korach-Gang alles andere als heilige Ziele im Sinn hatte und ihre Pfannen dennoch für das Heiligtum verwendet wurden. Auch der Ramban fragt, warum die Räucherpfannen im Nachhinein als „heilig" genug für den Misbeach betrachtet wurden?

MISBEACH-PANIER ✧ Im Werk „Levi'at Chen" wird die Frage jedoch auf recht solide Art beantwortet: Durch die Pfannen wurden schließlich im Endeffekt klare Verhältnisse geschaffen. Es wurde klar, wer jetzt die richtigen Anführer und Hohenpriester sind. Damit wurde Hashem eindeutig etwas Gutes getan und sein Name wurde dadurch geheiligt. Die Pfannen waren somit sehr wohl an einer „heiligen Aktion" beteiligt und wurden damit auch selbst „heilig". Daher waren sie jetzt auch dazu würdig, in eine neue Form gegossen zu werden und fortan als „Misbeach-Panier" die Stellung zu halten.

Erstaunlich ist dabei, dass sogar diese „Pfannen-Heiligung" Sünder in den Mittelpunkt stellt. Nicht nur, weil diese aus dem sündigen Handeln Korachs hervorgingen, sondern auch, weil es die Pfannen ohne die oben erörterte „Sünder-Zwickmühle" wohl nie geschafft hätten, überhaupt als Überzug für den Misbeach zu enden. Und dies könnte uns natürlich wieder einmal zu einer interessanten Lehre führen, die man noch aus der Korach-Story ziehen kann.

MINI-KORACH ✧ Denn jeder Mensch hat gewissermaßen auch einen „kleinen Korach" in sich stecken. Sei es jetzt bei kleinen Streitereien, die sich bei menschlichen Interaktionen naturgemäß ergeben können, oder bei den „inneren Konflikten" einer

---

[201] Zentrale Darbringungsstätte im Bet HaMikdash, hebr. „Misbeach".

Der neue Leiner

Person selbst. Vielleicht ist ja sogar ein Teil des „Jezzer Haras" – des bösen Triebs – wie ein kleiner Mini-Korach, der die Verfechter der Tora – und zu guter Letzt wohl auch die Tora selbst – verhöhnt. Wie ein „innerer Korach", der versucht, einen gegen die „Erfüllungsgehilfen" von Hashems Weltenplan und gegen diesen Plan selbst aufzubringen.

Die Frage ist nur: Wie bringt man „seinen" Korach schließlich und endlich zum Schweigen? Schlagstöcke oder Tränengas werden hier sicher nicht helfen. Dem Korach-Jezzer seinen Raum zu geben, kann hingegen sogar zu einem inneren Frühlings-Aufstand führen. Denn umso mehr Freiraum man dem bösen Trieb gibt, desto eher wird er sich ein „Sicherheitsleck" finden, durch das er in das Kedusha-Netzwerk eines Juden eindringen kann.

UMKEHRSCHUB ✧ Inspiriert von Moshe Rabbenus Ketoret-List lässt sich hier aber doch eine geeignete Methode finden: Nämlich einfach den Jezzer in seiner persönlichen Kedusha-Arbeit ein wenig „miträuchern" zu lassen und schließlich aus dem „Bösen" einen Überzug für seinen privaten, inneren Misbeach zu machen! Denn so wie die Chelbena ein Teil der Ketoret ist, können auch die eigenen Sünden und der Trieb dazu zum Guten genutzt werden. Man kann seine eigenen Schwächen in Bezug auf den Dienst an Hashem in Stärken umwandeln und diese schließlich in seine „Kedusha" miteinbinden!

Dazu ist es allerdings zuerst notwendig, dass man sich seine Schwachstellen auch eingesteht. Ein Prozess, der übrigens jeder Teshuva – Rückkehr zu Hashem – vorausgehen muss. Doch mit der verwirklichten Teshuva werden schließlich alle Sünden, auf die man ab nun verzichtet, in glitzernde Verdienste umgewandelt. Und das sind fürwahr „duftende Rauchsignale", die die Ketoret uns bis heute noch senden kann. Wo der Mashiach bereits am Straßenrand zur Abholung bereit steht, gilt es, keine Zeit mehr zu verlieren. Denn ehe wir es uns versehen, wird er sich ein „Urwiener Taxi" heranpfeifen und mit einem knappen „Jerushalajim, bitte" das Zeitalter der endgültigen Erlösung einläuten, Bimhera Bejamenu, Amen!

חקת
Chukat

Das vereitelte Pogrom

Moshe Rabbenu traf nach der langen Wüstenreise auf den König Edoms und bat in einem diplomatischen Treffen um die Durchreiserlaubnis[202]. Doch auch alle noch so schönen Versprechungen und Überredungsversuche ließen den König kalt. Er weigerte sich, dem Gesuch stattzugeben.

Die richtige Sprache mit Königen, Herrschern oder Regierungsvertretern zu finden stand demnach seit jeher ganz oben auf der Agenda jüdischer Führungspersönlichkeiten. Wie sehr sich manche dieser Personen dabei im Laufe der Geschichte in Gefahr brachten, und wie groß deren Opferbereitschaft manches Mal war, kann die folgende wahre Geschichte verdeutlichen:

Das nächste Pogrom schien in der Luft zu liegen. Es hatte mit einem Streit zwischen den russischen Waldbesitzern und den jüdischen Holzhändlern in der Gegend von Smolensk in Weißrussland begonnen. Die Waldbesitzer konnten den Erfolg der Juden nicht mitansehen und hatten üble, antisemitische Gerüchte über die Holzhändler verbreitet.

---

[202] Bamidbar 20,14.

Der neue Leiner

ATTACKEN ✧ Die vergiftete Atmosphäre wirkte sich rasch aus und es gab bald erste Attacken auf jüdische Geschäfte. Überall war der Hass spürbar und es fehlte nur mehr ein kleiner Funke, um ein Lauffeuer zu entfachen.

Die Funktionäre und die reichen Mitglieder der jüdischen Gemeinde versuchten, ihren Einfluss geltend zu machen, doch sie konnten nichts bewirken. Rabbi Shmuel aus Lubawitsch, auch der „Maharash" genannt, war bekannt für seine Aufopferung für alle Juden. Er versuchte auch jetzt trotz der aussichtslosen Lage, die Situation noch zu retten, und startete eine riskante Aktion.

Er fuhr ins Ausland und traf sich mit einflussreichen Persönlichkeiten, um sie dazu zu bewegen, Druck aus Russland auszuüben. Er traf zum Beispiel auf die Leiter großer Banken in Frankreich und Deutschland, die mit Russland in Geschäftsverbindung standen. Er überzeugte sie davon, dass sie ihre Darlehen an Russland solange zurückhalten sollten, bis die Sicherheit der Juden wieder gewährleistet war.

Als er von seiner Reise zurückkehrte, mieden ihn die Funktionäre der jüdischen Gemeinde auf einmal. Sie hatten Angst, dass er die Regierung erzürnt hatte und man ihnen nun schaden würde. Doch der Rabbi dachte nur weiter an seine Rettungsaktion: „Ich sehe keinen anderen Weg, ein Pogrom zu verhindern, als sich mit dem Zar selbst zu treffen", meinte er.

INNENMINISTER ✧ Keiner der Funktionäre wagte es, den Rabbi zu begleiten. „Keine Sorge", sagte dieser nur, „ich werde zwei meiner Chassidim mitnehmen. Die fürchten sich vor niemandem."

Es handelte sich um Chaim Mashaev und Nachum Hermatant. Sie erzählten später folgende Begebenheiten:

„Wir fuhren damals nach St. Petersburg, wo der Rabbi ein Treffen mit dem russischen Innenminister arrangieren konnte. Der Rabbi erklärte uns, dass er ganz direkt zum Minister sein wollte: ‚Ich bin nicht anders als meine Vorväter, die mit ihrem Leben für das Wohlergehen der Gemeinde einstanden. Ich denke nicht an mich!', sagte er.

Unerschrocken betraten wir den Palast des Ministers. Das edle Auftreten des Rabbis, seine imponierende Kleidung und seine noble Stimme schienen sogar den Minister zu beeindrucken. Er sprang auf und eilte zum Rabbi, um ihm die Hand zu schütteln und ihm einen Sitzplatz anzubieten.

Gleich darauf änderte sich seine Miene jedoch und er wurde zornig: ‚Glaubst du, dass wir über deine Aktionen im Ausland nicht Bescheid wissen? Die Regierung weiß alles! Wen du getroffen hast und was du gesagt hast! Aus unserer Sicht hast du schweren Verrat begangen!'

SEELENRUHIG ✧ Wir beobachteten den Rabbi ganz genau. Trotz der harschen Worte, die wohl niemand ungerührt lassen würden, blieb er seelenruhig. Ganz im Gegenteil – als der Rabbi zu sprechen anfing, erschrak der Minister ...

‚Und was hält eure Regierung eigentlich davon', erwiderte er bissig, ‚dass man unser Blut vergießt und unser Vermögen raubt? Sollen wir etwa stillsitzen und schweigen, uns vielleicht noch niederknien und bedanken? Wir sind treue Bürger dieses Landes. Es genügt schon, dass ihr unseren Wohnraum ohne jeden Grund eingeschränkt habt. Sind wir jetzt nicht einmal dazu berechtigt, von der Regierung vor böswilligen Randalierern beschützt zu werden?'

Der Minister war sprachlos und der Rabbi fuhr fort: ‚Ich trete heute im Namen aller Juden an sie heran, um sie um eine Audienz beim hochwürdigen Zaren zu ersuchen. Ich möchte auch ihm von der schweren Situation der Juden berichten. Vielleicht kann er uns den Schutz bieten, der uns gebührt?' Der Rabbi hatte die ganze Zeit über in perfektem, gehobenem Russisch gesprochen.

COURAGE ✧ Der Innenminister, der schon an vielen Dekreten gegen Juden beteiligt war, hatte nicht die Courage, ihm etwas zu entgegnen. Er schwieg einige Zeit und sagte dann: ‚Gib mir ein paar Tage, um die Lage zu überblicken. Ich werde mit einer konkreten Antwort an dich herantreten.'

Noch am selben Abend erlitt der Rabbi einen Schwächeanfall. Wir riefen einen Arzt, der ihn behandelte, bis er wieder zu sich kam. Der Rabbi ächzte: ‚Das heutige Treffen hat mich viel Kraft gekostet. Aber es hat sich ausgezahlt!'

Schließlich wurde der Rabbi zum Innenminister gerufen. Er erklärte ihm, dass der Termin mit dem Zaren nicht zustande kommen würde, da dieser ‚sehr beschäftigt' sei. Aber er versprach ihm, dass er seine Anliegen ernst nehmen würde. Und tatsächlich erhielten die Vorsteher der Provinzen innerhalb kurzer Zeit den entschiedenen Befehl, die aufgeheizte Stimmung gegen die Juden wieder zu beruhigen und ein Pogrom zu verhindern. Außerdem sollten sie von nun an mehr mit den Juden kooperieren und das Zusammenleben einfacher gestalten.

Der neue Leiner

Wir waren Zeugen dieser Geschehnisse und erlebten selbst die enorme Opferbereitschaft des Rabbis, die nur ein wahrer Anführer des jüdischen Volkes zeigen kann", beendeten die zwei ihre Geschichte.

Der „Maharash" kann uns somit als gutes Beispiel dafür vorangehen, was ein wahrer Anführer auch in „modernen Zeiten" noch bewirken kann, und dass es sich am Ende auszahlt, Kraft zu investieren.

בלק
Balak

Im Himmelszelt davonfliegen

*E**iner der bekanntesten Aussprüche Bilams ist wohl derjenige über die betuchten Behausungen des jüdischen Volkes in der Wüste[203]. „Wie gut sind deine Zelte, Jakov, deine Wohnstätten, Jisrael!", frohlockte der einäugige Prophet.*

Was ihn laut Rashi besonders begeisterte, war, dass die Zelte im jüdischen Wüstenlager versetzt voneinander aufgestellt waren. Damit lagen sich auch die Zelteingänge nicht gegenüber und man konnte niemandem „etwas abschauen". Eine glatte Absage an Schaulustige aus der neugierigen Nachbarschaft, und zugleich eine Stärkung der Sittsamkeit und Moral nach Tora-Idealen innerhalb der jüdischen Gesellschaft.

Andererseits mutet die Ausdrucksweise dieses sittlichen Faktums doch etwas eigenartig an. Obwohl Bilam hier ja seine Dichtkunst unter Beweis stellen wollte, gibt der parallele Satzaufbau mit Synonymbegriffen einem eine regelrechte Denksportaufgabe auf. Zuerst „Jakovs Zelte", und dann „Jisraels Wohnstätten". Folgt darauf etwa noch „Shlomos Penthouse"?

<u>PENTHOUSE</u> ✧ Der Chatam Sofer interpretiert das aber nun in etwas anderer Art und <u>Weise.</u> Bekanntlich hatte Urvater „Jakov" den Namen „Jisrael" in einem gigantischen

---
[203] Bamidbar 24,5.

Der neue Leiner

Kampf gegen einen bösen Engel „errungen". „Jisrael" beschreibt diese „Winner-Identität" unseres Urvaters. Nach der Schlacht war er auf einer höheren geistigen Ebene als davor. Somit soll „Jisrael" immer auf eine übergeordnete spirituelle Stufe hindeuten.

Jeder Jude, meint der Chatam Sofer, muss tagtäglich auf die Weiterentwicklung seiner eigenen spirituellen Stufe schauen. Er muss seinen stetigen, aber stufenweisen Aufstieg in Sachen Spiritualität richtiggehend pflegen. Allen Anfang macht dabei das Tora-Studium, erklärt der Chatam Sofer.

Nur durch ständiges und vertiefendes Lernen von Tora und Talmud kann die Reise zum übergeordneten spirituellen Ich beginnen.

ZELT DER TORA ✧ Bilams „Zelt" soll genau dieses „Zelt der Tora" – wie das Torastudium im Talmud gerne genannt wird – versinnbildlichen. Die „Wohnstätten" wiederum beschreiben das „Ruhen der g'ttlichen Präsenz", die sich an einem Ort niederlässt beziehungsweise „wohnt".

Der Chatam Sofer interpretiert den Satz „Wie gut sind deine Zelte, Jakov" nun folgendermaßen: Wenn du noch auf der niedrigeren spirituellen Stufe – „Jakov" genannt – bist, dann nimm dich doch ein wenig des „Zeltes" – dem Torastudium – an. Und dadurch wirst du aufsteigen und zu einer „Wohnstätte" für die g'ttliche Präsenz werden, so dass du fortan den Titel „Jisrael" in deinen Lebenslauf mit aufnehmen kannst.

So gesehen muss „Shlomo" wohl noch auf sein „Penthouse" warten. Spirituelle Beschäftigung gibt es aber bis dato noch allemal.

Bis in den Tod

Balak engagierte Bilam bekanntlich[204], um das jüdische Volk zu verfluchen. Doch dieser sah sich bis zuletzt nicht in der Lage dazu, da er von G'ttes Willen abhängig war (wohl wie wir alle ...). Sein Fluchversuch wurde in Worte des unermesslichen Segens und des Lobes umgewandelt.

---

204 Bamidbar 23,10.

„Wer zählt den Staub von Jakov, die Zahl der Geburten Jisraels", entkam es ihm gar bei einem dieser Versuche. Eine essenzielle Liebesbekundung den Bnei Jisrael gegenüber!

So weit sogar, dass ihn diese „Liebe" bis in den Tod verfolgen sollte: „Ich möchte den Tod der ‚Geraden' sterben!", rief er gleich danach aus! Mit den „Geraden" sind selbstverständlich die Zadikim gemeint. Leben wollte er wie ein „Bilam", sterben wie ein „Zadik"!

TESHUVA ✧ Der Ohr HaChaim erzählt an dieser Stelle übrigens, dass ihm selbst Sündiger gesagt hatten, dass sie bereit wären, zu Hashem zurückzukehren, Teshuva zu tun. Aber nur, wenn sie gleich danach sterben würden. Ein Leben in Teshuva sei ihnen zu viel!

Darum bat auch Bilam, meint er. Er wusste, dass er kein Leben als Zadik führen konnte. Er könnte höchstens als Zadik sterben. Wie glücklich sind wir daher, dass wir sehr wohl in Teshuva leben können. Es fehlt nicht viel dazu, jeder hat den „Funken" in sich!

Nomen est Omen

Der erste Wochenabschnitt, der nach einer wichtigen Persönlichkeit benannt wurde, ist Parashat „Noach". Was durchaus nicht unpassend ist, bezeugt doch Hashem selbst, dass Noach ein „vollkommener Zadik" war. Ähnlich wie eine Straße nur nach einer wichtigen, geachteten Persönlichkeit benannt wird.

Doch ab und an gibt es ja bekanntlich Proteste, wenn die Zeiten sich ändern und ehemalige „Persönlichkeiten" im Wandel der Zeit nun doch als „Bösewichte" angesehen werden. Je nachdem, welches Wertsystem die Menschen wohl gerade für richtig halten. Und dann ändern sich die Straßennamen, ganz zur Freude der Visitenkarten-Druckereien und Stempelhersteller.

Der neue Leiner

Doch wie ist es andererseits möglich, dass im „ewigen Wertsystem" der Tora unsere dieswöchige Parasha nach einem „Bösewicht" benannt wurde? Balak war schließlich derjenige, der Bilam angeheuert hatte, um die Bnei Jisrael zu vernichten! Brauchen wir einen neuen Parasha-Stempel?

BÖSEWICHT ✧ Rav Josef Perlman erklärt, was es damit auf sich hat. Erstens entpuppt sich Balak beim näheren Hinsehen nämlich gar als ziemlich milder „Bösewicht". In der Tat, er hat Bilam angeheuert. Aber er wollte ja nur sein Volk schützen! Außerdem finden wir in der Art und Weise, wie er das tun wollte, ein gewisses Zeugnis, dass er an Hashem glaubte. Denn Bilam sollte das jüdische Volk ja mit seinen „eigenen Waffen" – Gebeten zu Hashem – schlagen. Weiters brachte er insgesamt 42 Darbringungen während dieser Episode, ein weiteres Verdienst des „Bösewichts".

Wichtigster Punkt ist jedoch, auch seine Nachkommenschaft ein wenig in Betracht zu ziehen. Balak hatte nämlich Nachkommen, die zum Judentum übertraten: Ruth, die Moabiterin! Sie war die Tochter des Königs Eglon, einem Nachkommen von Balak. Und Ruths Enkelsohn der siebten Generation war bekanntlich David HaMelech, der Großvater des Mashiachs!

Manchmal sind Dinge nicht so, wie sie scheinen. Ein „ehrenwerter" Mensch entpuppt sich als „Übeltäter" und ein „Bösewicht" kommt zu ungeahnten Ehren. Die Frage ist wohl, welche Messlatte man sich zurechtlegt. Am besten die der Tora natürlich!

Ein Haus voller Gold

*B*ilam wollte nicht sofort mit den Gesandten Balaks mitgehen, er fürchtete Hashem zu sehr. „Nicht einmal, wenn mir Balak ein ganzes Haus voller Silber und Gold geben würde, wäre es mir gestattet, Hashems Befehle zu missachten", sagte er[205].

---
[205] Bamidbar 22,18.

Auf den ersten Blick spielt er da auf G'ttes Größe und seinen eigenen niedrigen Status an. Denn nicht einmal großzügige Gaben könnten ihn dazu bringen, etwas gegen den König des Universums zu unternehmen.

Söldner ✧ Doch laut Rashi zeigt Bilam hier einmal mehr seine wahre Seite: „,Ein ganzes Haus voller Silber und Gold' – daraus lernen wir, dass er gierig war und das Geld von Anderen begehrte. Er sagte: ‚Er sollte mir sein ganzes Silber und Gold geben. Ohne mich müsste er viele Söldner bezahlen. Ob er gewinnt, oder nicht, bleibt dabei aber ein Zweifel. Aber ich, ich gewinne auf jeden Fall.'"

Ein schlechter Charakter zeigt sich in jeder Lebenssituation. Sogar wenn man etwas Gutes tun oder sagen möchte, kommt er zum Vorschein. Einzige Lösung: Die Wurzel allen Übels angreifen und am Charakter feilen. Für Bilam war es wohl zu spät.

פינחס
Pinchas

Ein kleiner Schritt für die Menschheit

Neil Armstrongs Mutter hätte sich wohl niemals träumen lassen, dass ihr Neugeborenes das Wiegenlied vom „Mann im Mond" so ernst nimmt. Doch tatsächlich kam er diesem Titel äußerst nahe und ging als erster Mann „am" Mond in die Geschichte ein. Die Bedeutsamkeit dieses Ereignisses ist für den eifrigen Parasha-Lerner dabei eigentlich nicht allzu groß. Er mag sogar Teil jener Truppe sein, die die ganze Affäre um den Mondflug nur für reine Schwindelei hält. Denn immerhin holt den unermüdlichen Tora-Studenten in diesem Wochenabschnitt sein eigenes Raumschiff für einen Privatflug zum Erdtrabanten ab. Zumindest aus lerntechnischer Sicht.

Hierfür muss man sich zwar doch parashamäßig ein wenig nach vorne hanteln, wird aber im Endeffekt durch den genüsslichen Ausblick auf die „furchigen Mondkrater", die man zu sehen bekommt, belohnt. Zuerst begegnet man beim Lernen Herrn Rabbiner Pinchas Ben Elasar persönlich, dann lernt man die gesamte jüdische Wüstenfamilie namentlich kennen und wird schließlich noch Zeuge von den Vorbereitungen zu Jehoshuas Machtübernahme. Und lasst uns die „Geo-Lotterie" um die Landesverteilung inklusive kluger VerhandlerInnen aus dem Stamm Menashe nicht vergessen! Doch kaum hat man diesen Parasha-Raketenstart einmal hinter sich gebracht, bietet sich bereits die nächste Gelegenheit zum Staunen: Die guten alten Feiertage kehren zurück!

Sie zeigen sich zwar nicht von ihrer gewohnten Seite, etwa mit Sondermenüs oder mit raschelndem Pflanzendekor geschmückt, aber man kann sie durch die Luken des hebräischen Raumkreuzers dennoch ganz genau erkennen. Und mit was für einer „Opferbereitschaft" die Tora vorangeht! Ein ständiges Opfer, ein monatliches Opfer, ein Neujahrsopfer. Ganze Opfergruppen für das Laubhüttenfest, das Pessachfest und natürlich auch das frühsommerliche Wochenfest. Man kommt aus dem Feiern beinahe nicht mehr hinaus! Wie schön, dass die Tora hier einen „Stern am Himmel" aufblitzen lässt und uns an die Rituale erinnert, die nach der bevorstehenden Erlösung – Bimhera Bejamenu – wieder zum Alltagsleben des jüdischen Volkes dazugehören werden.

SONNENSEITE ✧ Aber nun zur angesprochenen Mondlandung. Um diese allerdings mit der notwendigen Präzision durchführen zu können, muss man sich noch ein wenig in Astronomie und Raumfahrtkunde schulen lassen. Ein wenig mehr Verständnis für die Beschaffenheit unserer natürlichen Leuchtelemente würde beispielsweise schon Abhilfe schaffen, um die Landedüsen unserer Apollo-Raumkapsel einmal richtig einzustellen.

Die Gemara[206] erzählt hiezu eine interessante Episode aus der Schöpfungsgeschichte. Ursprünglich hatte Hashem unsere beiden altbekannten Himmelskörper nämlich als zwei gleichwertige Leuchtmittel konzipiert. Sonne und Mond waren zu diesem Zeitpunkt tatsächlich gleich groß und die ganze Welt kam scheinbar in den Genuss einer doppelten Lichtdosis. Wohl aus Ermangelung einer florierenden Gastronomiebranche war dabei der Spruch „zu viele Köche verderben den Brei" noch nicht zu aller Ohren vorgedrungen. Denn allen markttechnischen Wettbewerbsregeln folgend baute sich natürlich bald ein Konkurrenzverhältnis zwischen Sonne und Mond auf. „Zwei Könige können sich nicht derselben Krone bedienen", ätzte da der Mond die Sonne an. Er hatte möglicherweise ein Auge zu viel auf die „Sonnenseite" des Lebens geworfen und wollte sich jetzt als „oberster Leuchtkörper" etablieren.

SCHRUMPFMOND ✧ Doch Hashem, der den Ekelmond lange genug beobachtet hatte, fackelte nicht lange. Er verkleinerte die übellaunige Käsekugel einfach! Schließlich hatte er ja selbst gesagt, dass es keine zwei Könige geben könnte. Voilá! Da hatte er den Leuchtsalat mit Käsedressing! Der geschrumpfte Mond sollte uns seit damals zwar

---
[206] Mes. Chulin 60a.

als prominenter Himmelskörper erhalten bleiben, aber er musste doch einen Großteil seiner „Feuerkraft" einbüßen. Wichtiges Detail am Rande: Hashem rechnete es der Sonne hoch an, dass sie während des gesamten Streits geschwiegen hatte. Schließlich hätte Hashem ja auch dem Mond stattgeben und die Sonne einfach abmontieren können. Vielleicht hatte er aber genau aufgrund der sonnigen Bescheidenheit den Weg gewählt, den Mond zu verkleinern, und nicht die Sonne.

TAKTIK ✧ Wie dem auch sei, Rashi[207] zitiert nun bei der Beschreibung der Darbringungen von „Rosh Chodesh" – dem Monatsanfangsfeiertag – in dieser Parasha einen interessanten Midrash bezüglich der g'ttlichen Schrumpftaktik. Sein Kommentar bezieht sich dabei auf den Fakt, dass man zu „Rosh Chodesh" auch ein „Sündenopfer" darbringen musste. Normalerweise werden diese Opfer von Sündigern als Möglichkeit genutzt, nach deren Reue und Rückkehr zu Hashem eine endgültige Sühne vor G'tt zu erwirken. Das in Hebräisch als „Chatat" bezeichnete Sündenopfer ist damit eigentlich kein klassisches Feiertagsopfer. Warum sollte man denn allmonatlich eine „automatisierte Sühne" vor Hashem bewirken müssen? Was hat das „Chatat" bei den „Rosh-Chodesh"-Darbringungen zu suchen?

Rashi klärt diese Frage jedoch mit dem folgenden Kommentar auf: „Hashem sagte: Bringt ein Sündenopfer als Sühne dafür dar, dass ich den Mond verkleinert habe!" Das also war der Grund für das Chatat am Rosh Chodesh: Man sollte Sühne dafür erwirken, dass Hashem den Mond verkleinert hat! Der Zusammenhang mit dem Mond wird dabei allzu deutlich, werden doch die jüdischen Monatsanfänge laut dem Mondzyklus berechnet. Und Rosh Chodesh bezeichnet wie gesagt den Monatsanfang, wenn der Mond sich versteckt. Das Verwunderliche ist aber: Warum müssen wir allmonatlich ein Sündenopfer dafür darbringen, dass Hashem den Mond kleiner gemacht hat? Ist das nicht eine Angelegenheit zwischen „Mond und G'tt"? Und Neil Armstrongs Apollo-Kapsel war zu diesem Zeitpunkt wohl noch in viel zu weiter Ferne, um irgendwelche Probleme mit dem Mond anrichten zu können!

ZADIKIM-POPULATION ✧ Doch wie so oft lassen uns die ehrenwerten Kommentatoren mit diesen Fragen nicht allein. Beispielsweise Rav Zwi Horowitz, der vor etwa 200 Jahren der Rabbiner Frankfurts war, geht in seinem Werk „Lachmej Toda" auf diese mysteriösen Verwicklungen ein. Er versucht die Problematik dabei mit einem anderen interessanten Midrash aufzulösen. Dort wird erzählt, dass Hashem vor Aus-

---

207   Bamidbar 28,15.

stellung der „Fertigstellungsanzeige" für den Betrieb der Erdenlichtanlage noch Bedenken hatte. Er fürchtete, dass sein Beleuchtungsplan „zu gut" für diese Welt sei und „versteckte" einen Teil des Lichts daher erst einmal.

Das Licht, das während der sechs bis sieben Schöpfungstage waltete, war nämlich nicht bloß ein „Aufheller" in Form einer einfachen Lichtquelle. Es handelte sich vielmehr um ein tiefes, spirituelles Licht, das hier leuchtete. Die Sonne strahlte da eine Art Helligkeit aus, mit der man beispielsweise die Begebenheiten von einer Ecke der Welt bis zur anderen mitverfolgen konnte, und das ganz ohne „Social Media"! Doch für ein solch heiliges Licht war die Menschheit einfach noch nicht bereit!

Daher „versteckte" Hashem dieses Licht für die zukünftigen – möglicherweise gar unsere – Generationen, wenn Mashiach einmal eintreffen und das Zeitalter der endgültigen Erlösung ausrufen wird. Doch in diesem „erlösten" Zeitalter wird die ganze Menschheit schließlich den Wert der Tora von selbst erkennen. Dies wird sicherlich auch die Tatenbilanzen des jüdischen Volkes weit in die schwarzen Zahlen heben und für eine exponentiell wachsende „Zadikim-Population" sorgen. Und für diese ist das „versteckte Licht" dann sicher nicht mehr „zu gut"!

SONNENMOBBING ✧ In Bezug zu unserer Suche nach dem „Mann im Mond" ergibt sich daraus laut dem Lachmej Toda nun ein wichtiger Schlüssel zu einem besseren Verständnis der Materie. Denn die eigentliche Frage lautet: Warum hatte Hashem den Mond nach seinem „Sonnenmobbing" verkleinert? Wäre es nicht noch besser gewesen, die Sonne einfach zu vergrößern? Damit hätte Hashem erstens dem Mond so richtig eins ausgewischt und zweitens auch die Sonne ein wenig für ihr mustergültiges Verhalten – im Angesicht des streitsüchtigen Mondes zu schweigen – belohnt!

Doch aufgrund des genannten Midrashs über das „versteckte Licht" kann man diesen Gedanken gleich wieder verwerfen. Hashem konnte die Sonne ja gar nicht größer machen, weil das Licht der Schöpfungstage ohnehin schon „zu gut" für diese Welt war. Sogar dieses musste er vor der Menschheit verstecken! Noch ein stärkeres Licht hätte die Welt dann sicher nicht vertragen, meint der Lachmej Toda. Daher blieb Hashem nun nur mehr „Plan B" übrig und er musste folglich den Mond verkleinern. Doch Schuld daran hatten eigentlich nur die Menschen, für die das Licht „zu gut" war. Hätten die Menschen vergangener und gegenwärtiger Generationen sich nämlich ein wenig mehr in Sachen G'ttesdienst, Wohltätigkeit und guten Taten angestrengt, so wäre das Licht gar nicht zu gut für diese Welt gewesen!

WANKELMÜTIG ✧ Damit wird nun eines klar, meint der Lachmej Toda. Der geschrumpfte Mond kann sich für seine verkümmerte Daseinsform bei den wankelmütigen Nicht-Zadikim und damit wohl auch bei uns selbst bedanken! Wären wir bessere Juden, hätte Hashem den Mond bei seiner ursprünglichen Größe belassen und einfach der Sonne einen Wachstumsschub erteilen können.

Der Rückschluss zum Sündenopfer am Rosh Chodesh wird damit jetzt nur noch zu einer Formsache. Denn es gäbe für uns gar keinen besseren Zeitpunkt, unseren verfehlten Zadikstatus zu bereuen, als am Rosh Chodesh, wenn der Mond – „Nebbach" – am meisten unter seinem Schrumpfungssyndrom leidet und absolut nicht sichtbar ist! Und alles nur, weil wir uns schon wieder nicht aufgerafft haben, um endlich der Tora-Realität ins Auge zu blicken und zu tun, was von einem guten Juden verlangt wird! Rashis Zitat: „Bringt ein Sündenopfer als Sühne dafür dar, dass ich den Mond verkleinert habe!", ist damit nun eine mehr als passende Erklärung dafür, dass wir am Rosh Chodesh ein Chatatopfer darbringen müssen. Schließlich sind wir selbst an der Verkleinerungs-Misere schuld!

RIESENSPRUNG ✧ Nachdem der Tora-Mondfähre nun endlich die Landung gelungen ist, sollte sich jetzt ein jeder selbst ein wenig in die Pflicht nehmen und den „furchigen Mondkrater" genauer begutachten. Die Tora beschreibt Ideen und Konzepte, die Ewigkeitswert haben, die heute mehr als je zuvor gültig sind. Neil Armstrong mag mit seinem Zitat[208] aus anderen Gründen Weltberühmtheit erlangt haben. Aus Tora-Sicht ist der Spruch jedoch von allerhöchster Aktualität. Ein „kleiner Schritt eines Menschen" in Sachen G'ttesdienst, Wohltätigkeit und guten Taten kann einen „Riesensprung" für die Menschheit bedeuten und Mashiachs Kommen herbeiführen.

Anfangen muss man allerdings mit Klein- und Kleinstschritten mitten aus dem alltäglichen Leben, wobei der Shabbat dafür eine tolle Einstiegsmöglichkeit bietet. Denn nur auf diese Art wird man der Tora, Hashem und der Erlösung wirklich näherkommen. Und aus den vielen „kleinen Schritten für die Menschheit" wird mit Hashems Hilfe noch heute, aber spätestens kommende Woche Mashiachs „Raumkreuzer" schleunigst zur Landung in unseren „furchigen Kratern" ansetzen und sämtlichen Kampfansagen zum Trotz den Beginn eines erlösten, friedlichen Zeitalters verkünden, Bimhera Bejamenu, Amen!

---

208 "That's one small step for man… one… giant leap for mankind", Neil Armstrong, Juli 1969, Mond.

Abstand gewinnen

*E*igentlich sollte der Wochenabschnitt „Pinchas" um einige Sätze früher beginnen, als er es tut. Denn die Tora berichtet bereits am Ende der vorherigen Parasha von der heldenhaften Eifertat des Pinchas, dem Enkelsohn Aharon HaKohens. Am Beginn von der Parasha, die nach ihm benannt ist, wird jedoch nur die Belohnung, die er für seine Tat erhielt, angesprochen. Doch die Tat, die eigentlich belohnt wurde – nämlich die Wiederherstellung der „Ehre" des jüdischen Volkes – ist noch in den vorherigen Abschnitt der Parashat Balak eingebunden.

Diese künstliche Unterbrechung der Pinchas-Geschichte fordert daher eine Erklärung. Warum wurde die Einteilung der Parashot von unseren Weisen so angesetzt, dass die Tat und ihre Belohnung voneinander separiert wurden?

BELOHNUNG ✧ Der „Ba'al HaSmag" weiß jedoch Rat: Bei jeder Eifertat eines Menschen muss man nämlich zuerst prüfen, ob er dies auch aus den richtigen Intentionen hinaus getan hat, und nicht etwa aus persönlichen Gründen. Dass dies bei Pinchas offensichtlich der Fall war, scheint klar, schließlich erhielt er von Hashem eine „Riesenbelohnung" für seine Tat. Doch genau diesen „Kontrollbedarf" wollte die Tora nun laut dem Smag mit der künstlichen Unterbrechung hervorheben. Denn nicht jeder Eiferer hat die spirituelle Statur eines Pinchas!

So gesehen kann uns die „räumliche Aufteilung" der Pinchas-Story aber auch eine wichtige Lehre mit auf den Weg geben: Auch Taten, die voreilig wirken, darf man nicht voreilig verurteilen! Abstand gewinnen ist oft die beste Reaktion im „Eifer des Gefechts"!

Nichts ist umsonst

Pinchas hatte scheinbar das „Talent des Moments". Er wusste sogar in einem Augenblick der Verwirrung unter den Anführern des Volkes genau, was zu tun war. Sogar Moshe Rabbenu setzte keinerlei Aktionen gegen diejenigen, die dem Götzendienst des „Ba'al Pe'or" und seinen Begleiterscheinungen verfallen waren.

Nur Pinchas alleine scheute sich nicht, vor den Augen der untätigen Volksvorstände selbst „Hand anzulegen" und den Wahn zu stoppen.

Den Lohn dafür erhielt Pinchas sogleich. Hashem stufte ihn ab nun in der allerhöchsten Kaste der Bnei Jisrael ein und Pinchas wurde zu einem waschechten Kohen! Er ist nach Aharon und seinen Söhnen damit wohl der einzige Mensch der Welt, der erst im Laufe seines Lebens zum Kohen „geworden" ist.

ZU UNRECHT ✧ Der Midrash merkt dabei an, dass Pinchas „seinen Lohn zu Recht erhalten" hat. Was etwas verwunderlich ist, schließlich wäre es uns nicht einmal im Traum eingefallen, dass Hashem den Pinchas wirklich „zu Unrecht" belohnt hat!?!

Der Kommentator „Kometz HaMincha" erklärt jedoch, dass der Midrash hier sehr wohl einen neuen Aspekt in der g'ttlichen Lohnverrechnung hervorhebt. Normalerweise würden nämlich brave und eifrige G'ttesdiener auf „dieser Welt" gar keinen Lohn bekommen. Im Gegenteil, alle Pluspunkte, die man auf Erden sammelt, werden erst im „nächsten Level" ausbezahlt! Erst in der „Olam HaBa", der „nächsten Welt", kann man den Lohn für seine guten Taten genießen!

Ein Grund dafür ist, dass die Menschen auf dieser Welt einem „Angestellten" Hashems ähneln. Und einem Angestellten zahlt man den Lohn schließlich immer erst im Nachhinein und nach Steuern aus!

Warum aber – stellt sich nun die Frage – war das bei Pinchas eigentlich anders als bei anderen Menschen? Warum wurde er doch sofort auf dieser Welt belohnt?

LOHNVERRECHNUNG ✧ Genau bei dieser Frage setzt laut dem Kometz HaMincha der Midrash an und informiert uns: „Pinchas hat seinen Lohn zu Recht auf dieser Welt bekommen!"

Besagter Kommentator lässt uns nun aber nicht im Stich und erklärt auch noch, warum die „Lohnverrechnung" bei Pinchas jetzt eigentlich anders funktionierte als bei „normalsterblichen" Juden. Pinchas war in der Tat nämlich ganz und gar nicht „normalsterblich". Er ist laut dem Midrash vielmehr niemand geringerer als der Prophet Elijahu selbst!

„Pinchas ist Elijahu", heißt es auch dementsprechend im Midrash, der dem Helden unserer Parasha somit ein überlanges Leben verspricht. Schließlich nimmt Elijahu HaNavi ja noch bis heute an sämtlichen Brit-Mila-Feiern und Sederabenden teil!

TATENBILANZ ✧ Somit wird auch klar, warum man ihn bereits auf dieser Welt für seine gute Tat belohnen musste. Schließlich müsste Hashem ja noch allzu lange warten, um ihm seinen Lohn auf der nächsten Welt auszuzahlen! Und dies will der Midrash laut dem Kometz HaMincha auch unterstreichen, wenn er meint, dass Pinchas seinen Lohn „zu Recht" erhalten hat.

Uns kann dieser Einblick des Kometz HaMincha aber auch in unserem Glauben stärken, dass auch wir eines Tages für unsere guten Taten belohnt werden. Daher sollten auch wir uns das „Talent des Moments" zu eigen machen und unsere Tatenbilanz etwas aufbessern. Denn nichts ist umsonst, der „Lohnverrechner" notiert alles mit!

Vom Pech verfolgt

*D*ie unangenehmsten Erbstreitigkeiten sind wohl diejenigen, die bereits vor dem Eintreffen der Erbschaft ausgetragen werden. Noch bevor der Erblasser sich „im Grabe umdrehen" kann, werden seine Besitztümer in diesem Fall schon auf der „Erbenbörse" gehandelt.

Der neue Leiner

Anders war das jedoch im Falle der „Erbstreitigkeiten" in dieser Parasha. Zwar wurde das Land als „Erbteil" aufgeteilt, bevor die Bnei Jisrael dieses überhaupt erobert hatten. Aber andererseits war es ja bereits unserem Vorvater Avraham als „Erbteil" versprochen worden. Es ging also jetzt nur mehr ums Detail.

Dabei schien vor allem ein Stamm „vom Pech verfolgt" zu sein: Menashe. Eine seiner Familien – „Cheffer" – hatte nicht nur sein einziges männliches Oberhaupt durch seinen vorzeitigen Tod eingebüßt, sondern war obendrein auch noch ohne „Erbberechtigung" am Lande Jisrael geblieben. Denn da nur weibliche Erbinnen vorhanden waren, gingen diese im Erbsystem der Tora leer aus. Nur männliche Nachkommen sollten ein Stück Land erhalten.

ZLAFCHAD ✧ Doch die Töchter des verstorbenen Familienoberhauptes mit dem klingenden Namen „Zlafchad" hatten noch einen Trumpf im Ärmel: ihre Intelligenz! Durch geschickte Argumentation überredeten sie Moshe, das Erbsystem nochmals bei Hashem zu hinterfragen – und sie landeten prompt einen Erfolg! Hashem gab ihrer Bitte nach und er passte das System nun auf eine Art und Weise an, die auch in Zukunft die Rechte weiblicher Erbinnen zu wahren wusste. Rashi erklärt dabei nebenbei bemerkt, dass Hashem die ganze Zeit über vorgehabt hatte, das System so zu praktizieren.

Er wollte den Töchtern des Zlafchad bloß ein zusätzliches Verdienst bescheren, indem dieses Gesetz in ihrem Namen eingeführt wurde.

Im Werk „Ohel Tora" wird übrigens erklärt, wie die jungen Damen Moshe überreden konnten, den Fall nochmals vor Hashem auszubreiten. Die Landnahme von Eretz Jisrael, meint er, sei nämlich vor allem vom Faktor der „Shabbat-Hüterschaft" abhängig. Unsere Weisen sagten in diesem Zusammenhang: „Jeder, der Shabbat der Halacha entsprechend hütet, wird einen grenzenlosen Erbanteil erhalten." Was für ein Versprechen!

Im Umkehrschluss würde das aber bedeuten, erklärt der „Ohel Tora" weiter, dass jemand, der den Shabbat nicht hütet, einen ziemlich begrenzten – nämlich gar keinen – Anteil am Lande Jisrael erhält.

SHABBESVOLK ✧ Der gute Zlafchad jedoch wird in der Gemara[209] als jener Übeltäter identifiziert, der bereits am zweiten Shabbat in der Karriere des „Shabbesvolkes" ein Verbot in aller Öffentlichkeit übertrat!

Andere Lehrmeinungen der Gemara sehen die Sache allerdings ein wenig anders. Zlafchad hätte zwar den Shabbat gebrochen, er hatte aber ein „höheres Ziel" im Sinn. Er wollte den Bnei Jisrael nämlich damit eine Lektion erteilen, was so einem Shabbat-Brecher für Strafe gebührt. Er wollte als „lebendiges Beispiel" für den Shabbat in den Tod gehen!

Die Frage, welche Lehrmeinung im Recht ist, lässt sich aber nur schwer beantworten. Wissen wir denn, was im Kopf des Zlafchads vorging, als er den Shabbat brach? Nicht einmal Moshe wusste das! Da aber das Landeserbe im Sinne des oben zitierten Spruches unserer Weisen von der Shabbat-Hüterschaft abhängt, blieb Moshe nun keine andere Wahl, als Hashem selbst zu überlassen, was Zlafchads Intentionen waren. Denn in seiner Eigenschaft als „Gedankenleser" wusste dieser sicherlich genau, was Zlafchad wirklich im Sinn hatte, als er Shabbat brach! Und Hashem entschied schließlich, dass seine Familie sehr wohl einen Anteil am Lande Jisrael erhält!

Die Gemara preist anschließend auch die Liebe, die Zlafchads Töchter zum Lande Jisrael bewiesen hatten, an. Nur diese hatte sie dahin gedrängt, ihren Erbteil nicht aufgeben zu wollen.

Eines wird somit aus dieser Geschichte mit Sicherheit erkenntlich. Nämlich, dass zwei Sachen wohl jede Grenze brechen können: die Liebe und der Shabbat!

---

209 Mes. Shabbat 96b.

מטות
Matot

Schwebende Könige im freien Fall

Zehntausende Kämpfer der Bnei Jisrael ziehen bis an die Zähne bewaffnet in Richtung Midjan. Eigentlich sieht die Lage hoffnungslos aus, sind die Midjaniter doch in der absoluten Überzahl. Aber die Truppe an ausgewählten Soldaten zeigt keine Furcht. Schließlich geht es darum, in Hashems Namen Rache zu üben. Als strategischer Trumpf erweist sich dabei der Heeresführer und Leiter der Operation, General Pinchas Ben Elasar, der frischgewaschene Kohen, persönlich.

Denn laut Rashi wusste der Namensgeber der Parasha aus der Vorwoche wohl rekordverdächtige militärische Höchstleistungen zu vollbringen. „Man konnte Pinchas Kriegskünste mit der gesamten Armee der Bnei Jisrael aufwiegen", meint Rashi[210] so auch sinngemäß. Der Mann an der Spitze des jüdischen Regiments zählte demnach noch einmal so viel wie alle Soldaten zusammen und steigerte die Wertigkeit der Truppenkontingente somit quasi um das Doppelte. Ob es jetzt 12.000[211], 13.000[212], oder 24.000[213] einzelne Soldaten waren, wie es die Kommentatoren an dieser Stelle recht

---
210 Bamidbar 31,6.
211 Bamidbar 31,4.
212 Siehe Beitrag „Das verschwundene Bataillon", S. 169.
213 Siehe Ba'al HaTurim 31,4.

Matot

lebhaft diskutieren, ist dabei nebensächlich. Pinchas der Eiferer konnte es laut Rashi mit allen aufnehmen!

Nach so einer würdevollen Vorstellung des sagenumwobenen Generals sollte Rashi in seinem Kommentar nun eigentlich höchstens noch mit Lobeshymnen, Ehrenmedaillen oder zumindest einem raschelnden Lorbeerkranz aufwarten. Doch anstatt dessen dreht sich plötzlich der Wind in Rashis Darlegungen: „Warum ging eigentlich Pinchas und nicht Elasar, der Kohen Gadol[214]?", will er mit einem Mal wissen, und antwortet unverzüglich: „Weil Hashem sagte: ‚Wer damit begonnen hat, gegen Midjan Rache zu üben, möge diese auch zu Ende bringen!'" Gerade noch rettet sich Pinchas hier also auf das Tanzparkett der midjanitischen Racheschlacht. Nur gut, dass er damals im Zeltlager die erstbeste Midjaniterin, auf die er gestoßen war, mit dem Speer erlegt hatte. So konnte er nun die Aktion mit der „Lizenz des Primärverteidigers der Bnei Jisrael" auch zu Ende bringen! Ansonsten wäre der Kohen Gadol laut Rashi wohl der geeignetere Kandidat als Rachegeneral gewesen.

MILITÄRISCHE EHREN ✧ Nebenbei bemerkt stufte Hashem die „Rache gegen Midjan" hier als „Mizwa" ein und lässt so bereits durchklingen, dass es sich bei diesem „Gefecht" nicht nur um Blutrache, sondern auch um spirituelle Dinge drehte. Doch eines ist nun wirklich ziemlich verwunderlich: Wo sind denn die angesprochenen militärischen Ehren für Pinchas geblieben? Keine Fanfaren und Trompeten für den Mann mit den 24.000 Speerspitzen? Hatte Rashi denn nicht eben erwähnt, dass Pinchas alleine die Schlagkraft einer ganzen Armee hatte? Warum also schiebt er hier die Frage nach der richtigen personellen Besetzung der Racheoperation ein? Als hätte es Elasar tatsächlich besser machen können als Pinchas, der zähnefletschende Speerkrieger und Eiferprofi mit g'ttlichem Abschlusszeugnis?

Zugegeben, Elasar war der Vater von Pinchas. Aber, ob er das Gebot „Vater und Mutter zu ehren" erfüllt hätte, wenn er seinen Vater in den Krieg schickt, ist wohl eher fraglich. Daher heißt es wieder einmal, ein wenig umherzuschnuppern und sich auf die Suche nach einer Erklärung für Rashis Kehrtwende zu machen. Zuerst Pinchas rühmen und dann in Frage stellen? Was war hier geschehen?

HEILIGE WAFFEN ✧ Um bis zum Kommentator „Binjan Ariel" zu gelangen, muss man nun doch bereits einiges Papier verblättert haben. Denn die klassischen Kommentatoren scheinen sich mit dieser Frage eher weniger abzugeben. Dafür tut sich die

---
214 Oberster Hohenpriester im jüdischen Tempel; Elasar war der Vater von Pinchas.

Antwort – beziehungsweise die Abhandlung – des Binjan Ariel durch ihre absolute Scharfsinnigkeit und Genialität hervor. Allzu weit musste er allerdings nicht laufen, um seinen Argumentationsfaden im richtigen Nadelöhr einzufädeln. Schließlich setzt er gleich beim nachfolgenden Rashi-Kommentar den ersten Nadelstich an!

Die Tora verrät uns nämlich noch im selben Satz, dass Pinchas ganz besondere „Waffen" mit sich führte. Die Tora bezeichnet diese bloß als „heilige Gerätschaften" und geht nicht weiter auf deren zerstörerische oder anderweitig kriegsrelevante Wirkung ein. Nicht so aber unser guter, alter Rashi. Er weiß, womit ein jüdischer General in die Schlacht zieht!

LASERPOINTER ✧ Obwohl nicht alle Kommentatoren seiner Meinung sind, macht er hier zwei Utensilien aus dem Wüstentempel als Artillerieersatz dingfest: den klobigen „Aron"[215] und den minimalistischen „Zitz", einen goldenen, schmalen Schmuckstreifen, der die Stirn des Kohen Gadol während der Verrichtung seines Tempeldienstes zierte.

Während der Aron in der Tora auch zuvor[216] als mobiler „Feindesschreck" Berühmtheit erlangt hat, ist es beim Zitz der erste Auftritt als Mitglied der g'ttlichen Waffenkammer. Fraglich ist jedoch die Funktionsweise des Zitz. Der Aron ist nämlich mit Wunderwirken und übernatürlichen Kräften bestens vertraut. Sogar bei seinem Transport mussten ihn die zuständigen Levi'im nicht einmal in die Hände nehmen, sondern „der Aron transportierte seine Transporteure", wie es im Midrash heißt. Er hatte also scheinbar genügend Kraft in sich, um sich als unzerstörbarer Rammbock eine Fixposition im Arsenal der jüdischen Wüstenarmee zu sichern. Doch wie sollte so ein „Zitzchen" seine Feinde in die Flucht schlagen? Etwa als goldener „Blendspiegel"? War der Zitz denn ein frühgeschichtlicher Laserpointer mit dunkelroter Blendgefahr?

MAGISCHE KRÄFTE ✧ Aber es ist noch nicht aller Tage Abend, und schon gar nicht, wenn man Rashi heißt! Denn er zitiert einen abenteuerlichen Midrash, der uns ein wenig über die Begebenheiten aus dem Midjan-Krieg aufklärt: „Auch Bilam war mit den fünf midjanitischen Königen in den Kampf gezogen", erzählt Rashi sinngemäß. „Durch magische Kräfte ließ er die Könige in der Luft schweben. Auch er selbst schwebte mit ihnen. Doch Pinchas zeigte ihnen den Zitz, und sie fielen aus der Luft hinunter auf die toten Soldaten ihrer eigenen Armeen und starben." Welch magischen

---

215 Bundeslade; Aufbewahrungskasten für die steinernen Gesetzestafeln mit den zehn Geboten.
216 Bamidbar 10,35.

Matot

Kommentar Rashi hier zutage fördert! Pinchas verwendete den Zitz, um schwebende Könige vom Himmel zu holen! Fürwahr eine „Geheimwaffe", auf die die moderne Kriegsführung sicherlich mit Neid zurückblickt.

Der Binjan Ariel möchte nun auf Basis der magischen Erkenntnis unsere Frage nach den ausgebliebenen militärischen Ehren für Pinchas beantworten: Zuerst erklärt Rashi, dass Pinchas so viel wert war wie eine ganze Armee, und dann fragt er, warum man eigentlich nicht Elasar geschickt hat? Doch die Antwort auf diese Frage liegt nun in dem sagenumwobenen Zitz und in dem „Abschuss" der midjanitischen Könige[217].

AUFGABENVERTEILUNG ✧ Als Rashi erklärt, dass Pinchas sich mit einer ganzen Armee „aufwiegen" lässt, hatte er primär nämlich gar nicht seine Schlagkraft im Sinn. Er bezog sich vielmehr auf die Aufgabenverteilung innerhalb der jüdischen Kampftruppe. Pinchas sollte sich um die Könige kümmern, während die Armee gegen das Volk und die Soldaten vorging. Ein jeder König ist dabei genau so viel Wert wie sein Volk, meint der Binjan Ariel ein wenig in Schachspielmanier. Und während die Soldaten um Pinchas nun große Teile der midjanitischen Einwohner bearbeiteten, griff Pinchas deren Könige an, die so viel Wert waren wie das ganze Volk. Schließlich besiegten die Soldaten das Volk und Pinchas „fällte" die Könige. Damit wäre die Leistung des Pinchas der Leistung der Soldaten eigentlich gleichzustellen, meint der Binjan Ariel. Und das meinte Rashi auch, als er Pinchas mit seinen Soldaten gleichstellte. Sie hatten gleichwertige Aufgaben!

Doch an dieser Stelle war von Wunderwerkzeugen noch gar nicht die Rede. Rashi berührt bis dato nur den Punkt der Aufgabenwertigkeit. Dass Elasar als Kohen Gadol hier etwas zu suchen hatte, war da noch unvorstellbar. Schließlich muss doch jemand im Tempel bleiben, um den heiligen Dienst zu verrichten! Elasar hatte am Schlachtfeld nichts zu suchen, er musste Hashems Haus und Heim behüten. Rashi scheint erst beim zweiten Hinsehen festzustellen, dass Pinchas eigentlich mit dem Zitz arbeitete, der eines der acht Kleidungsstücke war, die ein Kohen Gadol unbedingt für den Tempeldienst brauchte. Die acht Kleidungsstücke waren die Uniform des Kohen Gadols. Wenn er diese nicht vollzählig auf sich trug, war sein Tempeldienst unzulässig! Höchstens ein „einfacher Kohen" könnte dann noch im Tempel arbeiten, da er nur vier „einfache" Kleider brauchte!

---

217 Die Tora berichtet u. a. in Bamidbar 31,8, dass es fünf Könige in Midjan gab.

TEMPELDIENST ✧ Der Zitz war jedoch bekanntlich mit Pinchas in die Schlacht gezogen, wie wir aus dem späteren Rashi-Kommentar erfahren. Elasar war somit zum Zeitpunkt des Midjan-Krieges wegen des fehlenden Zitz untauglich für den Tempeldienst! Daher fragt Rashi nun: „Warum ging eigentlich Pinchas und nicht Elasar?" Wenn der Kohen Gadol nicht Hashems Heimatszelt hüten konnte, wäre er dann nicht besser als „höchster Beamter im Staat" in den Krieg gezogen, um Hashems Namen zu ehren?

SCHWERKRAFT ✧ Pinchas könnte ja derweil als „einfacher Kohen" zitzlos den Tempeldienst verrichten! Diese Frage beantwortet Rashi nun treffend: „Weil Hashem sagte: ‚Wer damit begonnen hat, gegen Midjan Rache zu üben, möge diese auch zu Ende bringen!'" Der „Auslöser" der Rache-Mizwa sollte auch derjenige sein, der ihr das i-Tüpfelchen aufsetzt und sie zu Ende bringt. Und das war zweifelsohne Pinchas! Ansonsten wäre tatsächlich Elasar der bessere Kandidat gewesen. Wer weiß, vielleicht konnte er ja mit der „Zitz-Waffe" sogar besser umgehen als Pinchas. Jedenfalls musste Elasar nun scheinbar entweder einen zitzfreien Tempeldienst verrichten, oder einen anderen „einfachen Kohen" um Hilfe bitten. In die Schlacht zog definitiv Pinchas in seiner Eigenschaft als primärer Racheinitiator.

Doch so schön diese Abhandlung des Binjan Ariel auch ist, und so gut sie Rashis Verwirrspiel aufzuklären vermag, bleibt noch ein kleines Fragezeichen offen. Denn die erwähnte Schwebeaktion des Midrashs und der „Abschuss" durch Pinchas muten noch etwas eigenartig an. Während Bilams Intentionen, die Könige „hochgehen" zu lassen, leichter verständlich sind, muss man zumindest die „Blendaktion" des Pinchas eingehend hinterfragen. Die Könige während der Schlacht schweben zu lassen war sicherlich als kluger taktischer Zug des Bilam gemeint. Schließlich waren sie oben, im unberührten midjanitischen Luftraum, vor jeglicher Gefahr sicher. Immerhin war lästiges Raketenfeuer im Gegensatz zur heutigen Zeit damals noch nicht an der Tagesordnung. Aber warum bloß musste Pinchas den Tod der Könige gerade durch deren freien Fall verursachen? Als „olympischer Speerwerfer" wäre ein gekonnter Stoß für ihn doch eine leichte Übung gewesen!

STEINIGUNG ✧ Der Chatam Sofer erklärt jedoch, was es mit der schwerkräftigen Tötungsart auf sich hat. Hashem hatte nämlich gerade diese Strafe für die midjanitischen Könige ausgewählt, weil sie so gut zu deren Verbrechen passte! Sie hatten die Bnei Jisrael zu Abgötterei und Götzendienst verleitet. Hashem hatte die jüdischen

Götzendiener daraufhin mit „Steinigung" bestraft, erklärt der Chatam Sofer. Nicht etwa, dass dies eine leichte Strafe war. Man stellte den Übeltäter dabei auf einen Steilhang, stieß in hinab und bewarf ihn mit groben Felsbrocken. Viel blieb von dem Abgestraften dann nicht mehr übrig!

Die Könige, die die Bnei Jisrael zu einer Straftat, die eine Steinigung nach sich zog, verleitet hatten, sollten nun mit demselben Strafausmaß bestraft werden. Doch woher zaubert Hashem jetzt einen Steilhang her? Doch siehe da! Hier kommt Bilam, Hashems Straf-Joker im midjanitischen Steinigungs-Poker! Er hielt die Schwebeaktion für einen großartigen Einfall, um die Könige zu schützen, doch in Wahrheit war er nur Teil eines g'ttlichen Strafplanes. Die Könige fielen wie Steine vom Himmel, als sie den heiligen Zitz in Pinchas Händen sahen! Sie fielen vom Himmel wie ein Gesteinigter von einem Steilhang und kamen so am Ende doch zu ihrer gerechten Strafe, meint der Chatam Sofer.

ABSCHRECKUNG ✧ Es war zwar nicht exakt dieselbe Strafe, da die Steinwürfe fehlten, aber auch bei Gesteinigten tötete sicherlich eher der tiefe Fall und nicht unbedingt die nachfolgenden Steine. Diese dienten wohl eher als Abschreckung für Nachahmungstäter. Der Chatam Sofer schmückt den Midrash um die königliche Schweberei also mit einer faszinierenden Einsicht in die Berechnung des g'ttlichen Strafmaßes für Übeltäter jeglicher Sorte.

Doch möglicherweise kann der Chatam Sofer auch uns noch ein wenig Hoffnung in schweren Zeiten für das jüdische Volk geben. Denn eines muss jedermann auch in schweren Momenten des Lebens absolut klar sein: Es gibt einen g'ttlichen Plan, und er ist gerade in Funktion. Er geht genauso voran, wie Hashem es vorgesehen hat.

„MUMBO JUMBO" ✧ In Zeiten der Verwirrung, der Angst und Panik, sogar, wenn man wie im Juli 2014 wegen der andauernden Raketenangriffe zwischen enge, nüchterne Bunkerwände gesperrt ist, kann man das womöglich nicht so leicht nachvollziehen. Aber man kann die Lehre aus Bilams „Rettungsaktion" ziehen, die letzten Endes das Todesurteil für die Oberhäupter einer Nation bedeutete, die das jüdische Volk immer und immer wieder zu vernichten versuchte.

Heutzutage ersetzen die Gebete den Tempeldienst vergangener Zeiten. Lasst uns das Gebet finden, das dem Zitz des Tempeldienstes entspricht, und die „schwebenden Könige" ein für alle Mal vom Himmel holt. Um es mit den Worten meines werten Freundes und Lehrers Awi Blumenfeld zu formulieren, die er mir zur Zeit der schweren Raketenangriffe im Juli 2014 aus Tel Aviv schrieb (Zitat): „UTshuwah uTfilah uTzdaka mawirin et roah hagserah. Jede Tfilleh kann helfen! Nicht Mumbo Jumbo sondern Tfilah u Saakah min haLew„. Lasst es uns versuchen!

Der Trick mit der Landesdehnung

Die beiden Stämme „Gad" und „Reu'ven" stellten sich den g'ttlichen Siedlungsplänen für das Land Jisrael mit ihren eigenen Bedenken entgegen. Da sie sehr viel Weidevieh hatten, wollten sie im außerisraelischen Grenzgebiet verbleiben. Obwohl Moshe ihnen klarmachte, dass sie dennoch in den Eroberungskrieg des Landes ziehen müssten, blieben sie bei ihrem Wunsch, die Länder der Könige „Sichon" und „Og" zu besiedeln.

Der „Chiddushei HaRim" erklärt dabei, dass mehr hinter dem Plan der beiden Stämme steckte. Sie wollten das Land Jisrael nämlich über seine biblischen Grenzen hinaus „ausdehnen", um damit auch ihrem heißgeliebten Anführer Moshe die Möglichkeit zu geben, das Heilige Land zu betreten. Und durch diesen „Trick" sollte das himmlische Urteil, das Moshe untersagte, das Land zu betreten, endgültig aufgehoben werden.

Hoch und heilig versprochen

Was so ein jüdischer Mund alles anrichten kann! Auf der einen Seite kann er die heiligen Worte der Gebete und der Tora formen, und auf der anderen Seite der üblen Nachrede und der Lügenverbreitung verfallen. Wie man es dreht und

Matot

wendet, kann das menschliche Sprachorgan zum Guten, wie zum Schlechten verwendet werden. Eigentlich so, wie alles andere, was der Mensch so zur Verfügung hat. Der große Unterschied zu anderen Organen, Mitteln und Werkzeugen sind aber wohl die Leichtigkeit, Präzision und Schnelligkeit, mit denen Mund und Zunge angewendet werden können.

In Windeseile werden Versprechen abgegeben, ein Wahrheitsschwur geleistet, oder ein Enthaltungsgelübde abgelegt. Dass man es mit diesen Sachen trotz der einfachen „technischen Möglichkeiten" nicht zu leicht nehmen sollte, ist Inhalt des einführenden Abschnittes dieser Parasha. „Er darf seine Worte nicht kraftlos werden lassen. Er soll alles, was er ausspricht, auch tun", heißt es dort[218] auch dementsprechend.

Wie der Name dieser Parasha – „Matot" – schon verrät, betont die Tora, dass Moshe jedoch gerade die Stammesfürsten – die „Rashei HaMatot" – zur Weitergabe dieses Abschnittes herbeirufen ließ. Gerade sie sollten wohl die Ohren besonders gut aufsperren, wenn es um die richtige Verwendung des „organischen Sprachrekorders" ging.

STAMMESFÜRSTEN ✧ Doch warum betont die Tora eigentlich genau bei diesem Gebot, dass Moshe zu den Anführern der jüdischen Stämme sprach? Schließlich wurden alle anderen Ge- und Verbote der Tora ja auch über die Stammesfürsten übergeben. Laut Rashi war dies sogar der Standardweg zur Wissensvermittlung innerhalb des jüdischen Volkes.

Der Chatam Sofer kann hier jedoch mit einer sehr bodenständigen Erklärung aufwarten.

Gerade Anführer, Vorstände und Entscheidungsträger hätten nämlich die leidige Angewohnheit, Versprechen abzugeben. Doch ein solches abzugeben, oder eine falsche Aussage zu machen, ist laut der Tora keine einfache Lappalie, über die man einfach so hinwegsehen kann. Vielmehr gebietet uns die Tora höchste Vorsicht bei jedem Lüftchen, das unseren Mundraum verlässt!

Um nun bei denjenigen zu beginnen, bei welchen die größte Gefahr zum Übertreten dieses Verbotes gilt, sollte Moshe folglich zu den Stammesfürsten sprechen. Denn gerade bei ihnen ergeben sich naturgemäß des Öfteren ein „Lügenbedarf" und ein „Versprechenszwang". Doch der Zweck heiligt nicht die Mittel. Auch – oder gerade

---

218 Bamidbar 30,3.

– ein Anführer darf sich aus Sicht der Tora nicht zum Lügen oder zu falschen Versprechungen hinreißen lassen!

STIMMBILDUNG ✧ Es bietet sich daher an, auch die eigene „Stimmbildung" strategisch neu auszurichten und in Zukunft keinen Lügen, falschen Versprechungen und nicht einlösbaren Gelübden seine „Stimme" zu geben.

Als Belohnung dafür kann man sich nun möglicherweise Großes erhoffen. „Er soll alles, was er ausspricht, auch tun", meint die Tora hier. Im übertragenen Sinne kann man dies aber vielleicht auch gleich als Belohnung für jemanden, der auf jedes gesprochene Wort achtet, sehen: „Er" – Hashem – „soll alles, was er" – der Mensch – „ausspricht, auch tun." Alle Wünsche können quasi in Erfüllung gehen, wenn man seine Maulwerkssteuerung der Tora überlässt.

Das verschwundene Bataillon

Mit dem jüdischen Volk sollte man sich besser nicht anlegen. Nachdem es dem Wüstenstaat „Midjan" nämlich mit unkonventionellen Methoden gelungen war, die Bnei Jisrael erfolgreich zu attackieren, forderte Hashem nun Rache ein. Moshe Rabbenu sollte eine geeignete Kampftruppe zusammenstellen, die sich an den Midjanitern rächt und das politische Gleichgewicht im biblischen Nahen Osten wiederherstellt.

Übrigens sollte dies eine der letzten Aktionen von Moshe darstellen, was ihm Hashem auch ausdrücklich unter die Nase rieb. Denn dem Befehl, die Kriegsmaschinerie gegen Midjan anzuwerfen, folgte die Information, dass Moshe nach Ende des Feldzuges das Zeitliche segnen würde, nach. Moshe kam diesen Befehl dennoch mit großem Elan nach, und scherte sich wenig um persönliche Konsequenzen.

Jeder Stamm wählte nun tausend seiner besten Männer für den Feldzug aus. Mit insgesamt 13.000 Soldaten sollten die Bnei Jisrael folglich zum Rachegefecht antreten, denn aus einem der zwölf Stämme – „Josef" – waren bekanntlich zwei Stämme – „Menashe" und „Efraim" – geworden.

SHOPPING-TOUR? ✧ Interessanterweise erzählt uns die Tora[219] jedoch, dass der Einsatztruppe von den Bnei Jisrael nur 12.000 Soldaten „übergeben" wurden. Ein „Tausender" hatte sich da scheinbar in Luft aufgelöst! Da sich das jüdische Volk nun aber nicht auf einer „Shopping-Tour" befand, wo sich recht schnell „Tausender" in Luft auflösen können, muss der aufmerksame Parasha-Lerner hier wohl seine Augenbrauen hochziehen. Wo war das 13. Bataillon der jüdischen Stammeskrieger hinverschwunden?

Auch der „Imrei Emet" macht sich auf die Suche nach dem fehlenden Truppenanteil und wird dabei prompt fündig. Er fischt die vermisste Legion einfach aus dem Rashi-Kommentar an dieser Stelle heraus. Rashi störte sich hier nämlich an einem gewissen Detail im Text: Warum betont die Tora hier so nachdrücklich, dass die Truppen von den Stämmen „übergeben" wurden? Normalerweise werden diese „einberufen", oder sie „rücken ein". Aber „übergeben"?

Er sieht daher eine versteckte Bedeutung in diesem Ausdruck liegen: „Als die Bnei Jisrael hörten, dass Moshes Tod von dem Feldzug abhing, wollten sie nicht losziehen. Man musste sie erst dazu zwingen!", erklärt Rashi. Und der Umstand des „Zwingens" ist es nun, der sich in dem Ausdruck, dass sie „übergeben wurden", versteckt!

Sie wussten, dass Moshes Tod von dem Feldzug abhing. Und da sie so sehr an ihrem Anführer hingen, wollten sie zuerst nicht in die Schlacht ziehen. Sie mussten von ihren Fürsten erst „übergeben" – gezwungen – werden. Welch warmherziges Volk die Bnei Jisrael doch waren!

WARMHERZIGKEIT ✧ Von einem Stamm zwischen den 13 Stämmen wissen wir aber, dass sie nicht gerade für ihre „Warmherzigkeit" bekannt sind: Levi. Nach der Erzsünde des „Goldenen Kalbes" waren sie sogar bereit, eigene Familienmitglieder, die sich versündigt hatten, mit dem Tod zu bestrafen. Und das, ohne mit der Wimper zu zucken. Sie stellten die Ehre Hashems immer vor ihre persönlichen Gefühle!

---

[219] Bamidbar 31,5.

Der neue Leiner

Daher, meint der Imrei Emet nun, haben wir damit den „verlorenen Stamm" tatsächlich wiedergefunden. Es handelt sich um den Stamm Levi! Die Tora drückt sich hier nur ganz präzise aus: „Übergeben" – gezwungen – wurden nur zwölf Stämme! Der Stamm Levi musste jedoch nicht gezwungen werden! Sie würden ihren Racheeifer niemals gegen Warmherzigkeit eintauschen, wie wir beim „Goldenen Kalb" gemerkt haben!

Moshe Rabbenu, der ja auch aus dem Stamm Levi stammte, musste zu dieser Aufgabe allerdings auch nicht gezwungen werden. Rashi[220] betont vielmehr, dass er dem Rachebefehl G'ttes „mit Freuden" folgte, obwohl sein Tod davon abhing! Der „Racheeifer" des Stammes galt so offensichtlich nicht nur gegenüber anderen, sondern auch gegenüber sich selbst!

Uns bietet die Einsicht des „Imrei Emet" damit aber ein wunderbares Beispiel, wie tiefgehend die Tora jedes einzelne Wort in Wahrheit aussucht. Ein wenig mehr Aufmerksamkeit beim Toralernen wäre daher nicht fehl am Platz – oder hat jemand das „verschwundene Bataillon" zuvor schon bemerkt?

---

220   Bamidbar 31,3.

מסעי
Masai

Schon wieder Mizrajim

Den „Jismach Moshe" brachte bereits das Eingangsstatement dieses Wochenabschnitts zum Grübeln: „Das ist die Reiseroute der Bnei Jisrael, die aus dem Land Mizrajim ausgezogen sind ...", heißt es dort. Als ob wir nach der Lesung von vier Fünfteln der Tora immer noch nicht wüssten, dass die Bnei Jisrael aus Mizrajim ausgezogen sind? Ein wenig Vorwissen kann die Tora doch voraussetzen! Warum muss man den Exodus hier wieder einmal so in den Vordergrund stellen?

Auch geografisch gesehen bringt uns diese Information nicht sehr viel weiter. Schließlich erzählt uns diese Parasha ohnehin schon höchst detailliert von allen Orten, die die Bnei Jisrael während ihrer Reise nach Eretz Jisrael passierten. Und das ganz ohne Google Maps und GPS-Satelliten! „Aus dem Land Mizrajim ausgezogen?" Wir bekommen dann noch viel detailliertere Infos auf Stadtebene!

Der Jismach Moshe glaubt jedoch, dass die Tora uns hier etwas anderes mitteilen wollte als bloße Details zur geografischen oder geschichtlichen Orientierung. Die Tora möchte uns nämlich vor der Auskunft über die Reiseroute noch den wahren Grund für die lange Reise mitteilen!

Der neue Leiner

SITTENLOSIGKEIT ✧ Nachdem die Bnei Jisrael in Mizrajim sehr tief im Sumpf der mizrischen Unmoral und Sittenlosigkeit versunken waren, konnte Haschem sie nicht einfach so ins Heilige Land „überführen". Sie mussten sich zuerst noch vom „mizrischen Schlammbad" befreien, und zwar vor allem in geistiger Hinsicht. Dafür war eine öde Steppe wie die Wüste sicherlich besonders gut geeignet!

Die eigentliche Frage lautet daher: Warum hat Haschem die Bnei Jisrael nicht sofort von Mizrajim nach Eretz Jisrael gebracht? Warum mussten sie überhaupt die strapaziöse Reise durch die Wüste auf sich nehmen?

Und auf diese Frage antwortet die Tora mit den Worten: (Weil sie) ... aus Mizrajim ausgezogen sind ...! Nur weil sie sich in Mizrajim viele der mizrischen Sitten angewöhnt hatten, die vor ihrer Ankunft in Eretz Jisrael noch ausgetrieben gehörten, mussten sie noch durch die Wüste reisen.

Und erst nachdem uns die Tora darüber aufgeklärt hat, warum die Bnei Jisrael überhaupt durch die Wüste reisen mussten, fährt sie mit dem Routenplan fort, erklärt der Jismach Moshe.

ROUTENPLAN ✧ So gesehen bekommt auch die detaillierte Auflistung aller Stationen eine neue Bedeutung. Überall konnten sich die Bnei Jisrael ein anderes Stück „Mizrischkeit" austreiben und ein Stückchen „Jiddischkeit" dazugewinnen. Sicherlich ein nachahmenswertes Prozedere für die Reise in sein eigenes „heiliges Land", ins Land der „eigenen Heiligkeit" ...!

Zielstrebig oder aufbruchslustig?

Gut, dass die Bnei Jisrael nicht mit dem Segelboot von Mizrajim nach Eretz Jisrael unterwegs waren! Denn der plötzliche Richtungswechsel des Segelwindes hätte wohl für Verwirrung an Bord des Auszugskreuzers gesorgt.

„Ausgelöst" hätten das Windchaos die einführenden Worte der Reiseroutenvorstellung[221]: „Moshe schrieb ihre Aufbrüche zu ihren Weiterreisen auf Befehl von Hashem nieder – und dies sind ihre Weiterreisen zu ihren Aufbrüchen." Zuerst brechen die Bnei Jisrael zu ihren Weiterreisen auf und dann reisen sie zu ihren Aufbrüchen weiter? Warum ändert sich die Reihenfolge der Reiseziele in der zweiten Satzhälfte? Denn auch wenn die Bnei Jisrael bekanntlich zu Fuß reisten, kann zumindest das Segel des Parasha-Lerners diesem Windwechsel nun wirklich nicht standhalten!

Der Kli Jakkar meint jedoch, dass mitunter tatsächlich so ein abrupter Kurswechsel stattfand. Solange die Bnei Jisrael nämlich „auf Befehl von Hashem" reisten, galten ihre Aufbrüche immer dem Ziel der Weiterreise.

REISESTATIONEN ✧ Doch zu manchen Gelegenheiten wurde der Befehl Hashems leider missachtet. So verursachte[222] beispielsweise die Sünde der Spione[223] zahlreiche weitere Reisestationen. Auch nach dem Tod Aharons wollten sich einige vor einer bevorstehenden Konfrontation drücken[224] und flohen acht Reisestationen zurück. Ein weiterer – unnötiger – Zusatz an „Aufbrüchen" und „Weiterreisen".

Daher meint der Kli Jakkar, dass die Tora hier nun Folgendes ausdrücken möchte: Solange das jüdische Volk auf „Befehl von Hashem" reiste – seinem Willen folgte –, galten ihre Aufbrüche stets der Weiterreise ins gelobte Land. Doch im umgekehrten Fall reisten sie bloß wieder zu den Orten zurück, von welchen sie zuvor aufgebrochen waren. Sie reisten zu ihren „Aufbrüchen" zurück, soll heißen: Sie vollzogen eine Rückreise zu ihren Aufbruchsorten!

Der Maggid von Dubna interpretiert die Fragestellung jedoch ein wenig anders. Für Moshe Rabbenu zählte nämlich weniger der Fakt des Aufbruches aus Mizrajim, sondern eher das Ziel der Reise: Eretz Jisrael. Daher schrieb er von „Aufbrüchen" zum Zwecke der „Weiterreise". Doch für die Bnei Jisrael stand die „Weiterreise" – die Entfernung von ihrem „Unglücksland" Mizrajim – im Mittelpunkt, nicht so sehr die „Aufbrüche". Daher spricht die Tora hier zuerst von „Weiterreisen" und erst dann von den „Aufbrüchen".

---

221 Bamidbar 33,2.
222 Gur Arieh zu Rashi in Devarim 1,40.
223 Siehe Parashat Shlach (Bamidbar 13,1). Moshe sandte Kundschafter nach Eretz Jisrael, die nach ihrer Rückkehr durch Verleumdung des Landes versuchten, den Einmarsch zu verhindern.
224 Devarim 10,6.

Der neue Leiner

Dass sich das Ziel einer Reise nach dem Aufbruch verändern kann, mag ja möglicherweise vorkommen. Doch solange man dem „Navigationssystem" der Tora folgt und „auf Befehl Hashems" aufbricht und reist, erspart man sich erstens einiges an Reisestrapazen und behält zweitens das richtige Ziel stets im Auge.

Jeder bleibt seiner Rolle treu

Erinnern wir uns an den Beginn des Buches Bamidbar. Die Tora beginnt würdevoll, die Positionen der einzelnen Stämme im Reisegefüge der Bnei Jisrael zu beschreiben. Alles hat seinen Platz, jeder kommt an die Reihe. Und natürlich darf das obligatorische Fähnchen oben drauf nicht fehlen! Auch die „Parkpositionen" rund um den Mishkan herum wurden nach diesem Schema festgelegt. Nebenbei bemerkt ist diese Parasha wohl der bestmögliche Zeitpunkt, um sich an den Beginn des Buches zu erinnern, denn schließlich bildet sie den abschließenden Abschnitt des Sefer Bamidbar!

Das Interessante an den vorsommerlichen Reminiszenzen[225] ist aber, dass im Gegensatz zur dieswöchigen Parasha[226] die Söhne Josefs – Menashe und Efraim – in verkehrter Reihenfolge aufgelistet werden. In unserer Parasha geht es zwar nicht mehr um die Anordnung der einzelnen Stämme um den Mishkan, sondern vielmehr um die Verteilung der Landesteile Eretz Jisraels an die Stämme. Dennoch sollte die Tora doch bei der Reihenfolge bleiben, die sie sich schon zuvor einmal ausgewählt hat.

Der Chatam Sofer bemerkt dazu jedoch ein erstaunliches Detail aus der Urgeschichte der Bnei Jisrael. Die beiden Söhne Josefs waren bekanntlich in Mizrajim geboren und aufgewachsen. Als die Brüder damals nach Mizrajim kamen, um Nahrungsmittel zu besorgen, war Menashe als Hausvorstand Josefs derjenige, der sich um ihre Anforde-

---

225 Bamidbar 2,18.
226 Bamidbar 34,17.

rungen kümmern sollte. Er war auch der „Dolmetscher" zwischen den neu angekommenen Brüdern und dem Inkognito-Josef. Und was tat Efraim währenddessen? Der saß im Bet Midrash und lernte fleißig Tora!

BUNDESLADE ✧ Laut den Rollen, die Efraim und Menashe in Mizrajim annahmen, wurden sie auch in unseren beiden Fällen eingeteilt, meint der Chatam Sofer. Bei der Anordnung der Stämme um den Mishkan mit der Bundeslade herum stand die „geistige Kapazität" im Vordergrund. Und da hatte Efraim wohl mehr zu bieten als Menashe, da er auch mehr Zeit im Lehrhaus verbracht hatte. Doch als es um die Verteilung des Landes Jisrael ging, stand wiederum Menashe als Hausvorstand im Vordergrund. Schließlich hatte er sich auch in Mizrajim um die „weltlicheren" Belange seiner Familie und der Neuankömmlinge gekümmert.

Der Chatam Sofer klärt so nun diesen vermeintlichen Widerspruch zwischen Beginn und Ende des Buches auf. Er zeigt uns aber auch, dass jeder eine relevante Funktion im jüdischen Volk auszuüben hat, solange er seiner Rolle treu bleibt.

Der 7. Buchstabe

Der „Likutej Jehuda" bemerkt, dass die ganze Reisebeschreibung der Bnei Jisrael kein „Sajin" – den siebten Buchstaben des Aleph-Bets – enthält. Den Grund dafür sieht er darin, dass die Bnei Jisrael wohl nie am siebten Tag – am heiligen Shabbat – gereist waren!

דברים
Devarim

Shuttle-Diplomatie aus der Tora

*M*oshe Rabbenu war für seine ausgeprägte Liebe zum jüdischen Volk bekannt. Der „König" der Bnei Jisrael entpuppte sich mehr als einmal als wahrer „Philosemit" und „Judenfreund". Mit welcher Sensitivität er dabei vorging, wird beispielsweise gleich im einleitenden Statement des neu begonnenen Buches „Devarim" deutlich.

Obwohl Moshe sein Volk nun kurz vor seinem Tod noch zurechtweisen musste, hielt er sich dabei ziemlich zurück. Er erwähnt zwar einige Fehltritte, die sich wohl nicht abstreiten ließen, tat dies dafür aber nur in codierter Art und Weise.

Die Tora betont, dass Moshe diese Moralpredigt in etwas abgemilderter Form dabei vor „versammelter Mannschaft" abhielt: „Das sind die Worte, die Moshe zu ganz Jisrael gesprochen hat."

MORALPREDIGT ✧ Laut dem Gaon aus Vilna war dies jedoch bereits ein Teil dieser „versteckten Moralpredigt". Denn Moshe wollte vor dem jüdischen Volk zum Ausdruck bringen, dass sie stets in Eintracht und Einigkeit miteinander leben sollten. Sie sollten Hashem als „ganzes", einträchtiges Volk dienen, um sich den Titel ganz Jisrael auch zu verdienen!

Der „Kedushat Levi" liest aus diesen Zeilen aber noch etwas anderes heraus. Laut ihm wollte die Tora hier nämlich noch anmerken, dass Moshe seine Moralpredigt nur „zu ganz Jisrael" gesprochen hat. Aber als Moshe zu Hashem sprach, da erwähnte er die Sünden der Bnei Jisrael keinesfalls, nicht einmal in codierter Form. Vor Hashem erwähnte Moshe nämlich immer nur die positiven Seiten des hartnäckigen Volkes, so der Kedushat Levi.

Diese Art der „Shuttle-Diplomatie" zwischen Hashem und den Bnei Jisrael war sicherlich das Markenzeichen dieses Mannes, dessen letzten 36 Lebenstagen die Tora ein ganzes Buch – „Devarim" – widmet. Denn so lange sollte Moshe seine nun begonnenen Ausführungen und Moralpredigten noch ausdehnen, bevor er von seinem Thron auf dieser Welt zu seinem Thron auf der nächsten Welt aufstieg.

Ein netter Hinweis auf die 36 letzten Tage von Moshe ist dabei sicher der Zahlenwert (Gemmatria) des ersten Wortes dieses Buches. „Eleh" (Alef-Lamed-Hej) hat nämlich einen Zahlenwert von genau 36 …

Wie begonnen, so zerronnen

Moshe Rabbenus Moralpredigt scheint sich im ersten Moment nur auf bescheidene vier Sätze zu beschränken. Es ist nämlich bereits der fünfte Satz dieses Wochenabschnitts, in dem die Tora – nicht ohne Stolz – erzählt, dass Moshe „anfing, die Gesetze zu erklären."

Womit der Mann, der die Tora aus „erster Hand" erhielt, dabei wohl anfangen würde? Ein philosophischer Vortrag über die Existenz G'ttes und die Aufgabe des Menschen auf dieser Welt? Ein transzendentaler chassidischer Niggun, der die Herzen der Bnei Jisrael wie im Flug erobert? Nein, wahrscheinlich scheinen die Zehn Gebote doch am geeignetsten zu sein, um „zu beginnen, die Gesetze zu erklären"!

Doch witzigerweise erkennt der scharfsinnige Torastudent recht schnell, dass keine der drei vorgeschlagenen Optionen zur Anwendung kommt! Zwar trudelt der Abschnitt über die Zehn Gebote doch noch mit einiger Verspätung – nämlich nächste Woche in Parashat Vaetchanan – ein, bis dato gibt es aber noch keine Spur von ihnen! Warum posaunt die Tora also zuerst freudenstrahlend den „Kickoff" einer Gesetzesflut hinaus und schweigt dann so mysteriös darüber?

KICKOFF ✧ Der „Maor VaShemesh" schien sich hier jedoch etwas gründlicher in die Materie hineingelesen zu haben. Denn beim genaueren Hinsehen bemerken wir, dass Moshe nach der „Kickoff"-Ankündigung seine Moralpredigt zu den Herzen der Bnei Jisrael weiterhin fortsetzt. Dies steht allerdings in keinem Widerspruch zum „Beginn der Gesetzeserklärung" durch Moshe, meint er.

Denn wie der Maor VaShemesh im Namen des „Choseh" aus Lublin weiter erläutert, ist es sogar eine bittere Notwendigkeit, sich ein wenig Moralpredigten hinzugeben, bevor man beginnt, Tora zu lernen. Über jemanden, der vor dem Toralernen keine „Teshuva" – Rückkehr zu G'tt – betreibt, soll König David in Tehillim[227] sogar gesagt haben: „Und zum Bösewicht sagte Hashem: Wie kommst du eigentlich dazu, über meine Gesetze zu sprechen?"

Hashem möchte die heiligen Worte der Tora demnach nicht aus den Mündern von „Bösewichten" hören! Und bevor man zu G'tt zurückkehrt – aufrichtige Teshuva betreibt – gilt man sicherlich noch als „Bösewicht"!

TESHUVA ✧ Daher passt die „Kickoff"-Ankündigung der Tora gerade hier sehr gut hinein, erklärt der Maor VaShemesh. „Moshe fing an, die Gesetze zu erklären", heißt es. Und was ist das geeignetste Thema, um damit anzufangen? Erst einmal Teshuva zu machen! Und das erreicht man wohl oder übel nur durch eine Moralpredigt, wie sie Moshe hier dem jüdischen Volk verpasste!

Dennoch darf auch der „Bösewicht" nie die Hoffnung aufgeben, dass er jemals „zu seiner Tora" kommt! Denn jeder Teshuva-Prozess geht stufenweise voran. Bereits die

---

227 Tehillim 50.

gedankliche Formulierung des Willens, zu Hashem zurückzukehren, kann dabei schon als Startpunkt einer Teshuva-Reise angesehen werden.

Möglicherweise will uns die Tora daher nun einen gewissen „Hoffnungsschimmer" durch die vermeintlich verschobene „Kickoff"-Ankündigung zum Toralernen vermitteln. Die Hoffnung nämlich, dass auch ein Bösewicht anfangen kann, Tora zu lernen. Es mangelt bloß noch an der entsprechenden Beugung des Willens im richtigen Moment.

Nur keine falsche Hektik

Die Geschichte mit der „Spionageaffäre" um Eretz Jisrael verliert auch nach gut 38 Jahren in der Wüste nicht an Aktualität. Moshe Rabbenu weist die Bnei Jisrael in seiner Moralpredigt nämlich auch dahingehend zurecht. Er rollt die ganze Sache dabei nochmal vom Anfang an auf, und lässt keinerlei Missverständnisse mehr aufkommen, was damals eigentlich schiefgelaufen ist.

Moshe leitet diesen Teil seiner Abschiedsrede mit besonderem rhetorischen Fingerspitzengefühl ein: „Da tratet ihr alle an mich heran und sagtet: ‚Wir möchten Leute aussenden, die das Land ausspähen sollen ...!'"[228]

Wie edel Moshe hier der erzählerische Übergang zur übel gemeinten Spähaktion doch gelingt! „Da tratet ihr alle an mich heran ..." – wirklich eine hervorragende stilistische Idee, um mit so einem traurigen Abschnitt zu beginnen! Hatte Moshe etwa noch einen Oratorenkurs besucht, bevor er seine Abschiedsrede begann?

---

[228] Devarim 1,22.

Der neue Leiner

Doch der feinfühlige Kommentator Rashi spürt sogleich, dass die Tora hier in Wahrheit noch etwas verborgen hält. Und er offenbart uns auch noch eine interessante Hintergrundinformation über die Geschehnisse rund um die Spionageaffäre.

Das „Herantreten" hatte nämlich laut Rashi keineswegs in geordneter Art und Weise stattgefunden! Vielmehr entwickelte sich ein regelrechtes Getümmel und bisweilen sogar richtige Raufereien um Moshe herum: „Die Jungen stießen die Alten weg und die Alten ihre Oberhäupter", erzählt uns Rashi hier ganz dramatisch.

HEKTIK ✧ Doch die Hektik ist hier durchaus nachvollziehbar. Immerhin ging es bei der Entsendung der Spione um die Zukunft des Volkes und um die Sicherheit der nachfolgenden Generationen. Man wollte eben Gewissheit haben, was es mit dem Land Jisrael auf sich hat! Dennoch gereichte dieses Benehmen weder den „Jungen" noch den „Alten" besonders zur Ehre und Moshe baute die Rangeleien vor der Kundschafterentsendung in seine letzte Moralpredigt mit ein.

Doch überraschenderweise macht Rashi hier noch nicht Halt! Er entdeckt vielmehr noch eine weitere Episode, in welcher die Tora davon berichtet, dass man an Moshe „herangetreten" ist, und zwar vor der Übergabe der Tora am Berg Sinai.

Dort, meint Rashi allerdings, war es glücklicherweise zu keinerlei Handgemengen gekommen. Nein, bei „Matan Tora" ging alles schön ordentlich vonstatten! „Die Jungen respektierten die Alten und ließen sie vorausgehen", erzählt Rashi. Scheinbar gelang es der Tora hier sogar schon aus der Ferne, ihre heilende Wirkung auf den Charakter der Bnei Jisrael zu entfalten!

Doch etwas mutet hier noch ein wenig eigenartig an: Wenn es beim „Herantreten" an Moshe Rabbenu beim Berg Sinai wirklich mit ach so rechten Dingen vor sich ging, warum musste Rashi das dann hier erwähnen? Befinden wir uns nicht gerade mitten in einer Moralpredigt? Warum sollte Moshe laut Rashi also auch die Höflichkeitsfloskeln vor der Toragabe angesprochen haben?

KUNDSCHAFTER ✧ Im Werk „Chiddushei HaRim" wird der Grund dafür jedoch deutlich. Denn, warum stießen und rauften die Bnei Jisrael eigentlich derartig bei der Entsendung der Spione? Doch nur, weil es ihnen so „brannte", die Kundschafter zu entsenden und „Gewissheit" zu haben! Es betraf ihr materielles Wohlergehen und sie wollten nichts dem Zufall überlassen!

Bei der Toragabe schien jedoch genau das Gegenteil der Fall gewesen zu sein, erklärt der Chiddushei HaRim. Da verneigte man sich höflich voreinander, ließ dem Anderen den Vortritt und es kam höchstens zu Streicheleinheiten, um jemand anders vor zu bitten.

Dabei hätte es doch genau verkehrt sein sollen, meint der Chiddushei HaRim. Bei der Sünde mit den Spionen hätte man einander den Vortritt lassen sollen, und bei der Übergabe der Tora hätte man einander fast erschlagen sollen, um ja kein Tröpfchen Tora zu verpassen!

Doch die Bnei Jisrael handelten genau umgekehrt und genau dieses Verhalten bekrittelte Moshe laut Rashi nun zurecht in seiner Moralpredigt! Die „falsche Hektik" ließ die „Jungen" und die „Alten" auf ihre Prioritäten vergessen!

RANGELEIEN ✧ Oft ist es tatsächlich nicht leicht, die richtigen Prioritäten zu setzen, und man handelt im Affekt manchmal sogar entgegensetzt zu seinen wahren Interessen. Die Kunst liegt wahrscheinlich darin, sein Gewissen so weit zu konditionieren, dass immer nur die Tora im Mittelpunkt der eigenen Interessen steht. Dass dies nicht von heute auf morgen geschehen kann, ist klar.

Aber eine kleine Rangelei und das eine oder andere Handgemenge mit dem bösen Trieb kann sicherlich nicht schaden, um Hashem wenigstens einmal zu zeigen, wohin es unsere Seelen wirklich treibt. Und dann erspart man sich zumindest die eine oder andere Moralpredigt und natürlich auch das „Herantreten" solch stechender „rhetorischer Stilmittel", wie sie Moshe hier verwenden musste!

ואתחנן
Vaetchanan

Der Tod des Silberleuchters

Wir befinden uns nach wie vor mitten in der Moralpredigt von Moshe Rabbenu. Es sind richtungsweisende Worte des Abschieds, die der ergebene Anführer der Bnei Jisrael hier verlauten lässt. Unter dem Motto „Tipps & Tricks für eine rosige Zukunft" lässt Moshe nun mit einigen wichtigen Grundregeln für den „effizienten Umgang" mit der Tora aufhorchen.

So warnt Moshe beispielsweise davor, der Tora „nichts hinzuzufügen" und ihr genauso wenig auch „nichts fehlen zu lassen"[229]. Man soll die Tora vielmehr so nehmen, wie sie kommt!

Unsere Weisen interpretieren dieses Gebot zum Beispiel dahingehend, dass man den vier Schaufäden-Fransen der Zizzit keine fünfte hinzufügen soll. Oder den vier Sorten des Festtagsbündels der Sukkot-Feiertage nicht noch eine weitere aufhalsen soll.

Diese Interpretation der Weisen erklärt Moshes „Tipp" nun bereits recht hintergründig. Die Tora verträgt es einfach nicht sehr gut, wenn man Dinge aus Eigeninitiative dazuerfindet, nur, weil man sie selbst für richtig hält. Sogar wenn einem seine Idee

---

[229] Devarim 4,2.

noch so prächtig erscheint, und man der Tora nur „helfen" möchte, wird einem mit dem Gebot „nichts hinzuzufügen" die kalte Schulter gezeigt.

Was man allerdings „auslassen" kann, um der Tora „etwas Gutes" zu tun, ist eher schleierhaft. Und dass die Tora hier einfach nur meint, wirklich nichts von ihren Gesetzen wegzulassen, kann auch nicht Zweck der Übung sein. Schließlich sind die Ge- und Verbote der Tora doch dazu da, ausgeführt zu werden! Jetzt zu verbieten, „etwas auszulassen", wäre damit eigentlich bereits im Urkonzept der Tora inbegriffen gewesen. Etwas hinzuzufügen, um ihr zu „helfen", aber eher weniger.

STABILITÄT ✧ Wie ist daher dieses „Stabilitäts-Statement" der Tora zu verstehen? Kann man tatsächlich auf die Idee kommen, etwas „wegzulassen", um der Tora zu „helfen"?

Doch glücklicherweise hat der für seine Parabeln bekannte „Maggid von Dubna" auch für diese Frage eine seiner schönen Darstellungen parat. Die Lehre, die man aus der folgenden kurzen Geschichte zieht, kann uns dann die Antwort auf unsere Preisfrage liefern:

Eines Morgens klopfte ein Nachbar an die Tür eines Mitbewohners und bat um einen kleinen Silberlöffel. Der Mitbewohner freute sich, seinem Nachbarn helfen zu können, und borgte ihm bereitwillig ein Löffelchen. Am nächsten Tag gab ihm der Nachbar jedoch nicht nur einen, sondern gleich zwei Silberlöffel zurück! Der Mann wunderte sich und fragte, was es denn damit auf sich habe. „Ah, das ist ganz einfach!", meinte der Nachbar, „über Nacht ist ihnen ein zweiter Löffel geboren worden! Masel Tov!" Der Mann verstand, dass sein Nachbar wohl geistig etwas verwirrt sein musste, aber er steckte den „neu geborenen" Löffel dennoch gerne ein.

Kurz darauf borgte sich der Nachbar einen Silberbecher aus. Wieder wiederholte sich dieselbe Geschichte. Ein neuer Becher wurde „geboren" und der Mitbewohner war um ein schönes Stück reicher. Masel Tov!

Nach einigen Tagen klopfte der Nachbar nochmals an seiner Tür. Diesmal bat er um zwei teure Silberleuchter. Aber der Mitbewohner zuckte nicht mit der Wimper und borgte sie mit Freuden her! Schließlich würde er bald ganze vier statt seiner zwei Silberleuchter besitzen! Sein eigenwilliger Nachbar würde schon für eine weitere „Geburt" sorgen, dachte er sich.

Der neue Leiner

VERSTORBEN ⬥ Doch als dieser am nächsten Tag wiederkam, hatte er plötzlich ein ganz saures Gesicht. Bitterernst überreichte er ihm nun nur einen der zwei Silberleuchter. „Wo ist der andere Leuchter?", fragte der Mitbewohner ganz überrascht. Sein Nachbar blickte ihn tief betroffen an, legte ihm die Hand tröstend auf die Schulter und sagte: „Es tut mir leid, aber einer deiner Silberleuchter ist heute Nacht verstorben. Mein aufrichtiges Beileid!" Dies ließ der Mann aber nicht auf sich sitzen: „Ein Silberleuchter kann doch nicht sterben! Was redest du für Unsinn! Gib' ihn mir sofort zurück!", schrie er ihn an.

„Hmmm ...", summte der Nachbar nachdenklich zurück, „aber du hast doch auch schon von gebärenden Löffeln und Bechern gehört! Zumindest sagtest du kein Wort, als ich dir die ‚neu geborenen' Stücke brachte! Wenn ein Löffel und ein Becher ‚gebären' können, dann kann ein Silberleuchter doch auch ‚sterben' ..."

BEWEGGRÜNDE ⬥ Soweit nun die glänzende Parabel des Maggids von Dubna. Doch für die Auflösung der Allegorie muss man nun nicht allzu weit umherschweifen: Denn auch die Tora sollte man stets für „bare Münze" nehmen und genauso einhalten, wie sie vorgeschrieben wurde. Man darf weder etwas hinzufügen noch etwas auslassen. Fügt man doch etwas hinzu, so würde es zweifelsohne auch dazu kommen, dass man sich am Ende etwas abzieht, wenn es einem gerade passt. So wie es der eigenwillige Nachbar eben tat. Ein lockerer Umgang mit der Tora ist absolut nicht gefragt, egal in welche Richtung! Denn die Tora ist das Wort G'ttes und unser kleiner menschlicher Verstand kann die Beweggründe ihrer Gesetze nie so nachvollziehen, wie Hashem es gemeint hatte.

Falls man aber doch einen Bedarf zum „Hinzufügen" oder „Auslassen" gegeben sieht, ist der einzige Weg, diesen zu stillen, sicherlich das eingehende Studium der relevanten Passagen mit einem ernsthaften Studienpartner. Denn dadurch wird eine jede Fragestellung garantiert in Luft aufgelöst!

Dies war nun möglicherweise auch ein Hintergedanke, den Moshe im Sinn hatte, als er unser „Stabilitäts-Statement" zum Besten gab: Nämlich das „eiserne Gerüst" der Tora durch vertiefendes Studium als federweiche Schutzhülle für die eigene Seele zu entdecken. Schließlich sorgt das dann unweigerlich für eine „ewige Stabilität" – der Seele und der Tora nämlich!

Vaetchanan

Mach' aus einer Mücke einen Elefanten

Moshe Rabbenu kommt in seiner nach wie vor andauernden Abschiedsrede auch auf Eretz Jisrael zu sprechen. Eine der Strategien zur Landessicherheit, die er dabei empfiehlt, ist das strenge Hüten der Tora[230]. Dass dies nicht jedem so leicht fällt, ist dabei ein wohlbekannter Fakt. Andererseits verrät Moshe dafür nur wenige Sätze früher[231] auch gleich eine Taktik, wie man Hashem und seiner Tora gerade „dort" – in Eretz Jisrael – quasi in „Überschallgeschwindigkeit" näherkommen kann.

Zumindest sieht das der chassidische Kommentator „Tiferet Shlomo" so. Als Moshe nämlich erklärt, dass man „Hashem dort suchen wird", fügt die Tora noch hinzu, dass man „ihn auch vorfinden" wird. Und nicht nur das: Es wird auch dazu kommen, dass man ihn „von ganzem Herzen und mit der ganzen Seele suchen wird!"

Der Tiferet Shlomo stößt sich dabei an der etwas locker anmutenden Ausdrucksweise der Tora. Man wird Hashem „vorfinden"? Als wäre der Herrscher über das ganze Universum ein „Fundstück", das man einfach auf der Straße aufgabelt!?!

Doch der Tiferet Shlomo geht auch an diese Sache mit dem tiefen Vertrauen eines Toragelehrten heran. Er weiß, dass die Tora hier mit Sicherheit wieder einmal etwas Wichtiges ausdrücken wollte und diesen Ausdruck nur als „Köder" verwendete.

NADELSTICH ✧ Der Midrash meint nämlich, dass jeder, der Hashem „einen Zugang, so groß wie ein Nadelstich" schafft, zum Schluss eine „Öffnung, so groß wie das Tor eines Palastes" vorfinden wird. Wenn ein Jude sein Herz für Hashem nur ein klein wenig öffnet, so wird er also laut dem Midrash schnell eine unverhältnismäßig starke Nähe zu ihm fühlen!

Das meint die Tora laut dem Tiferet Shlomo nun auch im vorliegenden Fall. Sogar wenn man Hashem nur ein kleines bisschen „sucht", wird man ihn in der Tat sogleich „vorfinden"! Und dies dabei auch noch in einer ungeahnten Qualität: Man wird ihn nämlich anschließend „von ganzem Herzen und mit der ganzen Seele suchen", nicht so wie zuvor nur ein „kleines bisschen"!

---

[230] Devarim 4,40.
[231] Devarim 4,29.

Diese Qualität ist dabei das „Fundstück", auf das der Tiferet Shlomo vorhin angespielt hatte. Man muss Hashem nur einen kleinen Zugang zu seinem Herzen schaffen – den Rest erledigt er schon von selbst! Es ist wie ein Glückstreffer, den man auf der Straße findet!

Der beste Nährboden für die suchende Seele ist dabei sicherlich Eretz Jisrael. Aber nicht nur dort verspricht der Midrash den „Überschall-Effekt" der „Nadelstich-Logik" zu verwirklichen, sondern eigentlich überall, wo ein Jude sein Herz ein klein wenig – aber in absoluter Aufrichtigkeit – für Hashem öffnet. Und dann wird Hashem aus dieser „Teshuva-Mücke" auch den „Tora-Elefanten" daraus machen, der die Erlösung herbeitröten wird, Bimhera Bejamenu, Amen!

Sprechgebot mit Knalleffekt

Parashat Vaetchanan darf sich unter anderem damit rühmen, den „Kron-Satz" der Tora zu beherbergen: „Shema Jisrael". Denn obwohl sein Nachbar, die Zehn Gebote, genauso die Gastfreundschaft dieses Wochenabschnittes genießt, bildet dieser Satz so etwas wie die Glaubensgrundlage und den Eckpfeiler der jüdischen Herzen aller Zeiten.

Doch auch nach Ausdruck des Glaubensbekenntnisses des „Höre Jisrael, Hashem ist unser G'tt, Hashem ist Einer!" fügen sich noch „Glaubensgrundsätze" an das Shema an. Dass man Hashem mit dem ganzen Herzen, mit der ganzen Seele und mit seinem ganzen Vermögen lieben bzw. dienen soll, ist beispielsweise einer davon. Dass man nur „von ihnen" – von den heiligen Worten der Tora nämlich – sprechen soll, stellt ein weiteres Gebot mit Eckpfeiler-Qualität dar.

Bei den Kindern ist dieser Ausdruck dabei besonders beliebt, weil er sich so schön inszenieren lässt: „WeDibarta BAMM" lautet dieser im hebräischen Original und bietet Jungbetern so bereitwillig die Chance zur lautstarken Vokalisierung.

BAMM ✧ Doch auch die Kommentatoren finden ihren Gefallen an dem knalligen Gebot. Die Gemara[232] konstatiert nämlich, dass uns dieses Gebot aufträgt, nur von der Tora zu sprechen, und nicht von anderen unwesentlichen Dingen außerhalb des Tora-Rahmens.

Der „Maggid Ta'aluma" findet einen Hinweis auf diese Spracheinschränkung der Gemara sogar im Wort „Bamm" selbst versteckt. Das nur aus den zwei Buchstaben „Bet" und „Mem" bestehende Wort soll nämlich mehr bieten als bloß die Gelegenheit zum Stimmbandtraining.

Die Tora ist bekanntlich in eine schriftliche und eine mündliche Lehre unterteilt. Nicht etwa, dass es sich um zwei verschiedene Lehren handelt. Vielmehr ergänzen sich die beiden Teile zu einem großen, einheitlichen Ganzen – der Tora.

Die schriftliche Lehre beginnt dabei mit dem Wort „Bereshit", also mit dem Buchstaben „Bet". Die mündliche Lehre mit dem Wort „MeEmataj", also dem Buchstaben „Mem". Dem Maggid fällt nun auf, dass das Wort „Bamm" aus genau diesen beiden Buchstaben „Bet" und „Mem" besteht.

KEIN ZUFALL ✧ Dies kann nun keinesfalls als Zufall gewertet werden. „Ihr sollt nur von ihnen – ‚Bamm' – sprechen", fordert die Tora uns auf und meint dabei eben die schriftliche Lehre – „Bet" – und die mündliche Lehre – „Mem". Denn diese beiden Buchstaben ergeben zusammen das „Bamm", die Tora-Einheit, von der man sprechen soll!

Die Interpretation der Gemara ist daher auch recht exakt formuliert, meint der Maggid. Man soll nur von ihnen – von „Bamm", von der „Tora-Einheit" – sprechen, und nicht von Dingen außerhalb dieser Einheit. Möge das Vorhaben gelingen!

---

[232] Mes. Joma 19.

עקב
Ekev

Von ganzem Herzen

Ob vor dem Einschlafen, nach dem Aufstehen oder einfach nur bei Bedarf: das „Shema-Jisrael"-Gebet entpuppt sich tagtäglich als ständiger Wegbegleiter des jüdischen Volkes. Seinen Ursprung hat das Gebet dabei in der Tora selbst, wo die beiden ersten Abschnitte des Shema in einiger Entfernung voneinander geschrieben stehen. Im Gebetsritus wird diese Distanz jedoch überwunden und die beiden Abschnitte werden vereint. Vielleicht auch ein Hinweis auf die „einende Kraft", die Gebeten und Synagogen im Allgemeinen innewohnt.

Allzu weit entfernt ist der erste Abschnitt des Shema-Gebetes[233], der mit den Worten „VeAhavata ..." – „Und du sollst G'tt lieben ..." – beginnt, nun auch wieder nicht. Zeitlich gesehen vergeht zwischen der Lesung des ersten und des zweiten Abschnittes[234], der mit den Worten „VeHaja im Shamoa ...", – „Und es wird sein, wenn Ihr auf meine Gebote hören werdet", – aber immerhin eine ganze Synagogenwoche. Genug Abstand also, um vereinendes Potenzial sicherzustellen.

---

233 Devarim 6,4.
234 Devarim 11,13.

AKZEPTANZ ✧ Inhaltlich gesehen unterscheiden sich die beiden Abschnitte wesentlich. Zumindest wenn es nach Rabbi Jehoshua ben Korcha in der Mishna[235] geht. Dort erklärt er nämlich, dass der erste Abschnitt des Shema-Gebetes die Akzeptanz der g'ttlichen Waltung und Herrschaft beinhaltet, während der zweite Abschnitt die Akzeptanz der Mizwot inkludiert. Für diejenigen, die bisher weniger auf den Inhalt, dafür aber umso mehr auf die richtige Intonierung des Gebets geachtet haben, kommt diese Unterteilung jedoch überraschend. Denn streckenweise „klingen" die beiden Abschnitte ziemlich gleich.

In beiden Abschnitten wird proklamiert, wie weit und tiefgehend der Dienst eines Juden an Hashem reichen soll. „Bechol Levavcha, uBechol Nafshecha, uBechol Meodecha …" – „mit deinem ganzen Herzen, deiner ganzen Seele und deinem ganzen Vermögen …" ertönt es da am Beginn des ersten Abschnittes. Und ganz ähnlich klingt es dann auch im zweiten Abschnitt, wenn man das „Bechol Levavchem uBechol Nafshechem" – „mit eurem ganzen Herzen und eurer ganzen Seele …" intoniert. Bloß, dass im zweiten Abschnitt scheinbar antikapitalistische Ressentiments zutage treten. Denn das „Vermögen" aus dem ersten Abschnitt findet sich im zweiten nicht mehr wieder. Verpönt der zweite Abschnitt plötzlich den schnöden Mammon oder haben wir etwa geldgierige „Buchstabendiebe" in der Tora gefasst? Wo ist das „Vermögen" aus dem ersten Abschnitt geblieben?

VERMÖGENSFRAGE ✧ Zwischen den findigen Kapitalaufspürern, die die „Vermögensfrage" klären wollen, ist Rabbi Jisrael aus Rushin, historische Figur unter den Rebbes, der zufällig selbst auch sehr vermögend war. Der Rushiner Rebbe beginnt seine Ausführungen mit der Darlegung einer Halacha. Bezüglich der Aufopferung für ein Gebot erörtert der Shulchan Aruch[236], dass man bis zu einem Fünftel seines Vermögens dafür ausgeben darf. Maßgebend könnte dies zum Beispiel beim Erwerb einer „Etrog"-Zitrusfrucht[237] werden. Falls man eine solche für die Ausführung der Mizwa nur mit großem finanziellem Aufwand bekommen kann, hat der Shulchan Aruch bei der 20-%-Marke den Grenzwert für die Mittelverwendung gesetzt.

Doch bezüglich der Verhinderung eines Verbotsübertritts, erklärt der Shulchan Aruch, sind dem Finanzaufwand keine Grenzen gesetzt. Um sich vor dem Übertreten eines

---

235 Mes. Berachot 2,2.
236 Shulchan Aruch, O. H. 656,1, Rema.
237 Siehe mehr dazu im Sukkot-Beitrag „Alles außer Stacheln", Seite 22.

Verbotes zu retten, darf man auch sein ganzes Vermögen hergeben. Ein prominentes Beispiel wäre da, sich mit Geldversprechen davor zu bewahren, Götzen zu dienen.

STRENG VERBOTEN ✧ Denn Götzendienst, die „Avoda Sara", ist eines der strengsten Verbote der Tora. Sogar ein Stein oder ein Stück Holz, die von einem Götzendiener zum „Gott" erhoben wurden, sind laut der Tora strengstens verboten. Man darf keinerlei Genuss von solchen Gegenständen haben. Über den Grund für die Strenge dieser Vorschriften muss man nicht lange nachgrübeln. Nicht mit Hashem zu sein, bedeutet gegen ihn zu sein. Doch wer Avoda Sara den Kürzeren ziehen lässt und sich gegen deren Ausführung sträubt, ja sogar sein ganzes Vermögen dafür hergibt, um nicht zu dieser Sünde gezwungen zu werden, der stärkt damit automatisch auch Hashems Herrschaft auf dieser Welt. Wer gegen Avoda Sara ist, ist für Hashem.

Nun bringt der Rushiner die Unterteilung des Rabbi Jehoshua ben Korcha in der Mishna ins Spiel. Dort hat dieser festgestellt, dass der erste „vermögende" Abschnitt von Shema der Aufrechterhaltung der g'ttlichen Herrschaft auf dieser Welt gewidmet ist. Der zweite „verarmte" Abschnitt spricht über die Akzeptanz der Mizwot.

ALLES FÜR G'TT ✧ Mittels des neu gewonnenen Wissens um die richtige Verwendung des Vermögens in g'ttlichen Angelegenheiten kann der Rushiner nun wunderschön erklären, warum die Tora im zweiten Abschnitt das Vermögen weglässt. Denn wie im zweiten Abschnitt steht, der die Akzeptanz der Mizwot – wie zum Beispiel Etrog – anspricht, ist man nicht verpflichtet „Bechol Meodecha" – „mit deinem ganzen Vermögen" – für diese geradezustehen. Doch im ersten Abschnitt ist man unter Umständen sehr wohl dazu verpflichtet, alles für die Aufrechterhaltung von G'ttes Herrschaft auf dieser Welt herzugeben, wie zum Beispiel im Fall der Avoda Sara. Daher, erklärt der Rushiner, ließ die Tora das Vermögen im zweiten Mizwot-Abschnitt weg. „Bechol Meodecha" würde inhaltlich einfach nicht stimmen, weil man für eine Mizwa nicht sein ganzes Vermögen hergeben muss.

Zweifelsohne hätte der Rushiner sein immenses Vermögen für die Stärkung von G'ttes Herrschaft auf dieser Welt gegeben. Die aktuellere Frage ist aber, wie wir heutzutage mit unserem Vermögen umgehen würden. Eine Chance, sich darüber Gedanken zu machen, bietet sich dazu allemal. Ob vor dem Schlafengehen oder nach dem Aufstehen – die Mizwa des Shema-Lesens verträgt es, sich Gedanken über das Gesagte zu machen. Und zwar von ganzem Herzen.

ראה
Re'eh

Zehn Mal so reich

Körnchen für Körnchen gleitet durch die Finger des g'ttesfürchtigen Landwirtes. Getreu dem Motto „die Guten ins Töpfchen, die Schlechten ins Kröpfchen" werden Getreidekörner sortiert und gezählt. Eine Knochenarbeit! Doch der Aufwand am Ende der Erntesaison lohnt sich, und das nicht nur für den Empfänger des schönsten Zehntels der Ware, den Levi. Denn wie unsere Weisen in der Gemara[238] versprechen, bringt ein ordnungsgemäßes Abgabenwesen dem Landwirt einen satten Umsatzsprung per g'ttlichem Segen ein.

Ob der Landwirt seine Ware nun tatsächlich körnchenweise sortiert hat, oder andere Zähl- und Messmethoden angewandt hat, sei dahingestellt. Fakt ist jedoch, dass die Tora einen sauberen Umgang mit dem von G'tt gewährten Vermögen an Pflanzenmaterial gebietet[239], jedenfalls im Landesgebiet von „Eretz Jisrael". Der Rambam erwähnt in seinem halachischen Grundwerk „Mishne Tora", dass man stets nur die schönsten

---

238   Mes. Taanit 9a.
239   Devarim 14,22.

Früchte[240] für das Abgabenzehntel – „Ma'asser" genannt – vorsehen soll. Zudem ist eine genaue Güterermittlung[241] vonnöten, sei es durch Zählen, Wiegen oder Messen.

Auch der Stamm der Abgabenempfänger wird in der Tora deklariert, und zwar die Levi'im. Der seit jeher aufgestufte Stamm hat dafür bei der Verteilung der Landesanteile nur 48 Städte, aber keine landwirtschaftlich relevanten Bebauungsgebiete erhalten. Die Ma'asserabgabe kommt diesem Stamm also wirklich zugute und nicht zuletzt bleibt ihnen dafür ein wenig mehr Zeit und Geistesruhe zum Torastudium.

Die Gemara[242] verspricht dafür durchaus keine Kleinigkeit: Die halachagemäße Ma'asser-Abgabe soll dem Abgeber nämlich nichts Anderes als „Reichtum" bringen. Aber ob des großen wirtschaftlichen Wachstumspotenzials ist es jedoch recht verwunderlich, warum nicht bereits Scharen an Landwirten auf den „Ma'asserzug" aufgesprungen sind? Wenn unser Vorzeigelandwirt aus der Einleitung wirklich einen Geldsegen nach seiner Körnchenzählung verspürte, warum wird dieses „Geheimrezept zum wirtschaftlichen Erfolg" dann nicht endlich zum Standardverfahren der israelischen Getreidebranche erhoben?

WUNDERWIRTSCHAFTEN ✧ Zum einen gibt es in Israel tatsächlich schon sehr viele Landwirte und Branchenzweige, die die Abgabengesetze der Tora äußerst ernst nehmen und auch einen angemessenen wirtschaftlichen Erfolg haben. Doch zum anderen scheint die Frage berechtigt, ein offensichtliches, übernatürliches Wunderwirtschaften ist auch nach der Ma'asserabgabe nicht so leicht zu bemerken. Israelische Getreideproduzenten führen nicht gerade die Top 10 der Forbes-Reichenliste an.

In dem etwa 300 Jahre alten Werk „Maor Enajim" schlägt der Autor[243] daher einen pragmatischeren Weg des Vermögensversprechens der Gemara ein. Denn wie er meint, bezieht sich das Versprechen unserer Weisen womöglich gar nicht auf materiellen Reichtum. Wie die Mishna in „Pirke Avot"[244] schon anmerkt, ist ein reicher Mann nämlich einer, der „mit seinem Anteil zufrieden ist" und sich daran erfreut. Die wahre Bedeutung von „Reichtum" ist laut unseren Weisen also gar kein Spitzenplatz in der ominösen Forbes-Liste. Wahrer Reichtum liegt vielmehr im Inneren jeder Person, in seiner Akzeptanz der g'ttlichen Waltung und dem Vertrauen in Hashems Vorsorgepla-

---

240 Rambam Seraim, Hil. Ma'asser 1,13.
241 Rambam Seraim, Hil. Ma'asser 1,14.
242 Mes. Taanit 9a.
243 Rav Menachem Nachum Twersky, Begründer der chassidischen Tschernobyl-Dynastie.
244 Pirke Avot 4,1.

nung. Raffgier und Neid sind wiederum ein Zeichen für die gegenteilige Einstellung einer Person und gelten als Symptom für einen dringenden Bedarf an einer Neubewertung des eigenen Verhältnisses zu G'tt und der Welt.

Wie der Meor Enajim nun meint, ist gerade diese lobenswerte Eigenschaft der „Anti-Forbes-Anteilszufriedenheit" bei Personen, die es mit Ma'asser genau nehmen, häufig zu Gast. Denn jemand, der dazu bereit ist, Jahr für Jahr ein Zehntel seines Vermögens abzugeben und sich mit etwas weniger zu begnügen, lebt das Konzept unserer Weisen „mit seinem Anteil zufrieden zu sein" in Wahrheit vor. Das Geben des Ma'asser allein ist bereits ein Ausdruck der Freude über die Einkünfte, die G'tt einem beschert hat. Und somit hat die Gemara sicherlich Recht mit ihrer Aussage, dass Ma'asser „Reichtum" bringt. Nämlich inneren Reichtum und ein Rezept zur absoluten Zufriedenheit mit sich, G'tt und der Welt.

שופטים
Shoftim

Ein König zum Fürchten

Der Befehl, sich einem königlichen Oberhaupt untertänig zu machen, fällt einem gleich bei der ersten Begutachtung des Wochenabschnittes auf[45]. Dabei denkt die Tora aber nicht an solche Könige, die Status und Reichtum vor allem für eigene – unheilige – Zwecke nutzen. Die Tora sieht vielmehr Vorsichtsmaßnahmen vor, um das königliche Ego ein wenig zu beschneiden. So darf er weder übermäßig viele Frauen ehelichen, noch unüberschaubare Pferdeherden anlegen. Auch diverse Gold- und Silberschätze sind bei ihm vergleichsweise nur äußerst spärlich – und damit ziemlich „unköniglich" – vorhanden.

Den einzigen echten „Schatz", den so ein König sich wirklich zu eigen machen soll, ist eine Originalausgabe der Tora, die er ständig mit sich herumträgt und aus der er auch brav lesen und studieren soll. So stehen die Chancen nämlich recht hoch, dass sich die „G'ttesfurcht" als seine „Königsdisziplin" herauskristallisiert. Er wird zu einem König, der auch selbst nur einem anderen König – Hashem – dient!

Auch dem Volk bringt so ein g'ttesfürchtiger König einen größeren Nutzen. Denn die Vorgabe der Tora lautet, einen König „über sich" zu setzen, diesem Untertan zu sein. Und bei einem g'ttesfürchtigen Volk, das die geistigen Werte über die materiellen set-

---

245   Devarim 17,15.

zen soll, ist ein König mit eben dieser Einstellung wohl die einzige Möglichkeit, auch eine gesunde „König-Untertan-Beziehung" zu schaffen.

RESPEKT ✧ Ein g'ttloses, den Genüssen nacheiferndes Oberhaupt würde von einem „heiligen Volk", wie es die Bnei Jisrael darstellen sollen, womöglich gar nicht akzeptiert werden. Ein „jüdischer König" muss eben auch „jüdischen Werten" folgen. Und diese sind nun aus Sicht der Tora nur in dieser selbst enthalten.

Die Gemara[246] warnt aber, dass man den König letztendlich auch wirklich als solchen respektieren und fürchten soll. Obwohl auch er im Endeffekt nur demselben König – Hashem – dient, steht er noch immer über dem Volk und „seine Frucht möge über dir walten", wie die Gemara meint.

Der Rebbe aus Riminov findet in dieser Aufforderung der Gemara jedoch auch eine Einsicht für den alltäglichen Gebrauch: „Seine Furcht möge über dir walten" kann nämlich auch ausdrücken, dass dieselbe Furcht – die G'ttesfurcht –, die über den König „waltet", auch „über dir" walten soll. So wie der König sich Hashem zu untertänigen hat, mögest auch du es deinem König aus Fleisch und Blut gleichtun und dem „König aller Könige" ehrfürchtig und mit Vorsichtsmaßnahmen versehen dienen.

Gerade einen Monat vor Rosh HaShana, dem Neujahrsfeiertag, an welchem jeder „Hashems Herrschaftsgewalt" in aller Frische aufs Neue akzeptieren soll, ist der Aufruf, „einen König über sich zu setzen", folglich nicht verfrüht. Und mit dem einhergehend wäre wohl auch die jährliche „Wartung" der vielen alltäglichen „Vorsichtsmaßnahmen" – der Mizwot, die die Tora einem jeden Juden gebietet – wieder einmal fällig.

---

246   Mes. Kiddushin 32b.

כי תצא
Ki Teze

Der General mit dem besten Überblick

Dass Kriege und Schlachten leider nicht der Vergangenheit angehören, steht wohl außer Zweifel. Und dass es in der langen Geschichte der Juden nicht wirklich an Kriegen mangelte, lässt sich wohl auch nicht verleugnen. Die Tora widmet sich daher gleich in mehreren Kapiteln diesem „heiß umfehdeten" Thema. Obwohl diese Kapitel nun recht munter in der Tora verstreut sind, gibt es nur einen Abschnitt, der sich mit diesem Thema auch einen „Namen" machen konnte, nämlich den Abschnitt dieser Woche.

Denn das unserer Parasha ihren Namen gebende „Ki Teze" – „Wenn du ausziehen wirst" – beschreibt den Zug des jüdischen Volkes in einen Krieg – „LaMilchama" – und markiert damit auf den ersten Blick den scheinbar „kriegerischsten" Abschnitt der Tora. Womit die Tora hier nun aufwarten wird? Eine Abhandlung über panzerbrechende Geschosse oder eiserne Raketenabwehrschilde? Über schwertschwingende Krieger mit einem mörderischen Funkeln in ihren Augen? Über Blutbäder, Massaker und sonstige Schreckensszenarien?

Doch wer hier tatsächlich Kriegssagen nach Wikinger-Manier erwartet hat, wird von der Tora jäh enttäuscht. Die Tora geht nämlich absolut nicht auf irgendwelche spektakulären Kampfdetails ein. Sie erklärt nur in nüchternem Stil, dass „Hashem dir deine

Ki Teze

Feinde in die Hand geben wird". Was dann sehr wohl im Detail folgt, sind genaueste Instruktionen im respektvollen Umgang mit Kriegsgefangenen.

GEHEIMNIS ✧ Doch andererseits muss doch in demjenigen Abschnitt, der das Thema „Krieg" bereits in seiner „Überschrift" ankündigt, irgendwo zumindest ein gewisser Hinweis auf die richtige Art der Kriegsführung und womöglich auch das eine oder andere militärische Geheimnis preisgegeben werden? Man kann schließlich auch nicht über Kriegsgefangene sprechen, wenn man nicht zuerst einen ordentlichen Krieg geführt hat!

Aber Rav Chaim Vittal, einer der frühen Kabbalisten aus Zfat vor etwa 400 Jahren, findet diesen Hinweis gleich in der angesprochenen „Überschrift" des „Ki Teze" selbst. Er bemerkt nämlich, dass die Tora hier nur vom Zug in den Krieg spricht. Normalerweise werden Kriege gegen einen Feind jedoch „betrieben" bzw. „geführt". „Wenn du Krieg gegen deinen Feind führen wirst ...", wäre aus dieser Hinsicht dann eine viel passendere Wortwahl für diesen Abschnitt. Das bloße „Ziehen" in den Krieg beschreibt ja nur eine Tätigkeit, die im Rahmen der Kriegsführung geschieht. Was wollte die Tora wohl mit ihrer eigentümlichen Wortwahl ausdrücken?

Doch gerade der Begriff des „Kriegszuges" beschreibt nun laut Rav Chaim Vittal das angesprochene „militärische Geheimnis" der Bnei Jisrael. Denn wenn die Bnei Jisrael einmal Krieg führen, dann wissen sie, dass nicht sie selbst den Krieg „betreiben", sondern Hashem der wahre „Kriegsherr" ist. Die Armeen der Bnei Jisrael „ziehen" nur in den Krieg, der von Hashem „betrieben" wird. Sie sind nicht „Herren" über den Krieg, und die endgültige Entscheidung über Sieg oder Niederlage liegt nur in Hashems Hand.

KRIEGSZUG ✧ Daher ist wohl gerade der Begriff des „Kriegszuges" die beste Wortwahl, um den Abschnitt über Krieg in der Tora zu benennen. Denn dies beschreibt die „jüdische Kriegsform" in der Tat am besten. Die jüdischen Krieger ziehen voller G'ttesvertrauen in die Schlacht und halten sich nicht mit irgendwelchen Details auf, die gar nicht in ihrer Hand liegen. Beispielsweise, wie denn die kommende Schlacht ausgehen wird. Das entscheidet ja Hashem, der General mit dem besten Überblick. Die Bnei Jisrael wollen nur voller G'ttesvertrauen den Teil erfüllen, der ihnen obliegt, und in den Krieg „ziehen"! Und dann, so verspricht die Tora, kann man mehr als zuversichtlich sein, dass „Hashem dir deine Feinde in die Hand geben wird", erklärt Rav Vittal abschließend.

Doch am meisten lässt diese Art von Überschrift durchblitzen, wie die Tora denn überhaupt zu Kriegen steht: dass man zwar keine Scheu haben soll, in eine Schlacht zu ziehen, sich aber niemals auf die eigenen Kräfte, sondern immer nur auf Hashems Güte verlassen soll.

Kein Grab für die Seele

Für Hektik und Brisanz sorgt das Gebot, einen Toten noch am Tage seines Dahinscheidens zu begraben[247]. Je nachdem, wer sich als Erster nach dem Moment des Schreckens fasst, setzt man in Windeseile die notwendigen Schritte, um diesem Gebot nachzukommen. Im Umfeld der Spitäler wird diesem Urbedürfnis jüdischer Trauernder in der Regel mit Respekt begegnet.

Die praktische Umsetzung des Gebots kann sich aufgrund der „Bürokratie-Bedürfnisse" der Spitäler dennoch manchmal etwas schwierig gestalten. Doch ein wenig Nachdruck lohnt sich laut der Gemara[248] auf jeden Fall. Denn ein Begräbnis ist laut ihr zugleich auch eine – letzte – Möglichkeit, um „ultimative" Sühne für seine Sünden zu erwirken. Und umso schneller diese eintritt, desto besser ist es wohl für die Seele des Verstorbenen.

Rashi macht in seinem Kommentar an dieser Stelle der Gemara übrigens auf einen interessanten Fakt aufmerksam. Wenn der Tote (als Lebender, Anm.) nämlich explizit darum gebeten haben sollte, nicht begraben zu werden, erlischt das erwähnte Sühnepotenzial auch dann, wenn man ihn schließlich gegen seinen ursprünglichen Willen doch begräbt. Wenn ein Sterbender also nicht begraben werden möchte, dann

---

247 Devarim 21,23; in der Praxis innerhalb von 24 Stunden.
248 Mes. Sanhedrin 46b.

hat er laut Rashi die Chance für Sühne auch dann verspielt, wenn man ihn letztendlich doch – gegen seinen Willen – unter der Erde begraben hat.

ERZWUNGEN ✧ Der „Divrej Chaim"[249] aus Zans soll sich über diesen Rashi-Kommentar jedoch sehr gewundert haben. Warum sollte das Begräbnis eines Menschen denn keine Sühne mehr für ihn erwirken, nur, weil er es zu Lebzeiten abgelehnt hatte, begraben zu werden? Schließlich finden wir sehr wohl andere Gebote, die als erfüllt gelten, auch wenn sie nur aus Zwang ausgeführt wurden. So gesehen beispielsweise beim Gebot, in der Nacht von Pessach Mazza zu essen. Im Shulchan Aruch wird sogar explizit erwähnt, dass man die Mizwa erfüllt hat, wenn man just am Sederabend dazu gezwungen wurde, Mazza zu essen. Auch im Scheidungsrecht findet man erzwungene Scheidungen, die sehr wohl gültig sind. Warum sollte das nun bei dem „erzwungenen Begräbnis" nicht der Fall sein?

Die Antwort auf diese Frage verrät aber zugleich auch einiges über die feine Beschaffenheit der menschlichen Seele. Wie der Divrej Chaim im Namen des Rambam erklärt, gibt es nämlich einen fundamentalen Unterschied zwischen den angesprochenen „Zwängen". Wenn jemand zu einer Mizwa oder zu einer Scheidung gezwungen werden muss, dann gilt diese deswegen als erfüllt, weil man annimmt, dass die Seele dieser Person den Willen Hashems sehr wohl erfüllen wollte. Es war bloß das „Materielle" des Körpers, das ihm die richtige Sicht der Dinge nahm und ihn dazu bewegen wollte, den g'ttlichen Willen nicht zu erfüllen. Die Seele aber ist g'ttlicher Abstammung und möchte immer Hashems Willen erfüllen. Nur weil sie auf dieser Welt in einer „Körperhülle" gefangen ist, wird der Wunsch der Seele bisweilen behindert. Falls man den Körper daher zur Mizwa-Erfüllung zwingt, wird somit dieser innere Wunsch der Seele Wirklichkeit und die Mizwa bzw. die Scheidung gilt als erfüllt. Die „erzwungene Mizwa" überlistet den Körper und erfüllt den Herzenswunsch der Seele!

RÜCKREISE ✧ Das ist allerdings nur der Fall, solange die Seele noch im Körper weilt. Hat diese jedoch ihre Rückreise zum g'ttlichen Ursprung bereits angetreten und der Körper bleibt als leblose Hülle zurück, dann kann auch kein Zwang mehr helfen. Die Seele ist ja schließlich schon auf und davon!

Damit lässt sich der verwunderliche Rashi-Kommentar über die erloschene Sühne nun schon etwas leichter verstehen. Hat der Sterbende sich explizit dagegen ausgesprochen, begraben zu werden, dann kann ihm auch kein erzwungenes Begräbnis mehr

---
249 Rav Chaim ben Leibisch Halberstam lebte vor über 200 Jahren in Nowy Sącz, Polen (jidd.: „Zans").

helfen. Denn sein Körper war ja auch derjenige, der sich gegen diese Mizwa gesträubt hatte. Und die Seele, die dem Zwang noch zustimmen könnte, ist bereits über den „sieben Bergen". Der „innere Urwille", der dem Zwang nachgeben könnte, ist damit aber endgültig verfallen.

Die Hektik und die Brisanz um die Begräbnis-Mizwa sind damit nun auch geklärt. Schließlich schaufelt man beim Begräbnis kein Grab für die Seele. Diese steigt empor und schaut von oben auf die Geschehnisse tief unterhalb hinab. Der Körper jedoch muss seine letzte Pflicht erfüllen, und sein Sühnepotenzial noch ausschöpfen. Ob die Seele dann erfreut ist, wenn ihr „Körpergefängnis" ein für alle Mal unter die Erde gebracht wird, sei dahingestellt. Die Sühne, die ihr zuteilwird, kann ihr aber auf jeden Fall zur ewigen Freude gereichen.

BUJU GUTTMANN S"L ✧ Nachdem die Jahrzeit meines Großvaters Buju Guttmann S"L (15. Elul 5772) sich stets um diese Parasha herum jährt, sei noch erwähnt, dass er das Verdienst hatte, zeitgerecht begraben zu werden. Ohne Zweifel entsprach dies nicht nur dem Wunsch seiner Seele, sondern auch dem seiner „Körperhülle", die er nach 88 Jahren ständiger Aufs und Abs geschwächt und abgekämpft hinterließ. Mögen neben der „Begräbnis-Sühne" daher auch diese „Divrej Tora" weitere Sühne und Verdienste für seine Seele erwirken, bis wir einander bei Mashiachs Ankunft auf dieser Welt wieder begegnen, Bimhera Bejamenu.

Der „Doppler-Effekt" in der Tora

Spätkommen hat sich noch nie wirklich ausgezahlt. Sogar wenn man nichts dafür kann. Was bei der Anzahl seiner älteren Geschwister sicherlich der Fall ist, denn dafür kann der jüngere „Nachzügler" herzlich wenig. Dennoch ist es für ein Kind durchaus lohnenswert, derjenige zu sein, der seinen Vater und seine Mutter erst zu „Eltern" *macht. Denn die Tora250 sieht vor, dass ein Erstgeborener – auf Hebräisch „Bechor" genannt – bei der Verteilung einer Erbschaft gleich zwei Hände auf einmal aufhalten kann. Während seine Brüder das zweite Patschhändchen hinter ihrem Rücken verstecken müssen, kann er aus dem Vollen schöpfen und sich eine doppelte Portion von der Erbschaft einheimsen.*

Womöglich um den Erstgeborenen vor übermäßigem Geschwisterneid zu bewahren, hat die Tora auch gleich eine eisenstarke Eselsbrücke in die Bezeichnung „Bechor" selbst eingemeißelt. Das Wort „Bechor" besteht normalerweise nämlich aus vier Buchstaben, dem „Bet", dem „Chaf", dem „Vav" und dem „Resh". Doch gerade an unserer Stelle spart die Tora auf einmal mit der Tinte und lässt einfach einen Buchstaben aus, nämlich das „Vav". So bleiben lediglich drei Buchstaben, das „Bet", das „Chaf" und das „Resh", um das Wort „Be-Cho-R" zu bilden.

Der Midrash merkt dazu an: „Weil der Erstgeborene doppelt erbt, fehlt dem Wort ‚Bechor' ein Buchstabe." Wenn wir nicht wüssten, dass der Midrash hier auf den genannten Hinweis bezüglich der erblichen Sonderstellung des Erstgeborenen hinauswill, müsste man sich über diese Aussage eigentlich ziemlich wundern. Doch wo steckt dieser Hinweis im fehlenden Buchstaben des Wortes „Bechor" genau?

KORREKTUR ✧ Der „Sefer HaTijul" erklärt, dass es im hebräischen Aleph-Bet nur drei Buchstaben gibt, die den Wert ihres Vorgängerbuchstaben verdoppeln. Das „Bet" hat mit 2 den doppelten Wert des Aleph (1). Das „Chaf" (20) den doppelten Wert des „Jud" (10) und das „Resh" mit 200 den doppelten Wert des „Kuf" (100). Dieses zahlentechnische Verdoppelungs-Phänomen kommt wie gesagt nur bei diesen drei Buchstaben „Bet", „Chaf" und „Resh" vor. Und genau diese bilden das Wort „Be-Cho-R"!

Dass die Tora genau an der Stelle, die eine doppelte Erbschaft für den Erstgeborenen propagiert, eine kleine Korrektur vornimmt und einen Buchstaben zum Zwecke der „Bechor"-Kosmetik auslässt, wird somit verständlich. Schließlich sind nun alle „Doppler"-Buchstaben zusammen und dienen als Wink mit dem Zaunpfahl, wenn man mal bei Erbstreitigkeiten auf den doppelten Anteil des „Bechors" vergisst. Der „Doppler-Effekt" aus der Tora wird einem schnell wieder auf die Sprünge helfen.

---

250   Devarim 21,17.

Militärischer Hochzeitsbonus

Frisch verheiratete Paare nehmen in der Tora eine Sonderstellung ein. Selbst, wenn die Nation in Gefahr sein sollte und man in den Krieg ziehen muss, ist der glückliche Bräutigam ein Jahr lang von seiner Wehrpflicht befreit. Rashi betont, dass die Befreiung nicht nur die Teilnahme an den eigentlichen Kämpfen gegen den Feind, sondern sogar das Mitwirken an rein logistischen, ungefährlichen Maßnahmen im Hintergrund inkludiert!

Er muss weder in den Krieg ziehen noch Gräben ausheben und auch nicht endlose Stunden lang Kartoffeln schälen. Er soll einfach daheim bleiben und seiner Ehefrau möglichst viel Freude bereiten. „Ein Jahr lang soll er frei für sein gemeinsames Zuhause bleiben", meint die Tora in diesem Zusammenhang[251] noch.

KAMPFFREIHEIT ✧ Der „Ollelot Efraim" – auch bekannt für sein Tora-Kommentar „Kli Jakkar" – bemerkt, dass die Tora hier ein eher seltenes Wort für „Freiheit" verwendet, nämlich „Naki". Dass es in diesem Fall „frei bleiben" bedeutet, zweifelt er dabei gar nicht an. Er meint nur, dass „Naki" auch „rein" – wie: „sauber" – bedeuten kann. Dies, so der Ollelot Efraim, sei ein Hinweis darauf, dass jeder Braut und jedem Bräutigam ihre Sünden am Tag der Hochzeit verziehen werden. Denn diese Idee ist beinahe schon offensichtlich in dem Wort „Naki" versteckt. Der Bräutigam ist nach der Hochzeit „befreit" bzw. „rein", soll heißen: rein von Sünden!

Und damit ist der junge Mann wohl gleich zweifach „Naki": Einerseits ist er befreit vom Militärdienst, andererseits aber auch von seinen Sünden. Einziger Unterschied ist dabei nur die Dauer der Befreiung. Während das Recht auf „Kampffreiheit" nach einem Jahr erlischt, bleibt das Recht auf „Sündenfreiheit" eindeutig für das ganze Leben bestehen.

---

251 Devarim 24,5.

כי תבוא
Ki Tavo

Privilegien wachsen nicht auf den Bäumen

Das Konzept der „Bikkurim", „Erstlingsfrüchte", ist schnell erklärt. Als Ausdruck seiner Dankbarkeit an Hashem bringt der erfolgreiche Landwirt diejenigen Früchte, die als Erstes auf seinem Baum sprossten, nach Jerushalajim in den Tempel. Dort werden die Gaben nach einem Ritual an Hashem bzw. seinen Priestern, den Kohanim, übergeben. Woher der Landwirt weiß, welche Frucht als Erstes aufblühte? Indem er danach Ausschau hält! Denn ein g'ttesfürchtiger Bauer sollte mit Frühlingsbeginn seine Bäume ganz genau beobachten. Sobald er eine Frucht aufknospen sieht, klettert er auf seine Leiter, zieht eine Markierungsschnur hervor und wickelt sie um die Erstlingsfrucht. Diese muss vor Wind und Wetter gefeit sein, denn es dauert noch einige Monate, bis der Baumbesitzer seine Früchte dann im Rahmen des vorsommerlichen Wochenfestes „Shavuot" nach Jerushalajim bringt.

Die Tora betont dabei[252], dass der Landwirt die Erstlinge seiner <u>Bodenfrüchte</u> in den Tempel bringen soll. Ein Ausdruck, der den Chida ziemlich wundert. Bodenfrüchte?

---
252 Devarim 26,2.

Der neue Leiner

Sollte es nicht <u>Baumfrüchte</u> heißen? Schließlich gilt das „Bikkurim"-Gebot doch nur für die sieben Pflanzensorten, mit denen Hashem das Land Jisrael gesegnet hat. Dazu gehören Weizen, Gerste, Weintrauben, Feigen, Granatäpfel, Oliven und Datteln. Bei allen anderen Pflanzensorten kann sich der Landwirt zu Frühlingsbeginn noch entspannen und muss nicht mit Leiter und Markierungsschnur bewaffnet durch seine Plantagen ziehen. Aber gerade die sieben Sorten, meint der Chida, sind doch hauptsächlich Baumfrüchte und nicht Bodenfrüchte?

SPURENSUCHE ✧ Da es nicht gerade die Art der Tora ist, sich unpräzise auszudrücken, macht sich der Chida nun auf Spurensuche. Als erste „Reflexantwort" entfährt es dem Chida, dass Weizen sehr wohl als Bodenfrucht gilt, und dass die Tora mit den „Bodenfrüchten" vielleicht gerade diesen gemeint hatte. Andererseits wäre das gegenüber den anderen Sorten fast schon diskriminierend, vor allem, wo die „Bäumlinge" doch in der Überzahl sind. Er entscheidet sich daher noch für eine andere, dafür aber weitaus tiefergehende, Lösung.

Zum Zeitpunkt der Markierung, wenn die Frühlingssonne den Frost bereits aus den Böden gezogen hat und die ersten Blüten sich dem lauen Südwind hingeben, befanden sich die Früchte nämlich noch in einem sehr frühen Entwicklungsstadium. Als der Baumbesitzer den Markierungsfaden um die erste Frucht, die ihm vor die Leiter lief, wickelte, war auch der größte Granatapfel nur erbsengroß und die Rebstöcke erinnerten eher an mageren Brokkoli als an satte Fruchtstände grüner oder roter Weinbeeren.

Der Chida will seine Antwort auf den vermeintlichen Widerspruch zwischen den Baum- und Bodenfrüchten nun auf diesen Fakt des frühen Entwicklungsstadiums basiert wissen. Während ein jedes Kindergartenkind – zumindest jene, die eine jüdische Institution besuchen – weiß, dass man für Baum- und Bodenfrüchte unterschiedliche Segenssprüche sagt, gibt es dennoch einige interessante Ausnahmen. Eine davon gilt für solche Früchte, die noch nicht endgültig gereift sind. Rav Forst erklärt in seinem hervorragenden Buch-Klassiker über Segenssprüche[253], dass eine Baumfrucht immer nur dann als eine solche gilt, wenn sie ihre Entwicklung hinsichtlich ihrer Zielbestimmung bereits abgeschlossen hat.

WEINTRAUBEN ✧ Bei Weintrauben wären dies zum Beispiel Beeren, die so reif sind, dass sie sich mühelos für die Weinproduktion – laut der Tora ihre Zielbestimmung – <u>auspressen lassen</u>, meint Rabbi Forst. Erst dann gelten sie als „Baumfrucht"

---

253 The Laws of B'rachos, Rabbi Benyamin Forst, Mesorah 1988, S. 287, Fußnote 36.

und werden auch segenssspruchtechnisch als eine solche behandelt. Davor wird sie jedoch bloß als „Bodenfrucht" eingeteilt.

Dass der Chida die komplizierten Regeln der Segenssprüche nicht aus dem Buch von Rav Forst gelernt hat, ist klar. Aber er wusste sicherlich mindestens genauso gut Bescheid, vor allem wo der Shulchan Aruch[254] die Regel im Zusammenhang mit Jungtrauben explizit erwähnt. Und mit Hilfe dieser Regelung gibt der Chida nun auch zu verstehen, warum die Tora – die ja ihren eigenen Regeln bekanntlich auch selber folgt – hier von „Boden-" und nicht von „Baumfrüchten" spricht. Zum Zeitpunkt der Markierung waren die Früchte noch unreif und galten laut der Halacha eben noch als Boden- und nicht als Baumfrüchte! Daher verwendet die Tora gerade den Begriff „Bodenfrüchte", da nur dieser den Gewächsen zu diesem Zeitpunkt zusteht. Sie als „Baumfrüchte" zu bezeichnen wäre wohl noch etwas zu voreilig gewesen. Schließlich wachsen Privilegien nicht auf den Bäumen!

Der Armut den Korb geben

Wie schön sich das „Bikkurim"-Ritual zu den Zeiten des Bet HaMikdash abgespielt haben muss. Zahllose Besucher aus allen Ecken des Heiligen Landes marschierten zielstrebig die Hügel Jerushalajims hinauf. Festliche Stimmung und rührige Heiligkeit bestimmten die Atmosphäre der Stadt. Arm wie Reich brachten ihre Erstlingsfrüchte zum Tempel und fühlten sich als Teil eines großen Ganzen.

Einzige – nicht unbedeutende – Unterschiede zwischen den reichen und den armen Obstbauern waren außer der Menge der dargebrachten Früchte auch die Verpackungsformen. Lange bevor Logistikunternehmen sich ihre Tarife nach Form, Größe und Gewicht der Verpackung ausbaldowert hatten, gab es im Bet HaMikdash schon eine

---

254 Shulchan Aruch O. H. 202,2.

eigene Packungshierarchie. Die Mishna[255] berichtet, dass die Reichen ihre Früchte in teuren goldenen und silbernen Gefäßen darbrachten. Wunderschön gearbeitete Silberschüsseln mit eingravierten Fruchtornamenten und aufwändig gefassten Edelsteinverzierungen könnten einem da in Gedanken vorschweben. Oder glänzende Goldtöpfe mit Griffen aus feinstem Ebenholz und Inschriften in geschwungenen, aufwändig gearbeiteten Zeichen.

SPEKTAKEL ✧ Die Armen aber brachten ihr Obst nur in einfachen Körben dar. Die Mishna schreibt von „Körben aus geflochtenem Weidegras". Das war wohl kein aufregender Anblick, der sich den Kohanim hier bot. Diese wollten die Schande der armen Leute nun scheinbar auf ein Minimum reduzieren, denn wie der Kommentator „Bartenura" an dieser Stelle erklärt, behielten sich die Kohanim die Körbe einfach ein. Die Gold- und Silberschüsseln der reichen Leute gaben sie jedoch ganz brav zurück, obwohl es sich sicher mehr gelohnt hätte, diese zu behalten. Zumindest konnten die reichen Leute so nicht nur am Hinweg, sondern auch am Rückweg mit ihren luxuriösen Bikkurim-Schüsseln prahlen. Auf den schmalen Wegen der Jerushalajimer Hügel muss sich folglich eine ganze Ausstellung für die heiligen Zier- und Transportgegenstände abgespielt haben. Allerdings nur für die reichen Leute. Die Armen zogen wahrscheinlich auf der Überholspur am Angebereispektakel vorbei.

Im Werk „Pirchei Shoshana" wird die wahre Symbolik hinter der Einbehaltestrategie der Kohanim aber deutlich gemacht. Denn sowohl die Rückgabe der Schüsseln an die Reichen als auch das Einbehalten der Körbe der Armen waren von den Kohanim als Zeichen des Segens gedacht. Die Reichen sollten weiterhin reich bleiben und mit ihrem Reichtum heimkehren. Den Armen jedoch nahmen sie ihre „Armut" ab, indem sie die Körbe einbehielten, meint der Pirchei Shoshana. Sie gaben der Armut einen Korb!

GEMEINSCHAFTSPROJEKT ✧ Ganz anders und sehr rührend erklärt der Rebbe Reb David aus Tolna diese Diskrepanz. Die Kohanim sollen nämlich zutiefst berührt gewesen sein, als sie die Körbe der Armen in den Händen hielten. Sie verstanden, wie viel Arbeit man in ihre Herstellung hineingesteckt haben musste. Die Frauen und Töchter der Bauern hatten extra dafür nächtelang Weidegras in Kleinstarbeit geflochten. Die ganze Familie war daran beteiligt gewesen, die Körbe herzustellen. Mit Gesang, Geschichten und Heiterkeit hatte man sich auf die Mizwa der Bikkurim-Dar-

---

255 Mes. Bikkurim 3,8.

bringung als familiäres Gemeinschaftsprojekt vorbereitet. Ständig dachten sie dabei an den Bet HaMikdash, der wie ein Löwe auf den Bergen Jerushalajims thronte.

Solche Körbe, meint Rav David von Tolna, wollten sich die Kohanim unbedingt behalten. Sie waren voller heiliger Emotionen und drückten die Loyalität und Liebe der armen Juden zu Hashem, dem Bet HaMikdash und den Mizwot aus. An so einem Anblick wollten sich die Kohanim das ganze Jahr über laben!

Den Gefäßen der reichen Leute gaben sie jedoch einen „Korb". Die hatte womöglich irgendein Bediensteter lieblos in einem Geschäft aufgekauft, sicherlich nicht ohne noch eine schäbige Preisverhandlung um den letzten Cent abzuhalten. Solche Gefäße wollten sich die Kohanim nie und nimmer behalten! Denn mit so etwas konnten sie im Bet HaMikdash – dem Weltzentrum für Spiritualität und Heiligkeit – nun wirklich nichts anfangen.

ניצבים
Nizavim

Abkürzung gefällig?

Die Gemara[256] erzählt eine äußerst aufschlussreiche Episode über Mashiach und seine Erlösungspolitik. Die Geschichte spielte sich am Eingang der Höhle von Rabbi Shimon Bar-Jochai ab. Ein gewisser Rabbi Jehoshua Ben-Levi traf dort auf niemand Geringeren als den Propheten Elijahu selbst. Obwohl er ihm nun alle Fragen der Welt hätte stellen können – etwa wo Gold- und Silberadern unter der Erde verlaufen würden –, hatte Rabbi Jehoshua nur eines im Sinn: die zukünftige Erlösung durch Mashiach!

„Wann kommt Mashiach?", fragte er daher Elijahu HaNavi. Dieser wusste über den Erlösungstermin wohl selbst nicht Bescheid, denn er schlug Rabbi Jehoshua vor, die Frage dem Mashiach selbst zu stellen. Flugs begab er sich daher in andere Sphären und Welten und stattete dem Erlöser der Welt einen kleinen Besuch ab. Rabbi Jehoshua wiederholte seine Frage vor Mashiach persönlich. Doch die Antwort sollte ihn überraschen: „Heute!", rief ihm Mashiach nämlich freudestrahlend zu. Was für ein Glück Rabbi Jehoshua scheinbar hatte, dass er den Mashiach überhaupt noch vor der Erlösung antreffen konnte! Schließlich würde er sich – wie eben verlautbart – in Bälde in irdische Gefilde aufmachen, um die – schon damals – lang erwartete Erlösung zu

---

[256] Mes. Sanhedrin 98a.

Nizavim

vollziehen. Er konnte fast schon den Klang des Erlösungsshofars hören, und die Sonne über dem Berg Zijon aufgehen sehen!

Lüge ✧ Doch bekanntlich kam es dann doch nicht so, wie Rabbi Jehoshua es sich vorgestellt hatte. Mashiach tauchte an diesem Tag nicht auf. Der Shofar blieb im Schrank und die Sonne unter den Hügeln Jerushalajims.

Als der enttäuschte Rabbi Jehoshua Elijahu HaNavi schließlich auf die vermeintliche „Lüge" des Mashiachs ansprach, wurde die Sache klar. Elijahu HaNavi löste das Rätsel mit Bravour: „Mashiach hat gemeint: Heute! Aber nur, wenn ihr der Stimme G'ttes folgt!" Mit der „Stimme G'ttes" sind dabei die Gesetze der Tora gemeint, die es einzuhalten gilt. Mashiachs Botschaft an Rabbi Jehoshua – der diese als Gesandter der Menschheit entgegennahm – war also ziemlich eindeutig: Er ist jeden Tag bereit zu kommen. Es mangelt bloß an ausreichenden Verdiensten im jüdischen Volk, um die Erlösung auch auszulösen! Es liegt in der Hand des jüdischen Volkes, als Auslöser für den Erlöser zu dienen und sein Kommen herbeizuführen. Sein Erscheinungstermin ist absolut flexibel und jederzeit möglich. Er ist allerdings von äußeren Faktoren, wie der Tatenbilanz des jüdischen Volkes, abhängig.

Doch – um Himmels willen – was wird denn geschehen, wenn sich die Verdienstbilanz so wie bisher nicht aus den roten Zahlen kämpfen kann? Wenn die „Stimme G'ttes" weiterhin als unerhörtes Echo im Sündengebirge des jüdischen Volkes verhallt? Es kann ja nicht ewig so weitergehen! Doch es ist noch nicht aller Tage Abend und gerade das jüdische Volk darf niemals die Hoffnung aufgeben! Denn der Mashiach kommt bestimmt, die Frage ist nur: Wann?

Streng geheim ✧ Wie der „Ketav Sofer" nämlich in seinem Kommentar zu diesem Wochenabschnitt erklärt, gibt es zwei unterschiedliche Erlösungsqualitäten und -zeitpunkte. Wenn das jüdische Volk bis zu einem gewissen Zeitpunkt noch nicht genügend Verdienste angesammelt haben sollte, um die Erlösung zu bewirken, so wird Hashem das Erscheinen des Mashiachs schließlich erzwingen, erklärt der Ketav Sofer. Doch dieser Zeitpunkt ist streng geheim. Niemand kennt ihn, nur Hashem weiß, wann er eintreffen wird. Doch die Erlösung von „heute", wie sie Mashiach gegenüber Rabbi Jehoshua Ben-Levi erwähnt hatte, ist jederzeit möglich. Ihr Zeitpunkt ist flexibel und nur von unseren oder von den Verdiensten unserer Kinder abhängig.

Der neue Leiner

Der Ketav Sofer findet für dieses Erlösungskonzept übrigens einen starken Hinweis in der Parasha[257]: „Das Verborgene ist von Hashem", heißt es da in der Tora, „aber, was offenbar ist, das ist auf ewig für uns und unsere Kinder!" „Das Verborgene", meint der Ketav Sofer, ist der Fixtermin, zu welchem Hashem Mashiach zwingen wird, zu kommen. Doch „was offenbar ist" – der flexible Erlösungstermin – ist „für uns und unsere Kinder" – ist nur von der Tatenbilanz von „uns und unseren Kindern" abhängig und kann jederzeit eintreffen! Wem also eine Abkürzung ins siebte Jahrtausend der Erlösung gefällig ist, sollte erst einmal bei seiner eigenen Taten- und Verdienstbilanz anfangen. Ein wenig „Flexibilität" würde uns allen guttun!

---

257 Devarim 29,28.

וילך
Vajelech

Ein Jahr und ein Tag

Der bevorstehende Rosh-HaShana-Feiertag gilt alle sieben Jahre nicht nur als Startpunkt für ein einfaches „Neues Jahr". Er läutet dann nämlich zusätzlich noch einen einjährigen „Shabbat" für die Landwirte Eretz Jisraels ein. Doch keine Angst, das soll nicht etwa heißen, dass alle israelischen Bauern wegen des „Spezialshabbats" nun ein Jahr lang nicht mit dem Auto fahren dürfen oder auf ihr Smartphone verzichten müssen. Es ist auch kein täglicher „Tschulent"-Verzehr, der auf den Magen schlägt, oder etwa die Einnahme von zermahlenen Fischteilen mit rotem Kren und Light-Mayonnaise geboten.

Das als „Shmitta" bezeichnete Jahr dient vielmehr als Ruhejahr für den Boden von Eretz Jisrael. Jedes siebte Jahr soll der Boden sich ein wenig ausruhen und es darf weder geackert noch gepflügt werden. Jegliche Erntetätigkeit ist untersagt und sogar Obstbauern dürfen kein Geschäft mit ihren Früchten machen, sondern müssen ihre Bäume dem allgemeinen Publikum zugänglich machen. Dass ein jeder Bauer damit aber arbeitslos wird, wirkt im ersten Moment nur wie ein „Nebenprodukt" dieses Gebots.

NEBENPRODUKT ✧ Was so ein Landwirt dann wohl den ganzen Tag macht, wenn er nicht seiner Arbeit nachgehen darf? Aber auch dafür hat die Tora eine kluge Lö-

Der neue Leiner

sung parat: Er soll sich weiterbilden! Doch wer nun vermutet, dass die Bauern sich mit den neuesten Technologien und Methoden in der Agrarwirtschaft auseinandersetzen, der irrt gewaltig. Es stehen auch keine geologischen Schulungen, oder ein wenig Chemie-Nachhilfe für die richtige Dünger-Zusammensetzung am Plan. Womit sich der sonnengebräunte Landwirt in seinem Ruhejahr aber sehr wohl auseinandersetzen soll, ist nur mit der Tora allein!

Beginnend mit dem Wochenabschnitt, über die Mishna und Gemara zum Shulchan Aruch und in die höchsten Sphären des Torastudiums. Der Wissbegierigkeit der Bauern sind dabei absolut keine Grenzen gesetzt, schließlich hat er nun etwa 8.496[258] Stunden „Freizeit", um sein Tora-Wissen wieder ein wenig aufzufrischen. Die letzten sechs Jahre dürfte er nämlich nicht allzu viel Gelegenheit dazu gehabt haben.

UNDENKBAR ✧ Denn so ein Landwirt hat naturgemäß ein ziemlich „erfülltes" Leben. Frühmorgens bis spätabends ist er mit seinen Feldern, Werkzeugen und Anbauprodukten beschäftigt. Sich dann nochmal eine Stunde hinter eine Gemara zu klemmen ist beinahe undenkbar. Aber nun bleibt ihm ein ganzes Jahr Zeit, um die letzten sechs Jahre wieder wettzumachen.

Doch Rav Jonathan Eibeschütz zeigt da nicht so viel Verständnis für die müden Bauern mit den abgearbeiteten Händen und den schmerzenden Füßen. Er vertritt vielmehr die These, dass die Landwirte auch während der sechsjährigen „Arbeitsphase" ihre Verbindung zur Tora behalten müssen. Seine Argumentation entspringt dabei einem interessanten Gebot aus diesem Wochenabschnitt. Die Tora[259] befiehlt nämlich dem jüdischen Volk, nach Abschluss des Shmitta-Jahres – am Beginn des neuen Zyklus – ein allumfassendes, riesiges „Tora-Event" zu veranstalten. Inklusive Showbühne und Kinderbetreuung, an alles ist gedacht! Das Ganze soll sich am Sukkot-Feiertag, wenige Tage nach dem Abschluss der 8.496 Shmitta-Stunden, abspielen. Als Hauptveranstaltung ist dabei laut der Tora geplant, „diese Lehre" – die Tora – „in Gegenwart von ganz Jisrael zu lesen". Auch Frauen und sogar Kleinkinder mussten an diesem Mega-Event teilnehmen.

„DIE NASE VOLL" ✧ Rav Eibeschütz meint nun, dass die Tora hier wieder einmal einen „Wink mit dem Zaunpfahl" in einem ihrer Gebote versteckt hat. Dem arbeitslosen Landwirt könnte nämlich einfallen, dass er nun nach einem Jahr intensivstem

---

258   354 Tage des Mondkalenders X 24 Tagesstunden = 8.496 Stunden.
259   Devarim 31,10-12.

Torastudium in spiritueller Hinsicht total zurückschalten kann. Nicht etwa, dass er „die Nase voll" von Tora hätte. Denn das ist noch bei keinem geschehen, der einmal damit angefangen hat. Er könnte aber glauben, dass er nun bereits zur Genüge gelernt hat und sich ab jetzt wieder voll auf die Arbeit konzentrieren soll. „Nun kann die Tora ihren eigenen sechsjährigen Shabbat feiern", könnte er denken.

Doch genau diesem Gedanken hat die Tora mit ihrer Verlesung im Volksrahmen gleich nach Ende des Shmitta-Jahres einen „Mega-Riegel" vorgeschoben. Gleich nach Abschluss des Ruhejahres sollen alle Juden von groß bis klein auf die Straßen gehen und gespannt den Worten der Tora lauschen. Denn man kann und soll nie genug von ihnen kriegen! Das ist das Symbol der Tora-Lesung just zu diesem Zeitpunkt laut Rav Eibeschütz.

HOCHSCHRAUBEN ✧ Die Bauern sollen die neu gewonnenen spirituellen Energien in den kommenden Shmitta-Zyklus hineintragen und sich erst recht weiterhin der Tora widmen. Und dafür geht bei den Bnei Jisrael eben das ganze Volk auf die Straße und proklamiert diese wichtige Botschaft mit Freuden.

Das „Nebenprodukt" der Shmitta kann somit in spiritueller Hinsicht als ihr „Hauptprodukt" angesehen werden. Der Ruf des Mega-Tora-Events nach mehr Tora ist hingegen nicht nur ein Signal an die Bauern von Eretz Jisrael, sondern auch eine Einladung an alle Juden, ihren Einsatz in Sachen Torastudium für den gesamten Shmitta-Zyklus hochzuschrauben. 8.496 Stunden pro Jahr würden schon reichen!

הַאֲזִינוּ
Ha'asinu

Ein verrückter Hund

Nach einem ganzen Band an Zurechtweisungen, Moralpredigten und Klarstellungen setzte Moshe Rabbenu nun zu einer hochpoetischen Version derer an. Fürwahr liest sich diese Parasha sogar für einen Hebräisch-Profi recht schwer. Doch dafür lässt sich – wie es in poetischen Texten so oft der Fall ist – viel Verstecktes aus den heiligen Worten der Tora herauslesen. Dies nun in deutscher Sprache wiederzugeben ist gar nicht so einfach. Denn oft beruhen diese geheimnisvollen Botschaften der Tora auf unterschiedlichen Lesarten oder Übersetzungsvarianten, die der hebräischen Sprache so eigen sind.

Ein wunderschönes Beispiel finden wir in der erwähnten poetischen Abhandlung des Wochenabschnittes. „Du hast den mächtigen Felsen, der dich geboren hat, vergessen", wetterte Moshe Rabbenu in Dichterlaune, „du hast G'tt vergessen, der dich erzeugt hat!"[260] Die einfache Bedeutung des Satzes lässt dabei wenig Spielraum für weitere Deutungen. Denn Moshe wollte dem jüdischen Volk hier scheinbar einfach zu verstehen geben, dass sie sich auf ihren Wegen mitunter allzu weit von ihrer g'ttlichen

---

260 Devarim 32,18. Rav Hirsch übersetzt: „Hat dein Hort dich erst geboren, so gibst du ihn zur Huldigung anderer auf; Vergaßest du doch G'tt, indem er dich erzeugte."

Ursprungsbestimmung entfernen können. Sie verfallen womöglich zu oft in eine Art „Scheuklappen-Modus" und blockieren ihre Sicht nach rückwärts, zu ihrem Ausgangspunkt, welcher in luftigen himmlischen Höhen in den spirituellen Welten der g'ttlichen Präsenz liegt. Von dort entstammt nämlich die Seele mit ihrem erhabenen g'ttlichen Funken, die in uns allen innewohnt.

Wenn man daher sündigt, vergisst man auch auf seine Seele und ihre Herkunft. Denn die Seele, die aus dem Himmel stammt, strebt stets danach, „himmlischen Konzepten" – wie es die Tora nun mal ist – zu folgen. Wenn man die Tora behütet und studiert und sich dabei ständig weiterentwickeln kann, fühlt sich die Seele „pudelwohl". Der Blick ist hier ständig nach hinten bzw. nach oben gerichtet und man fühlt sich G'tt und der Welt nahe. Streift man das Joch der Tora jedoch von sich ab, so zerschellt der „Rückspiegel" in tausend Stücke und die Seele ist verwirrt und ratlos, weil sie den „Funkkontakt" verloren hat. Es ist in etwa diese Idee, die auf den ersten Blick Moshes Worten innewohnt.

DAS VERGESSEN ✧ Anderen[261] wiederum gelingt es durch ein geschicktes Ausnutzen der hebräischen Sprachnuancen, eine abweichende Interpretation zu spinnen. Sie lesen den Satz „Du hast den mächtigen Felsen, der dich geboren hat, vergessen" etwas anders, betreiben eine Art Satzzeichenspiel: „Der mächtige Felsen, der DIR geboren hat, DAS Vergessen", soll heißen: Hashem – der mächtige Felsen – hat dich mit der Eigenschaft bzw. der Fähigkeit erschaffen, zu vergessen. Laut dieser Lesart soll der Satz ausdrücken, dass man Hashem dafür dankbar sein soll, das Hirn auf eine Art und Weise erschaffen zu haben, die es zulässt, gewisse Ereignisse zu vergessen. Denn „vergessen" ist nicht immer eine schlechte Sache. Sicherlich ist es ärgerlich, wenn man seine Schlüssel, das Mobilgerät, oder eine wichtige Unterlage vergisst. Andererseits ist es von Vorteil, wenn man etwa Missetaten seiner Mitmenschen, ein schmerzhaftes Erlebnis oder eine unangenehme Erfahrung vergisst. Ohne das „Vergessen" könnte so mancher in Trauer versinken. Durch das „Vergessen" wird es ihm aber möglich, G'tt in Freuden zu dienen und immer einen positiv eingestellten Lebenswandel zu führen.

Alles in allem müssen wir folglich tatsächlich dankbar für die manchmal etwas lockeren Gehirnwindungen sein. Denn nur diese lassen uns in unserem Dienst an G'tt emporsteigen, da man Hashem stets mit Freude und Begeisterung dienen soll.

---

261 Der Kotzker Rebbe, der Maggid von Dubna, der Zemach David.

Doch leider ist es mit dem Vergessen ein zweischneidiges Schwert. Rein technisch kann man nämlich auf vieles vergessen. Sind es Sorgen, Beleidigungen oder Missgunst, hat dies wie gesagt nur positive Auswirkungen. Doch leider gibt es tatsächlich nicht wenige Menschen, die die von G'tt eingepflanzte Fähigkeit, zu vergessen, gegen ihn selbst verwenden. Die, anstatt Trauer zu überwinden und G'tt in Freuden zu dienen, gar auf G'tt selbst vergessen! Und dabei war es doch seine „Idee", sein Schöpfungsplan, überhaupt diese Fähigkeit in den Menschen einzupflanzen!

BODENLOSIGKEIT ✧ Dies fügt sich nun wunderschön in den zweiten Teil des erwähnten Satzes in seiner neuen Interpretation ein: „Hashem hat dich mit der Fähigkeit erschaffen, zu vergessen", hatte diese gelautet. Und der zweite Teil des Satzes fährt fort: „Du aber hast G'tt vergessen, der dich erzeugt hat!" – du hast ein Geschenk von G'tt – das Vergessen – gegen ihn verwendet! Ist das nicht eine Bodenlosigkeit?!

Der Maggid von Dubna findet für dieses Verhalten einen treffenden Vergleich. Er meint, dass dies dem Verhalten eines unter Druck geratenen Schuldners ähneln würde, der einen Freund um Rat fragt: „Ich schulde einem sehr, sehr reichen Mann Geld, aber ich kann es derzeit leider nicht zurückzahlen. Er besteht auf sein Geld und ich weiß nicht, was ich tun soll?" Sein Freund, dem der Schuldner übrigens auch Geld schuldig war, hatte eine grandiose Idee: „Ich hab's!", rief er nach Wikinger-Manier, „stelle dich einfach dumm! Tu so, als wärest du verrückt geworden. Total meschugge! Nicht mehr zu retten! Ein wahnsinniger Irrer, der nicht mehr weiß, was los ist!"

Die Augen des Schuldners blitzten auf, als er die Idee hörte. Er stellte sich vor, wie er mit Schaum vor dem Mund, stotternd und zuckend über einen rosaroten Riesengorilla sprach, der mit fernen Galaxien Kontakt aufgenommen hat und ihn – den Schuldner – zum Herrscher über 34 Sonnensysteme gemacht hat und …

Tatsächlich wirkte die Methode des Freundes. Ob dies der Schaum vor dem Mund, das Stottern, oder die wunderschön ausgemalte Galaxie-Gorilla-Geschichte bewirkt hatte, konnte er danach nicht mehr nachvollziehen. Aber eines wusste er: Seine Schulden war er losgeworden! Und so wiegte sich der Schuldner einige Tage in Sicherheit.

STAKKATOSTOTTEREI ✧ Bald traf er wieder auf seinen Freund. Dieser begrüßte ihn herzlich und fragte, ob seine Idee funktioniert hatte und ob er jetzt eigentlich wieder Geld hätte, um seine Schulden an ihn zurückzubezahlen. Die Schaltkreise im Kopf des Schuldners schlugen mit einem Mal um. Schaum bildete sich vor seinem

Mund, eine Stakkatostotterei brach los und der rosa Gorilla wurde wieder auf den Plan gerufen. Doch sein Freund sah ihn nur verständnislos an: „Was machst du da? Dich dummstellen? Das war doch meine Idee! Und du willst sie jetzt gegen mich verwenden?"

Die Moral des Vergleiches des Maggid von Dubna bedarf nun keines weiteren Erklärungsbedarfes. Er kann uns wunderbar zu verstehen geben, wie G'tt sich fühlen muss, wenn wir mal auf ihn „vergessen" und sündigen. Man sollte vielmehr eine Lektion von einem Lebewesen lernen, das niemals auf sein „Herrchen" vergisst, nämlich vom Hund. Er ist bekannt für sein ungebrochenes Vertrauen und seine Ergebenheit zu seinem Besitzer. Wenn ein potenziell räudiger Erdenbewohner das hinkriegen kann, sollten das doch Träger erhabener Seelen mit g'ttlichen Funken allemal schaffen!

Vielleicht kommt daher der Hinweis am Ende der Parasha, der die Anzahl der Sätze in diesem Wochenabschnitt mit einem hebräischen Wort mit demselben Zahlenwert verbindet. 52 Sätze hat diese Parasha. Und den Zahlenwert von 52 hat auch welches Wort? Richtig: „Hund"[262]!

---

262 Hebr. „Kelev" (Kaf – 20, Lamed – 30, Bet – 2 = 52).

וזאת הברכה
Vesot HaBeracha

Doppelte Zahlenfreude

Moshe Rabbenu setzte kurz vor seinem Tod zu einem letzten Segen an, der sich gewaschen hatte. Keiner der Stämme kam dabei „ungeschoren" davon und Moshe gelang es, jedem von ihnen die passenden Worte mit auf den langen Weg in die Zukunft zu geben. Viele der Segenssprüche, die Moshe hier formulierte, verrieten dabei erstaunliche Fakten über die Wesensart der einzelnen Stämme.

Besonders interessant ist in diesem Zusammenhang der Segen für die Stämme Jissachar und Sevulun. „Und zu Sevulun sagte er: Freue dich, Sevulun, wenn du hinausziehst, und du, Jissachar, in deinen Zelten!"[263] Wie Rashi hier erklärt, gab es für die beiden Stämme auch tatsächlich Grund zur Freude: „Sevulun und Jissachar hatten eine Geschäftspartnerschaft abgeschlossen: Der Stamm Sevulun, der das Küstengebiet bewohnte, fuhr mit Handelsschiffen auf die Meere. Ihre Handelstätigkeiten brachten ihnen gute Verdienste ein, die sie mit dem Stamm Jissachar teilten. Diese blieben für ihren Teil der Abmachung in den Lehrhäusern und lernten Tora."

Die beiden Stämme hatten sich laut Rashi folglich einer Abmachung verschrieben, die vorsieht, dass Sevulun für die materiellen Bedürfnisse sorgte und Jissachar für die spi-

---

[263] Devarim 33,18.

rituellen. Sevulun arbeitete, Jissachar lernte. Dafür aber – und das darf man bei dieser Abmachung keinesfalls außer Acht lassen – sollte Sevulun genauso wie Jissachar seinen Anteil an der gelernten Tora bekommen und in der „nächsten Welt" auch davon profitieren können.

FLÄCHENBRAND ✧ Doch Rashi verrät auch, welcher der beiden hier als wichtiger angesehen wird. Der schwitzende, keuchende Brotverdiener, oder die ausgeruhten, erhabenen Tora-Studenten? „Die Tora erwähnt Sevulun vor Jissachar um auszudrücken, dass die ganze Tora von Jissachar nur im Verdienst von Sevulun gelernt wurde", meint Rashi weiter. Eindeutig also ein Plädoyer für die hartgesottenen Seefahrer, die außer der Kontonummer der Synagoge scheinbar nicht viel mit „Judentum" am Hut hatten. Jissachar, der Stamm der blass-zarten Sesselkleber, in deren Geiste das Feuer der Tora bereits zu einem Flächenbrand herangewachsen war, wird nur hintan gereiht.

Doch wen wundert es eigentlich? Schließlich muss man sich irgendwann auch mal der Realität stellen und zugeben, dass man Tora nicht essen kann. Denn obwohl diese eine vorzügliche seelische Nahrung bietet, setzt sie einem knurrenden Magen nur wenig entgegen. Da schafft einzig und allein eine handfeste Mahlzeit – am besten warm und dampfend – Abhilfe. Doch so eine Mahlzeit fiel – zumindest nach der Eroberung des Landes Kena'an – nicht einfach so vom Himmel! Ganz im Gegenteil, harte Arbeit war angesagt, um etwas Essbares zu besorgen und die hungrigen Mäuler zu stopfen. So gesehen war es also kein Wunder, dass Sevulun die Lorbeeren für die Tora ihres Partnerstammes erntete. Wo keine Nahrung, da keine Tora!

Den Chida[264] beschäftigte aber dennoch eine andere Frage in der viel diskutierten Partnerschaft. Er philosophiert über eine kleine Schwachstelle im „Versorgungskonzept" der beiden Stämme. Während Sevulun es sich nämlich kaum leisten kann, Jissachar abgelaufene Lebensmittel oder platzende Schecks als Lebensunterhalt zur Verfügung zu stellen, hat Jissachar hier scheinbar ein kleines Schlupfloch zur Verfügung. Denn was wäre, sinniert der Chida, wenn Jissachar seine Lernleistung in den Lehrhäusern auf allzu ruhiger Flamme brodeln lässt? Wenn der Stamm der „Seefahrer auf den Meeren der Tora" etwa nicht so lernt, wie man lernen sollte? Würde sich das auf den Anteil am Lernen, den sich Sevulun erkauft hat, negativ auswirken? Hängt Sevuluns Anteil von der Lernqualität Jissachars ab?

---

264 Rav Chaim Josef David Asulai, lebte vor etwa 200 Jahren in Jerushalajim.

VERSPRECHEN ✧ Doch wie der Chida meint, hat Moshe Rabbenu die Antwort auf diese Frage bereits in seinem Segen versteckt: „Freue dich, Sevulun, wenn du hinausziehst", hatte er gesagt, und damit zum Ausdruck gebracht, dass sie sich keine Sorgen über Qualitätsmängel im Torastudium Jissachars machen müssten. Sie bekämen nämlich auf jeden Fall in der nächsten Welt den Lohn für ihre Mühen, sie können sich auf jeden Fall „freuen".

Die abgearbeiteten Brotverdiener müssen also laut dem Chida nicht um ihr Verdienst fürchten und haben mit „Freue dich, Sevulun" ein Versprechen von Moshe Rabbenu selbst in der Tasche, dass sie um ihren Anteil nicht geprellt werden.

Doch Rav David Shapira aus Dinov, Sohn des Autors des bekannten chassidischen Werkes „Bnei Jissachar", ist mit der Erklärung des Chida noch nicht ganz zufrieden. In seinem Werk „Zemach David" legt er dar, woran es seiner Meinung nach noch hapert. Ihn störte die unvollständige Zuhilfenahme des Satzes aus der Tora durch den Chida: „Freue dich, Sevulun, wenn du hinausziehst", heißt es in der Tora, wie der Chida richtig zitiert hatte. Doch was ist mit dem zweiten Teil des Satzes: „Und du, Jissachar, in deinen Zelten!"? Jissachar soll sich doch genauso „freuen"? Wenn der erste Teil des Satzes als „Lohnversicherung" für Sevulun zu werten ist, so müsste doch die Fortsetzung des Satzes wiederum das Verdienst Jissachars sicherstellen. Laut dem Chida hatte Moshe versprochen, dass Sevulun sich „auf jeden Fall freuen kann". Doch bedeutet dann nicht der zweite Teil des Satzes dasselbe für Jissachar?

VERSICHERUNG ✧ Was an diesem Gedanken so störend ist, klärt der Zemach David nun auf. Denn warum kann sich Jissachar eigentlich „auf jeden Fall" freuen? Etwa so wie Sevulun auch in dem Fall, wenn ihr Torastudium minderqualitativ ist? Wenn sie nicht lernen, um G'ttes Willen zu erfüllen und um die Tora zu verstehen[265], sondern nur weil sie es müssen – oder noch schlimmer – um mit erworbenem Tora-Wissen prahlen zu können[266]? Warum sollten sie für so eine Art Lernen einen Lohn bekommen? Die aus der Tora hergeleitete „Versicherung" des Stammes Sevulun durch den Chida droht damit in einem Strudel der Logik unterzugehen.

Doch der Zemach David tut nun noch mehr, als den Chida aus dem Strudel zu befreien. Er befreit Jissachar auch gleich aus einem anderen! Dafür wirft er nochmals einen kurzen Blick auf die Abmachung von Sevulun und Jissachar. Warum bekommt

---

265 Konzept wird in Hebr. als „Lishma" bezeichnet.
266 Konzept wird in Hebr. als „Lo Lishma" bezeichnet.

Sevulun denn überhaupt einen Anteil an Jissachars Lernen? Wohl nur, weil sie für den Lebensunterhalt von Jissachar aufkommen und ihnen dadurch ermöglichen, sich voll und ganz dem Lernen zu widmen, was ihnen wiederum ein Verdienst in der nächsten Welt einbringt. Sevulun erhält seinen Lohn somit dafür, dass sie Jissachar den Erwerb ihres Verdienstes in der nächsten Welt ermöglichen.

Doch wenn wir die „Lohnversicherung" des Chida beachten, wird schnell klar, dass für Sevulun bereits von Haus aus ein Verdienst vorgesehen ist, sogar wenn Jissachar seinen Teil der Partnerschaft nicht einhält und sie sich nicht „voll und ganz" dem Lernen widmen. Und warum? Doch nur, weil sie sich einer Partnerschaft zur Förderung des Toralernens verschrieben haben und ihren Teil der Abmachung erfüllen! Und diese Partnerschaft hat ihnen wer ermöglicht? Richtig, Jissachar!

DOPPELTE FREUDE ✧ So gesehen, meint nun der Zemach David, hat sich auch Jissachar seine „Lohnversicherung" erkämpft, so wie man es eigentlich auch aus dem Satz der Tora verstehen sollte. Denn so wie Sevulun seinen Lohn dafür bekommt, Jissachar ein Verdienst in der nächsten Welt einzubringen, bekommt auch Jissachar einen Lohn dafür, dass sie Sevulun ein Verdienst in der nächsten Welt einbringen! Sogar, wenn sie selbst ihren Teil der Abmachung nicht so genau einhalten und minderqualitativ Tora lernen. Denn sie werden für die Herbeiführung von Sevuluns Lohn belohnt, der auf der Abmachung mit ihnen beruht!

Der Satz in der Tora kann somit beiden Stämmen zur doppelten Freude gereichen, und umso mehr, wenn sich beide voll und ganz an die Abmachung halten. Dass solche Abmachungen auch in Zeiten wie diesen nicht nur möglich, sondern gang und gäbe sind, muss man nun nicht lange erklären. Schließlich gibt es da draußen bereits sehr viele Organisationen, die das „Jissachar-Sevulun-Konzept" propagieren. Obwohl es laut Rashi eigentlich „Sevulun-Jissachar-Konzept" heißen sollte. Doch nach der Rettung aus dem Zemach-David-Strudel ist die Reihenfolge nun beinahe schon hinfällig. Hauptsache man lernt, Hauptsache man zahlt.

Die jüdischen Feiertage

ראש השנה
Rosh Hashana

Gut und süß

Jahr für Jahr wird die Rosh-HaShana-Nacht mit einem äußerst „geschmackvollen" Segen begangen. Man bittet Hashem darum, dass er uns „ein gutes und süßes neues Jahr" bescheren möge. Wohl um zu unterstreichen, dass man es mit der „Süße" ernst gemeint hat, tunkt man sogleich einen Apfel in Honig und verspeist diesen unter nach Hoffnung klingenden Kaugeräuschen.

Obwohl die Honigflecken am Feiertagstischtuch wohl keiner Hausfrau so richtig Freude bereiten, mutet die Idee mit dem Honig fürwahr sehr „süß" an. Wie ein Kleinkind, das man mit rotgefärbten Zuckerbrocken am Plastikstiel zu belohnen versucht, prämiert man sich quasi im Vorhinein für seinen guten Vorsatz, sich in diesem Jahr – endlich – entsprechend zu benehmen.

PARADIES ✧ Selbstverständlich haben unsere Weisen den Brauch, gerade einen Apfel in Honig zu tunken, nicht umsonst ausgewählt. Laut dem „Maharil", einem deutschen Talmudisten aus dem 14. Jahrhundert, soll der Apfel in diesem Moment gar an das Paradies erinnern. Denn dieses wird laut dem Maharil in der Kabbala auch als „Apfelbaumfeld" bezeichnet. Warum wir uns aber gerade am Rosh HaShana an das Paradies erinnern sollen, verrät der Maharil in seinen Erklärungen nicht. Doch möglicherweise wollte er ausdrücken, dass man sich zu Rosh HaShana jedenfalls den Vorsatz machen sollte, sich in seinem persönlichen „Kerngeschäft" im folgenden Jahr konkret auf den Bereich „Paradies-Erlangung" zu konzentrieren. Was zum Beispiel beim punktgenauen Ausführen der Halacha der Fall wäre. Dass man dazu die vielen Regeln der Halacha aber auch genauer studieren muss, ist wohl im „Kaugeräusch" des Paradiesapfels inkludiert.

VITAMINMÄRCHEN ✧ Doch wie dem auch sei, es handelt sich bei der Honigtunkerei offensichtlich nicht um einen „antiken volkstümlichen Brauch", der auf die einfache Verfügbarkeit von Äpfeln oder gar auf irgendwelche „Vitaminmärchen" zurückzuführen ist. Es dürfte sich vielmehr um zahlreiche verborgene spirituelle Zahnradmechanismen handeln, die durch die Apfel-in-Honig-Verspeisung in Bewegung gesetzt werden.

DAVIDSTERN ✧ Womit wir auch schon beim Honig selbst angelangt wären. Denn auch hierin liegt eine bemerkenswerte Symbolik versteckt. Nicht etwa, dass die sechseckigen Honigwaben eine Anspielung an den Davidstern sein sollen. Ein derart grafisch umsetzbare „Symbolik" würde dann ja nicht als „versteckt" gelten.

Es geht vielmehr um den ultrasüßen Geschmack und vielleicht um die klebrige Viskosität des Honigs, die einem laut dem Kli Jakkar – einem „altgedienten" Torakommentator – eine tiefgründige Botschaft in Sachen G'ttesfurcht und G'ttesvertrauen mit auf die „Autobahnstraße Nr. 5777" mitgeben soll.

Denn wenn wir einander mit Apfelscheiben in der Hand ein „gutes und süßes neues Jahr" wünschen, liegt die folgende Frage auf der Hand: Warum reicht der Wunsch nach einem „guten Jahr" eigentlich nicht aus? Gibt es etwa „besser" als „gut"? Warum der „süße" Zusatzwunsch?

Doch laut der Mishna[267] ist es tatsächlich so, dass nicht alles, was „gut" ist, sich auch in unseren Augen so darstellt: „So wie man G'tt für etwas Gutes segnet, soll man ihn auch für etwas Schlechtes segnen", heißt es dort. Mit dem „Schlechten" sind dabei bittere Vorkommnisse im Leben eines Menschen gemeint. Wer beispielsweise eine schlechte Nachricht erhält, ist demnach gefordert, Hashem in dem Moment dafür aus tiefstem Herzen zu danken und zu segnen.

LOTTO-GEWINN ✧ Was sicherlich keine leichte Aufgabe ist. Denn bei einem Lotto-Gewinn vor Freude aufzuspringen und G'tt zu danken, ist ziemlich naheliegend.

---

267 Mes. Berachot 54a.

Rosh Hashana

Doch, dass man auch auf schlechte Nachrichten mit derselben Freude reagiert, verlangt besonders viel Arbeit am eigenen Ego und an seinem Glauben und Vertrauen zu Hashem.

Hashem auch für „etwas Schlechtes zu segnen", wie es die Mishna verlangt, bedeutet, sich selbst bewusst zu werden, dass er wirklich für alles und jeden seinen Plan hat. Dass Hashem alle Ereignisse im Endeffekt für einen „guten Zweck" vorsieht. Wir allerdings können den „guten Zweck" dahinter oft nicht gleich erkennen und fassen das Geschehene dann als „schlecht" auf.

Daher bitten wir im schicksalsträchtigen Augenblick der Rosh-HaShana-Nacht darum, dass das kommende Jahr nicht nur „gut" in den Augen von Hashem sein wird, sondern auch für unsere menschlichen Augen ein „süßes" Jahr sein wird. Wir bitten Hashem, dass das „gute Jahr" ein „gutes süßes Jahr" und kein „gutes bitteres Jahr" werden soll. Ein Jahr, in dem wir Hashem nur für das „offensichtlich Gute" loben wollen, und nicht für das „versteckte Gute".

SHANA TOVA UMETUKA! ✧ Möge Hashem daher allen Leinern und Nichtleinern ein gutes, süßes neues Jahr bescheren. Ein Jahr, das uns der Erkenntnistiefe von G'ttes Waltung auf dieser Welt und der nächsten Welt ein ordentliches Stück weiter bringt! Shana Tova uMetuka![268]

---

[268] Hebr. für: Ein gutes und süßes neues Jahr!

Der neue Leiner

Die geistige Schlacht

Die folgenden Ereignisse trugen sich im Sommer des Jahres 5572 (1812) zu. Der französische Kaiser Napoleon Bonaparte, der sich einen Ruf als unbesiegbarer Heeresführer erworben hatte, setzte zu einem Großangriff auf Russland an. Die mächtigen Streitkräfte des Zaren Alexander I. standen ihm gegenüber. Doch es handelte sich nicht nur um einen Konflikt auf militärischer Ebene. Vielmehr standen sich in diesem „Kampf der Giganten" zwei Weltanschauungen gegenüber. Nur wenige Jahre zuvor hatte die „Französische Revolution" begonnen und das Königreich war der Demokratie gewichen, doch die Russen waren nach wie vor ihrem Zaren unterjocht.

Millionen fielen in der tragischen Schlacht, die folgte, darunter auch zahlreiche Juden. Der Krieg hatte eine wichtige Bedeutung für die Juden, da sie vom Zar unterdrückt wurden. Napoleon aber war für viele das „Symbol der Hoffnung". Er verkörperte religiöse Freiheit und Toleranz. Viele Juden hofften daher, dass er siegreich aus der Schlacht hervorgehen würde. Sogar zwischen den Zadikim hatte Napoleon seine Anhänger, zum Beispiel Rav Mendele aus Riminov. Er sparte nicht an Gebeten für Napoleons Sieg. Er führte einen geistigen Krieg gegen den „Engel Russlands" im Himmel.

Der Spruch aus der Gemara wurde oft zitiert: „Wenn du siehst, dass zwei Königreiche einander bekämpfen, kannst du Mashiach bald erwarten." Rav Mendele versammelte drei weitere Rebbes um sich: den „Choseh"[269] aus Lublin, den Maggid aus Koshnitz und Rav Shlomo aus Karlin.

Auf der zweiten Seite der Schlacht der Rabbis stand der Admor HaSaken, Rav Shneor-Salman aus Liadi, der Begründer der Chabad-Bewegung. Er vertrat die Auffassung, dass die Freiheiten Napoleons eine große geistige Gefahr mit sich bringen würden. In Frankreich gab es bereits eine Aufklärungs-Bewegung und viele Juden ließen von ihrer Religiosität ab. Ein Sieg Frankreichs würde für die Juden einen geistigen Holocaust bedeuten.

UNTERDRÜCKUNG ✧ Der Admor formulierte seine Auffassung in einem Brief, den er an den Chassid Moshe Meislisch sandte. Er schrieb, das ihm bereits zu Rosh

---

269 Hebr.: „Der Seher".

Rosh Hashana

HaShana 5572 vom Himmel gewiesen worden war, dass ein Sieg Napoleons den Juden zwar Freiheit, aber auch religiösen Verfall bringen würde. Ein Sieg des Zaren würde die Unterdrückung zwar verstärken, aber dafür würden die Juden ihre Verbindung zu G'tt nur noch mehr vertiefen.

Er fügte noch einen unverständlichen Satz hinzu: „Als Zeichen dafür, dass ich Recht habe, verrate ich dir, dass euch in der nächsten Zeit die ‚Lust eurer Augen' genommen wird."

Über Napoleon schrieb er, dass er „nur seine Kraft und seine gelungene Art, Kriege zu führen, als Grund für seinen Erfolg sieht. Mit seinem Stolz verspottet er den Glauben an G'tt … er verleugnet die g'ttliche Waltung, den Glauben und das Vertrauen in G'tt … Wenn Frankreich siegen sollte, wird es immer mehr G'ttlosigkeit zwischen den Juden geben … es wird nicht ein einziger Jude verbleiben."

So spielte sich neben der militärischen Schlacht auch eine „himmlische Schlacht" zwischen den Zadikim ab. Sie waren einander immer noch gut gesinnt, doch jeder versteifte sich auf seine Position. Umso tiefer sich die Schlacht nach Russland hineinzog, desto spannender wurde es: Wer würde gewinnen?

SHOFARBLASEN ✧ Der Konflikt zwischen den Zadikim kam um Rosh HaShana des Jahres 5573 zu seinem Höhepunkt. Jeder wusste, dass G'tt an diesem Tag das Schicksal aller Länder – und in diesem Fall den Ausgang des Krieges – bestimmte. Der Gipfel der Spannung wurde während des Shofarblasens erreicht.

Die Zadikim hatten sich gut vorbereitet. Sie hatten die kabbalistischen Konzepte des Shofarblasens im Sinn und kannten die tiefen Geheimnisse, die es umgaben. Auf einer Seite stand Rav Shlomo aus Karlin und auf der anderen Seite Rav Shneor-Salman aus Liadi.

Die beiden wussten, dass derjenige, dem es zuerst gelingen würde, den Shofar zu blasen, das g'ttliche Urteil auf seine Seite bewegen konnte. Rav Shlomo aus Karlin, der zu Napoleon hielt, begann sein Gebet früh am Morgen. Er betete schnell, um den Shofar vor Rav Shneor-Salman zu blasen.

Doch als er zum Shofarblasen kam, zögerte er plötzlich und sagte: „Oje … der ‚Litauer'[270] ist mir schon zuvorgekommen!"

---

270   So nannte er den aus Litauen stammenden Rav Shneor-Salman.

Der neue Leiner

NIEDERLAGE ✧ Was war geschehen? Bei Sonnenaufgang hatte Rav Shneor-Salman seinen Sohn, Rav Dov-Bär, gebeten, ihn mit einer Gruppe Chassidim zur Mikva zu begleiten. Gleich danach begann er, die Psalmen, die man vor dem Shofarblasen spricht, zu sagen. Dann sagte er den Segensspruch auf den Shofar und fing sogleich an, zu blasen! Erst danach gingen sie zur gewöhnlichen Gebetsordnung über.

Rosh HaShana ging vorüber. Es wurde Herbst und der Winter brach herein. Erst dieser brachte Napoleon zum Stillstand. Seine Soldaten waren das eisige Wetter nicht gewohnt. Er musste den Rückzug antreten und verlor die meisten seiner Männer. Die Niederlage hatte auch sein Image als „Unbesiegbarer" zerstört und führte schließlich zu seinem endgültigen Ende.

Der „Sieg" des Admors war jedoch mit einem hohen Preis verbunden. Napoleon sah Rav Shneor-Salman als seinen Feind an und jagte ihn. Der Rabbi musste aus Liadi fliehen und starb im Verlauf der Flucht. Erst dann verstanden die Chassidim den Satz, den er in seinem Brief geschrieben hatte: „Als Zeichen dafür, dass ich Recht habe, verrate ich dir, dass euch in der nächsten Zeit die ‚Lust eurer Augen' genommen wird."

יום כיפור
Jom Kippur

Seemann in Not

Weißer Kittel, leerer Magen – so lässt sich Jom Kippur auf den ersten Blick wohl am besten zusammenfassen. Allerdings würde dies den heiligsten Tag des Jahres inhaltlich etwas zu kurz kommen lassen. Denn Jom Kippur ist in erster Linie ein Tag der Versöhnung zwischen Mensch und G'tt und funktioniert wie der ehemalige „Reset-Button" auf den Computern des vorigen Jahrtausends: einfach alles weg, kompletter Neustart! Alle alten Sünden sind vergessen und vergeben!

KOPFSCHMERZEN ✧ Wären da bloß nicht diese furchtbaren Kopfschmerzen, die einem den ganzen Jom Kippur inhaltlich vermasseln können. Womit „weißer Kittel, leerer Magen" wieder auf der Bildfläche erscheint, denn zu viel mehr Denken ist man in so einem Zustand oft nicht fähig.

Doch sogar dem Migräne-König unter der Versöhnungsschar ist noch ein heller Moment beschert: Während des Ne'ila-Gebetes in den letzten „Spielminuten" des schicksalsträchtigen Tages gerät das Kopfweh nämlich gern in Vergessenheit! Spätestens nach dem ersten Kuchenstück und dem obligatorischen Kaffeeschlürfen nach Jom-Kippur-Ausgang macht es sich selbstverständlich durch ein nachdrückliches Hämmern wieder bemerkbar. Aber es gab zuvor diesen kurzen, schmerzfreien und so

Der neue Leiner

wunderbar g'ttlichen Moment der totalen Selbstaufgabe, der Reue und der Hoffnung auf ein gutes neues Jahr kurz vor Ende des Tages.

MATROSEN ✧ Während Ne'ila fühlt man sich möglicherweise ein wenig wie ein Matrose, der über Bord gegangen ist und sich an einen Rettungsring klammert. Wie jemand, der weiß, dass er nun voll und ganz von seinem „Kapitän" abhängig ist und auf seine Rettung warten muss. Da hat man andere Sorgen als Kopfweh. Man will einfach nur wieder „an Bord" gelangen!

Obwohl so ein Matrose sich in Sicherheit wiegen kann, dass sein Kapitän sein Fehlen bald von alleine bemerken wird, wird er sich dennoch bemühen, auch von sich aus auf sich aufmerksam zu machen. Es ist ja nur zu seinem Besten! Ohne Zweifel würde er auch so bald grelle Scheinwerferkegel über die Wasseroberfläche schweifen sehen, bis einer der Lichtstrahlen schließlich sein Haupt erleuchtet und „Wir-haben-ihn!"-Rufe durch die Nacht hallen. Doch der Matrose spart dennoch nicht mit Hilferufen und gestikuliert wild mit den Armen. In diesem Moment ist seine Sorge wieder an Bord zu gelangen sogar größer als die Schmerzen, die er wegen des eiskalten Wassers im ganzen Körper empfindet. Und sicherlich auch größer als sein Hunger. An solche nebensächlichen Details denkt er jetzt gar nicht.

In gewissem Sinne vergessen auch wir in den Abschlussmomenten des Gerichtstages auf unseren Hunger und unsere Kopfschmerzen. Wir fühlen uns hilflos wie der gewässerte Matrose und klammern uns an unser „Rettungsbuch", das „Machsor". Während Nei'la rufen wir um Hilfe, noch einmal und noch einmal: „Hashem! Hashem ...!"

RETTUNGSAKTION ✧ Aber der Vergleich scheint ein wenig zu hinken. Denn wie sicher kann sich der Kittelmatrose auf dem Synagogenschiff eigentlich sein, dass sein „Kapitän" auch von alleine eine „Rettungsaktion" starten würde, wenn er nicht um Hilfe rufen würde? Der Seemann kann sich vielleicht auf seinen Schiffsführer verlassen und seine Rettung zur Gänze ihm überlassen. Schließlich hat so ein Kapitän eine berufsbedingte Verpflichtung, seine Mannschaft wohlbehalten und sicher wieder heimzubringen. Aber Hashem? Untersteht er etwa den Gesetzen der Schifffahrtsethik? Er könnte den Matrosen ruhig seinem Glück – besser gesagt: seinem Pech – überlassen und die Suchscheinwerfer ausgeschaltet lassen.

Der Kli Jakkar[271] erklärt auch entsprechend, dass am „Jom Kippur" – der Tag der allgemeinen Rückführung über Bord gegangener Matrosen – die Rettung nicht ganz von selbst geschieht. Denn der „Reset"-Effekt von Jom Kippur funktioniert nur dann, wenn man seine innere spirituelle Festplatte zuvor schon selbst aufgeräumt hat. Jom Kippur sühnt in der Tat. Aber nur dann, wenn man dem Tag auch zuvorgekommen ist und bereits Teshuva – Rückkehr zu Hashem – betrieben hat.

SÜNDENMEER ✧ Sich einfach zurückzulehnen und im Meer seiner Sünden treiben zu lassen, um auf die Rettung durch den Kapitän zu warten, ist also nicht drin. Man muss vielmehr bereits vor Jom Kippur auf sich aufmerksam machen, um wieder an Bord gelangen zu dürfen. Und der einzige Weg dahin führt nur über eine beinharte Analyse seiner Beziehung zu Hashem, der Tora und seinen Mitmenschen. Als Messstab dafür dienen wohl die 613 Ge- und Verbote, die das „Gerüst" des Schiffes aus dem Matrosenvergleich bilden.

Der Kli Jakkar setzt dieses Konzept auch gleich in den Satz der Tora ein, der den Sühne-Effekt des Jom Kippur propagiert: „Dieser Tag soll Sühne für euch bewirken, um euch zu reinigen", heißt es dort[272]. Die Tora fährt dann fort und meint: „Vor Hashem sollt ihr von euren Sünden gereinigt sein." Der Kli Jakkar sieht nun den folgenden Hinweis in diesem Satz versteckt: Die von der Tora angesprochene Sühne funktioniert nur dann, wenn man Hashem zuvorkommt und „vor Hashem" – noch bevor er die Sühne des Jom Kippur walten lassen kann – „von euren Sünden gereinigt" – seine Sünden schon von sich aus durch Teshuva ausgemerzt hat. Erst dann wird dieser Tag auch „Sühne für euch bewirken"!

TESHUVA ✧ Die Hilferufe der Jom-Kippur-Seemänner sind folglich ganz und gar nicht unangebracht. Denn vielleicht kann man sogar im letzten Moment des „Sühnetages" Hashem noch zuvorkommen und von sich aus zu ihm zurückkehren, damit die Jom-Kippur-Sühne greift und man wieder „an Bord" kommen darf.

Doch der beste Tipp für das kommende Jahr dürfte derjenige sein, sich nicht erst über Bord werfen zu lassen, und sich im „Sturm des bösen Triebes" zumindest noch an der Reling festzuhalten. Einziger Nachteil davon wäre, dass man sein Kopfweh im nächsten Jahr dann auch während Ne'ila spüren würde … Gmar Chatima Tova![273]

---

271 Vajikra 16,30.
272 Vajikra 16,30.
273 Wunsch für ein gutes Jahr.

סוכות
Sukkot

Laub hüten auf der Baumallee

Wenn sich im Herbst die Baumalleen in ein farbenprächtiges Blättermeer verwandeln, dämmert es auch dem größten Ignoranten, dass die nächste „Laubparty" mal wieder blüht. Verspielte Kinder tollen dann durch die angehäuften Laubberge und eifrige Pädagoginnen suchen ihren Schützlingen die schönsten Blätter zum Basteln und Werken aus. Hie und da ein paar Spazierfetischisten, die auch im feuchten Wetter nicht auf ihr Outdoorerlebnis im Blätterwald verzichten möchten.

Und natürlich die Hunde, die das herumliegende Laub mit ihren Abfällen „beglücken". Ihr Bellen hallt durch die Allee, den Schauplatz der alljährlichen Herbstparty mit raschelndem Laubbad-Special und sagenhaftem Kastanienüberfluss.

LAUBGENIESSER ⬥ Einer der Laubgenießer wirft seinem Hund einen abgebrochenen Ast zu. Der Ast sieht aus, als wäre dies nicht sein erster „baumloser" Herbst. Und als wäre dies nicht der erste Hund, der sich in ihm verbeißt. Graziös schnappt sich das Tier den Ast aus der Luft und bringt ihn seinem Herrchen zurück. „Bravo!", ruft der Mann und streichelt seinen Liebling. Die Pädagoginnen lächeln.

Auf der gemütlichen Baumallee bietet sich während der Laubpartyzeit allen ein harmonisches Bild von herbstlichem Freizeitgenuss. Mitten in der schützenswerten Natur, begleitet nur vom Duft der feucht-modrigen Blätter.

CHLOROPHYLLLEICHEN ✧ Gezackte Chlorophyllleichen liegen überall herum. Links und rechts fallen sie wie leblose Hüllen auf das regennasse Erdreich hinab. Auf den Bäumen hängen zwischen den gelben, roten und rostbraunen Blättern aber noch ein paar grüne Ausreißer. Sie wirken wie Zeugen einer längst vergangenen Blütezeit, wie naive Verweigerer der welkenden Wirklichkeit verregneter Herbsttage. Als würden sie nicht aufgeben wollen. Als würden sie den Glauben an ihren „Baum des Lebens" nie verlieren. Doch nur in wenigen Wochen werden auch sie dem Gefrierpunkt weichen müssen und unter den eisigen Schneebergen des frostigen Winters ein für alle Mal verrotten. Oder etwa nicht?

Doch siehe da! In der harmonischen Baumallee tut sich noch etwas! Zwischen Laubliebhabern, Bastlervolk und hechelnden Vierbeinern hetzen eigenartige Hüttenbauer umher! Schwarz bekleidet und zielstrebigen Schrittes schreiten sie voran. Die Holzbretter, Glitzergirlanden und Plastikplanen, die sie herumtragen, erinnern ein wenig an einen in Panik geratenen Ameisenhaufen. Eine weitere Gruppe mit abgesessenen Plastikstühlen, laminierten Postern vom letzten Bartwettbewerb und einer ganzen Palette wackeliger Heurigentische folgt ihnen nicht minder chaotisch nach. „Was die Herrschaften wohl vorhaben? In ‚unserer' harmonischen Baumallee?", denkt der Mann mit dem Hund. Auch die Spazierfetischisten und die Pädagoginnen tauschen fragende Blicke aus. Hoffentlich ist ihr Tun mit dem Schutz der Natur zu vereinbaren!

NACHFORSCHUNGEN ✧ Doch kurze Nachforschungen bringen die ratlosen Laubgenießer gleich ein großes Stück weiter: Der herumsausende Hüttentrupp hat nicht etwa einen Flohmarkt unsicher gemacht. Sie haben keinen Bauhaus-Gutschein gewonnen und veranstalten auch keinen haarigen Bartwettbewerb. Nein, sie feiern vielmehr ihre eigene herbstliche „Laubparty", das jüdische „Laubhüttenfest"! Wie schön doch die kulturelle Vielfalt der Menschen ist! Und alles der Umwelt zuliebe!

Ob die Guten mit ihrem Fest das Laub vor dem Verrotten retten werden? Ob sie es vor der eisigen Ungnade der winterlichen Schneehaufen bewahren können? Ein religiöser Kult zur Rettung des Laubes? Ein Ritus, der den Wert der Natur noch schätzt und ehrt?

ERDÖL ✧ Hinter einem Laubhaufen taucht nun ein Nachzügler der Gruppe auf, ein schwarz bekleideter Knabe mit wunderschönen Spirallöckchen. Er bemüht sich, den Hüttentrupp einzuholen.

Doch bei seinem Anblick erstarren die umweltschonenden Laubgenießer vor Schreck! Schwarz wie Erdöl wird es ihnen vor Augen! Was trägt dieser kleine Hüttenknirps da auf den Schultern: Plastikgeschirr? Einwegbecher? Nylonsackerl? Eine Erdölkatastrophe!

BLÄTTERSARG ✧ Ein verwelktes Blatt, das sich soeben auf seinem spiralförmigen Sturzflug in den Blättersarg befindet, bleibt auf den Schweißperlen des Laubliebhabers mit dem Hund kleben.

G'TT UND NATUR ✧ Sanft und beinahe mit tränenden Augen zupft er es von seiner Stirn. Mit einer kurzen Handbewegung befördert er es an seinen ursprünglichen Bestimmungsort am Boden der Allee. Sein Hund möchte noch danach schnappen, aber das nachdenkliche Herrchen pfeift ihn zurück. Ratlosigkeit macht sich in ihm breit:

„Laubhüttenfest? Hat das nicht etwas mit Naturverbundenheit zu tun? Mensch, G'tt und Natur verschmelzen zu einem großen Ganzen in einer kleinen selbstgebastelten Hütte. Die Urkraft des Wassers durch den eindringenden Regen spüren. Dem Wind zu trotzen und die Finsternis zu genießen. Die Laubhütte als Symbol einer Vereinigung mit der Urkraft der Natur und als Ausdruck eines wiedererstarkten Respekts vor der Umwelt. Aber Plastik? Wo ist denn das Mitgefühl für Flora und Fauna geblieben? Für Wind und Regen, für Schnee und Eis?"

Der Erdölschock sitzt tief. Die mögliche Enttäuschung über das jüdische Laubhüttenfest macht ihm schwer zu schaffen. Das muss er sehen, er muss herausfinden, was es mit dem Fest auf sich hat. Hier und jetzt!

UMWELTSÜNDER ✧ Der kleine Hüttenknirps und Umweltsünder lässt seine Schläfenlocken gemütlich baumeln und trottet zielstrebig zu seiner Laubhütte. Der Laubliebhaber schleicht ihm nach, bis zu der sagenumwobenen Hütte.

Doch ein entsetzter Blick auf das Dach der Hütte lässt ihn zur „Millionenfrage" ausholen. Alle Erdöl- und Naturverbundenheitsrätsel verblassen vor diesem Mysterium:

L-a-u-b-hütte? Wo ist bitte das Laub geblieben? Das Dach der Hütte ziert doch nur ein lieblos aufgerollter Gartenzaun aus nackten Schilfrohren?

Mittlerweile werden auch die anderen Alleebesucher auf die Hütte aufmerksam. Die tollenden Kinder, wissbegierigen Pädagoginnen und die hauptberuflichen Spaziergänger umstellen das kleine Häuschen mitten in „ihrer" Allee. Das Hündchen hat sich seinen Ast wieder geschnappt und schaut gespannt zu. Die ganze Horde platzt vor Neugierde.

Das schamlose Rascheln und Knacken der Plastikutensilien tönt aus dem Inneren der Hütte durch das „eingezäunte" Dach. Die Heurigentische knirschen vor Überlastung und halten dem Druck der auf ihnen aufgetischten Mahlzeiten kaum noch stand. Im Hintergrund hört man streitende Kinder.

Endlich öffnet der kleine Hüttenknirps mit den baumelnden Schläfenlocken die Türe der Hütte. Es glitzert. Es funkelt. Es leuchtet. Es strahlt. Zufriedene Gesichter. Bartwettbewerb. Essen, viel Essen. Und natürlich Plastikgeschirr. Das Einwegtischtuch fällt den überwältigten Umweltschützern im ersten Moment gar nicht auf.

Eine kluge Pädagogin greift sich instinktiv einen kleinen Laubhaufen vom Boden. Sie möchte ihn der lustigen Hüttengesellschaft bringen, ihnen unter dem Vorwand, ob sie nicht Laub für ihre Laubhütte bräuchten, näherkommen. Doch ehe sie es sich versieht, bricht ein Sturm los. Oder ein Donnerwetter. Oder eine Achterbahn. „WäääSaaaamachtaaaa BäääChaaaagechaaa …", dröhnt es mit einem Mal durch die Allee. Verwirrt blickt die Horde umher. Das wilde Geschrei scheint aus der Hütte zu kommen! Die Alleegesellschaft weicht unsicher zurück, distanziert sich ein wenig. Es klingt wie eine Mischung von Kriegsgeheul und Fußballstadion.

Obendrein fängt es nun tatsächlich zu regnen an. Ein gießender Platzregen prasselt auf die Baumallee und die Stadionhütte hinab. Der Sieger des Bartwettbewerbes stürzt daraufhin aus der Hütte und zaubert eine große, grüne Plastikplane hervor. Er selbst ist in eine schwarze Plastikplane eingehüllt. So sieht es zumindest aus.

„Baum des Lebens" ✧ Erstaunt blickt er in die neugierige Runde, die seine Hütte umgibt. Er fühlt sich nicht bedroht. Der Mann mit dem Hund hält seinen Schützling am Halsband fest. Der Ast in seinem Maul ist einem interessierten Hecheln gewichen.

Da erblickt der bärtige Planenmann das Laubhäufchen in der Hand der Pädagogin. Als könnte er ihre Gedanken – und wohl die der ganzen Runde – lesen, deutet er zuerst auf das Häufchen in ihrer Hand, dann auf die rot-gelb-braunen Baumkronen. Ein breites Lächeln bringt seine Zähne zwischen dem Bart-Urwald zum Vorschein. „Nicht diese Blätter", sagt er, auf das Laub in der Hand der Pädagogin deutend, „diese grünen Blätter, die noch am Baum hängen, die symbolisiert unsere Laubhütte! Das ist Sukkot!"

Als würden sie nicht aufgeben wollen. Als würden sie den Glauben an ihren „Baum des Lebens" nie verlieren.

Chag Sameach![274]

Sukka-Hopping

„*Herzstück" des Sukkot-Feiertages ist zweifelsohne die Laubhütte, auf Hebräisch „Sukka" genannt. Ein ganzes Volk kehrt dem eigenen Heim den Rücken, um sich eine Woche lang im Freien in oft recht wackeligen „vier Wänden" niederzulassen.*

Obwohl die städtische Nachbarschaft mit Innenhof-Fenstern diese Mizwa manchmal mit etwas Argwohn betrachtet, birgt sie zahlreiche Symboliken und Grundsteine der Spiritualität in sich.

So ist das Eintreten und Verweilen in der Sukka eine der wenigen Mizwot, die man mit dem ganzen Körper – inklusive Haut und Haaren – erfüllt. Vergleichbar wäre das höchstens noch mit dem Eintauchen in eine Mikva, einem rituellen Tauchbad, oder mit der Einreise nach Eretz Jisrael, dem Heiligen Land.

ARGWOHN ✧ Womit die argwöhnische Nachbarschaft aber auf jeden Fall konform geht, ist der Fakt, dass man – wenn überhaupt – zumeist nur eine Sukka sein Eigen

---

274 Frohes Fest!

nennt. Zwei oder mehr Sukkot pro Familie und Innenhof wären sicherlich sogar dem wohlgesinntesten Mitbewohner zu viel des Guten gewesen. Dass die Hauptbezeichnung dieses Jomtovs in der Tora in der Folge aber mit „Chag HaSukk<u>ot</u>" im Plural angegeben wird, mutet ziemlich wundersam an.

Wer genauer hinsieht, wird zwar bemerken, dass auch die anderen beiden „Hauptfeiertage" des jüdischen Jahreszyklus im Plural definiert wurden. Aber dies ist laut dem Bnei Jissachar[275] durchaus verständlich. Denn das Pessachfest „Chag HaMazz<u>ot</u>" im Plural zu nennen, ist angesichts der Tatsache, dass man am Sederabend gleich zwei Portionen des ultraflachen Mazzabrotes essen muss, eine absolut zutreffende Bezeichnung.

COUNTDOWN ✧ Auch das Wochenfest – „Chag HaShavu<u>ot</u>" – trägt seinen „pluralistischen" Titel in Ehren. Schließlich feiert man das Ende eines siebenwöchigen Countdowns, einer Mehrzahl an Wochen. Aber Sukkot? Wäre das Fest der „Sukka" im Singular nicht eine zutreffendere Bezeichnung, gilt das provisorische Gebilde doch wie gesagt als „Herzstück" des Jomtovs?

Der Bnei Jissachar, der für seinen Hang zur Verknüpfung tiefster kabbalistischer Ideen bekannt ist, nähert sich der Antwort auf unsere Frage zuerst recht technisch. In der Gemara[276] wird nämlich erklärt, dass man die Minimalanzahl an Wänden, die eine gültige Sukka bilden können, der Anzahl an Wiederholungen des Wortes „Sukkot" in der Tora entnimmt. Weil „Sukkot" dreimal in der Tora vorkommt, folgert die Gemara, dass eine Sukka ein Minimum von drei Wänden aufweisen muss, um als eine solche zu gelten. In zweiwandigen Durchgangshütten oder reinen „Laubeckerl'n" kann man seine Sukka-Pflicht demnach nicht erfüllen. Es muss schon eine dritte Wand her, um den Durchgang zu blockieren, oder um aus dem Eck zumindest eine „Laubkabine" zu zaubern. Die dreimalige Wiederholung des Wortes „Sukkot" in der Tora macht dies laut der Gemara deutlich.

Da der Hinweis auf die grundlegende Konstruktionsfrage mit den drei Wänden laut der Gemara gerade in dem Wort „Sukkot" steckt, folgert der Bnei Jissachar, dass sich wohl kein anderes Wort besser für die Bezeichnung dieses Feiertags eignet als „Chag HaSukk<u>ot</u>".

---

275 Bnei Jissachar, T. 2, Kap. 9, Par. 1.
276 Mes. Sukka 6b.

Der neue Leiner

Doch der Bnei Jissachar bleibt seinem kabbalistischen Ruf nichts schuldig und kann noch mit einer weitaus tiefgründigeren Erklärung aufwarten. Denn wie er in seinen Ausführungen weiter erklärt, wird es im jüdischen Volk nicht nur bei einer Sukka bleiben. Wenn Mashiach sich einmal – Bimhera Bejamenu – seinen Weg auf diese Welt bahnt, wird Hashem laut dem Bnei Jissachar persönlich für ein ganz besonderes Festzelt in Form einer Sukka sorgen.

LEVIATHAN ✧ Aus der Haut eines urtümlichen Meeresungeheuers, dem Leviathan, wird Hashem für alle Zadikim eine Sukka aufbauen, und darin eine Willkommensfeier für das siebte Jahrtausend veranstalten, die sich sehen lassen kann, erklärt der Bnei Jissachar. Diese „Sukka Shel Leviathan" wünschen wir uns auch alljährlich beim „Verabschieden" von der Sukka herbei. Nach Abschluss der letzten Mahlzeit in der Sukka wird dieser Wunsch explizit ausgesprochen, und er beinhaltete damit im Wesentlichen den Ausdruck unserer Hoffnung auf Mashiachs baldiges Erscheinen, auf die Erlösung.

STATUS: „ZADIK" ✧ Einer der Trigger für sein Kommen wird dabei sicherlich die ambitionierte Ausführung der Sukka-Mizwa sein. Denn mit ihrer Hilfe kann man seinen Status in der Welt von Morgen mit Leichtigkeit auf „Zadik" einstellen. Dadurch, meint der Bnei Jissachar nun, ergibt es sich jedoch, dass man sich durch die Erfüllung des Sukka-Gebotes vor der Erlösung gleichzeitig auch eine Eintrittskarte in die Sukka des Leviathans nach der Erlösung sichert. Denn wer jetzt in seiner Sukka sitzt, wird einmal als Zadik gelten und damit auch nach der Erlösung in Mashiachs Sukka sitzen dürfen!

HOFFEN UND BETEN ✧ Dementsprechend ist auch die Plural-Bezeichnung „Sukkot" wiederum äußerst passend für diesen Feiertag. Durch das „Sukka-Hopping" von der jetzigen Sukka in diejenige des Mashiach sitzt man nämlich in Wahrheit in zwei „Sukkot" gleichzeitig. Die argwöhnische Nachbarschaft wird sich sicher darüber freuen, dass diese zweite Sukka noch nicht aufgebaut ist. Doch wir hoffen und beten, dass es bald – sehr bald – so weit sein wird!

Die glorreichen Sieben

*D*en Bnei Jisrael wurde auf ihrer Wüstendurchquerung eine aufsehenerregende Ehre zuteil. Hashem persönlich baute ihnen eine allumfassende Versorgungslogistik „aus der Luft" auf. Nahrungsmittel regnete es da in Form von „Man" vom Himmel, frisches Quellwasser kam aus einem mitreisenden Felsen und zu allem Überfluss war das Volk auch noch von einem „Riesenzeppelin" umgeben.

Dieser „Zeppelin" bestand allerdings aus einem ziemlich unstabilen Material. Um genau zu sein: Er war nicht nur mit Gas gefüllt, sondern er bestand zur Gänze aus gasförmigen Molekülen in Form von sieben riesigen Wolken. Ob auch diese „Zeppelin-Wolken" überwiegend aus Aerosol zusammengesetzt waren, sei dahingestellt. Sicher ist aber, dass der gasförmige Schein trog.

BISONHERDE ✧ Denn die sieben Wunderwolken, die die Bnei Jisrael während ihrer Wanderschaft stets umgaben, hatten eine eisbrecherische Aufgabe zu bewältigen. Sie sollten die Sanddünen auf der Reiseroute glätten und auch jegliches Hindernis am Weg beseitigen. Egal, ob es sich um einen Skorpion, einen Kaktus, oder eine Bisonherde handelte. Nichts konnte den „glorreichen Sieben" widerstehen. Alles wurde wie ein Centstück auf den Straßenbahnschienen niedergewalzt.

Nebenbei sorgten die Superwolken auch für ein angenehmes Reiseklima, gebügelte und gewaschene Wäsche und überhaupt für eine behagliche Umgebung mitten in der öden Steppe.

Bei solch wackeren Zauberwolken ist es daher kein Wunder, dass die Tora gleich eine ganze Woche rauschender Feierlichkeiten zu Ehren ihres Andenkens verordnet hat. Denn das ist eigentlich der Hauptzweck des Sukkot-Festes: das Andenken an die Walz- und Waschwolken der jüdischen Wüstenwanderung. Die Sukka soll uns von allen Seiten mit ihren Wänden, dem S'chach – und wie der Brauch es vorsieht – einem eigens dafür verlegten Fußboden behüten, wie es die sieben Wolken damals taten.

FEUERSÄULE ✧ Wer allerdings genauer nachzählt, wird schnell bemerken, dass die Sukka nur aus sechs Teilen besteht. Nämlich aus den vier Wänden, dem Dach und dem

Fußboden. Welcher Teil der Sukka dann die „siebte Wolke" repräsentieren soll, bedarf noch weiterer Klärung.

In der Wüste war die siebte Wolke diejenige, die den Bnei Jisrael als „Rauchsäule" tagsüber den Weg wies und als „Feuersäule" nachts hell aufleuchtete. In unserer Sukka erinnert höchstens die elektrische Beleuchtung an dieses Phänomen. Vielleicht ist aber einfach auch das traditionelle Regendach der Sukka das Symbol für die fehlende siebte Wolke.

Doch das beste Andenken an sie ist wahrscheinlich, den ganzen Jomtov über vor lauter Freude „auf Wolke Nr. 7" zu schweben und es sich an diesem einzigartigen Feiertag so richtig gutgehen zu lassen.

Den Bnei Jissachar quält in diesem Zusammenhang übrigens eine ganz andere Frage. Er versucht zu verstehen, womit es sich die Wüstenwolken eigentlich verdient haben, ein solch illustres Andenken zu erhalten, wenn die anderen beiden Reisewunder gänzlich leer ausgingen.

Auch das „Man" und der Wasserfelsen waren schließlich große g'ttliche Wunder, derer man ebenso spektakulär gedenken sollte.

WASSERFELSEN ✧ Doch es gibt weit und breit keine Spur von irgendwelchen Feiertagen, an denen wir als Andenken an das „Man" Essen herumwerfen, oder einen mobilen Wasserfelsen imitieren.

HAUSFRAUEN ✧ Eine mögliche Antwort wäre vielleicht, dass man das den ohnehin schon überarbeiteten jüdischen Hausfrauen nicht hätte zumuten können. Denn „fliegendes Essen" und „spritzende Felsen" klingt sogar nach mehr Arbeit als „Pessachputz" und „milchiger Kiddush".

Der Bnei Jissachar muss jedoch nicht so weit vorgreifen, um eine bessere Erklärung hervorzuzaubern. Er meint nämlich, dass die Speisen und Getränke, die man in der Sukka konsumiert, an die beiden Wüstenwunder erinnern sollen. Das Wiener Schnitzel wird in der Sukka so zu einem goldbraunen, frittierten „Man"-Abklatsch, das mit einem sprudelnden Glas „Felsenwasser" hinuntergespült werden kann. Wahrlich eine äußerst bekömmliche Erinnerungsstrategie, die der Bnei Jissachar hier vorschlägt.

BESCHATTUNG ✧ Rav Chaim Josef David Asulai, auch bekannt als der „Chida", der vor etwa 200 Jahren in Jerushalajim lebte, kann jedoch einen fundamentalen Unterschied zwischen den zwei Versorgungs- und dem „Beschattungswunder" ausmachen. Während Essen und Trinken bekanntlich eiserne Grundnotwendigkeiten zum Überleben des menschlichen Organismus darstellen, waren die Wolken nicht so sehr am Erhalt der unmittelbaren Vitalfunktionen beteiligt.

Daher, meint der Chida, ist auch kein Andenken an das Man und das Wasser notwendig. Denn ohne diese wäre die Reise nur allzu schnell vorbei gewesen. Die Walzwolken jedoch drückten die unermessliche Liebe und Zuneigung Hashems zum jüdischen Volk aus. Sie waren keine essenzielle Notwendigkeit zum Überleben, sondern ein reiner Akt der Barmherzigkeit G'ttes, der den Bnei Jisrael die Reisebedingungen erleichtern wollte.

Schließlich hatten sie so Zeit, sich dem Torastudium zu widmen und sich auf ihre lang ersehnte Ankunft in Eretz Jisrael vorzubereiten.

AUTOPILOT ✧ Vielleicht ist das aber auch ein weiterer Ansatzpunkt zur „Wiederbeschaffung" von Wolke Nr. 7. Das Torastudium in der Sukka kann nämlich getrost als Andenken an diese Wolke hergenommen werden. So wie das Wiener Schnitzel zu Man erhoben wurde, kann auch das Lernen in der Sukka zu einer Wunderwolke auspaniert werden.

Denn die Wolken dienten als Zeichen der unermesslichen Liebe und sorgten für eine Gelegenheit zum stressfreien Lernen. Ganz so, wie die Sukka es heute noch tut. Und während damals die Rauch- und Feuersäule außerhalb des „Zeppelins" auf „Autopilot" Richtung Eretz Jisrael steuerte, saßen die Bnei Jisrael um Moshe Rabbenu herum und studierten eifrig.

ERLÖSUNGSHÜTTE ✧ So gesehen kann vielleicht auch unser Torastudium in der Sukka dafür sorgen, dass Hashem uns wieder die gesuchte Wolke zur Autopilotsteuerung nach Eretz Jisrael schickt. Und das am besten gleich mit Mashiach als Zeppelinkapitän und vielen, vielen Laubhütten aus aller Welt im Schlepptau, Bimhera Bejamenu, Amen.

Durchgedroschen und ausgequetscht

Der Sohn des Rushiner Rebben, der Admor von Sadigora, zeigte sich höchst verwundert über die eigentümlichen „Baunormen" der jüdischen Laubhütten. Während die Tora bei allen anderen Mizwot gebietet, immer nur die schönsten, besten und feinsten Materialien zu verwenden, tanzt ausgerechnet die vielbesungene Sukka hier aus der Reihe.

In der Tora[277] heißt es nämlich, dass man sich seine Sukka gerade aus den Überresten der Ernte basteln soll. Im Detail soll man laut dem oberflächlichen Verständnis des Satzes in der Tora die Überreste des Getreidedreschens und des Weinpressens zum Bau der Sukka verwenden. Mit den „Überresten" sind dabei weder Mehlsäcke noch Weinflaschen gemeint, sondern tatsächlich die Ernteabfälle selbst.

Die Gemara[278] erklärt dazu immerhin, dass darin nur die härteren Bestandteile dieser Pflanzen, wie die Ähren und Stängel des Getreides, und die Äste und Blätter der Weinreben, inkludiert sind. Außerdem sind auch andere Werkstoffe mit ähnlichen Eigenschaften für die Sukka erlaubt. Die Tora verwendet „Wein und Getreide" hier nur als „Mustervorlage" für andere Stoffe, wie Maisstauden, Schilfrohre oder Bambusstöcke. Wobei auch diese kein sehr verlockendes Rohstoffangebot zum Hüttenbau darstellen, wenn man ehrlich ist.

CADILLAC ✧ Da hilft es dann auch recht wenig, dass die Gemara deren Verwendung nur für das Deckmaterial des Hüttendaches einschränkt. Schließlich gehören unverarbeitete Pflanzenreste dieser Art unweigerlich zu der Sorte Material, um die ein jeder Dachdecker einen weiten Bogen machen würde.

Doch warum schreibt die Tora nun gerade bei so einer erbaulichen Mizwa, wie es die Sukka darstellt, solch unedle Deckmaterialien vor? Hat sich die Laubhütte nicht auch ihren „Cadillac" verdient?

Doch der Rebbe aus Sadigora weiß mit seiner Antwort auf diese Frage zu überraschen. Es gelingt ihm, durch einen geschickten Perspektivenwechsel einen bedeuten-

---

277 Devarim 16,13.
278 Mes. Sukka 12a.

den Zusammenhang zwischen dem „Überbleibsel-Gebot" und dem „aktuellen Zeitgeschehen" im jüdischen Jahreszyklus herzustellen.

Zum Zeitpunkt des Sukkafestes hat das jüdische Volk nämlich gerade einen aufreibenden Abschnitt des jüdischen Jahres hinter sich gebracht. Eine Zeit der Introspektion und Buße, des Abstoßens der eigenen Sünden und des Über-Bord-Werfens der persönlichen Schwächen im Dienst an Hashem, aber genauso im zwischenmenschlichen Bereich.

ÜBER BORD ✧ Man stand gerade erst mit weißen Kitteln bekleidet, hungrig, durstig und ungewaschen den ganzen Tag in der Synagoge und bereute seine Missetaten. Im besten Fall absolut ehrlich und von ganzem Herzen. Es war eine Zeit der Teshuva, der Rückkehr zu G'tt.

Treibender Faktor dieser Art von Teshuva war jedoch stets die Angst vor einem schlechten Urteil. Denn von Rosh HaShana, dem jüdischen Neujahr, bis Jom Kippur, dem Versöhnungstag zehn Tage später, tagt das himmlische Gericht und urteilt über die Welt. Hashem allein beschließt während dieser Tage aufgrund der Taten- und Rückkehrbilanz eines jeden Menschen, wie sein nächstes Jahr aussehen wird. Gesundheit, Finanzen, Familienleben. Erfolge, Niederlagen und freudige Momente. Die innige Rückkehr zu Hashem erfolgt so zumeist im Hinblick auf die Angst vor einem schlechten Urteil. Die Tränen auf dem weißen Kittel sind Tränen der Angst.

SCHLÜSSEL ✧ Diese „Teshuva aus Furcht" ist dabei nicht unbedingt negativ zu betrachten. Es ist ein positiver erster Schritt im Aufbau eines gesunden „Arbeitsverhältnisses" als g'ttesfürchtiger Jude.

Doch viel besser wäre eine Rückkehr zu G'tt aus Liebe und Freude. Es stimmt: Hashem hält die Schlüssel für die Zukunft jedes Menschen in der Hand. Aber kann man ihm nicht auch vertrauen? Können wir nicht auch davon ausgehen, dass er nur das Beste für „seine Schäfchen" will? Kann man seine Angst nicht ein wenig beiseiteschieben und den Weg des „positiven Denkens" beschreiten, ohne dabei den Respekt vor G'tt zu verlieren?

„Teshuva aus Liebe" lautet daher das Zauberwort nach der erfolgten „Teshuva aus Furcht"! Wie man dieses liebliche Rückkehr-Projekt nun angeht? Ganz einfach: Laubhütte bauen und eine Woche darin wohnen. Voilà! So leicht geht das! Die Rückkehr zu G'tt aus Liebe erreicht man vorwiegend durch den freudigen Zugang zum Dienst an

Hashem, zum Leben überhaupt. Man erreicht sie durch Mizwot, die mit Freude erfüllt werden. Und diesen Zugang bieten die Sukkot-Feiertage allemal.

SATTES PLUS ✧ Die Gemara [279] erklärt zudem, dass sich so eine „Doppel-Teshuva" auch sündentechnisch durchaus auszahlt. Denn während die Rückkehr aus Furcht die Sünden eines Menschen von dem Niveau „absichtlich begangener Sünden" zu einem Niveau „unabsichtlich begangener Sünden" anhebt, kann die Teshuva aus Liebe Wunder bewirken. Sie dreht den Spieß komplett um und macht aus den „unabsichtlich begangenen Sünden" sogar noch Verdienste.

Teshuva aus Liebe fabriziert aus den Minuspunkten am Tatenkonto ein sattes Plus, erklärt die Gemara. Was für ein unglaublicher Luxus das doch ist! Der Traum eines jedes „Kontokurrentkreditors" wird so zumindest in Sachen G'ttesdienst wahr: das Vorzeichen seines Kontostandes umzudrehen und aus roten Zahlen schwarze zu zaubern.

Die Symbolik der „Überreste" als Bedeckung der Laubhütte wird damit aber auch deutlich. Sie beschreibt den Weg unserer Rückkehr zu Hashem während der Feiertage und weist auf, was mit unseren Sünden geschieht. Die Teshuva aus Liebe, angefacht von der Sukka selbst, kann aus Sünden Verdienste machen. Die Ernteabfälle symbolisieren die Sünden des Menschen, mit der er nun die Sukka, die eine Teshuva aus Liebe symbolisiert, bedeckt. Er erhebt seine eigenen Sünden, seine „Abfälle", zu einer Mizwa, zu Verdiensten, in Form des Sukka-Daches.

SEELENKONTO ✧ Ganz so, wie es der Teshuva-Prozess zu dieser Jahreszeit vorsieht. Aus Sünden Verdienste machen, aus „Abfällen" das S'chach[280] der Sukka.

Durchgedroschen und ausgequetscht werden somit nur die eigenen Sünden und nicht die Trauben und das Getreide. Doch als Verdienste können sie das Seelenkonto eines jeden Juden schließlich auffüllen, sofern er sich auf den mühseligen, aber lohnenswerten Weg der Rückkehr zu Hashem aus Furcht und aus Liebe einlässt. Es ist nie zu spät!

---

279   Mes. Joma 86b; „Mesid" wird zu „Shogeg".
280   S'chach ist das Laubdach der Sukka.

Sukkot

Die ganze Tora in einem Lulav

Vor gut 800 Jahren, zur Zeit der Kreuzzüge, entstand das Werk „Sefer HaRokeach", geschrieben von Rav Elasar aus Worms, dem „Ba'al HaRokeach". Es muss sich auch vor 800 Jahren schon um dasselbe Rascheln und Rasseln des „Lulav"-Feststraußes gehandelt haben, denn der Ba'al HaRokeach ließ sich davon für eine Idee, die heute noch gültig ist, inspirieren.

Dass die Mizwa des Lulavs dabei eine einzigartige ist, beweist bereits die Halacha, dass nur die schönsten und besten Gewächse dafür verwendet werden sollen. Der Lulav besteht allerdings nicht nur aus einer, sondern gleich aus vier verschiedenen Pflanzensorten. Die anderen drei Arten wären der „Etrog" – eine Zitrusfrucht, die „Hadassim" – Myrtenzweige und die „Aravot" – Bachweiden. Doch da der Lulav – ein verschlossener Palmenzweig – die längste aller vier Sorten darstellt, wurde das Bündel prompt nach ihm benannt.

KLEINGELD ✧ Den Wert dieser Mizwa in spiritueller Währung darf man aber auch nicht unterschätzen. Der Rokeach meint nämlich, dass der Vollzug der Lulav-Mizwa gewissermaßen der Erfüllung „der ganzen Tora" gleichen würde. Kein spirituelles Kleingeld also, mit dem sich das jüdische Volk während des siebentägigen Sukkot-Festes abgibt.

TORA-BUCHPAPIER ✧ Doch wo genau sieht der Wormser Rabbiner eigentlich einen Zusammenhang zwischen einem Palmenzweig und einem Buch? Erinnert ihn etwa das Rascheln des Papiers an das Rasseln des Lulavs? Kaum möglich, denn die Tora ist ja auf Pergament geschrieben!

Doch glücklicherweise lässt einen der Ba'al HaRokeach mit einer Erklärung nicht im Stich. Es gelingt ihm sogar, einen äußerst treffenden Zusammenhang herzustellen. Denn er beweist, dass das Wort „Lulav" zur Gänze von der Tora „durchdrungen" ist.

Die vier Buchstaben, aus welchen das Wort „L-U-LA-V" besteht, sind: „Lamed" (L), „Vav" (U), wieder ein „Lamed" (LA) und ein „Bet" (V). Wenn man sich nun ein wenig unter die „Buchstabenprominenz" in der Tora mischt und sich ansieht, welche Schriftzeichen da an exponierter Stelle angesiedelt sind, ist der erwähnte Zusammenhang mit Leichtigkeit hergestellt.

BERESHIT ✧ Das allererste Wort der Tora lautet beispielsweise „Bereshit[281]". Die Tora beginnt folglich mit dem Buchstaben „Bet" – dem „V" des Wortes „Lulav". Sie endet gute 600.000 Buchstaben später mit dem Wort „Jisrael", also dem „Lamed" (L) des Rasselstraußes.

Die „Nevi'im"[282] – die zweite Buchserie des „Tanachs" – beginnt wiederum mit dem Buch Jehoshua und dem Wort „VaJehi"[283], womit wir unser Lulav-„Vav" (U) gefunden hätten. Und das letzte Buch des dritten Teils des Tanachs – die „Ketuvim"[284] – wäre dann „Divrej HaJamim", das mit dem Wort „VaJa'al"[285] endet. Dies wäre dann der letzte Streich im Lulav-Quartett und das zweite „Lamed" (LA) ist damit im letzten Wort des letzten Buches des Tanachs auch schon entdeckt.

Der Rokeach kann so tatsächlich äußerst eindrucksvoll beweisen, dass wirklich die „ganze Tora" bzw. der „ganze Tanach" – von „Bereshit" bis „Divrej HaJamim" – in dem Wort „Lulav" steckt. Sein Statement bezüglich der Belohnung für diese Mizwa wird nun auch klarer.

Und dies soll jedem, der die Gelegenheit ausnützt, dieses Gebot auf Tora-Ebene während der Sukkot-Woche mit Eifer und Ambition zu erfüllen, den notwendigen Ansporn geben, um so richtig draufloszurasseln. Die ganze Tora rasselt mit!

---

281 „Im Anfang".
282 Bücher der Propheten.
283 „Und es war".
284 Die Schriften, Teil des Tanachs.
285 „Er stieg auf".

Alles außer Stacheln

Wer den folgenden „Tora-Leckerbissen" über die „Vier Sorten" nicht kennt, hat bisher wahrscheinlich nur wenig über diese eindrucksvolle Mizwa gehört. Denn der Midrash, der „Arba Minim"[286] mit verschiedenen Gruppen aus dem jüdischen Volk vergleicht, gehört quasi zum Standard-Repertoire aller „Sukkot-Insassen". Der Tora-Kommentator „Kli Jakkar"[287] war es übrigens, der den großartigen Vergleich etwas eindeutiger als der Midrash ausformuliert hat und damit als Wegbereiter für diesen „Sukkot-Standard-Hit" gilt.

VEGETATIVMIZWA ✧ Die erwähnte Symbolik der vier Protagonisten dieser einzigartigen „Vegetativmizwa" ist dabei genial einfach: Die vier verschiedenen Gewächse des „Lulavs" dienen jeweils als „Etikette" für eine andere Gruppe im Volk, um nicht zu sagen: für eine andere Art „Jude". Man könnte beinahe von den vier „Judenarten" sprechen, wäre dies nicht eine etwas zu heikle Formulierung. Wobei sich diese Bezeichnung natürlich rein auf die spirituelle Natur der Menschen und ihre Ausführungsqualität in Bezug auf die Mizwot bezieht.

Im Detail sieht die Einteilung der vier Sorten laut dem Midrash nun folgendermaßen aus: Der „Etrog", seines Zeichens eine wohlduftende Zitrusfrucht voller saftigem Fruchtfleisch, setzt sich an die Spitze der Protagonisten. Ihm sagt der Kli Jakkar nach, dass er die „Zadikim" – die Gerechten – symbolisiert. Das gute Fruchtfleisch des Etrogs soll an das hohe spirituelle Niveau der Zadikim in Sachen Torastudium erinnern. Sein feiner Zitrusgeruch soll deren enorme Leistungsstärke bei guten Taten – Mizwot – darstellen. Und dass der Zadik bezüglich dieser beiden Dinge absoluter Spitzenreiter im Volk ist, bestreitet wohl kaum jemand.

SPITZENREITER ✧ Auf Basis dieser Geruchs- und Geschmackslogik teilt der Kli Jakkar laut dem Midrash nun auch die anderen Gruppen im Volk anhand der verbleibenden drei Sorten ein. Die „Hadassim"-Zweige beispielsweise schaffen aufgrund ihres Wohlgeruchs durchaus den Aufstieg in die erste Mizwotliga. Beim Geschmack

---

286 Midrash Rabba, Emor. Eine genauere Beschreibung der Arba Minim ist im Beitrag „Die ganze Tora in einem Lulav" nachzulesen.
287 Vajikra 23,40.

hapert es bei ihnen jedoch. Folglich symbolisieren sie Menschen, die eine starke Tatenbilanz, aber nur eine schwache Torabilanz aufweisen können. Sie gehören zu der mittelmäßigen Sorte Mensch, die viel tun, aber nur wenig lernen.

Der „Lulav" wiederum durchstößt speergleich die schwache Torabilanz. Er holt sich mit den Dattelfrüchten, die auf der Lulav-Palme wachsen, die notwendigen Pluspunkte in Sachen Fruchtfleisch – Torastudium – ab. Dafür ist er absolut geruchlos, und kann somit keinen guten Eindruck auf der Mizwotebene hinterlassen.

Der Lulav symbolisiert damit Juden, die zwar viel lernen, aber nur wenig tun. Sie gehören wie die Hadassim der Mittelklasse an. Einen Totaleinbruch an Geschmacks- und Geruchsfeatures erleben wir dann aber bei den „Aravot", den Bachweiden. Sie lassen ihren Kopf dabei nicht umsonst so traurig hängen. Denn sie schaffen tatsächlich nicht, auch nur in einem der geforderten Bereiche aufzutrumpfen. Kein Geruch, kein Geschmack – das sieht bitter aus! Die Aravot symbolisieren damit die „Resha'im" – die Bösewichte – im Volk. Diejenigen, die weder lernen noch irgendwelche Mizwot ausführen wollen.

VOLKSBÜNDEL ✧ Und alle diese vier verschiedenen Sorten sollen wir nun zu Sukkot zusammenbinden und damit eine Mizwa erfüllen. Die Guten, die Bösen und die Mittelmäßigen werden durch die Arba Minim vereint und zu einem Bündel an treuen G'ttesdienern zusammengeknotet. Es lebe die internationale Solidarität!

Doch es kommt noch besser: Fehlt eine der vier Arten, so hat man die Mizwa überhaupt nicht erfüllt. Jede einzelne der vier Sorten ist dahingehend gleich viel wert. Und damit werden sogar die „Aravot-Schlingel" zu kostbarem Gut. Aber auch der Etrog kann seinen hohen Wert nur innerhalb der Gemeinschaft ausschöpfen. Die „Vier Sorten" sollen uns folglich laut dem Kli Jakkar beweisen, dass das Volk einander braucht und Hashem seine Nation nur in vertrauter Gemeinschaft willkommen heißen will! Fürwahr eine großartige und zugleich rührende Erklärung, die der Kli Jakkar hier zutage fördert. Und wie gesagt, sie ist zum berühmtesten „Dvar Tora" im Zusammenhang mit Sukkot avanciert.

KLASSIKER ✧ Doch vielleicht ist es möglich, auch im größten „Klassiker" noch ein wenig Raum für Neues zu schaffen.

Rav Shlomo Salman Ehrenreich soll nämlich gefragt haben, warum man eigentlich nicht eine andere Pflanzenart als die Aravot für die „Resha'im" im Sortenbündel verwenden kann?

Würden sich gruselige Dornengewächse oder stachelige Sträucher nicht sogar besser als „Darsteller des Bösen" eignen? Sie machen doch einen viel boshafteren Eindruck und die Symbolik des Kli Jakkars wäre damit optimal aufgewertet.

HORRORSTREIFEN ✧ Auch von rein technischer Seite her gäbe es keine Einwände, schließlich haben Dornen und Stachelsträucher weder einen guten Geschmack noch einen verzaubernden Duft. Raus also mit den Aravot und her mit den dornigen Kletterpflanzen aus dem letzten Horrorstreifen.

Doch Rav Ehrenreich muss gleich wieder abwinken: Wir bleiben bei den Aravot. Auf den zweiten Blick bemerkt man nämlich einen großen Unterschied zwischen der Bachweide und den Dornengewächsen. Dornen und Stacheln sind im Allgemeinen ganz und gar unangenehme Zeitgenossen. Sie stechen und pieken, wo sie nur können. So mancher blutender Daumen hat sein Schicksal den gemeinen Stachelpflanzen zu verdanken.

Sich auf dieses Detail stützend meint Rav Ehrenreich daher, dass Hashem in der Tora wohl erst recht die Aravot und keine Dornenpflanzen als Symbol für die Resha'im ausgewählt hat.

Denn die Aravot sind sanft und weich und tun niemandem etwas zuleide. Vielleicht sind sie ja auch gar nicht so „böse", wie man glaubt. Vielleicht sind sie einfach nur geschmacks- und geruchslos, weil sie es in spiritueller Hinsicht nie weiter gebracht haben.

Möglicherweise würden auch sie gerne duften und schmecken, doch sie wissen einfach nicht, wie sie das anstellen sollen. Man könnte die Aravot somit fast als „Passiv-Resha'im" bezeichnen!

„AKTIV-RESHA'IM" ✧ Doch die Dornenpflanzen mit ihren spitzen Stacheln symbolisieren ganz im Gegenteil dazu die „Aktiv-Resha'im". Diejenigen, die anderen wehtun wollen, wenn sie nicht nach ihrer Pfeife tanzen.

Der neue Leiner

Diese Resha'im sind Typen, die anderen Menschen Schaden zufügen können, wenn sie ihnen zu nahe kommen. Und von solchen Leuten sollte sich der Volksverband wohl am besten ganz fernhalten.

Ein „Passiv-Rasha" ist im Volksverband folglich herzlich willkommen, ein „Aktiv-Rasha" aber nicht. Daher, meint Rav Ehrenreich, bleibt es im Lulav-Bündel bei den Aravot und damit basta!

POTENZIAL ✧ Andererseits darf man auch dem „Aktiv-Rasha" nicht seine letzte Hoffnung nehmen. Er kann sich seine Dornen schließlich noch abschneiden, wenn er es möchte, und sich an den Aravot orientieren. Und wer weiß, vielleicht wird er sich dann eines Tages doch in das Lulav-Bündel hineinschmuggeln können.

So könnte er sich letzten Endes nämlich sogar noch zu einem „Etrog" hocharbeiten und sein spirituelles Potenzial voll ausschöpfen. Womit sich unser Sortenkreis nun wieder schließt: Am Etrog-Baum wimmelt es nämlich vor lauter Dornen!

שמיני עצרת-שמחת תורה
Shmini Azzeret/ Simchat Tora

Darf ich bitten?

Wer erinnert sich nicht an die unheimliche Stille am Beginn der „Kol-Nidre"-Nacht. Weißbekittelte Männer entnahmen dem Toraschrein todernst und wortlos seine Rollen. Mit eiserner Miene gingen sie in Position, bis der Vorbeter schließlich mit weinerlicher Stimme das „Or-Sarua"-Gebet vorbrachte. Jedem Einzelnen lief dabei wohl ein kalter Schauer über den Rücken.

Langsam und zaghaft näherten sich die Betenden den Torarollen an und gaben ihnen einen Kuss. Wenige Tage später, während Sukkot, ging es schon ein wenig lockerer vor sich. Mit Lulavim „bewaffnete" Männer umkreisten die Bima, die zentrale Lesebühne, während dort jemand mit einer Sefer Tora ausharrte. „Rette uns, um deinetwegen Hashem, rette uns!", flehte man dabei.

Wohl auch kein Moment, der als fröhlich und heiter bezeichnet werden kann. Aber immerhin, die todernsten Minen hatten sich seit Jom Kippur ein wenig aufgelockert.

Der neue Leiner

Eine Woche später gelingt der Tora dann aber ein großer Sprung. Zu Simchat Tora wird sie von der Bima in den Kreis der Betenden aufgenommen.

TANZENDER TEILCHENBESCHLEUNIGER ✧ Die Gesichter der Menschen hellen sich jetzt zusehends auf. Die Tora wirkt wie ein „Teilchenbeschleuniger" und der Kreis beginnt sich immer schneller zu drehen! Flotte Songs im tanzbaren Takt und mit altehrwürdigen Texten werden gesungen. Das Tanzen dauert mehrere Stunden an, und der Freude wird kein Abbruch getan. Wie in Trance singt man weiter und weiter. Der Schweiß rinnt und die Füße schmerzen.

Abgehetzt und völlig außer Atem legt man die Torarollen schließlich wieder auf die Bima und man tut etwas, was man das ganze Jahr über nicht mehr tun wird: eine Toralesung in der Nacht durchführen! Aber ist so eine „Nachtlesung" überhaupt rechtens? Und wenn ja, warum liest man sonst nie in der Nacht?

Doch vielleicht sollte man die Tag-Nacht-Perspektive hier einmal beiseitelassen. Die Torarolle hatte nämlich während der vergangenen Feiertage stets eine zentrale Rolle eingenommen. Sie bewegte sich aus ehrfurchtsgebietender Ferne bis in den engsten Kreis der Betenden hinein. Alt und Jung durfte sie in die Hand nehmen und eine „tranceartige Verbindung" mit ihr aufbauen. Und diese ist eben zu diesem Zeitpunkt so stark geworden, dass man jetzt gar nicht mehr anders kann, als die Tora auch zu öffnen und aus ihr zu lesen! Deswegen liest man an Simchat Tora ausnahmsweise auch in der Nacht!

MÖCHTEN SIE TANZEN? ✧ Doch was geschieht nach Simchat Tora? Zieht sich die Tora, die sich mühevoll ihren Weg in die Hände der Betenden erkämpft hat, jetzt wieder in ihre eigenen „vier Wände" zurück? Aber auf die Tora kommt es hier gar nicht an! Denn sie ist das ganze Jahr über bereit, zu tanzen!

Simchat Tora stellt allerdings eine gute Gelegenheit dar, um sich mit der Tora so richtig zu verbinden. Und das dürfte eigentlich das Gesamtziel aller hohen Feiertage zusammen sein: Dass man die Tora auch am Tag nach Simchat Tora noch zum Tanzen auffordern möchte. Darf ich bitten?

חנוכה
Chanukka

Sanfter Abstieg am silbernen Leuchtpfad

Letzter Abend Chanukka. Feierlich gekleidet steht die Familie um den Chanukka-Leuchter herum. Bestäubte Krapfen, kunstvoll bemalte Kreisel und glanzpolierte Kleingeldmünzen – „Chanukka-Geld" – dürfen nicht fehlen. Schließlich wird an diesem Abend die letzte Chanukka-Kerze entzündet. Endlich greift der Vater zum Shamash und spricht andachtsvoll den Segen. Ein letztes Mal für dieses Jahr erklingen die Worte, die das jüdische Volk schon so viele Jahrtausende durch das Exil begleiten. Das Flackern der Flamme schimmert in den Augen der Mutter, als der Vater danach die „Ma-Os-Zur"-Hymne anstimmt. Alles blickt sehnsüchtig auf den Leuchter, und die einsame Kerze, die noch in ihm brennt.

EINE KERZE? ✧ So oder ähnlich dürfte sich der letzte Chanukka-Abend – auch „Sot Chanukka" genannt – bei den Anhängern der „Bet-Shamai"-Schule wohl abgespielt haben. Nur mehr eine einzige Kerze sollte ihrer Meinung nach am letzten Tag Chanukkas brennen. Während die Halacha jedoch schon seit jeher die Lehren der „Bet-Hillel"-Schule für die praktische Anwendung vorgesehen hat, bleibt Bet Shamai immerhin in der Theorie des Talmuds weiterhin präsent. Und aus diesem kann man sich wiederum auch einiges an praktischen und brandaktuellen Einsichten, Botschaften und Konzepten aneignen. Daher lohnt sich die Suche nach den „fehlenden sieben Kerzen" von Bet Shamai.

Die beiden Schulen pflegen sich dabei traditionellerweise beinahe immer zu widersprechen. Sagt der eine „Rot", will der andere „Blau". Will Shamai nach links, so dreht sich Hillel nach rechts. Fast wie das bekannte Katz-und-Maus-Spiel aus dem Trickfilmstudio: Die beiden Schulen lassen einander einfach keine Ruhe!

Im Fall der Chanukka-Kerzen ist der Widerspruch dabei besonders aufsehenerregend. Während Bet Hillel die Meinung vertrat, dass man die Anzahl der Kerzen linear steigert, wollte Bet Shamai einen graduellen Abfall der Kerzenanzahl für den Lauf des Festes institutionalisieren. So kommt es auch, dass die eingangs beschriebene Familie am letzten Tag Chanukka mit nur einer anstatt mit acht Kerzen im Leuchter dasteht.

APPETIT AUF KRAPFEN ✧ Zugegebenermaßen hatte die Familie dafür bereits am ersten Tag Chanukka ihr flackerndes Leuchterlebnis, als da bereits alle acht Kerzen brannten. Die Bet-Hillel-Freunde mussten sich da noch etwas gedulden. Zumindest konnten sie an diesem Abend schon etwas früher als ihre Shamai-Kollegen in ihre Krapfen beißen, da sie im Gegensatz zu ihnen nur eine statt acht Kerzen zünden mussten. Ein Vorsprung, den man am achten Tag nach endloser Krapfenvöllerei sicher weniger schätzt.

Gründe für die unterschiedliche Auslegung gibt es dabei wie Sand am Meer. Auch die Gemara[288] selbst erklärt die Argumente beider Seiten äußerst aufschlussreich. Doch interessanter für uns sind vorerst einmal die praktischen Implikationen der Meinungsverschiedenheit.

Im Werk „Mor weOholot" von Rav Elijahu Posek aus Zlatipol wird beispielsweise eine entscheidende Frage auf Grundlage der Hillel-Shamai-Auseinandersetzung beantwortet. Die Frage von Rav Posek ist dabei denkbar einfach – und dennoch etwas kompliziert.

ZUSATZFEIERTAG ✧ Er fragt, warum man eigentlich das Chanukka-Fest außerhalb Israels nicht auch einen Tag länger feiert, wie es beispielsweise zu den drei „Regalim" – den Hauptfeiertagen Pessach, Shavuot und Sukkot – üblich ist. Das Ereignis, das

---

288 Mes. Shabbat 21b.

den „Diasporajuden" den „Zusatzfeiertag" des Exils am denkbar einfachsten in Erinnerung ruft, ist wohl der „zweite Sederabend". Dieser ist Personen, die in Israel leben, wiederum total fremd.

Der zweite „Jomtov"-Tag ist dabei eine rabbinische Vorschrift, die noch auf Zeiten des „Bet-HaMikdash"-Tempels zurückgeht, als der Mondkalender durch Sichtzeugen und nicht nur durch astronomische Berechnungen festgelegt wurde. Die Festlegung des „Rosh-Chodesh"-Monatsanfangs wurde somit oft erst kurzfristig entschieden. Da es an „Instant"-Informationsweitergabe in Prä-„WhatsApp"-Zeiten noch mangelte, dauerte es oft zu lange, bis man in „aller Welt" erfuhr, für welchen Tag genau der Monatsanfang festgeschrieben wurde. Damit die „Exil-Juden" keine Feiertage vernachlässigen können[289], schrieben unsere Weisen nun „zur Sicherheit" den genannten zweiten Jomtov-Tag vor. Die Grundlagen des „Exil-Jomtovs" sind dabei wie schon angesprochen recht kompliziert und sollen an dieser Stelle daher nur in dieser Form einfach angerissen werden.

Die Frage des „Mor weOholot" wird aber demnach viel klarer, oder chanukkahaft ausgedrückt: „einleuchtend". Denn sollte Chanukka in der Diaspora nicht tatsächlich neun anstatt der vorgeschriebenen acht Tage dauern? Haben unsere Weisen auf einen Chanukka-Zusatzfeiertag vergessen?

ZEHNARMIGER LEUCHTER ✧ Doch bevor die Silberleuchterproduzenten nun einen neuen Geschäftszweig wittern und bereits neunarmige Leuchter plus einem zehnten Shamash-Arm planen, muss Rav Posek doch noch schnell zur Ordnung rufen. Denn die Kegelclub-Frage, ob „Alle Neune drin" sind, muss er mit einem satten „Nein" beantworten.

Sein „Nein" basiert dabei auf einer tiefgründigen Einsicht des „Avudraham"[290], der den Buchstaben des Wortes „Chanukka" eine wichtige halachische Grundlage entnimmt. Laut ihm sollen nämlich die fünf Buchstaben des Wortes „Chanukkah" den Satz „<u>C</u>het <u>N</u>erot <u>we</u>Halacha <u>ke</u>Bet <u>H</u>illel" – „Acht Kerzen und die Halacha ist laut Bet Hillel" – bilden. Im Wort „Chanukkah" selbst wird demnach bereits impliziert, dass die Halacha so wie Bet Hillel ist und nicht so wie Bet Shamai.

---

289 Shulchan Aruch O. H. 496,1, Mishna Berura 1: Hauptgrund für Einführung des „Jomtov Sheni" war, zu verhindern, dass am letzten Tag Pessach irrtümlich Chametz gegessen wird.

290 Rav Josef David Abudirham, Spanien 1340, legte diese Erklärung noch im Kindesalter dar, Anm.

Der neue Leiner

Doch was wie eine verspielte Spitzfindigkeit des Avudraham anmutet, ist in den Augen des Rav Posek eine wichtige halachische Grundlage. Denn der Avudraham stellt fest, dass man aufgrund dieser Einsicht darauf achten muss, dass es anhand der Anzahl der entzündeten Kerzen an jedem Festtag erkenntlich ist, dass die Halacha laut Bet Hillel festgelegt wurde und nicht laut Bet Shamai.

Doch hätten unsere Weisen tatsächlich auch für Chanukka einen Zusatzfeiertag vorgeschrieben und es wären nun neun Chanukka-Tage zu feiern, so hätten wir ein kleines rechnerisches Problem mit dem Konzept. Am fünften Tag Chanukka würden die beiden Schulen nämlich unweigerlich miteinander kollidieren. Denn an diesem Tag zünden die „Aufsteiger-Typen" des Bet Hillel doch genauso viele Kerzen wie die „Absteiger" aus dem Bet Shamai! Steckt man jeden Tag eine Kerze dazu, so zündet man am fünften Tag die fünfte Kerze an. Und zieht man von neun Kerzen täglich eine ab, so bleiben am fünften Tag eben auch genau fünf übrig.

FÜNF ZU FÜNF ✧ Der halachischen Vorgabe des Avudraham kann man dann jedoch schwer folgen. Denn niemand würde am fünften Tag erkennen, laut welcher Schule man die Kerzen nun entzündet. Und das Buchstabenrätsel „Chet Nerot we-Halacha keBet Hillel" – „Acht Kerzen und die Halacha ist laut Bet Hillel" gerät damit ins Hintertreffen, erklärt Rav Posek. Daher lässt sich die Idee mit dem Zusatzfeiertag zu Chanukka wohl kaum verwirklichen und wir müssen bei den acht Tagen bleiben.

Was sich für Silberleuchterhersteller und Krapfenbäcker möglicherweise negativ auswirken mag, ist für das „Chanukka-Herz" jedoch oft eine wahre Freude. Denn das wonneprächtige Gefühl, „alle Achte" brennen zu sehen, ähnelt am letzten Tag Chanukkas, nachdem man sich „hinauf gekämpft" hat, sicher dem eines Gipfelstürmers. Und außerdem scheint auch die Hoffnung auf ein Ende der Diaspora mit der Abwesenheit des „Exilfeiertags" in den acht Kerzen wunderschön aufzublitzen.

פורים
Purim

Esther im Sekundentakt

Über 127 Länder und Provinzen zu herrschen, ist kein Pappenstiel. Die Gemara[291] bezeugt bereits, dass das Herrschaftsgebiet des Königs Achashverosh sich von einer Seite der Weltkarte zur anderen hin erstreckte. Er dürfte damit wohl ein recht respektabler geopolitischer Player seiner Zeit gewesen sein.

Dabei informiert uns der Midrash, dass Achashveroshs Ländereien ihm in Wahrheit gar nicht gebührten. Wenn es nach dem Midrash geht, ist der große Herrscher und Staatsmann an seinem Erfolg total unschuldig. Es war vielmehr die Königsgattin Esther, in deren Verdienst der großpersische Karrierekaiser seine Fühler über die gesamte Weltkarte ausstrecken konnte.

KARRIEREKAISER ✧ Im Midrash[292] liest sich das ungefähr so: „Hashem sagte: Esther ist die Enkeltochter von Sara, die 127 Jahre lebte. Möge sie nun über 127 Länder herrschen." Im Midrash finden wir folglich überhaupt keine Spur von Achashverosh oder anderen volltrunkenen Monarchen, die einen g'ttlichen Anspruch auf die 127 Länder hätten. Es war alleine Esthers wegen. Oder genauer gesagt: Saras wegen.

---

291 Mes. Megilla 11a.
292 Midrash Esther Rabba, Par. 1.

Schließlich haben laut dem Midrash ihre 127 Lebensjahre für die Anzahl an Ländereien gesorgt, denen Esther als Königin vorstehen sollte.

HOCHZEIT ✧ Rav Jonathan Eibeschütz wundert sich aber sehr darüber, wieso Achashverosh denn schon vor seiner Hochzeit mit Esther über die 127 Länder regierte, wie wir es im ersten Satz der Megilla erfahren.

Eigentlich hatte Hashem dem großpersischen Herrscher sein Riesenreich doch nur Esther zuliebe vermacht. Warum also sollte er also ohne guten Grund bereits vor ihrem Eintritt in den luxuriösen Königspalast sein Zepter über 127 Länder – keines mehr oder weniger – erheben. Aber Rav Eibeschütz kann durchaus einen „guten Grund" dafür ausmachen. In der Tat sogar einen äußerst einleuchtenden Grund.

Allerdings möchte Rav Eibeschütz zuvor noch ein wenig Ursachenforschung betreiben und einige Hintergründe in den Erzählungen der Megilla genauer analysieren.

HERRSCHAFTSGRENZEN ✧ Zuerst einmal widmet sich Rav Eibeschütz dem Thema der geografischen Aufteilung Menschen jüdischen Glaubens auf der Welt. Lebten damals alle Juden im Reich Achashveroshs, oder gab es möglicherweise auch außerhalb seiner Herrschaftsgrenzen Vertreter des auserwählten Volkes?

In der Art der erlesenen Talmuddenker kann Rav Eibeschütz diese Frage jedoch rasch beantworten. Die Logik gebiete es bereits, dass es keine Juden außerhalb von Achashveroshs Reich gab, meint er. Denn was hätte Hamans großartiger Plan zur „Judenvernichtung" ansonsten bewirkt, wenn es noch weitere Juden außerhalb seiner Reichweite gab?

Er wollte doch das ganze Volk mit Haut und Haaren „von der Erdoberfläche ausradieren"? Bloß „seine" Juden zu vernichten, wäre folglich nicht sehr zielführend, wenn im Nachbarstaat noch eine ganze „Population" ihrer Art ausharrt.

FEHLVERHALTEN ✧ Rav Eibeschütz stellt somit fest, dass mit ziemlicher Sicherheit nur in den 127 Ländern und Provinzen Achashveroshs Juden lebten.

Ein weiterer Baustein, um unserer Frage auf den Grund zu gehen, ist, das Verhalten Achashveroshs im Anfangsstadium der Megilla-Erzählung nachzuvollziehen. Dort heißt es nämlich, dass Achashverosh nach dem Fehlverhalten seiner ersten Frau Vashti Briefe in alle 127 Ländereien versandte. „Jeder Mann möge der Vorstand seines Hauses sein!", lautete die Botschaft des königlichen Schriftstücks.

Purim

Amüsement ✧ Sehr zum Amüsement seiner Untertanen übrigens, die sich den Bauch vor Lachen hielten, als sie die großartige Verkündung ihres Königs lasen. DAFÜR schickt unser König Briefe aus? Das ist alles, was sein Herrschermaul hinausquaken kann?

Die Gemara[293] gibt sogar unmissverständlich zu verstehen, dass König Achashveroshs Untertanen ihn nach der Glanzaktion mit den „Hausherrenbriefen" schlicht und einfach für einen „Shoteh" hielten, auf gut Deutsch gesagt: für einen Idioten!

Doch wie auch alles andere in der Megilla war die Briefaktion nur ein Faden im Strickwerk einer ganzen Reihe an Fügungen, die letztendlich zur Rettung der Juden führen sollten.

Marketingtool ✧ Als König Achashverosh nämlich später im Auftrag seines bösen und antisemitischen Wesirs Haman weitere Briefe verschicken sollte, wurden diese nicht mehr ernst genommen. Haman wollte nämlich, dass Achashverosh seine Untertanen mittels der Briefe in „Judenvernichtungs-Stimmung" bringt.

Doch wie wir wissen, hatte der König dieses „Marketingtool" zuvor bereits durch die „Hausherrenbriefe" unbrauchbar gemacht. Die antijüdischen Briefe wurden von der Bevölkerung im ganzen Reich daher einfach nicht mehr ernst genommen, da die früheren Briefe derart lächerlich waren.

Zahnrädchen ✧ Demnach waren die ersten Briefe in der Tat ein äußerst wichtiges Zahnrädchen im Uhrwerk der Megilla. Sie waren der Wegbereiter für die spätere Rettung der Juden und für die Umkehr von Hamans Dekreten.

Doch wie Rav Eibeschütz nun anmerkt, ergibt sich hieraus noch ein weiterer interessanter Fakt, der uns bei der Beantwortung unserer Frage behilflich sein kann. Wir wollten wissen, warum Achashverosh bereits vor seiner Heirat mit Esther über 127 Länder und Provinzen verfügen musste, wenn Hashem diese nur im Verdienst Esther in seine Hand gegeben hatte.

Hamans Dekrete ✧ Die Antwort liegt aber nun beinahe schon auf der Hand: Hätte Achashverosh erst nach Heirat über die 127 Länder verfügt, so wären die lächerlichen „ersten Briefe" nicht in alle die Länder gelangt, in die man später die gefährlichen „zweiten Briefe" schickte. Die Juden in diesen Ländern wären aber somit von Hamans Dekreten betroffen gewesen und möglicherweise der Vernichtung preisgege-

---
293   Mes. Megilla 12b.

ben worden. Daher lenkte Hashem den Lauf der Geschichte dahin, dass Achashverosh bereits vor seiner Hochzeit über die 127 Länder, die eigentlich erst Esther zustanden, herrschte. Es handelte sich um einen weiteren Baustein des exakt durchdachten g'ttlichen Rettungsplans.

LEHRE FÜRS ALLTAGSLEBEN ✧ Laut Rav Chaim Kaufmann kann man aber von den 127 Ländereien auch eine kleine Lehre für das Alltagsleben mitnehmen. Wie der Midrash schon besagte, „erbte" Esther gerade 127 Länder, weil unsere Urmutter Sara 127 Jahre lebte.

Im selben Midrash wird aber noch eine kurze und auch amüsante Episode über Rabbi Akiva erzählt. Er soll sich einmal bei einer Lehrstunde mit Schülern konfrontiert gesehen haben, die schlicht und einfach mitten im Unterricht eingenickt waren. Hängende Köpfe überall!

HÄNGENDE KÖPFE ✧ Rabbi Akiva wollte seine Schüler nun aufwecken und ließ sich dafür einen guten Spruch einfallen: „Wisst ihr, warum Esther über 127 Länder regierte? Weil unsere Urmutter Sara 127 Jahre lebte!" Und siehe da! Plötzlich waren die Köpfe wieder in aufrechter Position! Die Schüler erwachten wieder, und Rabbi Akiva konnte den Unterricht fortsetzen.

Die Information aus dem Midrash haben wir ja bereits vorhin erörtert. Doch wie konnte dieser Midrash die Schüler aufwecken? Was war denn so überwältigend an dieser Aussage? Aber Rav Kaufmann erklärt den Zusammenhang in rührender Art und Weise. Rabbi Akiva wollte den Schülern deutlich machen, wie viel man in einer Sekunde aufrechter Lebensführung „erwerben" kann. Sara lebte als Vorzeigebeispiel für alle nachfolgenden Generationen sicherlich ein äußerst erfülltes Leben. Jede Sekunde füllte sie mit ihrem Dienst an G'tt!

SEKUNDENTAKT ✧ Sie strebte ständig danach, seinen Willen zu tun, und hatte scheinbar auch Erfolg damit. Der Beweis dafür ist, dass ihre Nachfahrin aus allen ihren Lebensjahren einen Nutzen ziehen konnte und über dieselbe Zahl an Ländern herrschte. Daraus können wir aber einen erstaunlichen Schluss ziehen: In jeder Sekunde ihres Lebens erwarb Sara ein Stückchen Land für ihre Enkeltochter Esther. Ein Tag war ein ganzer Bezirk, eine Woche eine Stadt – und ein Jahr eben ein ganzes Land!

Als die Schüler dies realisierten, wollten sie keine Sekunde mehr verschwenden und rafften sich auf. Schließlich gab es Länder für die Nachkommenschaft zu erobern! Und genau das wollte Rabbi Akiva laut Rav Kaufmann mit seinen Worten auch bewirken.

QUADRATMETER ✧ Die versprochene Lehre für das Alltagsleben ist nun nicht mehr sehr schwer auszumachen: Sich seiner Aufgabe im Leben bewusst zu werden ist beinahe schon eine Aufgabe für das ganze Leben. Doch das jüdische Volk kann sich glücklich schätzen, mit der Tora ein „Handbuch für das Leben" erhalten zu haben, das einem bei der Suche nach seiner Aufgabe hilft.

Sich somit wie die Schüler Rabbi Akivas der Tora zu widmen und sich von ihr durch sein Leben führen zu lassen, ist aus dieser Sicht vielversprechend. Denn so kann man im Sekundentakt weitere Quadratmeter an wertvollen Ländereien „erwerben". Sei es für sich oder für seine Nachkommen. Sei es auf dieser Welt oder auf der nächsten.

Wer ist die Schönste im ganzen Land?

König Achashverosh ließ bekanntlich nichts unversucht, um wirklich die Schönste aller Frauen als Königin zu ergattern. Er versammelte Frauen aus aller Herren Länder und stellte mit einem beinharten Auswahlverfahren sicher, dass auch wirklich die passendste Kandidatin in den Königinnenpalast einzog.

Ausgerechnet Esther war schließlich diejenige, die seinem Kriterienkatalog am ehesten entsprach. Dabei war sie als streng religiöse jüdische Ehefrau wohl eine der wenigen, die ihre neue Rolle zutiefst verabscheute. Dennoch war sie für den g'ttlichen Plan zur Rettung des jüdischen Volkes im Rahmen der Megilla-Story unabdingbar.

REINFALL ✧ Schließlich war Esther diejenige, die am Ende dafür sorgte, dass Hamans Judenvernichtungsprojekt zum Totalreinfall wurde. Immerhin konnte sie so aber auch die Entstehung des allseits beliebten Purimfestes bewirken. Dem Fest, an welchem wir noch tausende Jahre später volltrunken der himmlischen Fügungen gedenken, die den Juden in Achashveroshs Reich damals die Erlösung brachten.

Eigentlich könnte man als altgedienter Megilla-Leser annehmen, dass man sich auf König Achashveroshs Einschätzung zur Wahl der wirklich Schönsten aller Frauen im Lande verlassen könnte. Als altpersischer Herrscher hatte er sicher alle Möglichkeiten, hier die Übersicht zu bewahren. Wäre da bloß nicht diese Gemara-Stelle[294], in welcher Rabbi Jehoshua ben Korcha eindeutig gegenteiliger Meinung ist.

Er verpasst unserer Heldenkönigin gar einen pastellgrünen Anstrich und stellt fest: „Esther war eine ‚Grüne', aber über ihr war ein Faden der Barmherzigkeit gespannt!" Was Rabbi Jehoshua ben Korcha hier wohl verlautbaren wollte, war, dass Esther scheinbar ganz und gar nicht so schön war, wie es in der Megilla auf den ersten Blick scheint. Sie war demnach eine „Jerakroket", eine „Grüne"[295].

MODEFARBE ✧ Ob er damit meinte, dass sie grüne Haare, grüne Haut oder nur grüne Kleidung hatte, bleibt fraglich. Fest steht allerdings, dass er ihr damit eindeutig den Titel als „Schönste aller Frauen" aberkennt.

Doch warum, fragt Rashi an dieser Stelle, wählte Achashverosh sie dann trotzdem als Königin aus? Suchte er nicht nach der schönsten Frau in seinem ganzen Reich? War Grün etwa damals die Modefarbe? Rashi erklärt jedoch, dass der von Rabbi Jehoshua ben Korcha erwähnte „Faden der Barmherzigkeit" dafür sorgte, dass sie in den Augen aller gut aussah. Hashem hatte wohl eines der vielen Wunder, die zur Errettung des jüdischen Volkes notwendig geworden waren, walten lassen.

Er ließ Esther durch eine Art Wunder schön erscheinen, indem er über ihr einen „Faden der Barmherzigkeit" spannte.

In Wahrheit aber war sie unter dem Faden grün wie der Froschkönig selbst. Man könnte im Hinblick auf die ausgelassene Stimmung, die am Purim vorherrscht, sogar die Frage stellen, ob Esther etwa die persische „Froschkönigin" war?

FROSCHKÖNIGIN ✧ Der Gaon aus Vilna wundert sich allerdings sehr über die These von Rabbi Jehoshua ben Korcha. Die Megilla erklärt doch wortwörtlich, dass

---

294 Megilla 13a.
295 „Jarok" hebr. für Grün.

Esther eine Frau mit „einer schönen Ausstrahlung und einem hübschen Aussehen"[296] war! Dem widerspricht Rabbi Jehoshua ben Korcha jedoch vehement, indem er ihr besagten „grünen Anstrich" verpasst! Der Gaon schafft es aber, die These von Rabbi Jehoshua ben Korcha doch noch mit den Angaben der Megilla zu vereinen, und Esthers schönes Ebenbild so zumindest teilweise zu retten.

Der Gaon meint nämlich, dass Esther auch laut Rabbi Jehoshua ben Korcha eine schöne Frau gewesen war, bevor sie in den Palast einzog. Erst die Schmach und der Gram über ihr Schicksal, für einen nichtjüdischen Herrscher als Schaukönigin herhalten zu müssen, ließen sie zur knallgrünen „Froschkönigin" werden. Esther war zuvor sehr wohl eine schöne Frau gewesen. Sie wurde erst im Königspalast zur „Grünen".

MAKE-UP-KUR ✧ Doch Hashems „Fadenwunder" sollte eben die Aufmerksamkeit von ihrer neu erworbenen Farbtendenz lenken und sie weiterhin schön erscheinen lassen, erklärt der Gaon die Lehrmeinung des Rabbi Jehoshua ben Korcha.

Allerdings zeigt sich der Gaon mit seiner Einschätzung der Lage dennoch nicht ganz zufrieden. Wenn Esther wirklich nur kurzfristig ergrünt war, würde es ein wenig eigenartig anmuten, dass Hashem gleich ein Wunder aus den Ärmel schütteln musste?

Nur weil Esther nach ihrem Einzug in den Königspalast ein wenig außer Form geraten war und etwas von ihrem „Teint" eingebüßt hatte, soll bereits eine „g'ttliche Make-up-Kur" fällig geworden sein? Wäre der „Wunderbogen" damit nicht etwas überspannt?

IJOV ✧ Daher schlägt der Gaon einen neuen und – man kann es gar nicht oft genug schreiben – absolut genialen Weg ein, um Rabbi Jehoshua ben Korchas Position zu erklären. Ausgangspunkt seiner Ausführungen ist eine Stelle in der Gemara[297], die „Hiob" – Hebräisch „Ijov"[298] – behandelt. Die Gelehrten der Gemara sind dabei unterschiedlicher Meinung, zu welcher Zeit der gute Mann gelebt hatte. Unser Rabbi Jehoshua ben Korcha vertritt hier die Meinung, dass es zur Zeit Achashveroshs war.

---

296 Esther 2,7.
297 Mes. Bava Batra 15a.
298 Ijov (Hiob) war ein höchst erfolgreicher und sehr g'ttesfürchtiger Mann, der alles hatte, was man sich nur wünschen kann. Der böse Satan beschloss, Ijovs G'ttesfurcht herauszufordern. Hashem ließ den Satan an Ijov heran. Dieser nahm ihm alles, was ihm lieb und teuer war, und setzte ihm auch körperlich hart zu. Dennoch blieb Ijov stets Hashem treu und überstand die Versuchungen des Satans. Hashem segnete ihn daraufhin erneut mit allem Guten. „Ijov" ist eines der Prophetenbücher des Tanachs.

Der neue Leiner

Was das nun mit Esthers „Teint-Problemen" zu tun hat, macht der Gaon schnell klar. Im Buch „Ijov" wird nämlich festgehalten[299], dass „es keine schöneren Frauen, als die Töchter Ijovs auf der ganzen Welt gab"! Damit tut sich für den eifrigen Megilla-Leser aber sogleich eine neue Frage am Purim-Horizont auf: Wenn Ijovs Töchter tatsächlich die schönsten Frauen der Welt waren, so hätte Achashverosh doch eine von ihnen auswählen müssen? Und dass das Buch Ijov sich etwa ein wenig zu überschwänglich ausgedrückt hat, ist kaum vorstellbar. Schließlich ist Ijov eines der Prophetenbücher des Tanachs und sein Wahrheitsgehalt damit unantastbar!

FORSCHUNG ⟡ Dass Achashverosh wiederum nichts über Ijovs Töchter wusste, ist genauso unvorstellbar. Schließlich berichtet die Megilla ausdrücklich über die ausgedehnten Forschungen, die Achashverosh betrieben hatte, um auch wirklich an die schönste Frau zu gelangen!

Die Frage des Gaons ist somit eisenstark und stellt folglich Rabbi Jehoshua ben Korchas These, dass Ijov und seine Töchter zu Achashveroshs Zeiten lebten, in Frage. Denn in diesem Fall hätte Achashverosh doch eine von ihnen zur Frau nehmen müssen und Esther wäre links liegen geblieben. Rabbi Jehoshua ben Korchas Sichtweise hängt somit ganz unbarmherzig am „seidenen Faden".

Doch wie der Gaon meint, kann nun gerade Rabbi Jehoshua ben Korchas „g'ttlicher Barmherzigkeitsfaden" den „seidenen Faden" seiner These stärken. Dazu muss der Gaon Königin Esther nun allerdings doch ihren Titel als „Schönheitskönigin" aberkennen. Esther kann laut Rabbi Jehoshua ben Korcha nämlich tatsächlich nicht die schönste Frau der Welt gewesen sein, auch nicht vor ihrem Einzug in den Palast. Einzig der von Hashem gespannte „Faden der Barmherzigkeit" ließ sie in den Augen Achashveroshs schöner als Ijovs Töchter erscheinen und machte sie zur ruhmreichen Siegerin der Königinnenwahl.

WAHRE SCHÖNHEIT ⟡ Der „Barmherzigkeitsfaden" war folglich Rabbi Jehoshua ben Korchas „Rettungsseil", um seinen „Zeitepochenplan" aufrechtzuerhalten. Denn nur so konnte er dabeibleiben, dass Ijov zu Achashveroshs Zeiten lebte. Ansonsten wäre wohl eine seiner Töchter die Königin geworden.

Der Gaon kann so aber auch zeigen, dass sich „wahre Schönheit" oft erst durch das Torastudium offenbart. Nicht nur, wenn es um die Suche nach der „Schönheitskö-

---

299 Ijov 42,15.

nigin" geht, sondern vor allem, wenn man dadurch die unendlichen Verknüpfungen innerhalb der Tora, des Tanachs und der Gemara vorführen kann. Denn diese Schönheit ist im Gegensatz zu der von Achashverosh favorisierten unvergänglich und strahlt auch tausende Jahre später noch aus der Purim-Story hervor.

פסח
Pessach

Leiner und Nissan fusionieren

Der Titel mag vielleicht nach einer sensationslüsternen Wirtschaftsmeldung klingen. Der Textinhalt soll den Leser jedoch umso mehr aus der „wirtschaftlichen", materiellen Welt in die spirituellen Sphären des Auszugsgedenkens erheben. Denn seit „Rosh Chodesh Nissan", dem Beginn des Erlösungsmonats des hebräischen Kalenders, ist nun endgültig Pessach „ausgebrochen". Oder, wie die Pessach-Haggada bereits so treffend fragt: „Jachol miRosh Chodesh?" – Kann es sein, dass die Pflicht über die Erzählung des Auszuges aus Mizrajim bereits am Monatsanfang einsetzt?

Zwar beschließt die Haggada dann, dass die „Erzählungspflicht" erst am Sederabend des 15. Nissans eintritt, wenn Mazza und Maror[300] vor einem stehen, eine gewisse „Erzählungslust" hat sie einem aber damit schon ab Rosh Chodesh beschert. Der Leiner meint daher: „Jachol miRosh Chodesh!" – man kann sich sicherlich schon ab dem Monatsbeginn mit den Mizwot und der Geschichte von Pessach auseinandersetzen. Man kann schon jetzt den Finger ein wenig in Rotwein tunken und verstohlen nach himmlischen Propheten oder versteckten Mazza-Säckchen Ausschau halten. Zumin-

---

300 Bitterkraut.

Pessach

dest einmal in theoretischer Form, aber dafür mit praktischen Implikationen für die „Nacht der Nächte".

SCHEINWERFERLICHT ✧ Gleich am Beginn des erzählerischen Teils des Sederabends stehen die Kinder im Scheinwerferlicht. Es ist mitunter rührend zu sehen, wie unterschiedlich jedes Kind die Passage der „Vier Fragen" – „Ma Nishtana" – absolviert. Ob sich der Autor der Haggada möglicherweise von dieser Begegnung mit den unterschiedlichsten Charakteren der kindlichen Hauptdarsteller zu dem Akt der „vier Söhne" hinreißen ließ, bleibt vorerst offen. Doch, dass Kinder tatsächlich so verschieden sein können, wie es die Haggada später nahelegt, scheint sich hier erst einmal zu bewahrheiten.

So manches Kind steigt da verlegen von einem Fuß auf den anderen, steckt sich einen Finger in den Mund und zählt verträumt die Punkte auf den Couchmöbeln, während es seine Fragen herunterleiert. Ein anderes Kind wiederum wähnt sich in einer Karaoke-Show zu nächtlicher Stunde und singt selbstbewusst und tonangebend den Fragenkatalog vor. Obwohl zwar auch hier der Ton die Musik macht, unterscheiden sich die vier Fragen inhaltlich aber nie: Warum man denn in dieser Nacht Mazza und Maror esse, lauten die ersten beiden Fragen. Warum man an diesem Abend gleich zweimal eintunke und angelehnt essen und trinken müsse, lauten die letzten beiden.

FRAGEN ÜBER FRAGEN ✧ Doch bevor man nun zu viele „Fragen über Fragen" stellt, und endgültig die Orientierung am Vierer-Parcours des Sederabends verliert, lohnt sich noch ein Blick auf die Antwort, die man den Kindern schließlich auftischt. Auch hier ergeben sich zwischen den Sederführern wohl ähnliche charakterliche Unterschiede wie beim „Ma-Nishtana-Karaoke". Doch der weiße Kittel vermittelt den Kindern sicherlich genügend Respekt, um etwaige Fingerlutscher und Punktezähler unter den Vätern gerade noch abzufangen. Und die Antwort lässt einen vorerst auch nicht im Stich:

„‚Avadim Hajinu' – Wir waren Pharaos Knechte in Mizrajim und Hashem hat uns von dort herausgeholt", hallt es da durch die Sedernacht, „und wenn Hashem uns nicht erlöst hätte, dann wären wir und unsere Nachkommen noch heute in Mizrajim!" Die furchtsamen Augen der Kinder blicken den Sederführer gespannt an. Geblendet vom strahlenden Weiß des Kittels, beunruhigt vom Gedanken einer unwillkommenen Knechtschaft.

DIE „FÜNFTE FRAGE" ✧ Allerdings lassen trotzige Reaktionen der Kinder nicht lange auf sich warten: „Abba! Ich verstehe das nicht! Wo ist die Antwort auf unsere Fragen?" Manch einer erlaubt sich in diesem Zusammenhang gar von der „fünften Frage" zu sprechen, die die Kinder am Sederabend stellen. Und tatsächlich scheint die Antwort mehr Fragen überzulassen, als die Kinder zunächst hatten. Daher kommt es nun unweigerlich zum spannendsten Punkt der Sederabend-Erzählungen: Der Vater erklärt den Kindern die Antwort auf ihre vier bis fünf Fragen.

HAGGADA-ZUG ✧ Zugegebenermaßen keine leichte Aufgabe. Diverse Kommentatoren überbieten sich gegenseitig an Spitzfindigkeiten über die genaue Bedeutung der Antwort der Haggada. Deren Basistenor ist, dass die Antworten quasi „eine Schicht tiefer" begraben sind. „Wir waren Knechte" soll die Antwort auf die Frage sein, warum wir Maror essen. Das bittere Maror soll an die bittere Knechtschaft erinnern. „Hashem hat uns dort herausgeholt" gibt zu verstehen, warum wir Mazza essen. Nämlich weil das ungesäuerte „Eil-Brot" der einzige Reiseproviant war, den die Bnei Jisrael im Aufbruchschaos noch mitnehmen konnten. Auch für die vierte Frage nach dem Brauch, nur angelehnt zu essen, kann man Erklärungen finden. Schließlich ist dies der Weg, wie freie und befreite Menschen ihre Speisen aufnehmen. In aller Ruhe und Entspannung, eben ganz bequem angelehnt.

Einzig bei der dritten Frage nach dem Eintunken wird es ein wenig holprig mit der „Antwortenbeschaffung". Doch da der Vater auch bisher für die anderen drei Fragen keine geradlinige, konkrete Antwort parat hatte, sondern nur indirekt Erkenntnisse als Antworten präsentierte, fällt dies den meisten Kindern nicht weiter auf. Außerdem ist ihr Blutzuckerspiegel nach der Einnahme der ersten „Belohnungen" für die vier Fragen mittlerweile schon genügend angestiegen, um sie auch dahingehend etwas zu beruhigen. Der Vater kann sich also mit zitternden Knien gerade noch zum nächsten Manöver der Haggada retten, um die Kinder von der fehlenden Antwort abzulenken.

KLARE ANTWORTEN ✧ Doch im weiteren Verlauf gerät der Vater wieder in schwieriges Fahrwasser. Die Mishna des Raban Gamliel taucht drohend am Haggada-Horizont auf. Dort widmet sich die Haggada dann plötzlich doch detailliert den Antworten auf einige der oben angeführten Fragen. „Warum essen wir Mazza?", fragt dort Raban Gamliel ganz im Stile der minderjährigen Sederstars, und er antwortet sinngemäß: „Weil wir es so eilig hatten! Und das Maror? Weil die Knechtschaft so bitter war!"

Pessach

Die Kinder horchen nun auf. Endlich wird Klartext gesprochen! „Warum hast du uns das denn nicht gleich geantwortet?", werfen die Kinder im Chor ein. Die hilflosen Verteidigungsversuche des Vaters bringen ihn nicht viel weiter. Er kratzt sich hier womöglich selbst den Kopf, warum die Haggada erst jetzt reinen Wein einschenkt und vorher nur den indirekten Weg suchte. Er muss aber aus Zeitmangel sogleich mit der Haggada fortfahren. Schließlich dauert der Abend auch von dieser Stelle aus noch recht lange, und die letzte Ballade vor dem tosenden Schnarcheinsatz des Vaters, die sich um den günstigen Einkauf eines Lämmchens dreht, liegt noch in weiter Ferne.

KREN-MARTERPFAHL ✧ Uns allerdings bietet sich jetzt sehr wohl die Möglichkeit einzuhaken. Wo wir doch gerade erst Rosh Chodesh schrieben, lässt sich diese wesentliche Frage jetzt noch in aller Ruhe vor dem Eintreffen der Sedernacht ergründen: Warum gibt die Haggada eigentlich nicht gleich eine einleuchtende Antwort auf die vier Fragen? Als ob es nicht schwer genug wäre, sich durch den Sederabend zu kämpfen! Eine vierbechrige „Mutprobe" zu bestehen, einen „Mazza-Essrekord" aufzustellen und stechend scharfe Qualen am „Kren-Marterpfahl" zu erleiden. Und das alles noch singend, tanzend und in bester Familienlaune. Hätte die Haggada dem Sederführer nicht wenigstens mit einer klaren Antwort auf die vier Fragen unter die Arme greifen können?

Doch möglicherweise liegt der Schlüssel zum vertiefenden Verständnis dieser Vorgehensweise des Autors der Haggada in der viel gesuchten Antwort auf die dritte Frage nach dem Eintunken. Vielleicht kann man ja bei der Suche nach einer Antwort auf diese Frage gleich zwei Fragen auf einen Schlag beantworten. Aber dafür muss man wohl erst einmal richtig ans „Eingemachte" bzw. „Eingetunkte" gehen und nun endlich auflösen, was es mit der Tunkerei wirklich auf sich hat.

LOCKMITTEL ✧ Natürlich gibt es auch hier zahlreiche Andockstellen. Das zweimalige Eintunken, so meinen viele Kommentatoren, dient in erster Linie als „Lockmittel", um das Interesse der Kinder zu wecken. Wo es doch schon ungewöhnlich ist, bei der Mahlzeit einmal etwas einzutunken, gibt einem das zweite Mal erst recht ein ordentliches Rätsel auf. Zuerst tunkt man am Sederabend ein „Grünzeug" (z. B.: Kartoffel, Radieschen) in Salzwasser und beim zweiten Mal das Maror in die süßlich-nussige Charoset-Paste. Sogar das schüchternste Kind würde bei so einer wilden Tunkerei wohl stutzig werden und zur Sicherheit mal nachfragen, ob alles mit rechten Dingen zugeht. Das Tunken soll zum Fragen anregen. Und dann kann der Vater auch endlich seiner Pflicht nachkommen, dem neugierigen Kind ausgiebig vom Auszug aus Mizrajim zu erzählen.

MARKETINGKAMPAGNE ✧ Ein reiner Marketing-Trick also, der sich hinter dem Eintunken verbirgt, nämlich das Kind so erst zum Fragen zu bewegen und neugierig zu machen. Klar, ein neugieriges Kind wird die Informationen besser und genauer aufnehmen als ein gelangweiltes. Und während heutzutage kluge Köpfe Millionen „verdenken", um eine Marketingkampagne zu erstellen, bleibt das Judentum bisweilen bei einfacheren Methoden: dem Tunken. „Tunke dich neugierig!", hätten die Marketingexperten das vielleicht genannt. Welch genialer Einfall!

Auch der Chatam Sofer, der sicherlich auch den Klügsten dieser Experten mit seinem Intellekt ausgehebelt hätte, gehört zu den „Schatzsuchern" nach der „verlorenen dritten Antwort". Und er geht mächtig ins Detail: Laut ihm soll nämlich auch die Antwort auf die dritte Frage doch in der Avadim-Hajinu-Passage verborgen liegen, und zwar in dem Teil: „… und wenn Hashem uns nicht erlöst hätte, dann wären wir und unsere Nachkommen noch heute in Mizrajim!"

PESSACH, MAZZA, MAROR ✧ Der Chatam Sofer betont, dass die Mizwot der Sedernacht nämlich nicht nur den Zweck hätten, eine bloße Erinnerung, ein nacktes Gedenken zu erfüllen. Die Sedernacht soll auch uns – die „Sederlinge" – direkt betreffen und in ihren Bann ziehen. Als Beweis dafür erwähnt der Chatam Sofer die Mishna des Raban Gamliel: „Jeder, der die folgenden drei Sachen an diesem Abend nicht erwähnt, hat die Mizwa nicht erfüllt. Sie lauten: Pessach, Mazza und Maror", heißt es dort. Diese drei „Wahrzeichen" sollen laut Raban Gamliel den Kern- und Hebelpunkt des Seders bilden. Ohne die Erwähnung dieser drei Worte gilt der Sederabend nicht als erfüllt.

Dieses Konzept, das den meisten wohl bekannt sein dürfte, erweitert der Chatam Sofer nun. Er meint, dass auch die nachfolgenden Erklärungen – „Al Shum Ma?" – zur Erfüllungsverpflichtung gehören. Diese Erklärungen liefern dabei immer eine direkte Begründung für die jeweilige Mizwa. Die Gegensätzlichkeit zur Antwort auf die vier Fragen wurde dabei schon vorhin entsprechend erörtert. Doch was der Chatam Sofer hier nun als wesentliche, neue Erkenntnis einbringt, ist, dass auch das Wissen um die Gründe für die Dinge, die man an diesem Abend tut, ein essentieller Teil der Erfüllung der Mizwot der Sedernacht ist. Denn wenn ich weiß, warum man Maror isst – weil es bitter war – und warum man Mazza ist – weil es die Bnei Jisrael eilig hatten –, dann kommt einem die Erleuchtung erst: „Was für ein Glück hatten wir eigentlich! Wenn

Hashem uns nicht erlöst hätte, dann wären wir und unsere Nachkommen ja noch heute in Mizrajim! Nur durch Hashems Güte konnten wir Mizrajim überhaupt verlassen!" Und diese Erkenntnis, meint der Chatam Sofer, ist das Um und Auf, das wahre Ziel des Sederabends laut Raban Gamliel.

ERKENNTNISKATALYSATOR ✧ Der Chatam Sofer schließt nun, dass auch das Eintunken an sich dasselbe Ziel verfolgt: Auch die getunkte Kartoffel dient in Wahrheit als „Erkenntniskatalysator" für die Sederkinder. Denn die Kartoffel macht sie erst neugierig, die Neugierde erhöht ihre Erkenntnissensibilität, und so werden die Kinder an die ultimative Erkenntnis herangeführt, dass das Thema sie auch heute noch betrifft. Auch sie wurden damals erlöst, sonst wären sie noch dort!

Daher meint der Chatam Sofer, dass der Autor der Haggada die Antwort auf die dritte Frage sehr wohl in diesem Satz des „Avadim Hajinu" verborgen hat. Der Satz aus der Avadim-Hajinu-Passage „Wenn Hashem uns nicht erlöst hätte, dann wären wir und unsere Nachkommen noch heute in Mizrajim!" drückt nämlich genau diese Erkenntnis aus, auch selbst erlöst worden zu sein. Und aus diesem Grund tunken wir die Kartoffel ja ein. Sie soll zum Fragen anregen und die Aufmerksamkeitsspanne so weit erhöhen, bis das Kind schließlich zu dieser Erkenntnis kommen kann, die laut Raban Gamliel zur Erfüllungsverpflichtung gehört.

CODE ENTSCHLÜSSELN ✧ Möglicherweise kann uns diese Erleuchtung des Chatam Sofers wie angekündigt nun auch beim besseren Verständnis der „codierten" Vorgehensweise des Autors der Haggada behilflich sein und erklären, warum zuerst keine direkte Antwort auf die vier Fragen folgt. Womöglich wollte er an dieser Stelle einfach noch keine klare Antwort geben. Den vier Fragen gebührt an dieser Stelle noch gar keine klare Antwort. Schließlich haben die Kinder noch keine Gelegenheit gehabt, zur „Kernerkenntnis" des Seders zu gelangen, nämlich, dass es auch sie selbst betrifft.

Wer das schon an dieser Stelle verstehen kann, ist herzlichst eingeladen, die Antworten aus dem „Avadim Hajinu" entsprechend zu „entschlüsseln". Aber für direkte Antworten ist es im jetzigen Stadium des Sederabends einfach noch zu früh. Doch von der Mishna des Raban Gamliel an ist es nicht mehr weit bis zum Knusper- und Tränenereignis der Mazza und des Marors.

HALLEL MIZRAJIM ✧ Die Kinder wurden nun schon durch die gesamte Erzählung der Haggada geleitet. Sie haben Hashems furchtsame Hand bei den Plagen kennen gelernt und sind über die Geschichte des jüdischen Volkes aufgeklärt worden. Wenn man ihnen jetzt verrät, wieso man Mazza und Maror isst, ihnen endlich eine direkte Antwort auf ihre Fragen gibt, dann werden sie damit auch sicherlich zur Kernerkenntnis des Abends gelangen.

Und daher erhebt man gleich danach sein Glas und bricht in schallenden, ehrlichen Lobgesang aus. „Hallel Mizrajim" wird das von den Kommentatoren genannt. Wahrscheinlich auch, weil sich alle Anwesenden nun in höchstem Maße als ausziehendes Volk fühlen und quasi ihr „Hallel" wie in „Mizrajim" verrichten.

MICKRIGE WUNDER ✧ Was sich jedoch nun immer mehr herauskristallisiert, ist, dass am Sederabend vor allem erklärende Väter und fragende Kinder vonnöten sind. Der Sederabend erfordert in der Tat intensive Vorbereitung und exakte logistische Planung. Um das Ziel der „Kernerkenntnis" zu erreichen, darf nichts dem Zufall überlassen werden. „Jachol miRosh Chodesh!" – es ist noch genügend Zeit, um seine Seder-Sinne entsprechend zu schärfen und sich für die „Nacht der Nächte" zu rüsten.

Daher appelliert diese motorisierte Nissan-Leiner-Version an den Leser, die Zeit nicht verstreichen zu lassen, ehe Mazza und Maror vor einem stehen und die Erfüllungsverpflichtung einen eingeholt hat. Und im Verdienst einer erfolgreich verrichteten Sedernacht wird Hashem sich nochmals erbarmen und uns – Bimhera Bejamenu – in einer Art erlösen, die die Wunder in Mizrajim mickrig erscheinen lassen wird, Amen.

Die vier Söhne in Dir

Man erzählt, dass der heilige „Bnei Jissachar[301]" sich einmal nach seinem eigenen Sederabend dazu aufmachte, auf den dunklen Gassen Dinovs den Klängen der Sedergesellschaften des „einfachen Volkes" zu lauschen. Als er an einem der Häuser vorüberzog, hörte er, wie jemand eine etwas ungewohnte Variante der vier Söhne aus der Haggada inszenierte: *„Echaaad Chacham! Echaaad Rasha! Echaaad*

---

301 Rabbi Zvi Elimelech Shapiro, Dinov 1800.

Tam! Echaaad sheEjno Jodea Lishol!" Er zog das Wort „Echad" bei jeder Erwähnung in die Länge, so als würde er gerade das Shema-Gebet lesen[302].

Der Bnei Jissachar wunderte sich über diese eigentümliche Inszenierung und wollte der Sache auf den Grund gehen. Er klopfte kurzerhand an die Tür des Mannes. Als er den weiß bekittelten Sedertisch-Führer – eindeutig ein Vertreter aus den Reihen des „einfachen Volkes" – um eine Erklärung bat, erläuterte dieser im kindlich-naiven Tonfall:

KRÖNUNG ✧ „Als ich noch ein Kind war, hat mir mein Vater beigebracht, dass man bei der Erwähnung des Wortes ‚Echad' die Intention haben muss, Hashem als König dieser Welt zu krönen. Er meinte, dass ich das Wort jedes Mal so lange in die Länge ziehen soll, bis ich mir das richtig vor Augen geführt habe. Und seither tue ich das immer. Nicht nur bei Kriat Shema, wie die meisten Juden, sondern auch am Sederabend!"

Der Bnei Jissachar verließ den Mann sichtlich gerührt. Am Heimweg wandte er sich an seine Begleiter und murmelte mit freudig glühenden Augen: „Dieser Mann hat aus den vier Söhnen der Haggada ‚Kriat Shema' gemacht! ..." Die Begleiter konnten der Aussage ihres Rebbens nicht ganz auf den Grund gehen. Sie waren sich jedoch sicher, dass er irgendwelche kabbalistischen Konzepte angesprochen hatte, die sich ihrem Verständnis entzogen. Als die Begleiter diese Geschichte später dem bekannten Zadik Rav Jehoshua Rokach aus Bels erzählten, erquickte auch er sich an der Inszenierung des Sederführers, aber noch viel mehr an der Reaktion des Bnei Jissachar.

Er erklärte den Chassidim, was hier vorgefallen war: „Die Haggada sagt, dass die Tora im Zusammenhang mit der Überlieferung der Pessach-Geschichte von vier verschiedenen Söhnen spricht. Jeder Sohn wurde mit unterschiedlichen Eigenschaften, Talenten und Bedürfnissen geboren. Einer ist klug, einer ist böse etc."

AKZEPTANZ ✧ „Doch wenn man Hashem als den ‚Echad', den einzigen Herrscher über diese Welt, krönt, bedeutet das auch, dass man seinen Plan mit dieser Welt wohlwollend akzeptiert.

Alles kommt von G'tt, er waltet und schaltet nach seinem Belieben. Wurde jemand mit vielen Talenten geboren, so dankt er G'tt dafür. Doch genauso muss man G'tt auch

---

302 Hebr. „Kriat Shema", die tägliche Verpflichtung, den Abschnitt des Glaubensgrundsatzes „Shema Jisrael" morgens und abends zu lesen. „Echad" bedeutet: (Hashem ist) Einer.

danken, wenn es einem an Talenten mangelt. Immerhin war das sein Plan mit diesem Menschen, und G'ttes Pläne sind immer zum Guten!

Die Akzeptanz von G'ttes Herrschaft ist dabei bereits der erste Schritt zur Verbesserung seines Problems. Und – wer weiß – vielleicht kommt ja sogleich auch das eine oder andere Talent zum Vorschein! Dasselbe gilt auch für die angeborenen schlechten Charaktereigenschaften. Wenn man akzeptiert, dass Haschem einen damit erschaffen hat, fällt es einem um vieles leichter, diese zu verbessern", erklärte der Rav Rokach den erstaunen Chassidim.

ZADIK ✧ „Und das meinte der heilige Bnei Jissachar auch mit seiner Aussage: ‚Er hat aus den vier Söhnen ‚Kriat Shema' gemacht!' Wenn die vier Söhne Haschem mittels ‚Kriat Shema' zum König der Welt krönen und seinen Plan akzeptieren, kann sich jeder von ihnen zu einem echten Zadik verwandeln! Alle vier Söhne können sich durch die Akzeptanz des ‚Echad' transformieren! Sogar der ‚Chacham', ist ja noch nicht vollkommen, weshalb er bloß ‚Chacham' genannt wird, und nicht Zadik!

Das also war die erleuchtende Erkenntnis des heiligen Bnei Jissachar, die ihm dieser einfache Jude beschert hatte!", erklärte Rav Rokach. Nun verstanden die Chassidim auch die Aufregung ihres Rebben in jener sagenumwobenen Sedernacht auf den dunklen Gassen Dinovs.

AUFREGUNG ✧ Diese Erkenntnis passt aber nun fürwahr sehr gut in die Sedernacht hinein. Denn der wichtigste Zweck dieser „Nacht der Nächte" ist es schließlich, uns zu transformieren. Die vielen Mizwot dieser Nacht sollen uns in erster Linie zur vollkommenen G'tteserkenntnis führen. Dazu muss man die Mizwot allerdings genau wie vorgeschrieben ausführen. „Mogeln" wird mit Sicherheit keine G'tteserkenntnis mit sich bringen.

Daher ist es nun auch wenig verwunderlich, dass man die Erklärung des Belser Zadiks mit einem anderen Abschnitt aus der Haggada verknüpfen kann.

SHACHARIT ✧ Die Haggada zitiert nämlich eine Mishna, die berichtet, wie unsere Weisen sich die ganze Nacht mit der Auszugsgeschichte beschäftigten, bis ihre Schüler kamen und sagten: „Meine Herren, es ist Zeit für das morgendliche Shema-Lesen (Kriat Shema shel Shacharit)." Diese Verpflichtung tritt mit dem Morgengrauen ein. Genau die Zeit, zu welcher das Gebot, am Pessach über den Auszug zu erzählen, ausgelaufen ist. Die Schüler wollten den Weisen daher nun mit ihrer Aussage nahelegen, dass sie ihre Sedernacht abschließen können, da die Zeit bereits abgelaufen ist.

Interessanterweise ist das Wort „ShaChaRiT" dabei ein Akronym aus den Anfangsbuchstaben der vier Söhne: Der Sohn, der keine Fragen stellen kann, „SheEjno Jodea Lishol", ergibt das „Shin". Der kluge Sohn „Chacham" das „Chet". Der böse Sohn, der „Rasha", das „Resh" und der naive Sohn, der „Tam", das „Tav".

TRANSFORMATIV ✧ Laut dem Bnei Jissachar – im Sinne der Erklärung des Belser Zadiks – kann man hier also sehr zutreffend sagen, dass die Mishna vielleicht auf das Konzept anspielt, „aus den vier Söhnen Kriat Shema zu machen"! Die Schüler sagten den Weisen, dass sie bereits „Kriat Shema shel ShaChaRiT" lesen dürfen, weil sie das transformative Ziel des Sederabends erreicht hatten. Eine Transformation, die derjenigen gleicht, die auch ein eindringliches „Echaaad" mit den richtigen Intentionen bewirken kann.

Möge die Transformation dieses Jahr gelingen und Mashiach endlich bringen, Amen!

Ein Shabbat für Mizrajim

Der kleine Knirps kämpft sich voller Mühsal auf das weißbetuchte Sofa. Es ist der Vorabend von Pessach. Das lockige, kräftige Haar reicht dem Knaben schon bis zur Schulter. Die neugierigen Augen heben sich über die Tischplatte und erblicken einen reich gedeckten Tisch. Jede Menge glänzendes Silber, dunkle Rotweinflaschen und elegante Stoffservietten zieren das selten benutzte Pessach-Service mit dem obligatorischen Goldrand. Der Schnuller fällt vor Überraschung zu Boden, ein staunender Gesichtsausdruck macht sich breit: „Großer Shabbes!", ruft der Kleine aufgeregt, „grooßer Shabbes!"

Der neue Leiner

Der Vater – der seinen Sohn mittlerweile beinahe schon mit einem Chametz-Stückchen gleichsetzt – eilt herbei: Chametz-Verdacht! Doch der Zweieinhalbjährige blickt seinen Vater nur ahnungslos mit funkelnden Augen an: „Grooooooooßer Shabbes! Groß!", meint er nur und steckt sich den Schnuller wieder in den Mund. Der Vater muss lächeln, der Chametz-Alarm verstummt. „Nein, mein Kind, nicht Shabbes! Das ist Pessach! Sederabend!", meint er schmunzelnd und freut sich, seinem Sohn bereits in diesem zarten Alter schon etwas an den „König der Feiertage" herangeführt zu haben. Als er die Geschichte später vor der Sedergesellschaft rekapituliert, macht sich schallendes Gelächter breit. Und der kleine Knirps sucht beleidigt das Weite.

Dabei hatte der Dreikäsehoch gar nicht einmal so Unrecht. Denn auch die Tora[303] selbst zieht diese „kindische" Allegorie zwischen Pessach und Shabbat: Hashem hat das jüdische Volk mit „starker Hand" und einem „ausgestreckten Arm" aus Mizrajim befreit, wird in den (zweiten) zehn Geboten verlautet. Und aus diesem Grund befiehlt Hashem auch, Shabbat zu hüten, heißt es dort weiter. Shabbat ist demnach sehr wohl auch ein Feiertag, der im Andenken an den Auszug aus Mizrajim festgelegt wurde. Der kleine Knirps lag mit seiner Interpretation des Sederabends als „großen Shabbes" also gar nicht so falsch.

„OTTO NORMALJUDE" ✧ Leider wird der Zusammenhang zwischen Jeziat Mizrajim[304] und Shabbat von „Otto Normaljuden" nur allzu gerne übersehen. Vielleicht, weil diese Begründung für das Shabbat-Hüten erst in der zweiten Erwähnung der „Zehn Gebote" seinen Platz findet und eine prominentere Begründung bereits lange vorher in den ersten „Zehn Geboten" präsentiert wurde. Es kreist tatsächlich eher die „gigantisierte" Shabbat-Variante als Andenken an die Welterschaffung und das Ruhen G'ttes von seiner Schöpfungstätigkeit in den Köpfen der Shabbat-Streiter herum. Die Erinnerung an Mizrajim hebt man sich lieber für den Sederabend auf. Man wähnt sich am Shabbat beim fantasievollen Ausmalen einer unberührten Pflanzen- und Tierwelt und der trauten Zweisamkeit von Adam und Chava nach dem 6. Schöpfungstag viel sicherer, als sich g'ttliche Auszugswunder vorzustellen.

Doch so einen „Weltenträumer" holt schnell wieder die „Tora-Realität" ein, wenn man dann beim Kiddush[305] feierlich-melodramatisch festhält: „… secher leJeziat Mizrajim

---

303 Devarim 5,15.
304 Auszug aus Mizrajim.
305 Anfangsritus der Shabbatmahlzeit.

…" – „… eine Erinnerung an den Auszug aus Mizrajim …" Schon wieder mischt sich da scheinbar der kleine Lockenkopf mit seiner lästigen „Shabbes-Theorie" ein! Aber auch hier bleibt die mit zwei Worten recht knapp gehaltene Allegorie zwischen Shabbat und Jeziat Mizrajim eher im Hintergrund.

Wo man sich beim Kiddush gerade erst einen ganzen, satten Abschnitt über den Abschluss der Welterschaffung zu Gemüte geführt hat, und das Gläschen Wein in der Hand kaum noch zwanzig Worte weit vom Trinken entfernt ist, schenkt man diesem Einschub gar nicht erst seine werte Aufmerksamkeit. „Mizrajim hin, Mizrajim her, heut' ist Shabbat und nicht viel mehr!", könnte sich ein schüttelreimender Kiddush-Sprecher denken.

OFENFRISCH ✧ Doch die Erwähnung der Jeziat Mizrajim im Kiddush ist laut der Gemara[306] andererseits ein Umstand, der für eine ordnungsgemäße Erfüllung dieser Mizwa absolut vonnöten ist. Bei der „Heiligung" des 7. Tages ist nämlich nicht nur das Andenken an die „ofenfrische" Erde und an das Ruhen G'ttes, sondern auch die Erinnerung an den Auszug aus Mizrajim verpflichtend. Und damit sollte man sich eigentlich auch über die Bedeutung dieses Zusammenhanges zwischen dem Auszugsereignis und dem jüdischen Ruhetag ein wenig Gedanken machen. Natürlich noch umso mehr, wo in der Woche vor dem Pessach-Feiertag der so genannte „große Shabbat","Shabbat HaGadol", ansteht.

Der Spezialtitel dieses Shabbats erwächst zwar nicht unmittelbar aus der eben erläuterten Thematik. Aber immerhin, es ist der letzte Shabbat vor dem Sederabend und damit auf der zeitlichen Ebene sicherlich die größte Annäherung dieser beiden Urelemente des Judentums. Grund genug, um ein wenig in die Tiefe zu gehen.

VOM REGEN IN DIE TRAUFE ✧ Um alle Shabbat-Hüter, die die Jeziat Mizrajim in ihrer allwöchentlichen Ruheausübung bisher noch nicht so stark eingebunden haben, erstmal zu beruhigen: Auch die wichtigsten Kommentatoren suchen nach tieferen Erklärungen dafür. Rashi zum Beispiel achtet an dieser Stelle sehr darauf, die inhaltliche Trennung aufrechtzuerhalten: „Hashem hat uns aus Mizrajim befreit, damit wir zu seinen Knechten werden und seine Gebote – wie den Shabbat – hüten", meint er. Mizrajim und Shabbat sind also keineswegs verwandte Ereignisse, sondern folgten nur dicht aufeinander. Quasi vom „Regen in die Traufe" gerieten die Bnei Jisrael, als sie befreit aus der Knechtschaft aus Mizrajim auszogen, um dann gleich wieder zu G'ttes

---

306 Mes. Pesachim 117b.

Der neue Leiner

Knechten zu werden. Wobei der Vergleich hier sicherlich ins Stocken gerät, hatte doch der „neue Chef" mit dem „alten Chef" absolut nichts gemeinsam!

Der Rashi-Spezialist „Siftej Chachamim" erklärt Rashis Knecht-Vergleich noch etwas einleuchtender. Der „Knecht"-Begriff soll hier im Zusammenhang mit dem Shabbat nämlich ausdrücken, dass die Bnei Jisrael in Mizrajim sicherlich auch ihren „alten Chefs" mit Freude zugehört hätten, wenn sie ihnen einen Ruhetag pro Woche verordnet hätten. Denn anstatt als gepeinigter Sklave unter Peitschenhieben Ziegel zu brennen, bietet einem so ein gemütliches Beisammensein bei Hering & Whisky doch eine weitaus erstrebenswertere Daseinsform. Daher möchte die Tora laut Rashi, dass die Bnei Jisrael nun auch ihrem neuen Herrn – Hashem – mit derselben Freude zuhören, auch wenn sie nunmehr keine direkten Peitschenhiebe erleiden müssen, meint der Siftej Chachamim. Denn ein gewisser Widerwille des jüdischen Volkes, mal einen Tag von einigen Tätigkeiten zu pausieren, sei laut dem Siftej Chachamim eigentlich vorprogrammiert.

BRANDAKTUELL ✧ Die Interpretation von Rashi ist damit leider auch heute noch brandaktuell. Der Einsicht der Notwendigkeit eines Ruhetages am Shabbat steht nämlich nach wie vor einiger Widerwille im jüdischen Volk gegenüber, so dass der Erlösungsflieger mit Mashiach an Bord nach wie vor Warteschleifen fliegt, bevor ihm wohl irgendwann das Kerosin ausgeht und er notlanden muss. Denn bekanntlich verspricht die Gemara[307], dass die Erlösung nach der Einhaltung von nur zwei Shabbatot durch die Volksgesamtheit im Nu eintreffen würde. Diesen Widerwillen ein wenig zu beugen, wäre folglich ein wenig riskantes Unternehmen mit einem unendlichen Gewinnpotenzial.

Aber um hier den Willen – oder den Widerwillen – des werten Lesers nicht überzustrapazieren, kehrt der Fokus nun wieder auf die eigentliche Frage nach dem Zusammenhang zwischen Jeziat Mizrajim und Shabbat zurück. Laut Rashis Erklärung ist dieser Zusammenhang noch nicht so weit erklärt worden, um beispielsweise die Gemara zu verstehen, die dieses Thema sogar im Kiddush fix verankert sehen will.

Der erste Kommentator, der hier schließlich ein wenig mehr Klarheit schafft, ist der Ramban: „Shabbat ist ein Andenken an Jeziat Mizrajim und Jeziat Mizrajim ist ein Andenken an Shabbat", schreibt er. So, als wäre es ein Plädoyer für den beleidigten Dreikäsehoch, fährt der Ramban fort: „Die zehn Plagen erinnern an die Schöpfung.

---

[307] Talmud Jerushalmi Mes. Ta'anit 1,1.

Sie zeigten, dass Hashem die Kraft innehat, etwas vollkommen Neues zu erschaffen. Die Wunder und Zeichen in Mizrajim offenbarten, dass er alles von Anfang an nach seinem Willen erschaffen hat", so der Ramban sinngemäß.

MINIGOLF ✧ Was der Ramban hier ausdrücken möchte, ist, dass Hashem durch das zeitweilige Aushebeln der Naturgesetze während der zehn Plagen bewies, dass er eigentlich „die Natur" selbst ist. Und daher wurde durch die Wunder in Mizrajim eben auch der Glaube der Bnei Jisrael an G'tt als Schöpfer des Universums komplett neu entfacht.

Die lang versklavte jüdische Nation hätte ansonsten vielleicht mit diesem Konzept zu kämpfen gehabt. Doch da sie mit eigenen Augen sahen, wie Hashem mit den Naturgewalten „Minigolf" spielte, war das Hüten des Shabbats für sie nur mehr eine logische Konsequenz. Die Tora spricht daher auch so treffend von der „starken Hand" und dem „ausgestreckten Arm" Hashems. Ausdrücke, die – wie wir in der Haggada nachlesen können – explizit die Wunder der zehn Plagen ansprechen. „Hashem hat das Volk mit seiner ‚starken Hand' und seinem ‚ausgestreckten Arm' befreit – <u>deswegen</u> befiehlt dir Hashem Shabbat zu halten!", sagt die Tora: Die Plagen verschafften – und verschaffen dem jüdischen Volk weiterhin – endgültig Klarheit darüber, wer der wahre Schöpfer der Welt ist. Und dies fertigte eine glühende Glaubensgrundlage, einen ewigen Schlüssel für den Shabbat!

AUFDECKERJOURNALISMUS ✧ Eine Grundlage, auf der auch wir heute noch bauen können. Der Ohr HaChaim verstärkt die Worte des Ramban vielleicht noch ein wenig, wenn er hinzufügt, dass die Ereignisse der Jeziat Mizrajim den Glauben an Hashem als Weltenschöpfer wieder „aufdeckten". Denn der Glaube war sicherlich immer in den Bnei Jisrael vorhanden, er musste nur wieder „aufgedeckt" werden, wie der Ohr HaChaim meint. Zweifelsohne ist es daher auch heute noch möglich, diese Art an „Aufdeckerjournalismus" zu betreiben. Wo doch bereits zahlreiche Staatsoberhäupter oder andere Personen der öffentlichen Hand durch Aufdecker entlarvt wurden, ist das Aufdecken des wahren, inneren Glaubens des jüdischen Volkes an Hashem als Schöpfer und Herrscher über das Universum sicherlich nicht allzu weit hergeholt!

Und wo könnte sich da eine bessere Gelegenheit zum Aufdecken dieses inneren Glaubens ergeben, als bei der Sedernacht, deren Hauptteil ja die Erzählung über die „starke Hand" und den „ausgestreckten Arm" Hashems ist? Was würde sich besser zur Stärkung der Glaubensgrundlage des Shabbats anbieten, als ein aufrichtiges und intensives

Der neue Leiner

Erinnern oder Erörtern der zehn Plagen, wie es in der Haggada betrieben wird? Der Seder avanciert damit tatsächlich zu einem „großen Shabbes", einem Abend, der die Wertigkeit des Shabbats enorm steigen lässt!

Year-Around-Holiday ✧ Doch auch umgekehrt kann eine Auffrischung des Glaubens an Hashem durch das Hüten des „Standard-Shabbats" sogar schon vor der Sedernacht Großes bewirken. Der Shabbat als „Year-Around-Holiday" kann nämlich allwöchentlich zur Transformationsplattform für eine gesteigerte Gläubigkeit genutzt werden. Da muss nicht erst der Sederabend kommen, um die Wogen zu glätten.

Möglicherweise ist der Begriff des „großen Shabbats", des „Shabbat HaGadol", daher gerade am Shabbat vor Pessach äußerst passend, um dies offenzulegen. Ein unerschütterlicher Glaube an Hashem ist sicherlich die Basis für eine erfolgreiche Ausübung der Tora und der Mizwot. Der Sederabend dient vornehmlich zur Stärkung dieses Glaubens, die Mazzot werden in chassidischen Kreisen sogar als „Glaubenstabletten" bezeichnet. Doch auch der Shabbat selbst bietet jedem Juden jede Woche aufs Neue die Chance auf eine ähnliche Glaubenserneuerung.

Alarm scharf stellen ✧ Mit dem bevorstehenden Doppelpack an „Glaubens-Energiedrinks" im Zielfernrohr, bleibt einem wohl nur noch die Arbeit an sich selbst, an den eigenen Unzulänglichkeiten, um sein G'ttesbewusstsein ein wenig auf Empfangsbereitschaft aufzupolieren. Eine gute Vorbereitung darauf ist sicherlich, den Chametz-Alarm scharf zu stellen und den Sedertisch so schön zu decken, dass sogar ein Kleinkind nur noch vom „grooßen Shabbes" schwärmen möchte. Und mit Hashems Hilfe wird in dieser Nacht, die schon einmal eine Erlösung mit sich gebracht hat, auch der Grundbaustein für die zukünftige Erlösung gelegt werden. Sei es vorerst nur in unserem Inneren, oder sogar auf den sagenumwobenen Berggipfeln des „Har Zion", Bimhera Bejamenu, Amen.

שבועות
Shavuot

Frisch gepflückte Tora im Honigbrot-Sandwich

Unser heißgeliebter Bienenhonig bekommt ernsthafte Konkurrenz: Während sich irgendwo in fernen Wäldern gerade emsige Bienen durch flockigen Blütenstaub und klebrigen Nektar plagen, scheint die Tora keine besondere Vorliebe für das süßeste Produkt der gelb-schwarz gestreiften, fliegenden Ungetüme an den Tag zu legen. Denn wenn die Tora von „Devash" – Honig – spricht, dann soll laut den meisten Kommentatoren eigentlich Dattelhonig gemeint sein. Eine dreiste Absage also an den altbekannten „Advokaten der Viskosität" aus summender Insektenhand! Ob die heimischen Imkereien nun deswegen nach frischen israelischen Dattelsetzlingen Ausschau halten werden, ist dabei hinfällig. Schließlich verwendet die Tora den „Devash" vorerst nur, um dem Lande Israel einmal so richtig „Honig ums Maul" zu schmieren.

Denn das „Land wo Milch und Honig fließen" schmückt sich gerne mit diesem exklusiven Ehrentitel aus der Tora und hat so im Nahen Osten aus Sicht des Tourismusmarketings wohl einmal einen echten Trumpf im Ärmel. Dass dort dann eben der Dattel- und nicht der Bienenhonig fließen soll, stört den Weltenbummler mit dem süßen Zahn schon weniger. Vor allem, wenn dieser aus europäischen Ländern stammt und eben erst bemerkt hat, dass mit „Milch" die gute Ziegen-, im Gegensatz zur altbewährten Kuhmilch, gemeint ist. Sicherlich keine leichte Angelegenheit für die untrainierten Geschmacksknospen auf der Zunge eines echten Alpenbewohners.

MILCHIGER EIFER ◆ Doch andererseits lässt der Honig auch anderweitig von sich hören. Beispielsweise als Hauptdarsteller im Darbringungs-Krimi um die Erstlingsfrüchte, welcher alljährlich am Shavuot-Feiertag ausgestrahlt wird. Da avanciert die leckere Paste aus den tiefbraunen Baumbohnen nämlich mit einem Mal zum Superstar der „Bikkurim", wie die obstigen Darbringungen in der Tora genannt werden. Die Milch schafft diesen Sprung zum Darbringungstäter zwar nicht mehr, hat dafür aber während Shavuot einen durchaus prominenten Auftritt am traditionellen Speiseplan des jüdischen Volkes. Da werden nämlich zahlreiche, fantasievolle milchige Speisen mit einem selten gesehenen „religiösen Eifer" verputzt, was die emsigen Hausfrauen, die sich zuvor durch flockiges Weizenmehl und klebrige Kuchenmassen plagen mussten, besonders freut.

Allerdings – meint unter anderem der Kli Jakkar – wird auch dem Dattelhonig das Leben nicht so leicht gemacht. Die Tora schließt diesen andernorts sogar mit einer expliziten Wortmeldung[308] von jeglicher Tauglichkeit für eine Darbringung im Bet HaMikdash aus. „Honig ist als Darbringung für Hashem absolut unerwünscht!", lässt uns die Tora sinngemäß wissen. In der Hoffnung, dass die Imker sich nun tatsächlich noch keine Dattelpalmen-Setzlinge besorgt haben, eröffnet sich aber die Frage, was denn plötzlich in die Tora gefahren ist? Der eben noch hoch gelobte Honig wird mit einem Mal „geächtet" und als untauglich befunden?

SE'OR AM ABSTELLGLEIS ◆ Doch die Tora macht hier noch nicht halt! Da gesellt sich noch im selben Atemzug eine weitere Substanz auf das Abstellgleis: der Sauerteig, „Se'or". Auch diesen darf man nicht für Hashem darbringen, meint die Tora an derselben Textstelle. Interessant ist dazu noch, dass sich damit wieder ein Konnex zum oben erwähnten Shavuot-Fest ergibt. Denn die Tora erklärt im darauffolgenden Satz, dass die beiden „geächteten" Zutaten als Erstlings-Darbringungen[309] zu Shavuot sehr wohl in Frage kommen! Tatsächlich beteiligt sich der Sauerteig auch gleich an vorderster Front an so einer Darbringung. Nämlich bei den zwei kross gebackenen Broten aus

---

308 Vajikra 2,11.
309 „Korban Reshit".

feinst gegorenem, gesäuertem Weizenmehl[310], die am Shavuot dargebracht werden. Fürwahr, wo ein Teig so schön aufgeht, wie bei diesen beiden Shavuot-Broten, muss der Se'or sicherlich seine sauren Finger im Spiel haben.

ERST HUI, DANN PFUI ✧ Doch damit wären Devash und Se'or nun in einer eigenartigen Situation: gebannt vom Korbanot-Alltag, aber mitten im Rampenlicht am Shavuot, einem Tag, an welchem das jüdische Volk alljährlich die Übergabe der Tora am Berg Sinai feiert und nach bestem Wissen und Gewissen auch zu wiederholen versucht. Der Kli Jakkar wird daher schön langsam ziemlich stutzig: Erst hui, dann pfui – wie hält es die Tora denn jetzt mit dem Honig und dem Sauerteig?

Allerdings kann der Kli Jakkar auch mit einer äußerst tiefgründigen Antwort aufwarten. Denn gerade Honig und Sauerteig bergen einen recht außergewöhnlichen Symbolcharakter in sich, meint er. Der Sauerteig steht nämlich für den „Jezzer HaRa", den berühmt-berüchtigten „bösen Trieb". Der Honig wiederum steht für die zahlreichen Genüsse, die diese Welt zu bieten hat und in welchen ein Mensch nur allzu leicht vollends versinken kann, um nie wieder aus ihnen aufzutauchen. Insgesamt symbolisieren Devash und Se'or also diejenigen Dinge, die einen gläubigen Juden von seinem geraden Pfad abbringen können – und dies auch stetig und unnachgiebig versuchen.

FLEISCH UND BLUT ✧ Dabei muss aber auch der größte Gegner dieser beiden „antijüdischen Elemente" zugeben, dass sowohl die Genüsse als auch der böse Trieb ihre guten Seiten an sich haben, meint der Kli Jakkar. Denn die Genüsse an sich sind eigentlich gar nicht solch heimtückische Zeitgenossen. Ganz im Gegenteil, auch dem größten Zadik der Welt werden einige Genüsse pro Tag – oder zumindest pro Woche – nicht erspart bleiben. Schließlich besteht auch er nur aus Fleisch und Blut und muss seinem ausgehungerten Zellverband ein wenig Stärkung zu Gemüte führen. Und auch wenn er noch so stark dagegen ankämpft, irgendwo wird sich doch noch ein klitzekleines „Genüsschen" ergeben! Aber stößt dies den Zadik etwa gleich von seinem Gerechtigkeits-Podest?

Dann sollte man sich ja beim Jezzer HaRa viel mehr Sorgen machen! Denn auch dieser mischt sich brutal in das so redlich erscheinende Leben eines solchen G'ttesmannes ein. Natürlich widersteht der Zadik beharrlich den Überredungskünsten seines innersten Widersachers, doch andererseits muss er doch manches Mal hinhören, erklärt der Kli Jakkar. Wie sonst soll er denn den g'ttlichen Befehl zur Besiedlung und Nutzbar-

---
310   „Shtej HaLechem".

machung dieser Welt erfüllen? Schließlich ist der erste Schritt zur Umsetzung dieser Order, die Verbindung mit einer Frau zu suchen, sie zu heiraten und ein gemeinsames Haus aufzubauen. Doch ohne den bösen Trieb, der ihm erst den nötigen Ansporn zur Verbindungssuche gibt, kann man den g'ttlichen „Siedlungsplan" nicht einmal beginnen zu verwirklichen, schreibt der Kli Jakkar. Erst durch das Stichein und Drängen des eigenen „bösen" Triebes wird der „Weltentwickler" in die richtige Richtung bewegt, um Hashems Willen auszuführen.

SPIRITUELLER UNTERGANG ❖ Somit gerät der Zadik – oder jeder, der es noch werden möchte – in ein gefährliches Fahrwasser. Es geht nicht ohne sie, aber es geht auch nicht mit ihnen! „Wie um Himmels willen hat sich der liebe G'tt denn das vorgestellt?", könnte es den Mündern der wahrheitssuchenden Erdenbewohner entfliehen. Einerseits drohen die Genüsse einen in ihren Sog zu ziehen und für den spirituellen – beziehungsweise im Zeitalter der ausufernden Herz-Kreislauf-, Zucker- und Fetterkrankungen wohl auch für den körperlichen – Untergang zu sorgen. Andererseits wartet da der böse Trieb auf eine Gelegenheit, um sich in das Bewusstsein des ehrfürchtigen G'ttesdieners einzuschleichen und ihn von dort aus zu einem neuen Dasein als Götzendiener und Steinchenanbeter zu drängen.

Aber es gibt tatsächlich noch Hoffnung für den ambitionierten Gerechten. Und diese Hoffnung ist die Tora selbst! „Die Tora ist die Medizin gegen den bösen Trieb", meint die Gemara[311] sinngemäß und schenkt dem Zadik wieder Mut. Die Tora gibt uns die notwendigen Rezepte, um den bösen Trieb zielgenau und treffsicher für g'ttliche Zwecke einzusetzen. Aber es steckt noch mehr dahinter. Das Torastudium selbst, oder sogar nur die Bereitschaft, ein solches zu beginnen, können einen aufbäumenden Jezzer besänftigen, ihn in die Flucht schlagen.

Die Genüsse wiederum kann man durch eine andere Methode unter Kontrolle bringen, nämlich durch die Bikkurim-Gabe. Denn wenn man seine allersüßesten Früchte erst mal zum Bet HaMikdash hinaufträgt, und diese vor Hashem darbringt, wirkt sich dies unweigerlich auch auf seinen Verlangensdrang aus. In die Gesichter der g'ttesfürchtigen Kohanim zu blicken und sich die heilige Atmosphäre Jerushalajims einzuverleiben, lässt einem wohl wenig Zeit und Interesse, um im Sumpf der Genüsse zu versinken.

---

311 Mes. Bava Batra 16b.

UNERSETZLICH ✧ Das vermeintliche Rätsel um die beiden verstoßenen Kumpanen – der Honig und der Sauerteig – scheint sich also nun bereits aufzulösen. Denn sowohl Devash – die Genüsse – als auch Se'or – der böse Trieb – eignen sich sehr wohl als Werkzeuge im strebsamen G'ttesdienst. Sie sind jedoch nur als Hilfsmittel zur Herstellung der notwendigen Basis geeignet. Einer Basis in Bezug auf die körperliche Gesundheit und in Bezug auf die Ausführung des g'ttlichen Plans zur Besiedelung der Welt. Doch nur für sich stehend sind Devash und Se'or für einen Zadik oder Zadikanwärter ganz und gar nicht zu gebrauchen. Ohne das jeweilige übergeordnete Ziel im Auge, bringen die beiden den Menschen um rein gar nichts weiter. Als Start- oder Antriebselemente sind diese aber sehr wohl notwendig und sogar unersetzlich!

Daher sind die beiden Elemente als eigenständige Darbringung unterm Jahr unerwünscht. Sie sind allein für sich stehend kein Hilfsmittel zur Annäherung an Hashem. Sie dienen lediglich dem Zweck der Herstellung der Rahmenbedingungen für einen gehörigen Dienst an Hashem, der einen Menschen schließlich bis zur vollkommenen Perfektion der eigenen Persönlichkeit führen kann. Daher bringt man diese nur als „Erstlings-Darbringung", meint der Kli Jakkar. Dies soll dem Menschen das Bewusstsein einprägen, wie man mit Honig und Sauerteig umzugehen hat. Wie treffend ist daher auch das Datum zur Darbringung dieser beiden Elemente von Hashem ausgewählt worden.

DOKTORTITEL ✧ Am Tag der Tora-Gabe wird ein besonderer Korban aus duftenden, gut durchgebackenen Broten als erste Darbringung des frisch geernteten Weizenmehls dargebracht. Der Sauerteig-Jezzer wird hier als Mittel zur Annäherung an Hashem verwendet und die Tora steht quasi schützend darüber, damit nichts „schiefgehen" kann. Genauso verhält es sich auch mit den Bikkurim, die am selben Tag dargebracht werden und laut dem Kli Jakkar so eine Absage an das übermäßige Verlangen nach weltlichen Genüssen aufzeigen sollen. Der Honig und das Brot entpuppen sich so als tückische Angreifer der jüdischen Seele, und der Shavuot-Feiertag als rettender Anker im Sumpf der drohenden Verzweiflung.

Jetzt, wo wir quasi als Devash-Se'or-Experten den Doktortitel errungen haben, bleibt noch eine milchige Frage offen. „Das Land wo Milch und Honig fließen" mag ja für so manche eine schwärmerische Szenerie mit weiß-gelben Bächen auf grasgrünem Hintergrund hervorrufen. Doch uns interessiert nach der Entdeckung der wahren Natur des Honigs nun die Frage nach der Milch. Was symbolisiert die Milch denn genau? Einige Kommentatoren stellen sich der Frage und meinen, dass Milch die Wohltätigkeit – „Chessed" – symbolisiert. Denn die Gabe der Milch an die eigenen Nachkommen verwandelt eine jede Mutter in eine ganze säugende „Chessed-Organisation".

GAUMENFREUDE ✧ Womöglich will die Tora mit dem Beispiel von „Milch und Honig" daher ausdrücken, dass im Land Israel, im Lande des jüdischen Volkes, Wohltätigkeit und Genüsse Hand in Hand einhergehen. Denn die absolute Stärke des jüdischen Volkes ist es, auch seine Mitmenschen an den Genüssen teilhaben zu lassen, die Hashem einem gewährt hat. Die Wohltätigkeit der Menschen wird durch deren Umgang mit den Genüssen ersichtlich. Wohltätigkeit ist aber nicht immer freiwilliger Natur, manchmal wird sie uns auch geboten. Der Kitzur Shulchan Aruch[312] zitiert die äußerst scharfe Ausdrucksweise des Rambams, wenn er feststellt, dass die einzig wahre „Jomtov-Freude" diejenige ist, die man mit Armen, Witwen, Waisen und Konvertiten teilt. Alles andere wäre nicht mehr als eine „Gaumenfreude"[313], ein unbarmherziges Sich-gehen-Lassen im Sumpf der Genüsse!

Gerade am allerkürzesten Jomtov, mitten im jüdischen Jahreskreis, ergibt sich nun die Möglichkeit, auch im eigenen Heim „Milch und Honig" fließen zu lassen und seinen Feiertagsgästen fein säuberlich geschnittene Scheiben seines Sauerteigbrotes zu servieren. Vor unverhältnismäßiger Übersäuerung muss sich der Gastgeber dabei nicht fürchten. Schließlich wacht die Tora an diesem Tag besonders aufmerksam über dem jüdischen Volk. Denn durch unsere frisch erneuerte Bekenntnis zu Hashem und der Tora wird sich Mashiachs Reiseproviant – Bimhera Bejamenu – so durch eine schmackhafte Zutat erweitern: einem leckeren, milchigen Honigbrot-Sandwich mit frisch gepflückter Tora innen drin.

---

312 Kitzur Shulchan Aruch 103,9.
313 „Simchat Kreisso", eig. „Bauchfreude".

Anhang

*Dankbrief des Rabbiners des Tempel- u. Schulvereins „Machsike Hadass" Wien,
HaRav HaGaon R' Moshe Elieser Weiss Shlit"a*

Rabbi M. E. Weiss
Gr. Stadtgutgasse 24
1020 Wien
Tel. (431) 219 7380

משה אליעזר וויס
אב"ד דק"ק מחזיקי הדת
ווינא יצ"ו

בס"ד

כבוד ידידי היקר לי מאד, עדין הנפש, ואציל הרוח, הרה"ח מו"ה ארי' באאוער נר"ו.

אחדשה"ט בידידות נאמנה.

באתי הלום, להביע אליך דברי הערכה והוקרה על עזרתך התמידית למוסדותנו בכלל ואלי בפרט, אשר אתה עומד תמיד מוכן לצידנו בכל הצריך.

במיוחד לאחרונה שאזרת חלציך והצלחת בצחות לשונך ובנועם השקפותיך לערוך קונטרס שלם לברר ולהוכיח צדקת ואמיתת החינוך היהודי החרדי לעיני העמים והשרים, אשר נתברך בהצלחה מרובה, והי' לטובת המוסדות.

כמו כן עומד אתה לימיננו בכל מערכת הכשרות, בבירורים, בהתכתבויות עם בתי חרושת, מאפיות, משרד הבריאות וכדו'.

זמן רב תורם אתה לעסקנות ולאחיעזר ואחיסמך לכלל ולפרט, מרביץ תורה ויראה בתוך קהלתנו, ובמיוחד לדוברים בשפה הגרמנית, זכית לחנך ולקרב הרבה בעלי תשובה, לא רק ברוחניות אלא בכל הצטרכותם עומד אתה יחד עם זוגתך החשובה תחי' לימינם מתחילת דרכם עדי הביאם לדרגה שכבר אין צריכים "סעד לתמוך בם", והכל שלא על מנת לקבל פרס.

וכפי שספרת לי זכית להעלות על הכתב הרבה משיעוריך הנפלאים, עלה והצלח....

וכל זאת על אף טירדותיך המרובות, בתור מי שנהנה מיגיע כפו, אב למשפחה גדולה בלע"ה, וקובע עתים לתורה כמה שעות ביום, אשר הם אצלך חק ולא יעבור.

בשמי ובשם ראשי קהלתנו מחזיקי הדת ווינא:

באתי בזה להכיר לך טובה ברוב שבח ויהוד' על הכל, ישלם ד' לך פעלך ותהי משכורתך שלימה מאתו ית', להתברך בכל הברכות הכתובות בתורה, מתוך רב נחת ועונג לאורך ימים טובים אתה וביתך וכל אשר לך.

בברכת הצלחה מרובה בכל דרכך ובכל מעשי ידיך מתוך בריר"ג.

בלו"נ ובידידות עזה נאמנה

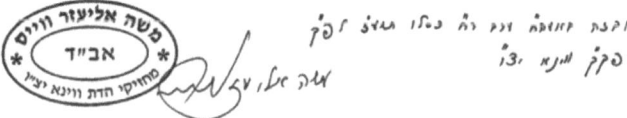

Glossar

9. Av *Trauertag wg. Zerstörung der Tempel*

Adam HaRishon *Der erste Mensch*

Admor *Chassidischer Anführer, Rebbe*

Admor HaSaken *Begründer einer chassidischen Dynastie*

Afikoman *Ein Stückchen Mazza, das während des Sederabends verspeist wird*

Agra deKallah *Selber Autor wie Bnei Jissachar*

Aleph-Bet *Hebräisches Alphabet*

Aravot *Bachweiden aus dem Lulav-Festtstrauß*

Arba Minim *Wörtl.: Die vier Sorten; siehe Lulav, Etrog, Hadassim, Aravot*

Avoda Sara *Götzendienst*

Avodat Parech *Harte, ziellose Arbeit*

Ba'al Shem Tov *Rav Israel ben Elieser, Begründer des Chassidismus, vor etwa 300 Jahren*

Ba'al HaRokeach *Rav Elasar aus Worms, vor 800 Jahren*

Ba'al Teshuva *Religionsrückkehrer*

Bamidbar *4. Buch Mose, Numeri*

Bartenura *Mishna-Kommentar*

Bechor *Erstgeborener*

Ben HaMezarim *Trauerzeit*

Bereshit *1. Buch Mose, Genesis*

Berg Sinai *Berg, an welchem Toraübergabe stattgefunden hat*

Glossar

Bet HaMikdash *Das leider zerstörte Heiligtum in Jerushalajim, auf dessen Wiederaufbau wir so sehnsüchtig warten*

Bigdei Kehuna *Kleider des Kohens*

Bikkurim *Erstlingsfrüchte*

Bima *Zentrale Lesebühne der Synagoge*

Bimhera Bejamenu *Hebr.: Schnell in unseren Tagen*

Bnei Jisrael *Die Kinder Israels, das jüdische Volk*

Bnei Jissachar *Rabbi Zvi Elimelech Shapiro, Dinov 1800*

Bracha *Segen*

Brit Mila *Beschneidung*

BT *Abk. f. Ba'al Teshuva*

Buju Guttmann *Großvater des Autors S"L*

Chafetz Chaim *Rav Jisrael Meir Kagan, Radin, vor etwa 100 Jahren*

Chag *Hebr.: ein Fest, Feiertag*

Chametz *Gesäuertes, am Pessach verboten*

Chanukka *Jüdisches Winter- u. Lichterfest*

Charoset *Paste aus Nüssen, Äpfeln, Zimt, etc., Teil d. Sederabends*

Chartumim *Die Weisen Mizrajims*

Chassid *Anhänger eines chassidischen Rebben*

Chatam Sofer *Rav Moshe Schreiber, Pressburg, vor etwa 150 Jahren*

Chatat *Sündenopfer*

Chelbena *Galbanharz*

Chida *Rav Chaim Josef David Asulai, Jerushalajim vor etwa 200 Jahren*

Chiddushei HaRim *Rav Jitzchak Meir Alter Rothenberg, Begründer der chassidischen Gur-Dynastie, vor ca. 200 Jahren*

Chumra *Besonders strenge Vorsicht im Umgang mit der Halacha*

Der neue Leiner

Chuppah *Traubaldachin*

Devarim *5. Buch Mose, Deuteronomium*

Divrej Avraham *Rav Avraham Ohrenstein, vor etwa 150 Jahren*

Divrej Chaim *Rav Chaim ben Leibisch Halberstam lebte vor über 200 Jahren in Nowy Sącz, Polen (jidd.: „Zans")*

Dvar Tora *Gedanke zur Tora*

Echad *Eins*

Edut Bihosef *Rav Josef Ettinger*

Elijahu HaNavi *Der Prophet Elijahu*

Eretz Jisrael *Hebr.: „Das Land Israel"*

Etrog *Zitrusfrucht aus dem Lulav-Feststrauß*

Etz *Baum*

Frauenschil *Frauenabteilung in der Synagoge*

G'tt *Der Name G'ttes darf nicht ausgeschrieben werden. Ein Apostroph ersetzt das „o"*

Gabbai *Sekretär*

Gaon aus Vilna *Rav Elijahu ben Shlomo Salman, Vilna, Litauen, vor etwa 250 Jahren*

Gemara *Der Talmud (Ergänzung zur Mishna)*

Gevulat Benjamin *Rav Benjamin Rappaport*

Hadassim *Myrtenzweige aus dem Lulav-Feststrauß*

Haggada *Textbuch, das durch den Sederabend führt*

Halacha *Das jüdische Gesetz*

Halachische Stunde *Ein Zwölftel der Zeitdauer zwischen Morgen und Abend*

Hallel *Psalmen-Passagen, Lobgesang*

Hashem *Wörtl. „Der Name", Ausdruck für „G'tt"*

Imrei Bina *Rav Meir Auerbach, aschk. Oberrabb. Jerusalems, vor etwa 150 Jahren*

Imrei Chaim *Rav Chaim Meier Hager*

Glossar

Jerushalajim *Hebr. f. Jerusalem*

Jeshiva *Talmud-Hochschule*

Jeshivot *Plural von Jeshiva, Talmud-Hochschule*

Jeziat Mizrajim *Auszug aus Mizrajim*

Jezzer HaRa *Böser Trieb*

Jom Kippur *Versöhnungstag, heiligster jüdischer Feiertag*

Jomtov *Wörtl: Guter Tag, allg. Bezeichnung f. jüdischen Feiertag*

Jontev *Jiddisch für Jomtov*

Kedusha *Heiligkeit*

Kedushat Zion *Rav Ben Zion Halberstam, Bobover Rebbe vor etwa 80 Jahren*

Ketoret *Gewürzmischung zum Räuchern im Tempel*

Ketuvim *Die Schriften, Teil des Tanachs*

Kiddush *Anfangs-Ritus der Shabbatmahlzeit, Heiligung des Shabbats*

Kiruv *Anregen jüdischer Personen zur Teshuva*

Kli Jakkar *Torakommentator, Rabbi Shlomo Efraim ben Aron Luntschitz, vor etwa 450 Jahren der Rabbiner Prags*

Kodesh HaKodashim *Innerster Kern des Tempels*

Kohanim *Plural v. Kohen*

Kohen *Hohenpriester*

Kohen Gadol *Oberster Hohenpriester*

Kol-Nidre *Eingangsgebet des Jom Kippur*

Korban *Darbringung im Tempel*

Korban Mincha *Das Huldigungsopfer*

Korbanot Plural von „Korban" (Darbringung)

Kriat Shema *Lesen des Shema Jisrael*

Lachmej Toda *Rav Zwi Horowitz, Frankfurt, vor etwa 200 Jahren*

Der neue Leiner

Lashon HaRa *Wörtl.: „Böse Zunge", üble Nachrede*

Lechem HaPanim *12 Schaubrote aus dem Tempel*

Leviathan *Biblisches Meeresungeheuer*

Likutej Jehuda *Rav Jehuda Arieh Leib Heine, vor etwa 50 Jahren*

Luchot HaBrit *Steintafeln des Bundes*

Lulav *Palmwedel aus dem Feststrauß f. Ritual des Sukkot-Festes*

Ma Nishtana *Lied aus der Haggada*

Ma'asser *Abgabenzehntel*

Machsor *Spezielles Gebetsbuch für die Feiertage*

Maggid *Redner, Prediger*

Maharal *Rav Jehudah ben Bezalel Löw, Prag, vor etwa 450 Jahren*

Maharil *Deutscher Talmudist aus dem 14. Jahrhundert*

Maharsha *Rav Shmuel Eidels*

Maharsham *Rav Shalom Mordechai Schwadron*

Man *Himmlische Nahrung der Wüstengeneration nach dem Auszug aus Mizrajim*

Maor Enajim *Rav Menachem Nachum Twersky, Begründer der chassidischen Tschernobyl-Dynastie*

Maror *Bitterkraut*

Maseltov *Glückwunsch*

Mashiach *Jüdischer Erlöser, wird 3. Tempel aufbauen*

Maskil LeDavid *Rav David Pardo, Kommentar zu Rashi*

Matan Tora *Übergabe der Tora am Berg Sinai*

Mazza *Ungesäuertes Brot des Pessach-Rituals*

Mazzot *Plural von Mazza*

Mechitten *Vater der Braut/ des Bräutigams*

Megilla *Esther-Rolle, wird am Purim gelesen*

Glossar

Melachot *Plural v. „Melacha", am Shabbat verbotene Tätigkeit*

Melech *Hebr. König*

Mezora *Aussätziger*

Midrash *Teilwerk der mündlichen Tora*

Mikva *Rituelles Tauchbad zur spirituellen Läuterung*

Milchiger Kiddush *Aufwändiges kulinarisches Ereignis mit milchigen Speisen anlässlich des Shavuot-Festes*

Misbeach *Zentrale Darbringungsstätte im Bet HaMikdash*

Mishkan *Das Stiftszelt in der Wüste, ein Raum für das Ruhen der konzentrierten g'ttlichen Präsenz*

Mishloach-Manot *Essbare Geschenke, werden am Purim verschenkt*

Mishna *Schriftordnung der „mündlichen Tora"*

Mizrajim *Altägypten, Ort aus dem die Juden auszogen*

Mizrim *Bewohner Mizrajims*

mizrisch *Aus Mizrajim stammend*

Mizwa *Gebot der Tora*

Mizwot *Mehrzahl von Mizwa*

Mohel *Beschneidungsexperte*

Moshe Rabbenu *Wörtl.: Unser Lehrer Moshe*

Nachash *Schlange*

Nebbach *Ausdruck des Bedauerns, vorw. v. jüdischen Müttern verw.*

Neshama *Seele*

Neshech *Zinsen*

Nevi'im *Bücher der Propheten*

Niggun *Gesang, Melodie ohne Text*

Nissan *Monat des jüd. Kalenders im Frühling*

Der neue Leiner

Ohr HaChaim *Torakommentator*

Olam HaBa *Nächste Welt*

Parasha *Hebr. Wochenabschnitt der Tora*

Parashot *Mehrzahl von Parasha*

Pessach *Jüdisches Frühlingsfest, zentraler jüd. Feiertag*

Pessachputz *Entfernung von jeglichem Gesäuerten vor dem Pessachfeiertag*

Pharao *Herrscher Mizrajims*

Pikuach Nefesh *Lebensrettende Sofortmaßnahmen*

Pirke Avot *Sprüche der Väter*

Rabbenu Bechaje *Kommentator zur Tora, vor etwa 700 Jahren*

Rabbenu Chananel *Kommentator zum Talmud, vor etwa 1000 Jahren*

Rambam *Maimonides, Moshe ben Maimon, Autor des halachischen Grundwerkes Mishne Tora, vor etwa 800 Jahren*

Ramban *Tora-Kommentator, Rav Moshe ben Nachman, vor etwa 900 Jahren*

Rasha *Bösewicht*

Rashei HaMatot *Stammesfürsten*

Rashi *Rabbi Shlomo ben Jitzchak, Kommentator zu Tora und Talmud, vor etwa 1000 Jahren*

Rav *Hebr. für Rabbiner, eig. Lehrer*

Rebbetzen *Frau eines Rabbiners; Frau mit rabbinischen Ambitionen*

Resha'im *Bösewichte*

Rimon *Granatapfel*

Rosh Chodesh *Monatsanfang*

Rosh Hashana *Wörtlich „Kopf des Jahres", Name des Neujahrsfeiertages*

S'chach *Laubdach der Sukka*

Sachar vaOnesh *Konzept von Lohn und Strafe für Taten d. Menschen*

Se'or *Sauerteig*

Glossar

Sederabend *Zentraler Ritus des Pessachfestes*

Sefer HaChinuch *Sammelwerk der Mizwot*

Sefer Tora *Torarolle*

Seforno *Tora-Kommentator*

Sfat Emet *Rav Jehuda Arieh Leib Alter, Rebbe aus der Gur-Dynastie*

Shabbat *Geheiligter 7. Wochentag, Ruhetag aus der Tora*

Shabbat HaGadol *Shabbat vor Pessach, Wörtl.: Der große Shabbat*

Shabbathüter *Jemand, der die Shabbatgesetze hütet*

Shabbes *Jiddisch für „Shabbat"*

Shavuot *Frühsommerlicher Feiertag; Jahrestag der Toraübergabe*

Shem Olam *Werk von Rav Daniel Tirni*

Shema Jisrael *Wörtl.: „Höre Jisrael", jüdisches Glaubensbekenntnis*

Shemot *2. Buch Mose, Exodus*

Shidduch *Vermählungsvorschlag*

Shlomo HaMelech *König Salomon*

Shmini Azzeret *8. Tag nach Sukkot; jüd. Feiertag*

Shmitta *Geheiligtes 7. Jahr, Ruhejahr*

Shmone Essre *Zentraler Abschnitt der drei Gebete am Tag*

Shofar *Horn eines Widders*

Shofarblasen *Ritual aus den Neujahrsfeierlichkeiten; Blasen des Shofar-Hornes*

Shoteh *Hebr. Narr*

Siftej Chachamim *Rashi-Kommentar*

Simchat Tora *Entspricht in Israel Shmini Azzeret, in der Diaspora gesondert am 9. Tag. Neubeginn der Toralesung*

Sot Chanukka *Letzter Tag Chanukka*

Sukka *Die Laubhütte, in welcher der Ritus des Feiertags vollzogen wird*

Der neue Leiner

Sukkot *Mehrzahl von Sukka, das Laubhüttenfest*

T'chelet Mordechai *Werk des Maharsham*

Talmid Chacham *Tora-Gelehrter*

Tanachs *Gesamte schriftliche Tora*

Tehillim *Psalme*

Teruma *Spende für den Mishkan*

Teshuva *Rückkehr zu G'tt*

Tora *Bibel; die jüdische Lehre, von G'tt an Moshe übergeben. Auch Bezeichnung für die „Sefer Tora" (Schriftrolle, aus welcher in der Synagoge gelesen wird)*

Tosafot *Kommentar zur Gemara und Rashi*

Tozaot Chaim *Rav Shlomo Kahane*

Tschulent *Traditionelle Shabbat-Speise, heiß*

Tubishvat *Neujahrsfest der Bäume*

Vajikra *3. Buch Mose, Levitikus*

Zadik *Gerechter*

Zadikim *Gerechte*

Zara'at *Aussatz*

Zfardea *Frosch bzw. Krokodil, 2. der 10 Plagen*

Zitz *Stirnschmuck des Kohen Gadol*

Zizzit *Schaufäden, rituelles Gewand*

Nachschlageverzeichnis

Bibel/Tora

Bereshit

1, 1	Seite 94
1, 28	Seite 24
3, 1	Seite 92
3, 3	Seite 92
3, 8	Seite 23
3, 14	Seite 3
6, 9	Seite 7
7, 1	Seite 8
7, 2	Seite 9
12, 16	Seite 14
15, 14	Seite 15
18, 5-8	Seite 17
24, 1	Seite 23
25, 27	Seite 28
27, 41	Seite 56
28, 11	Seite 32
28, 16	Seite 38
30, 6	Seite 148
32, 23	Seite 37
32, 25	Seite 103
37, 3	Seite 41, 43
37, 9	Seite 51
41, 45	Seite 45
42, 8	Seite 45
42, 23	Seite 45
43, 16	Seite 46
43, 33	Seite 48
43, 34	Seite 47
46, 29	Seite 50
48, 5	Seite 53
48, 14	Seite 54
48, 17	Seite 56
48, 20	Seite 54

Shemot

1, 8	Seite 57
1, 13	Seite 58
2, 14	Seite 58
7, 27	Seite 63
8, 2	Seite 63
8, 3	Seite 63
8, 5	Seite 62
8, 9	Seite 64
10, 19	Seite 61
12, 8-10	Seite 65
12, 46	Seite 65
16, 4-5 + 19-30	Seite 92

16, 21	Seite 69	2, 18	Seite 204
16, 36	Seite 18	2, 31	Seite 147
20, 8	Seite 74, 92	2, 32	Seite 147
20, 9	Seite 75	3, 39	Seite 146
23, 2	Seite 78	4, 20	Seite 148
23, 12	Seite 92	7, 12	Seite 150
31, 13-17	Seite 92	10, 35	Seite 192
31, 34	Seite 167	13, 20	Seite 161
32, 4	Seite 90	14, 9	Seite 160
32, 5-6	Seite 90	16, 5	Seite 165
32, 19	Seite 89	22, 18	Seite 178
35, 1-3	Seite 92	23, 10	Seite 176
35, 2	Seite 93	24, 5	Seite 175
		28, 9-10	Seite 92
		28, 15	Seite 182

Vajikra

1, 2	Seite 100	30, 3	Seite 197
2, 11	Seite 312	31, 3	Seite 200
6, 9	Seite 105	31, 4	Seite 190
9, 7	Seite 107	31, 5	Seite 199
14, 4	Seite 117	31, 6	Seite 190
16, 1	Seite 123	33, 2	Seite 203
16, 30	Seite 121, 261	34, 17	Seite 204
16, 34	Seite 122		

Devarim

19, 3 + 30	Seite 92	1, 22	Seite 209
19, 9	Seite 125	1, 40	Seite 203
19, 14	Seite 125	2, 3	Seite 56
19, 18	Seite 125	4, 29	Seite 215
23, 40	Seite 277	4, 40	Seite 215
25, 35	Seite 139	4, 2	Seite 212
25, 36-38	Seite 136	5, 12-15	Seite 92
26, 4	Seite 140	5, 15	Seite 306

Bamidbar

2, 16	Seite 147	6, 4	Seite 218

Nachschlageverzeichnis

6, 5	Seite 5210, 6 Seite 203
11, 13	Seite 218
14, 22	Seite 221
15, 3	Seite 4
16, 13	Seite 272
17, 15	Seite 224
21, 17	Seite 231
21, 23	Seite 228
24, 5	Seite 232
29, 28	Seite 240
31, 10-12	Seite 242
32, 18	Seite 244
33, 12	Seite 39
33, 18	Seite 248

Feiertag/Jomtov

Jom Kippur	Seite 120, 132, 166, 259, 281
Pessach	Seite 65, 89, 129, 147, 181, 229, 267, 284, 296, 303, 305
Rosh Chodesh	Seite 182, 285, 296,
Rosh HaShana	Seite 225, 241, 253, 257, 273
Shavuot	Seite 233, 267, 284, 311,
Shmini Azzeret	Seite 129, 281
Sukkot	Seite 129, 212, 219, 242, 262, 266, 269, 275, 277, 281,
Tubishvat	Seite 142

Gebet/Tefila

Avadim Hajinu	Seite 297
Hallel Mizrajim	Seite 302
Kiddush	Seite 306
Kol-Nidre	Seite 281
Ma Nishtana	Seite 2, 297
Ma Os Zur	Seite 283
Ne'ila Seite	259
Shema Seite	50, 72, 216, 218, 303
Shmone Essre	Seite 132

Jüd. Gesetz/Halacha

Kitzur Shulchan Aruch 103, 9	Seite 316
Kitzur Shulchan Aruch 205,1 ff	Seite 28
Rambam Seraim, Hil. Ma'asser 1,13	Seite 154
Rambam Seraim, Hil. Ma'asser 1,14	Seite 222
Rambam, Hil. Jesodei HaTora 8,1 ff.	Seite 80
Rambam, Hil. Korban Pessach, Perek 9	Seite 68
Sefer HaChinuch, Mizwa 76, MiShoreshei HaMizwa	Seite 79
Shulchan Aruch O. H. 202, 2	Seite 235
Shulchan Aruch O. H. 496, 1, Mishna Berura 1	Seite 285
Shulchan Aruch O. H. 570	Seite 46
Shulchan Aruch O. H. 656, 1 Rema	Seite 219

Midrash

Midrash Esther Rabba, Par. 1	Seite 287
Midrash Rabba 11, 9	Seite 73
Midrash Rabba, Emor	Seite 277
Midrash Rabbah Shemot, Par. 50	Seite 94
Midrash Tanchuma, Beshalach, Siman 20	Seite 71
Midrash Tehillim, Shocher Tov 1, 5	Seite 2
Vajikra Rabba 2,7	Seite 101
Vajikra Rabba 4, 6	Seite 79

Mishna

Mes. Berachot 1, 5	Seite 4
Mes. Berachot 2, 2	Seite 219
Mes. Bikkurim 3, 8	Seite 236
Mes. Shabbat 63a	Seite 93
Pirke Avot 4, 1	Seite 222

Propheten/Nevi'im

Jecheskel, Daniel	Seite 59
Yeshajahu 58, 13-14	Seite 92

Rabbiner/Rav

Admor von Sadigora	Seite 272
Ba'al Shem Tov	Seite 19
Chafetz Chaim	Seite 15, 28, 42, 64, 79, 86, 95, 97, 131, 175, 194, 197, 204, 300
Gaon aus Vilna	Seite 2, 38, 67, 75, 206, 292
Kotzker Rebbe	Seite 115, 121, 245
Maggid von Dubna	Seite 203, 213, 245
Rabbenu Bechaje	Seite 61
Rabbenu Chananel	Seite 61
Rabbi Avraham Ben Moussa	Seite 126
Rabbi Benyamin Forst	Seite 234
Rabbi Jehuda HaNassi	Seite 121
Rabbi Jisrael aus Rushin	Seite 133, 219
Rabbi Shmuel, der Mahara"sh aus Lubawitsch	Seite 172
Rav Akiva Eger	Seite 108
Rav Arieh-Leib Lipschitz	Seite 98
Rav Avraham Abish aus Frankfurt	Seite 48
Rav Avraham Galanti	Seite 155
Rav Avraham Ohrenstein	Seite 28
Rav Benjamin Rappaport	Seite 101
Rav Chaim ben Leibisch Halberstam	Seite 158
Rav Chaim Josef David Asulai	Seite 233, 249, 270

Nachschlageverzeichnis

Rav Chaim Kaufmann	Seite 290	Rav Menachem Nachum Twersky	Seite 222
Rav Chaim Meier Hager	Seite 105	Rav Mendele aus Riminov	Seite 225, 256
Rav Chaim Vittal	Seite 227	Rav Moshe Teitelbaum	Seite 97
Rav Daniel Tirni	Seite 166	Rav Shalom Mordechai Schwadron	Seite 33
Rav David Pardo	Seite 47	Rav Shimon Sofer	Seite 86
Rav David Shapira	Seite 250	Rav Shlomo aus Karlin	Seite 256
Rav David von Tolna	Seite 236	Rav Shlomo Ganzfried	Seite 117
Rav Elijahu Posek aus Zlatipol	Seite 284	Rav Shlomo Kahane	Seite 59
Rav Hirsch	Seite 17, 63, 112, 118, 244	Rav Shlomo Salman Ehrenreich	Seite 279
Rav Isaak Luria	Seite 107	Rav Shlomo Salman Ulman	Seite 67
Rav Jehoshua Rokach aus Bels	Seite 303	Rav Shmuel Chassid aus Raseiniai	Seite 3
Rav Jehuda Arieh Leib Heine	Seite 122	Rav Shneor-Salman aus Liadi	Seite 256
Rav Jehudah Arieh Leib Alter aus Gur	Seite 48, 131, 160	Rav Zvi Elimelech Shapira aus Dinov	Seite 55, 302
Rav Jitzchak Elchanan Spector	Seite 122	Rav Zwi Horowitz	Seite 182
Rav Jitzchak Meier Alter Rothenberg	Seite 3, 196, 210	**Schriften/Ketuvim**	
Rav Jonathan Eibeschütz	Seite 242, 288	Ijov 42, 15	Seite 294
Rav Josef David Abudirham	Seite 285	Tehillim 50	Seite 208
Rav Josef Ettinger	Seite 63	Tehillim 58, 2	Seite 118
Rav Josef Pazanowski	Seite 90	**Talmud/Gemara**	
Rav Josef Perlman	Seite 178	Mes. Avoda Sara 45a	Seite 33
Rav Meir Auerbach	Seite 24	Mes. Bava Batra 15a	Seite 162
		Mes. Bava Batra 16b	Seite 23, 314

Der neue Leiner

Mes. Bava Kama 32b	Seite 74	Mes. Taanit 9a	Seite 221
Mes. Bava Metzia 12b	Seite 28	Talmud Jerushalmi	
Mes. Bava Metzia 87a	Seite 18	Mes. Ta'anit 1,1	Seite 308
Mes. Beiza 16a	Seite 74	Talmud Jerushalmi,	
Mes. Berachot 27a	Seite 70	Mes. Joma 2a	Seite 123
Mes. Berachot 54a	Seite 254	Tosefta Bechorot 6,3	Seite 25
Mes. Chagiga 26	Seite 131		
Mes. Chullin 60a	Seite 181		
Mes. Chullin 89a	Seite 118		

Themen

Ba'al Teshuva	Seite 37
Barmherzigkeit	Seite 11, 83, 151, 271, 292,
Bet HaMikdash	Seite 39, 66, 82, 101, 116, 129, 153, 168, 235, 285, 314
Brit Mila	Seite 112, 187
Darbringung	Seite 65, 89, 100, 150, 166, 178, 182, 312
Eretz Jisrael	Seite 43, 82, 106, 143, 163, 188, 201, 203, 204, 209, 215, 221, 241, 266, 271
G'ttesfurcht	Seite 10, 103, 162, 224, 233, 254,
G'ttesvertrauen	Seite 11, 71, 137, 227, 254
Götzendienst	Seite 33, 90, 186, 194, 220
Halachische Stunde	Seite 69
Jezzer HaRa	Seite 170, 313,
Lashon HaRa	Seite 59, 117
Levi	Seite 146, 154, 169, 192, 199, 221

Mes. Chullin 91a/3. Zeile v.u.	Seite 102
Mes. Joma 19	Seite 217
Mes. Joma 85b	Seite 121
Mes. Joma 86b	Seite 274
Mes. Ketubot 103b	Seite 123
Mes. Kiddushin 32b	Seite 225
Mes. Megilla 10a	Seite 84
Mes. Megilla 11a	Seite 287
Mes. Megilla 12b	Seite 289
Mes. Megilla 13a	Seite 292
Mes. Menachot 76b	Seite 17
Mes. Pesachim 117b	Seite 307
Mes. Sanhedrin 38a	Seite 47
Mes. Sanhedrin 46b	Seite 228
Mes. Sanhedrin 98a	Seite 238
Mes. Shabbat 145b	Seite 42
Mes. Shabbat 21b	Seite 34, 284
Mes. Shabbat 69a	Seite 75
Mes. Shabbat 86b	Seite 94
Mes. Shabbat 96b	Seite 189
Mes. Sota 11a	Seite 58
Mes. Sukka 12a	Seite 272
Mes. Sukka 6b	Seite 267

Luchot HaBrit	Seite 89,
Mishkan	Seite 82, 92, 107, 130, 148, 150, 204
Nächstenliebe	Seite 11
Pharao	Seite 12, 45, 57, 63
Reichtum	Seite 108, 222, 224, 236
Sederabend	Seite 66, 105, 187, 229, 267, 285, 296, 302, 306, 310
Segen	Seite 14, 23, 30, 37, 53, 98, 109, 114, 131, 140, 176, 221, 234, 248, 253
Sinai	Seite 74, 77, 89, 130, 148, 210, 313
Teshuva	Seite 38, 122, 163, 170, 177, 208, 216, 261, 273,
Torastudium	Seite 4, 43, 95, 176, 222, 242, 250, 271, 277, 294, 314
Welterschaffung	Seite 73, 93, 101, 306

Werk/Sefer

Agra deKallah	Seite 55
Apirjon al HaTora	Seite 118
Arieh Dewaj Ila'ah	Seite 98
Avudraham	Seite 285
Ba'al HaRokeach	Seite 275
Ba'al HaSmag	Seite 185
Ba'al HaTurim	Seite 131, 136, 190
Binjan Ariel	Seite 191
Bnei Jissachar	Seite 250, 267, 270, 302
Chida	Seite 233, 249, 270
Chiddushei HaRim	Seite 3, 196, 210
Divrej Chaim	Seite 229
Edut Bihosef	Seite 63
Gevulat Benjamin	Seite 104
Haggada	Seite 2, 147, 296, 302, 309
Imrei Chaim	Seite 105
Imrei Emet	Seite 199
Jismach Moshe	Seite 201
Kedushat Levi	Seite 207
Kedushat Zion	Seite 8, 13
Ketav Sofer	Seite 239
Kitzur Shulchan Aruch	Seite 28, 117, 316
Kli Jakkar	Seite 38, 56, 136, 148, 203, 232, 254, 261, 277, 312
Kometz HaMincha	Seite 186
Lachmej Toda	Seite 182
Levi'at Chen	Seite 169
Likutej Jehuda	Seite 122, 205
Maggid Ta'aluma	Scitc 217
Maharal	Seite 52
Maharil	Seite 253
Maharsham	Seite 33
Maor Enajim	Seite 222
Maor VaShemesh	Seite 208

Der neue Leiner

Maskil LeDavid	Seite 47	Sefer HaChinuch	Seite 66, 79
Mor weOholot	Seite 284	Sefer HaTijul	Seite 231
Nachal Jitzchak	Seite 122	Seforno	Seite 89
Ner Israel	Seite 133	Sfat Emet	Seite 48, 131, 160
Ohel Tora	Seite 188	Sha'arei Aharon	Seite 39, 51, 62
Ohr HaChaim	Seite 177, 309	Shem Olam	Seite 166
Ollelot Efraim	Seite 232	Siftej Chachamim	Seite 162, 308
Otzar HaMachshava	Seite 152	The Laws of B'rachos	Seite 234
Pardess Josef	Seite 90	Tiferet Shlomo	Seite 215
Rambam	Seite 67, 80, 221, 229, 316	Torat Moshe	Seite 64, 79, 131
		Tozaot Chaim	Seite 59
Ramban	Seite 11, 37, 147, 152, 169, 308	Zemach David	Seite 245, 250
Rashi	Seite 7, 12, 22, 28, 31, 36, 42, 45, 50, 54, 58, 85, 89, 93, 101, 107, 117, 123, 140, 160, 167, 175, 182, 188, 190, 191, 197, 203, 210, 228, 232, 248, 292, 307